校企合作双元开发新形态信息化教材
高等职业教育汽车技术类技能型人才培养实用教材

新能源汽车检测与故障诊断技术

（活页式）

主　编　李杜鹃
副主编　罗锡才　龙纪文
参　编　郑　毅　吴志敏

西南交通大学出版社
·成　都·

图书在版编目（CIP）数据

新能源汽车检测与故障诊断技术 ：活页式 / 李杜鹃主编. -- 成都 ：西南交通大学出版社，2024. 10.（校企合作双元开发新形态信息化教材）（高等职业教育汽车技术类技能型人才培养实用教材）. -- ISBN 978-7-5774-0166-9

Ⅰ. U469.707

中国国家版本馆 CIP 数据核字第 202441HQ79 号

校企合作双元开发新形态信息化教材
高等职业教育汽车技术类技能型人才培养实用教材

Xinnengyuan Qiche Jiance yu Guzhang Zhenduan Jishu（Huoye Shi）

新能源汽车检测与故障诊断技术（活页式）

主　编 / 李杜鹃

策划编辑 / 罗在伟
责任编辑 / 罗在伟
封面设计 / 吴　兵

西南交通大学出版社出版发行
（四川省成都市金牛区二环路北一段 111 号西南交通大学创新大厦 21 楼　610031）
营销部电话：028-87600564　028-87600533
网址：http://www.xnjdcbs.com
印刷：四川玖艺呈现印刷有限公司

成品尺寸　185 mm×260 mm
印张　20.75　　字数　544 千
版次　2024 年 10 月第 1 版　　印次　2024 年 10 月第 1 次

书号　ISBN 978-7-5774-0166-9
定价　68.00 元

课件咨询电话：028-81435775

前 言

PREFACE

党的二十大报告指出，建设现代化产业体系，坚持把发展经济的着力点放在实体经济上，推进新型工业化，加快建设制造强国、质量强国、航天强国、交通强国、网络强国、数字中国。实施产业基础再造工程和重大技术装备攻关工程，支持专精特新企业发展，推动制造业高端化、智能化、绿色化发展。

随着全球环境保护意识的日益增强和能源结构的转型升级，新能源汽车产业迎来了前所未有的发展机遇。新能源汽车以其零排放、低噪声、高效能等优势，逐渐成为未来汽车发展的主流方向。新能源汽车技术的快速发展对汽车维修与检测行业提出了更高的要求，为了培养适应市场需求的高素质技能型人才，满足新能源汽车检测与故障诊断领域的教学与培训需求，我们联合企业，通过校企合作双元开发编写这部教材。

本书体例结构设计新颖，以项目为引领，通过任务驱动，可有效实施项目化教学。本书从任务导入到总结评价，每一个环节力求涵盖新能源汽车检测与故障诊断的各个方面，如基础知识项目介绍了电池单体与电池包检测、充电安全检测、电机性能检测，高级应用项目介绍了电控系统检测、高压系统检测、低压电气系统检测等。将新能源汽车检测流程、故障诊断方法等理论与实际应用相结合，突出操作实践。

本书内容编排体现出高度的系统性与全面性，从新能源汽车的基础知识到高级应用，逐一涵盖检测与故障诊断的各个环节，构建了一个完整且连贯的知识体系。特别地，本书以吉利帝豪 EV300、EV450 等典型车型为例，通过丰富的实例操作和案例分析，增强了内容的实用性和针对性，使读者能够直观且深入地掌握新能源汽车的检测与故障诊断技术。此外，本书还融入了“互联网+”思维，配备了适量的数字化教学资源，使学习兼具互动性和趣味性，极大地提升了学习效果。同时，本书在编写时严格遵循《国家职业分类大典》（2022 年版）及相关行业标准，确保了内容的规范性和权威性。通过本书的学习，读者可以全面掌握新能源汽车检测与故障诊断的核心知识与技能，提升个人专业素养和职业能力，为从事新能源汽车检测与故障诊断工作打下坚实的基础。

本书由广州铁路职业技术学院与欧纬德智能科技（广州）有限公司强强联合，双元协同开发数字化教学资源，广州铁路职业技术学院李杜鹃担任主编，广州铁路职业技术学院罗锡才与欧纬德智能科技（广州）有限公司龙纪文担任副主编，广州铁路职业技术学院郑毅、吴志敏任参编。本书的编写具体分工如下：李杜鹃、郑毅与龙纪文负责项目一至项目四的编写，罗锡才、吴志敏负责项目五与项目六的编写，全书由李杜鹃统稿。

本书的编写得到学校、企业的大力支持与协助，我们对此深表感谢。同时，我们也要向西南交通大学出版社的编辑团队致以崇高的敬意，编辑团队的敬业精神与严谨态度，为本书的出版提供了坚实的保障。

鉴于编者水平有限，书中难免有疏漏与不妥之处，恳请专家和读者批评指正，以便再版时修订完善。

编　者

资源目录列表

目录 CONTENTS

项目一

新能源纯电动汽车高压安全操作与维护保养

学习目标

1. 知识目标

（1）纯电动汽车的结构；
（2）纯电动汽车高压系统的工作原理；
（3）纯电动汽车 PDI（车辆的售前检验）作业内容；
（4）纯电动汽车维护保养的内容。

2. 技能目标

（1）能叙述吉利帝豪 EV450 汽车的整车构造，学会高压安全操作与维护保养操作；
（2）能小组合作，翻阅维修手册、产品手册、保养手册，进行高压维护安全操作；
（3）能按规范流程执行新车 PDI 检查作业操作；
（4）能够按照维修手册标准执行定期维护保养。

3. 素质目标

（1）能够自主查阅相关资源获取信息；
（2）能够团队合作，解决问题；
（3）能够精益求精地磨炼技艺，树立技能报国的理想，发扬大国工匠精神，具备爱岗敬业的职业素养。

学习任务一 新能源纯电动汽车的总体构造认知

任务导入

在某职业院校新能源汽车专业就读的小虎，其邻居购买了一辆新能源电动汽车——吉利帝豪EV450，邻居想请小虎给介绍该车的基本结构，以及与传统燃油车有何区别，小虎该怎么介绍呢？

工作任务

就车认知新能源汽车的基本结构组成，并阐述与传统燃油汽车的区别。

任务分组

将学生按 4 ~ 6 人为一组进行分组，明确每组的工作任务，并填写表 1-1-1。

表 1-1-1 学生分组表

组 别	组员名单	任务分工
1		
2		
3		
4		
5		
6		

工作准备

1. 根据工作任务，进行任务分组，并完成任务分工。
2. 查阅维修手册和电路图，收集有关吉利帝豪 EV450 纯电动汽车总体构造的信息。
3. 根据工作任务，分析实施过程中的难点或可能出现的质量问题。

收集信息

1. 新能源车是指采用____________________作为动力来源，综合车辆的动力控制和驱动方面的先进技术，形成的______________、具有新技术、新结构的汽车。

2. 汽车常规燃料有____________、____________，新型燃料有________________________。

3. 现在市场上量产的 3 种新能源车，请准确填写其名称。

______　______　______

4. 纯电动汽车中市场占有率较高的有以下几大品牌，请看图连线。

比亚迪

北汽

吉利

特斯拉

广汽

蔚来

知识拓展　纯电动汽车助力中国汽车强国梦的实现

举目已是千山绿，宜趁东风扬帆起。成绩让我们喜悦，经验让我们借鉴。只要我们认真吸取近几十年积累的经验和继续发扬锲而不舍的奋斗精神，不断开拓创新，勇于进取，一定能在开放的国际竞争环境中，抓住发展机遇，从容应对各种挑战，在不远的未来实现汽车强国梦。

2020 年 7 月 23 日，习近平总书记在考察中国第一汽车集团有限公司研发总院时强调，我们要成为制造业强国，就要做汽车强国。中国要向制造业强国、工业强国的更高目标发展，就是要在发展战略性新兴产业方面，抢抓机遇、弯道超车。

2020 年 11 月 2 日，国务院办公厅印发《新能源汽车产业发展规划（2021—2035 年）》，提出到 2025 年，纯电动乘用车新车平均电耗降至 12.0 千瓦时/百千米，新能源汽车新车销售量达到汽车新车销售总量的 20%左右，高度自动驾驶汽车实现限定区域和特定场景商业化应用。到 2035 年，纯电动汽车成为新销售车辆的主流，公共领域用车全面电动化，燃料电池汽车实现商业化应用，高度自动驾驶汽车实现规模化应用，有效促进节能减排水平和社会运行效率的提升。

5. 通过纯电动汽车和传统汽车的驱动对比，谈谈你对新能源汽车的认知。

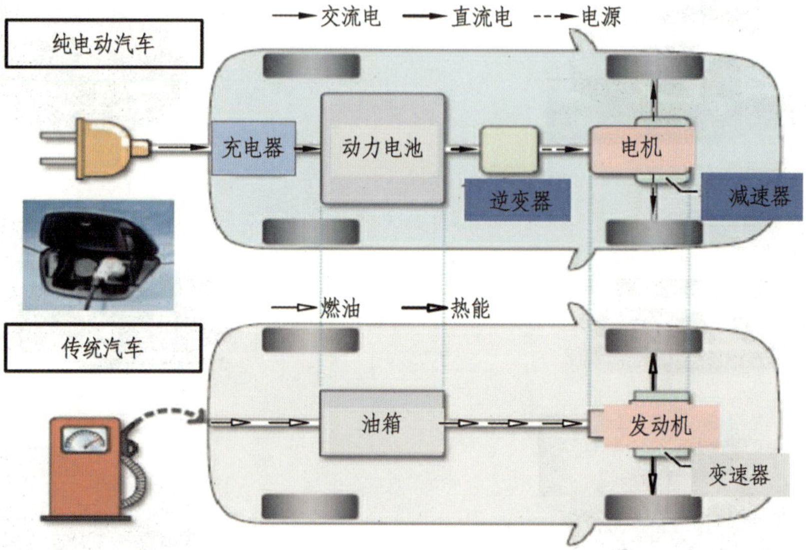

6. 请根据吉利帝豪 EV450 车辆的铭牌，填写重要信息：

电机功率：________________；

动力电池电压：______________；

动力电池容量：______________。

中国 浙江豪情汽车制造有限公司 制造

LB378Y4W7JA193088

品　牌：帝豪牌	整车型号：HQ7002BEV05
驱动电机型号：TZ220XS503	乘坐人数：5
驱动电机峰值功率：120kW	最大允许总质量：1970kg
动力电池系统额定电压：346V	制造年月：2018年10月
动力电池系统额定容量：150Ah	

7. 识别纯电动汽车的慢、快充电口位置。

8. 识别吉利帝豪 EV450 纯电动汽车主要零部件，并准确填写其名称。

9. 识别吉利帝豪 EV450、EV300 的仪表盘信息，并准确填写仪表对应的功能，见表 1-1-2、1-1-3。

（a）吉利帝豪 EV450 仪表盘

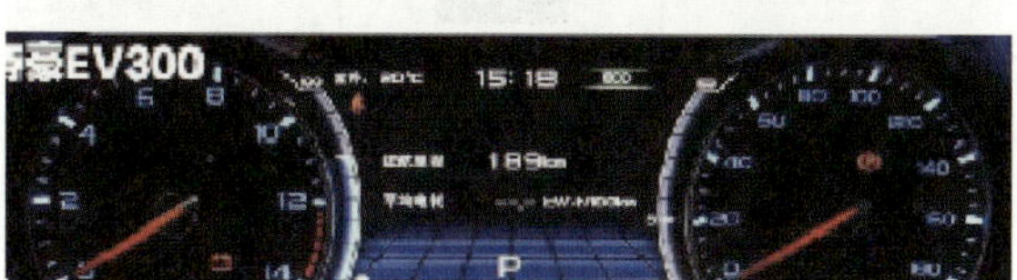

（b）吉利帝豪 EV300 仪表盘

表 1-1-2　吉利帝豪 EV450 仪表盘信息表

车　型	仪表信息			
吉利帝豪 EV450	名　称	图　标	名　称	图　标
			ABS、EBD 故障指示灯	
	ECO 模式指示灯			
	ECO+模式指示灯		电子稳定控制系统（ESP）关闭指示灯	
	SPORT 模式指示灯			
			电动助力转向系统故障指示灯	
	减速器故障指示灯			

表 1-1-3　吉利帝豪 EV300 仪表盘信息表

车　型	仪表信息			
吉利帝豪 EV300	名　称	图　标	名　称	图　标

	安全气囊故障指示灯		位置指示灯	
	制动系统故障指示灯		远光指示灯	
	驻车制动指示灯		后雾指示灯	

	左转向指示灯		驾驶员安全带未系报警指示灯	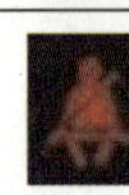
	右转向指示灯			
			胎压异常指示灯	

制订方案

就车认知新能源汽车的基本结构组成方案。

1. 任务分工

____

____。

2. 任务实施步骤

____

____。

3. 异常情况处理措施

____

____。

知识学习

一、新能源纯电动汽车的定义与分类

（一）新能源汽车的定义

新能源汽车是指采用非常规的车用燃料作为动力来源（或使用常规的车用燃料、采用新型车载动力装置），综合车辆的动力控制和驱动方面的先进技术形成技术原理先进、具有新技术、新结构的汽车。

《节能和新能源汽车产业发展规划 2011—2020》中将新能源汽车的范围定为插电式混合动力汽车、纯电动汽车、燃料电池汽车，而常规混合动力汽车为节能内燃机汽车。

新能源汽车是指采用新型动力系统，完全或主要依靠新型能源（如电能）驱动的汽车。节能汽车是指以内燃机为主要动力系统，通过应用先进技术手段使车辆油耗明显降低的汽车。

（二）纯电动汽车的定义

纯电动汽车（Battery Electric Vehicle，简称 BEV）是指以车载电源为动力源，用电动机驱动车轮行驶，符合道路交通、安全法规各项要求的车辆，一般采用高效率充电蓄电池为动力源，如图 1-1-1 所示。常见的纯电动汽车有：比亚迪 E5、特斯拉汽车、北汽新能源 EX 系列、吉利帝豪 EV pro（见图 1-2-2）。

图 1-1-1　纯电动汽车充电蓄电池

图 1-1-2　吉利帝豪 EV Pro

纯电动汽车不再采用内燃机作为动力输出装置，它采用电动机取代了传统汽车的发动机，采用减速器代替了传统的变速箱；安装了动力电池在底盘底部，舍弃了油箱，能源类型也由燃油化学能变成了电能，电能是二次能源，可以来源于风能、水能、热能、太阳能等；能量由燃油车化学能转变为机械能变成了电能转换为机械能，大大提升了能量的使用效率，如图 1-1-3 所示。

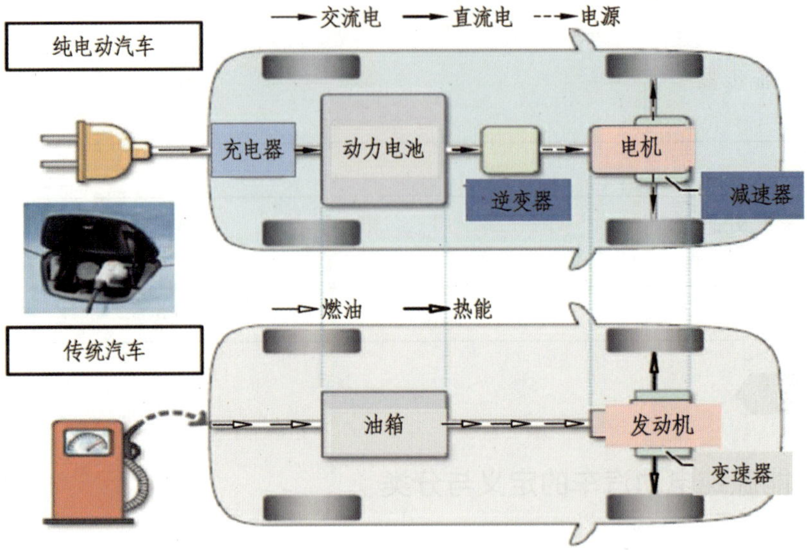

图 1-1-3　纯电动汽车与传统汽车能量转对比

（三）纯电动汽车的分类

纯电动汽车发展至今，种类较多，通常按车辆用途、车载电源数目以及驱动系统的组成进行分类。按照用途不同可分为电动轿车、电动货车和电动客车 3 种。

（1）电动轿车是目前最常见的纯电动汽车。除了一些概念车，纯电动轿车已经批量生产，并已进入汽车市场。

（2）用作功率运输的电动货车比较少，而在矿山、工地及一些特殊场地，则早已出现了一些大吨位的纯电动载货汽车。

（3）纯电动小客车较少见，纯电动大客车用作公共汽车，在一些城市的公交线路以及世博会、世界性的运动会上，已经有了良好的表现。

二、新能源纯电动汽车的组成

新能源纯电动汽车主要由电机驱动系统、电源系统、辅助系统、车身、底盘组成，如图 1-1-4 所示。

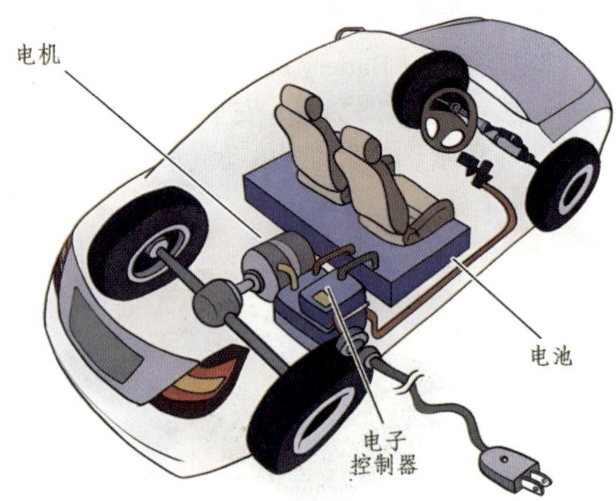

图 1-1-4　新能源纯电动汽车结构简图

以北汽 EV160 为例，如图 1-1-5 所示，新能源纯电动汽车主要由电源系统、驱动电动机、电机控制器、高压控制盒、DC/DC 转换器和车载充电机等组成。

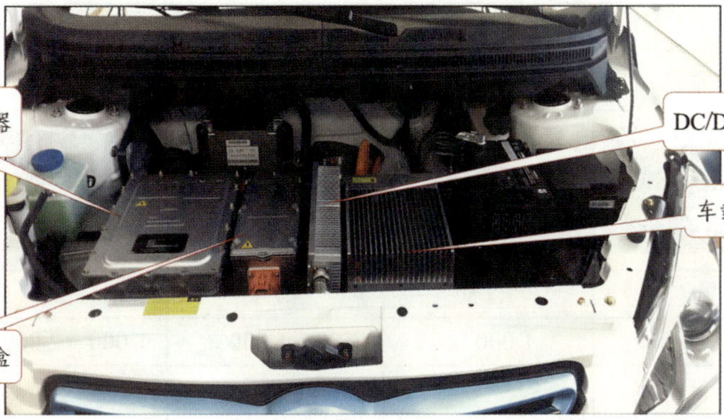

图 1-1-5　北汽 EV160 前机舱结构图

（一）电源系统

电源系统主要由动力电池系统、电池管理系统、车载充电机及辅助动力源组成，如图 1-1-6 所示。

图 1-1-6　电源系统的组成

1. 动力电池系统

动力电池系统是纯电动汽车的能量源，其主要作用是保证电池组在安全区间内工作，提供车辆控制所需的必要信息，在出现异常时及时处理，并根据环境温度、电池状态及车辆需求等决定电池的充放电功率等。动力电池是电动汽车的核心，是纯电动汽车驱动能量的唯一来源，直接关系到电动汽车的动力性能、续航能力，也与电动汽车的安全性直接相关。

目前用在汽车上的动力电池，主要有铅酸蓄电池、镍氢电池、锂电池（磷酸铁锂和三元锂电池）和氢燃料电池四大类。四类电池各有优缺点，不同的车型选择也是不同的，对比见表 1-1-4。

2. 电池管理系统

电池管理系统（Battery Management System，简称 BMS）是电动汽车的智能核心。一辆设计优良的电动汽车，除了有良好的机械性能、电驱动性能、选择适当的能量源（即电池）外，还应该有一套协调各个功能部分工作的能量管理系统，它的作用是检测单个电池或电池组的荷电状态，并根据各种传感信息，包括力、加减速命令、行驶路况、蓄电池工况、环境温度等，合理地调配和使用有限的车载能量；它还能够根据电池组的使用情况和充放电历史选择最佳充电方式，以尽可能地延长电池的寿命。

表 1-1-4　四类动力电池参数对比

项　目	电池类型				
	铅酸蓄电池	镍氢电池	三元锂电池	磷酸铁锂电池	氢燃料电池
应　用					
单体电压	2 V	1.2 V	3.7 V	3.2 V	0.9 V
寿　命	1～2 年	1 000 次	500～1 000 次	1 000～2 000 次	5 000 h
价　格	低	中等	较高	较高	高
比能量	低	低	高	中等	高
温度影响	大	中等	较大	大	小

3. 充电系统

在纯电动汽车使用的过程中，动力电池的电量来自充电系统，途径是外部充电和能量回收。由于纯电动汽车的充电系统不能像燃油车通过添加燃油的方式增加动力能源，所以充电系统的效率对纯电动汽车的使用影响极大。

充电系统的组成：充电桩、充电线、充电口、充电机和发电机（电动机），如图 1-1-7 所示。

（a）充电桩　（b）充电线　（c）充电口　（d）充电机　（e）发电机（电动机）

图 1-1-7　充电系统的组成

（二）驱动电机系统

驱动电机系统由驱动电机（DM）、驱动电机控制器（MCU）及工作必要的辅助装置三部分构成，如图 1-1-8 所示。电机驱动系统的作用是将动力电池的电能转换成机械能，在驾驶人的意愿下驱动汽车行驶，减速行驶时回收动能。

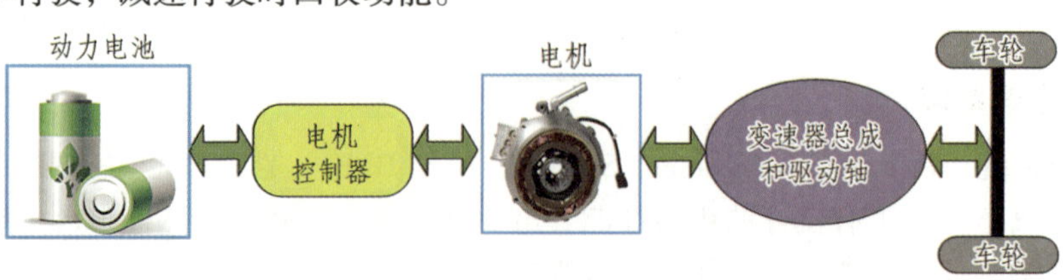

图 1-1-8　纯电动汽车驱动电机系统

1. 驱动电机

驱动电机是纯电动汽车三大核心部件之一，是车辆行驶的主要执行机构，其特性决定了车辆的主要性能指标，直接影响车辆动力性、经济性和舒适性。

现阶段常见的汽车驱动电机主要有直流电动机、交流异步电机、永磁同步电机 3 种，电机参数见表 1-1-5。

表 1-1-5　3 种电机参数对比

项　目	电机类型		
	直流电机	交流异步电机	永磁同步电机
应　用			
转速范围	4 000 ~ 6 000 r/min	12 000 ~ 20 000 r/min	4 000 ~ 10 000 r/min
电机重量	重	重	轻
电机体积	大	中	小
能　耗	高	中	低
优　势	造价低	性能强	舒适/节能

2. 电机控制器

电机控制器安装在前舱内，采用 CAN 通信控制，控制着动力电池组到电机之间能量的传输，同时采集电机位置信号和三相电流检测信号，精确地控制驱动电机运行。电机控制器是一个既能将动力电池中的直流电转换为交流电给驱动电机，又能将车轮旋转的动能转换为电能（交流电转换为直流电）给动力电池充电的设备。

（三）高压控制盒

纯电动汽车高压控制盒又称高压配电盒，主要功能是将动力电池的高压电分配给各个高压零部件，同时保护电路，防止过载等功能。纯电动汽车的动力电池电压多在 200 ~ 400 V，全车高压用电器如电机控制器、空调系统、DC/DC 系统及充电系统若直接与动力电池相连，则会造成动力电池线束杂乱，既增加成本又占用整车空间，且增大整车安全隐患。所以电动车需要增加高压控制盒对动力电池进行高压分配。图 1-1-9 所示为北汽 EV160 高压控制盒。

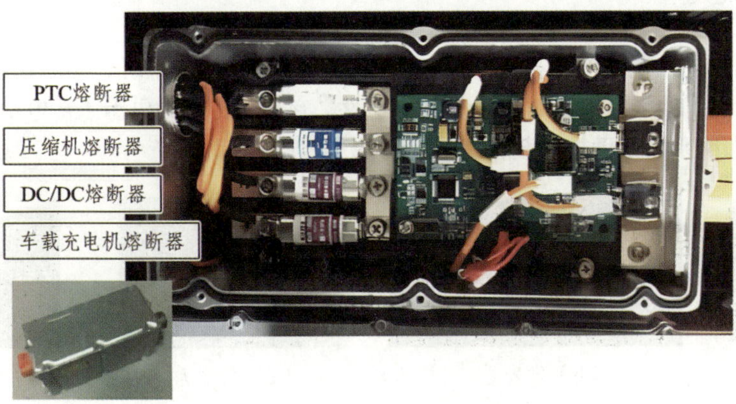

图 1-1-9　北汽 EV160 高压控制盒

（四）DC/DC 转换器

DC/DC 转换器安装于前机舱位置，其主要功能是在车辆启动后将动力电池输入的高压电转变成低压 12 V 向蓄电池充电，以保证行车时低压用电设备正常工作。图 1-1-10 所示为北汽 EV160 DC/DC 转换器。

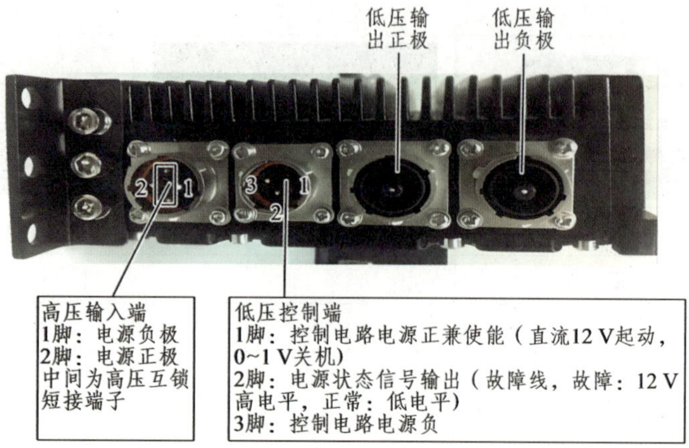

图 1-1-10　北汽 EV160 DC/DC 转换器

（五）车载充电机

车载充电机输入交流电源，输出的直流电源直接给动力电池充电。车载充电机作为电动汽车电气系统的一部分，被固定在底盘上。车载充电机的输入端，以标准充电接口的形式固定在车体上，用于连接外部电源；其输出端，直接连接动力电池包慢充电接口。在电动汽车 CAN 总线通信拓扑结构中，车载充电机作为一个节点，挂在 CAN 总线上，通过 CAN 与整车控制器交换数据。图 1-1-11 所示为北汽 EV160 车载充电机。

图 1-1-11　北汽 EV160 车载充电机

（六）辅助系统

纯电动汽车辅助系统主要包括车载信息显示系统、动力转向系统、导航系统等，借助这些辅助设备来提高汽车的操纵性和驾乘人员的舒适性。它主要由辅助电源（蓄电池和 DC/DC 转换器）、仪表系、照明系、辅助控制装置组成，如图 1-1-12 所示。

（a）辅助电源　（b）仪表系　（c）照明系　（d）辅助控制装置

图 1-1-12　辅助系统组成

三、吉利新能源纯电动汽车

（一）吉利新能源纯电动汽车铭牌

纯电动汽车铭牌主要包括车辆品牌、整车型号、驱动电机型号、驱动电机峰值功率、动力电池系统额定电压、动力电池系统额定容量、最大允许总质量、乘坐人数、车辆识别代码、制造年月、制造国及厂名等。图 1-1-13 所示为吉利新能源电动汽车铭牌。

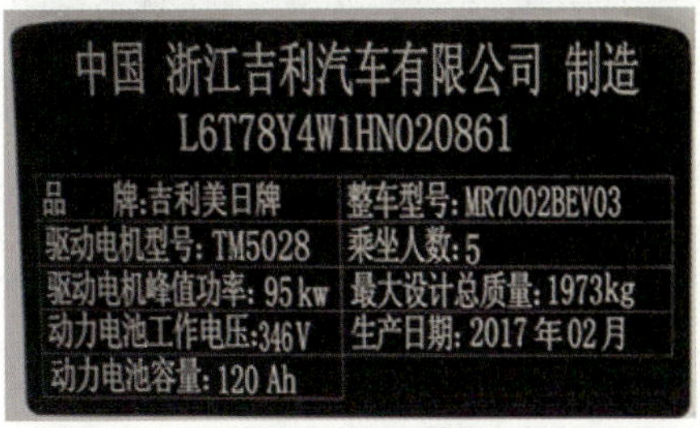

图 1-1-13　吉利新能源纯电动汽车铭牌

视频：帝豪新能源汽车总体结构认知

（二）吉利新能源纯电动汽车前舱结构

以吉利帝豪 EV450 为例，其前机舱采用 2+2 的布局形式，主要由电机控制器、DC/DC 转换器集成、高压控制盒、车载充电机集成和低压辅助电池等组成，如图 1-1-14 所示。

图 1-1-14　吉利帝豪 EV450 前机舱结构图

（三）认识吉利帝豪 EV 仪表组

帝豪 EV 车型仪表设计独特，TFT 液晶图形以及 LED 灯的显示方式新颖且节省空间。仪表显示内容主要包括：车速（步进电机）、功率（TFT 液晶）、电池电量（TFT 液晶）、档位（TFT 液晶）、里程（TFT 液晶）、平均电耗（TFT 液晶）、纯电续航（TFT 液晶）、行驶模式（ECO/SPORT）、充电模式（TFT 液晶）、部分报警图标（TFT 液晶）及其他 LED 显示车载信号。这种高度集成的设计，不仅具备液晶仪表的科技感，并且运用逻辑切换显示，减小了显示空间，科技感十足并且实用。纯电动汽车吉利帝豪 EV450 的仪表盘如图 1-1-15 所示。

图 1-1-15　纯电动汽车吉利帝豪 EV450 的仪表盘

吉利帝豪 EV450 的仪表灯信息表，见表 1-1-6。

表 1-1-6　吉利帝豪 EV450 部分的仪表灯信息表

车型	仪表灯信息			
吉利帝豪 EV450	名称	图标	名称	图标
			ABS、EBD 故障指示灯	
	ECO 模式指示灯			
	ECO+模式指示灯		电子稳定控制系统（ESP）关闭指示灯	
	SPORT 模式指示灯			
			电动助力转向系统故障指示灯	
	减速器故障指示灯			
				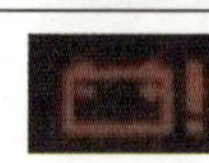

任务实施

一、探寻吉利帝豪 EV450 纯电动汽车主要零部件

 图 1-1-16　电机控制器 PEU	Step01　找出电机控制器 PEU。 位置：________ PEU 包含：________ 完成情况：□完成 □未完成，原因：________

续表

<table>
<tr>
<td>
图 1-1-17　车载充电机</td>
<td>Step02　找出车载充电机。
位置：______________
完成情况：□完成
　　　　　□未完成，原因：______________</td>
</tr>
<tr>
<td>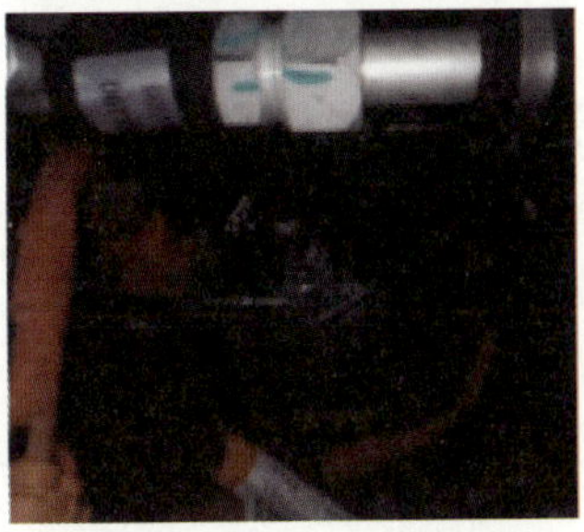
图 1-1-18　PTC 加热器</td>
<td>Step03　找出 PTC 加热器。
位置：______________
完成情况：□完成
　　　　　□未完成，原因：______________</td>
</tr>
<tr>
<td>
图 1-1-19　整车控制器 VCU</td>
<td>Step04　找出整车控制器 VCU。
位置：______________
完成情况：□完成
　　　　　□未完成，原因：______________</td>
</tr>
<tr>
<td>
图 1-1-20　动力电池</td>
<td>Step05　找出动力电池位置，并记录。
位置：______________
重要参数：使用材料______________
　　　　　标称电压______________
完成情况：□完成
　　　　　□未完成，原因：______________</td>
</tr>
<tr>
<td>
图 1-1-21　驱动电机</td>
<td>Step06　找出驱动电机。
位置：______________
重要参数：电机型号______________
　　　　　额定功率______________
完成情况：□完成
　　　　　□未完成，原因：______________</td>
</tr>
</table>

 图 1-1-22 空调压缩机	Step07 找出空调压缩机。 位置：__________ 完成情况：□完成 □未完成，原因：__________
 图 1-1-23 制动真空泵	Step08 找出制动真空泵。 位置：__________ 完成情况：□完成 □未完成，原因：__________
 图 1-1-24 低速报警器	Step09 找出低速报警器。 位置：__________ 完成情况：□完成 □未完成，原因：__________

二、完成吉利帝豪 EV450 纯电动汽车基本操作

1. 高压上电操作

 图 1-1-25 点火开关	Step01 打开点火开关。 完成情况：□完成 □未完成，原因：__________
 图 1-1-26 仪表盘	Step02 检查仪表工作情况，是否有故障指示灯，如有，请记录。 指示灯：__________ 完成情况：□完成 □未完成，原因：__________

续表

 图 1-1-27　制动踏板	Step03　踩住制动踏板，并按下点火开关。 完成情况：□完成 □未完成，原因：__________
 图 1-1-28　仪表指示灯	Step04　检查仪表指示灯是否有 REDAY 指示，如有指示则完成高压上电。 完成情况：□完成 □未完成，原因：__________

2. **慢充充电操作**

 图 1-1-29　慢充充电口	Step01　打开慢充充电。 完成情况：□完成 □未完成，原因：__________ 注：吉利帝豪 EV450 慢充口直接按压一次即可打开。
 图 1-1-30　充电枪	Step02　取出充电枪，并检查两头的标识。 完成情况：□完成 □未完成，原因：__________
 图 1-1-31　车辆端插头插入慢充口	Step03　将车辆端插头插入慢充口。 完成情况：□完成 □未完成，原因：__________
 图 1-1-32　电源端插头插入慢充充电桩	Step04　将电源端插头插入慢充充电桩。 完成情况：□完成 □未完成，原因：__________

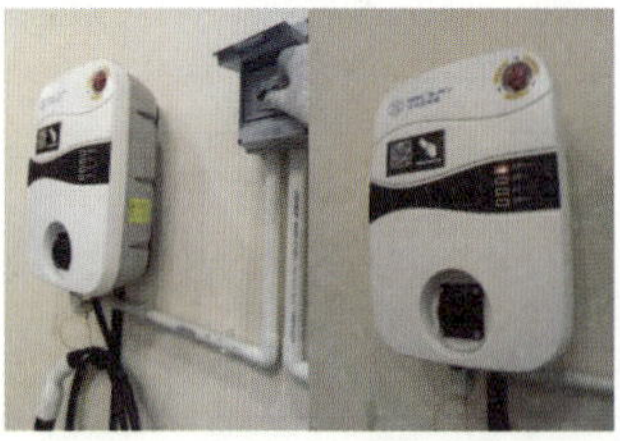 图 1-1-33　检查充电桩电源指示灯	**Step05**　打开充电桩电源开关，并检查充电桩电源指示灯是否点亮。 完成情况：□完成 □未完成，原因：________
 图 1-1-34　检查仪表	**Step06**　检查车辆仪表是否有充电枪连接指示灯。 完成情况：□完成 □未完成，原因：________
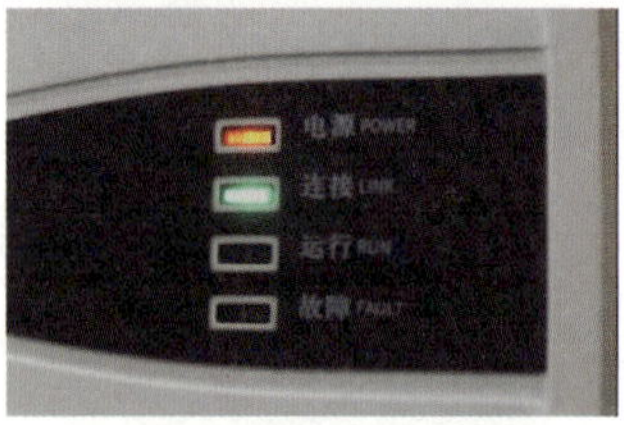 图 1-1-35　检查充电枪连接指示灯	**Step07**　检查充电桩连接指示灯是否点亮。 完成情况：□完成 □未完成，原因：________
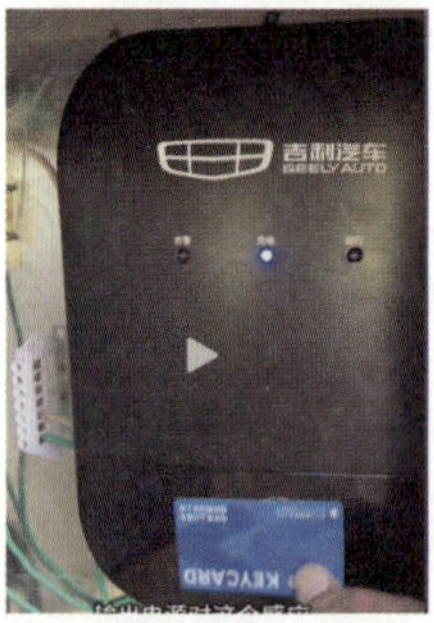 图 1-1-36　在充电桩上刷卡充电	**Step08**　在充电桩上刷卡充电。 完成情况：□完成 □未完成，原因：________
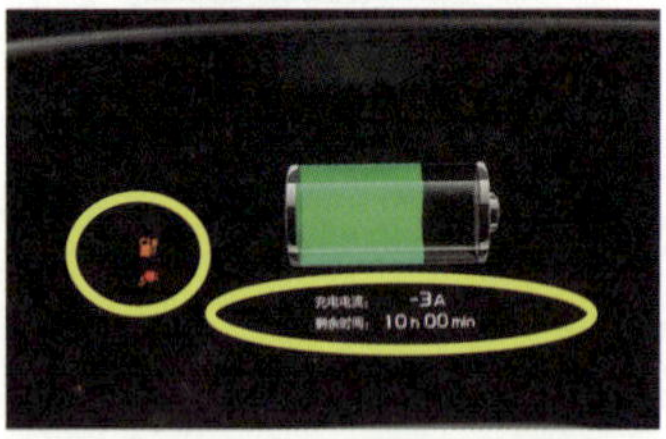 图 1-1-37　检查仪表上的充电指示	**Step09**　检查车辆仪表是否有充电指示，正常应能显示充电电压和充电电流。 完成情况：□完成 □未完成，原因：________

总结评价

学习任务总结评价表

班级______________小组_____________学号______________ 姓名______________

<table>
<tr><td colspan="2" rowspan="2">主要测评项目</td><td colspan="4">学生自评</td></tr>
<tr><td>A</td><td>B</td><td>C</td><td>D</td></tr>
<tr><td>关键能力总结</td><td>1. 遵守纪律，遵守学习场所管理规定，服从安排；
2. 具有安全意识、责任意识、5S 管理意识，注重节约、节能与环保；
3. 学习态度积极主动，能按时参加安排的实习活动；
4. 具有团队合作意识，注重沟通，能自主学习及相互协作；
5. 仪容仪表符合学习活动要求。</td><td></td><td></td><td></td><td></td></tr>
<tr><td>专业知识与能力总结</td><td>1. 能认识吉利帝豪 EV450 总体结构，并找出重点部件的安装位置；
2. 能对吉利帝豪 EV450 纯电动汽车进行基本操作。</td><td></td><td></td><td></td><td></td></tr>
<tr><td>个人自评总结与建议</td><td colspan="5"></td></tr>
<tr><td>小组评价</td><td colspan="5"></td></tr>
<tr><td rowspan="2">教师评价</td><td rowspan="2"></td><td colspan="4">总评成绩</td></tr>
<tr><td colspan="4"></td></tr>
</table>

教师签字：　　　　　　　　　　日期：

学习任务二 新能源纯电动汽车高压系统安全检查与防护

任务导入

黄先生购买了一辆吉利帝豪 EV450 新能源纯电动汽车，行驶了 10 000 km，需要对其进行保养。根据维修手册，保养之前需要对车进行高压系统安全检查。如果你是车辆售后服务中心的维修人员，应该如何对车辆进行高压系统安全检查与防护呢?

工作任务

对车辆进行高压系统安全检查与防护。

任务分组

将学生按 4 ~ 6 人为一组进行分组，明确每组的工作任务，并填写表 1-2-1。

表 1-2-1 学生分组表

组 别	组员名单	任务分工
1		
2		
3		
4		
5		
6		

工作准备

1. 根据工作任务，进行任务分组，并完成任务分工。
2. 查阅维修手册和电路图，收集吉利帝豪 EV450 纯电动汽车高压系统安全检查与防护的操作流程和操作注意事项。
3. 根据工作任务，分析实施过程中的难点或可能出现的质量问题。
4. 结合维修手册，分析可能引起故障诊断仪无法与车辆通信的故障原因，记录并制订操作步骤。

收集信息

1. 纯电动汽车的高压系统通常由______________、电机控制器、动力电池系统、高压分线盒、______________、电动空调压缩机、PTC 加热器、______________等组成。

2. 高压系统各部件作用（用线将对应名称连起来）。

动力电池 •	• 把家用 220 V 电升压整流给动力电池充电
高压控制盒 •	• 把动力电池直流电转变成三相交流电给电机使用
电机控制器 •	• 把电能转换成机械能，驱动汽车行驶
驱动电机 •	• 把高压直流电转换成 14 V 直流电给辅助电池充电
DC/DC 转换器 •	• 掌握整车的信息，控制充放电及电机的功率
车载充电机 •	• 分配高压电给不同系统
整车控制器 •	• 提供车辆行驶的能源

3. 认识高压系统的充放电过程。

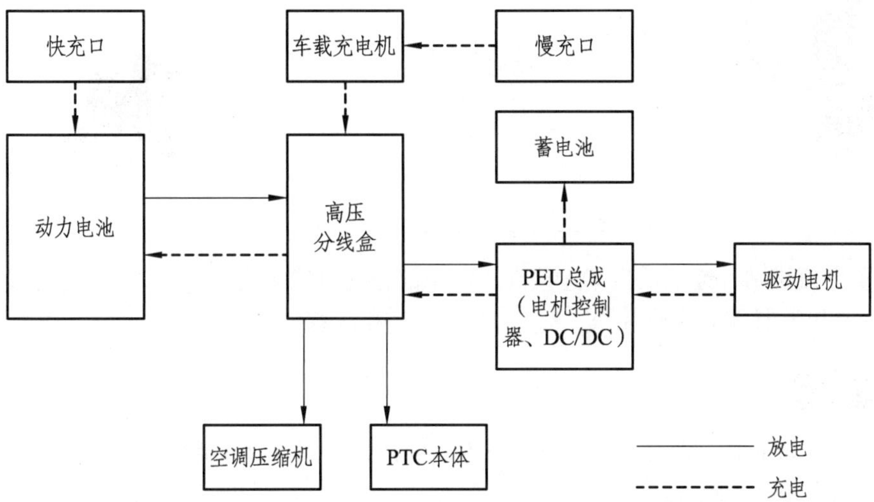

充电时，电流流向：慢充口 —________ —________ — ________ 动力电池。

快充口 —________ —________ — ________ 动力电池。

当________________情况下，驱动电机也可向动力电池充电。

放电时，电流流向：动力电池 —________ —________ — ________。

4. 识别下列防护工具，并将其名称序号填写在相应位置。

A. 绝缘垫　　B. 绝缘工具车　　C. 二氧化碳灭火器

D. 绝缘胶布　　E. 护目镜　　F. 安全帽

G. 绝缘服　　H. 绝缘手套　　I. 绝缘靴

________　________　________

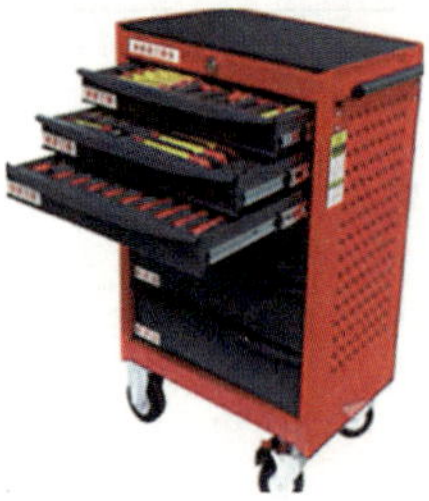  

________　________　________

________　________　________

5. 为了方便辨别，纯电动汽车连接高压回路部分的电线多为________色导线，并且在动力电池和高压元器件上都贴有__________和注意事项。

制订方案

分组查阅维修手册，学习汽车高压系统方面的知识，制订高压系统安全检查和吉利专用解码仪的使用两个任务实施方案。

1. 任务分工

____

____。

2. 任务实施步骤

____

____。

3. 异常情况处理措施

____

____。

知识学习

一、高压对人体的伤害

（一）高　压

通常所说的高压电是指配电线路交流电压在 1 000 V 以上或直流电压在 1 500 V 以上的用电。在 1 000 V 以下或直流电压在 1 500 V 以下为低压电。1 000 kV 及以上的交流电压等级为特高压供电。安全电压指的是交流电压不超过 36 V，直流电压不超过 50 V 的低压用电。所以纯电动汽车高压电力系为低压电，但并非安全电压，故要求在操作过程中一定要严格按照操作流程操作。

（二）高压对人体伤害的类型

高压对人体的伤害是指人体触及电体时，电流对人体所造成的伤害。高压对人体的伤害是多方面的，根据伤害的性质不同，可以分为电伤、电击和电磁场伤害 3 种类型，具体内容见表 1-2-2。其中，电击伤害是最常发生的一种。

表 1-2-2　高压对人体伤害的类型

图　示	类型名称	含　义
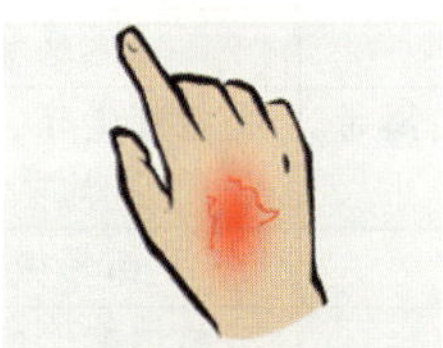 图 1-2-1　电伤	电　伤	指由于电流的热效应、化学效应和机械效应对人体的外表造成的局部伤害，如电灼伤、电烙印和皮肤金属化等
 图 1-2-2　电击	电　击	指电流流过人体内部造成人体内部器官的伤害。电击严重时可致人死亡
 图 1-2-3　电磁场伤害	电磁场伤害	指人体在电磁场作用下吸收能量受到的伤害。受到电磁场伤害后，人会出现头晕、乏力、记忆力减退、失眠和多梦等神经系统衰弱的症状

特别提示

我国《电磁环境控制限值》（GB/T 8702—2014）明确规定了职业照射导出限值和公众照射导出限值，电磁辐射的功率密度不能超过 20 μW/cm^2；在生活环境中，电磁辐射的功率密度不能超过 40 μW/cm^2。

（三）电击对人体伤害程度的影响因素

电击是由于电流流过人体而造成人体内部器官的伤害。当电流流过人体时，对人体造成的伤害程度与很多因素都有关，比如通过人体电流的大小、电流持续时间和电流流经人体的路径等。

1. 通过人体电流的大小

通过人体的电流越大，人体的生理反应越明显、感觉越强烈，致命的危害就越大。流过人体的电流与人体的反应见表 1-2-3。

表 1-2-3　流过人体的电流与人体反应

流过人体的电流/mA	人体的反应	
	交流电	直流电
0.6 ~ 1.5	手指开始感觉发麻	无感觉
2 ~ 3	手指感觉强烈发麻、颤抖	无感觉
5 ~ 10	手指肌肉感觉痉挛，手指感觉灼热和刺痛，手已难以脱离带电体	手指感觉痒、刺痛、灼热
20 ~ 25	手指感觉剧痛，迅速麻痹，不能摆脱带电体，呼吸困难	手部轻微痉挛
50 ~ 80	呼吸麻痹，心房开始颤动	手部痉挛，呼吸困难
90 ~ 100	呼吸麻痹，持续 3 s 或更长时间后，心脏停搏或心房停止跳动	呼吸麻痹

根据电流大小对人体伤害影响程度的不同，可以将电流分为感知电流、摆脱电流和致命电流 3 种，其类型和定义见表 1-2-4。

表 1-2-4　电流的类型及定义

类　型	定　义
感知电流	引起人的感觉（如麻、刺、痛）的最小电流
摆脱电流	人在触电后能够自行摆脱带电体的最大电流
致命电流	在较短时间内危及生命的最小电流。电击致死的主要原因是电流引起心室颤动造成的。因此，引起心室颤动的电流即为致命电流

2. 电流持续时间

通过人体电流的时间以 ms 计量，人体通电的时间越短，伤害越轻。电流持续时间越长，对人体的伤害越严重。

特别提示

人在触电后 1 min 内抢救，获救的成功率高达 90%；1 ~ 4 min 内抢救，获救的成功率只有 60%；超过 10 min 抢救，获救的成功率就很低了。

3. **电流流经人体的路径**

电击对人体的伤害与电流路径也有关。电流通过头部可使人昏迷；通过脊髓可导致瘫痪；通过心脏会造成心跳停止、血液循环中断；通过呼吸系统会造成窒息。

电击致人死亡的情况绝大多数都是电流刺激人体心脏纤维性颤动，因此流经心脏是最为危险的路径。不同途径下流经心脏的电流占流经人体总电流的比例见表 1-2-5。

表 1-2-5　不同路径下流经心脏的比例

电流流过人体的途径	流经心脏的电流占流经人体总电流的比例
从左手到脚（最危险）	约 6.4%
从右手到脚	约 3.7%
从一只手到另一只手	约 3.3%
从一只脚到另一只脚	约 0.4%

由表 1-2-5 可知，电流从手到脚以及从一只手到另一手时，触电的伤害最严重，尤其是从左手到脚的路径的危险性最大，因为在这种情况下的心脏、肺部、脊髓等重要器官都处于电路内。

（四）应对电击的急救流程

在维修纯电动汽车时，维修人员如果受到电击，视受伤情况采取不同的急救方法，具体的急救流程如图 1-2-4 所示。

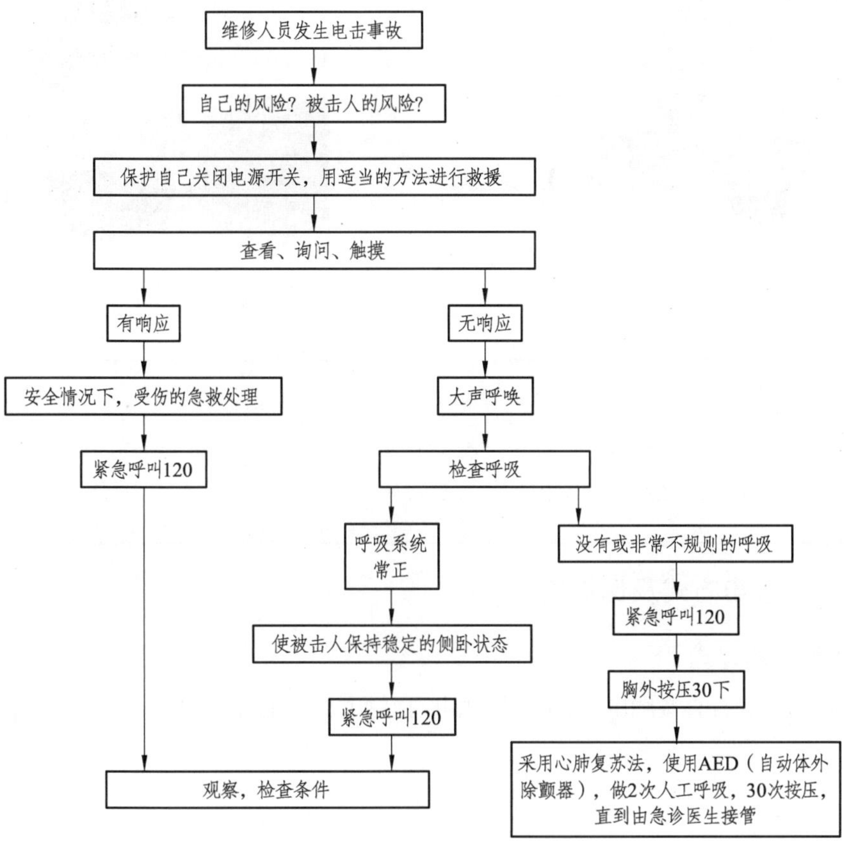

图 1-2-4　发生电击事故时急救流程图

如果受伤者是因接触电器触电，抢救人员应立即断开高压动力电池的电源，可就近拔掉插头，断开检修开关，如图 1-2-5 所示。如果受伤者是因碰到破损的电线触电，而抢救人员在附近又找不到开关时，可用干燥的木棒、竹竿、扫帚等绝缘工具把电线挑开，如图 1-2-6 所示，挑开的电线要放置好，不要使人再接触到。

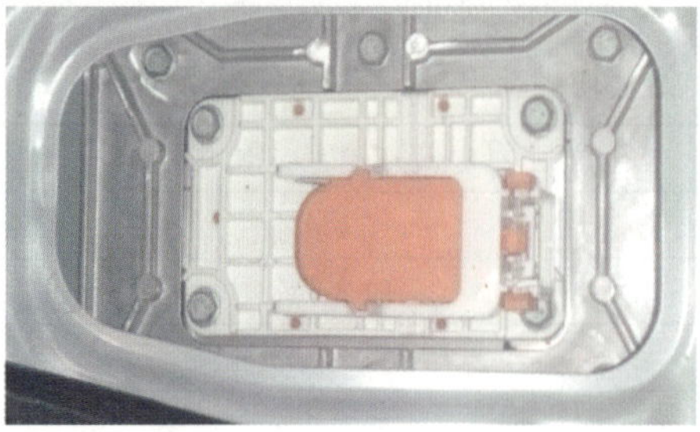

图 1-2-5　某车型检修开关

图 1-2-6　用绝缘棒挑开电线

当受伤者的呼吸和心脏均停止时，可以通过心肺复苏法（见图 1-2-7）和人工呼吸（见图 1-2-8）进行抢救。

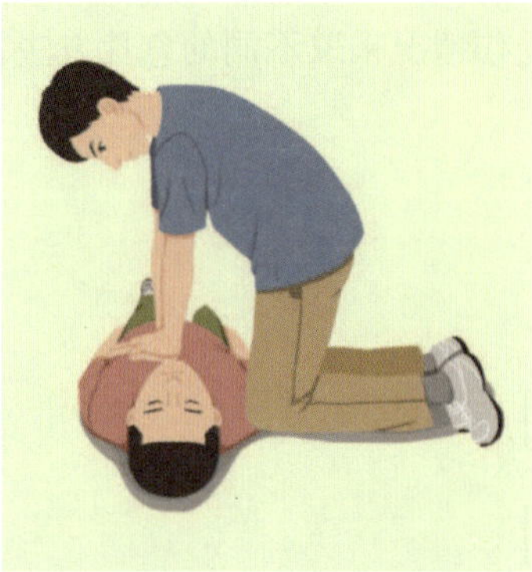

图 1-2-7　心肺复苏法

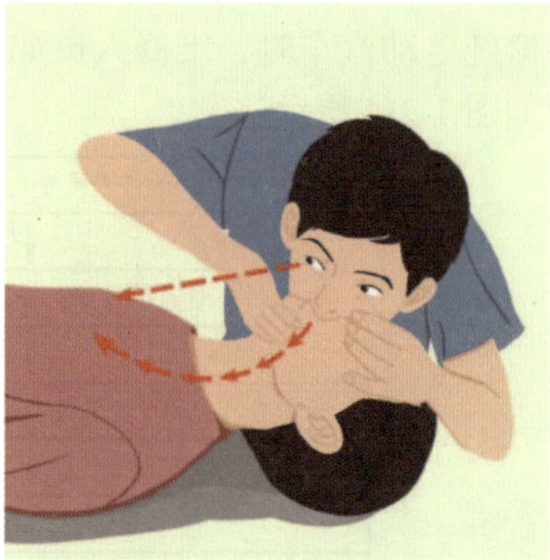

图 1-2-8　人工呼吸

特别提示

在维修纯电动汽车时，只有加强安全教育培训，不断强化全员安全意识，增强全员防范意识，才能筑起牢固的安全生产思想防线，才能从根本上解决安全生产中存在的隐患。

（五）人体触电方式及保护措施

1. 人体触电的方式

人体的触电一般有直接触电、跨步电压触电、接触电压触电等 3 种方式，具体内容见表 1-2-6。

表 1-2-6　人体的触电方式

<table>
<tr><th>触电方式</th><th>图　示</th><th>定　义</th></tr>
<tr><td rowspan="2">直接接触触电（包括单相触电和两相触电）</td><td>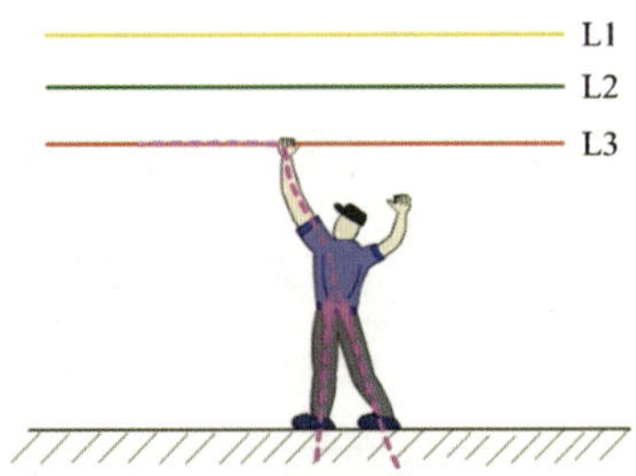
</td><td>如果人体直接接触到电器设备或电力线路中一相带电导体，或者与高压系统中一相带电导体的距离小于该电压的放电距离而造成对人体放电，这时电流将通过人体流入大地，这种触电称为单相触电</td></tr>
<tr><td>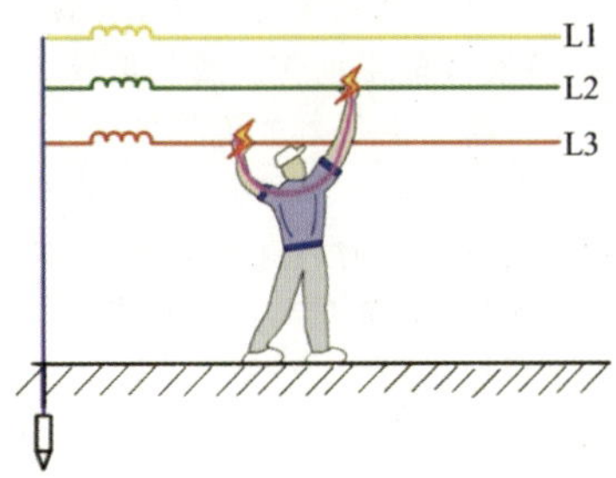
</td><td>如果人体同时接触电气设备或线路中两相带电导体，或者在高压系统中，人体同时分别靠近两相导体而发生电弧放电，则电流将从一相导体通过导体流入另一相导体，这种触电称为两相触电。显然发生两相触电的后果更严重，因为这时作用于人体的电压是线电压</td></tr>
<tr><td>跨步电压触电</td><td></td><td>当电气设备或线路发生接地故障时，接地电流会通过接地体将向大地四周流散，这时在地面上形成分布电位。人假如在接地点周围行走，其两脚之间就有电位差，这就是跨步电压由跨步电压引起的人体触电称为跨步电压触电</td></tr>
<tr><td>接触电压触电</td><td></td><td>电气设备由于使用时间过长，内部绝缘老化，造成击穿；或由于安装不良，造成其带电部分碰壳等原因使其本不带电的金属外壳带电，人若碰到带电外壳时就会发生触电，这种触电称为接触电压触电</td></tr>
</table>

特别提示

跨步电压的大小取决于人体离接地点的距离和人体两脚之间的距离。离接地点越近，跨步电压的数值就越大。高压设备发生接地时，室内不得接近故障点 4 m 以内，室外不得接近故障点 8 m 以内。进入上述范围的维修人员必须穿绝缘靴，接触设备的外壳和构架时应戴绝缘手套。雷雨天气，需要巡视室外高压设备时，应穿绝缘靴，不得靠近避雷器和避雷针。这些都是为了防止跨步电压触电。

2. 防止触电的保护措施

防止触电的保护措施见表 1-2-7。

表 1-2-7 防止触电的保护措施

类 型	保护措施	定 义
直接接触保护	绝缘	使用不导电的物质将带电体隔离或包裹起来，对触电起保护作用的一种安全措施
	屏护	采用遮拦、护罩、护盖、箱闸等把带电体同外界隔绝开来的措施
	安全间距	保证人身与设备安全所设置的距离，包括人与带电体和设备之间，设备与地之间的距离
间接接触保护	保护接地	将电气设备中正常运行时不带电，而在绝缘损坏时有可能带电的金属外壳用导线与接地体可靠连接起来的一种保护接线方式
	等电位连接	为了保证人身安全，将有可能带电伤人或损坏设备的金属导电体相互连接，消除或降低相互间的电位差的连接方式
	漏电保护器	漏电保护器简称漏电开关，又叫漏电断路器，主要是用来在设备发生漏电故障时以及对有致命危险的人身触电保护，具有过载和短路保护功能，可用来保护线路或电动机的过载和短路，亦可在正常情况下作为线路的不频繁转换启动之用

二、纯电动汽车高压系统的安全设计

纯电动汽车是完全由动力电池提供电力驱动的电动汽车，其工作电压高达几百伏（如吉利帝豪 EV450 的工作电压为 346 V），远远高于人体安全电压 36 V，且其高压系统工作时放电电流有可能达到数十安，甚至高达上百安，而一旦高压电路发生绝缘、短路及漏电等情况时，会直接对驾乘人员的人身安全造成危害。因此，根据纯电动汽车的特殊结构及电路的复杂性，并考虑纯电动汽车高压安全问题，必须对高压系统进行安全、合理的规划设计和必要的监控，这是纯电动汽车安全运行的必要保证。

根据纯电动汽车安全标准要求，并从车载储能装置、功能安全、故障保护、人员触电防护及高压电安全管理控制策略等方面综合考虑，纯电动汽车高压系统安全设计包括以下 4 个方面的内容。

（一）高压电电磁兼容性设计

由于纯电动汽车上存在高压交流系统，具有较强的电磁干扰性，因此，高压线束设计时电源线与信号线应尽量采用隔离或分开配线；电源线两端应考虑采用隔离接地，以免接地回路形成共同阻抗耦合，将噪声耦合至信号线；输入与输出信号线应避免排在一起造成干扰；输入与输出信号线应尽量避免在同一个接头上，如不能避免时应将输入与输出信号线错开放置。

（二）高压部件和高压线束的防护与标识设计

高压部件的防护主要包括防水、机械防护及高压警告标识等，尤其是布置在机舱内的部件，如驱动电机及其控制系统、电动空调系统、DC/DC 转换器、车载充电机等以及它们之间的连接接口，都要达到一定的防水和防护等级。且高压部件应具有高压危险警告标识，以警示用户与维修人员在保养与维修时注意这些高压部件。

由于纯电动汽车线束包括低压线束与高压线束，为提示和警示用户和维修人员，高压线束会采用橙色线缆并用橙色波纹管对其进行防护。同时高压连接器也标识为橙色，起到警示作用。

（三）预充电回路保护设计

因为高压设备控制器输入端存在大量的容性负载，直接接通高压主回路可能会产生高压电冲击，故为避免接通时的高压电冲击，高压系统会采取预充电回路的方式对高压设备进行预充电。图 1-2-9 所示为纯电动汽车高压系统预充电回路原理图。

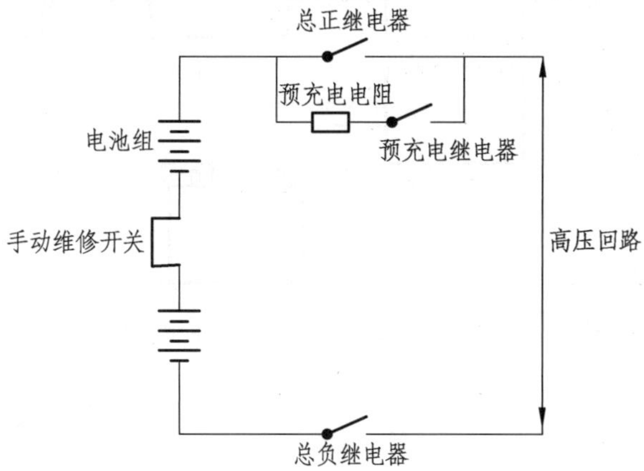

图 1-2-9　纯电动汽车高压系统预充电回路原理图

（四）高压设备过载/短路保护设计

当汽车高压附件设备发生过载或线路短路时，相关高压回路应能自动切断供电，以确保高压附件设备不被损坏，保证汽车和驾乘人员的安全。因此，在高压系统设计中会设置过载或短路的保护部件，如在相关回路中设置保险和接触器，当发生过载或短路而引起保险或接触器短路时，高压管理系统会通过对接触器触点和相关控制接触器闭合的有效指令进行综合判定，若检测出相关电路故障，高压管理系统会发出声光报警以提示驾驶员。

三、纯电动汽车高压安全检查规范

（一）纯电路汽车电路结构

熟悉纯电动汽车的电路结构是进行高压安全检查的前提,图 1-2-10 所示为吉利帝豪 EV450 电动汽车高压系统电路结构图。

（二）高压安全检查规范

对纯电动汽车进行高压安全检查时，必须遵守以下几点规范：

（1）未经过高压安全培训的维修人员，不允许对高压部件进行维护。

（2）在车体高电压或高温处均有“警告标识”，严格按照标识要求操作。

（3）车辆在充电过程中不允许对高压部件进行移除、维护等工作。

（4）对高压部件进行作业前，必须确认车辆钥匙处于 Lock 挡位并将 12 V 电源断开。

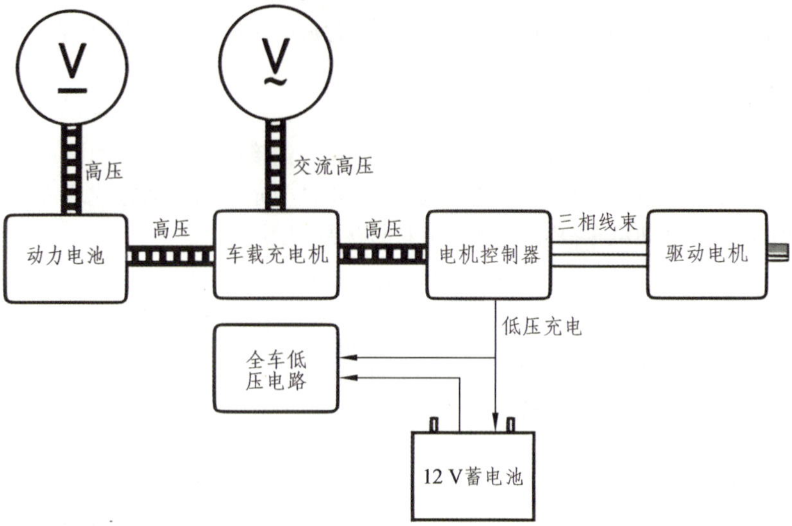

图 1-2-10　吉利帝豪 EV450 电动汽车高压电系统电路结构图

（5）高压部件打开或插头断开后，使用万用表对其电压进行测量，电压在 36 V 以下才可以进行下一步的操作。

（6）车辆维修时，不可车体湿润或带水操作。

（7）车辆拆装时，不可同时操作正负极。

（8）禁止正负对接，避免正极或负极经人体对地。

（9）拆开的高压线接口要进行绝缘处理。

（10）执行双人操作，保证一人监护，一人操作。

四、纯电动汽车安全检查的防护

对纯电动汽车进行检查时，要严格按照要求，采用规定的防护装备和检修仪器，并且要特别注意高压警示标识，避免因直接触碰带有高压电流的设备或导线而导致事故的发生。

（一）电气安全防护工具

为防止维修人员在检修用电设备、线路中发生触电、灼伤等人身伤害，保证其人身安全的工具称为电气安全防护工具，包括绝缘手套、绝缘服、绝缘靴、绝缘工具车、绝缘垫、绝缘胶布、护目镜和灭火器等，如图 1-2-11 所示。

（a）绝缘手套　（b）安全帽　（c）绝缘服　（d）绝缘鞋　（e）绝缘工具车

（f）绝缘垫

（g）绝缘胶布

（h）护目镜

（i）灭火器

图 1-2-11　电气安全防护工具

（二）电气检修仪器的安全使用注意事项

对电机、高压控制盒、高压线路等电气设备进行检测及维护时，要使用专业的电气检修仪器。常用的电气检修仪器包括万用表、绝缘测试仪、示波器等，如图 1-2-12 所示。

（a）万用表

（b）绝缘测试仪

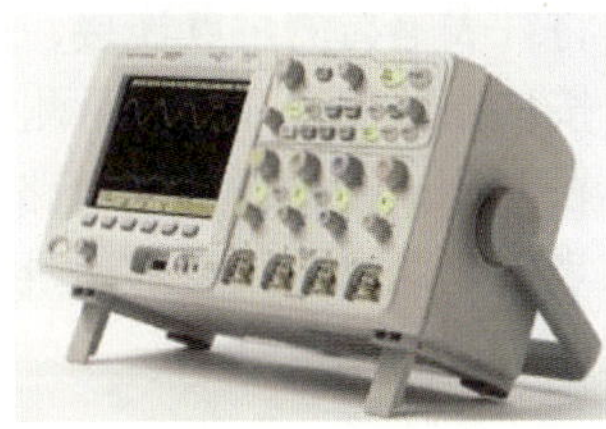

（c）示波器

图 1-2-12　常用的电气检修仪器

1. 绝缘测试仪的使用及注意事项

绝缘测试仪（兆欧表）是进行高压检查时必须用到的仪器，其按键使用说明如图 1-2-13 所示。

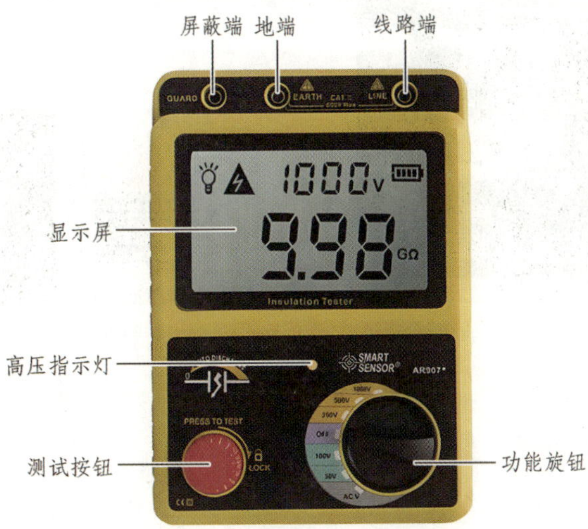

图 1-2-13　绝缘测试仪按键说明

使用绝缘测试仪时应注意以下几点：

（1）严格按照绝缘测试仪手册的规定使用；在将绝缘测试仪与被测电路连接之前，始终选用正确的端子、开关位置和量程挡。

（2）用绝缘测试仪测量已知电压来验证操作是否正常；在端子之间或任何一个端子与搭铁点之间施加的电压不能超过绝缘测试仪的额定值。在 AC 42 V（交流）峰值或 DC 60 V（直流）以上作业时应格外小心，这些电压有造成触电的危险；当出现电池低电量指示符时，应尽快更换电池。

（3）在测试电阻、导通性、二极管或电容以前，必须先切断电源，并将所有的高压电容器放电；测试完后不要用手触摸测试线裸露部分，此时电路储存有电荷，有遭受电击的可能。

2. 绝缘测试仪的使用步骤

使用绝缘测试仪测量高压线束绝缘性能的步骤如下：

（1）断开车辆电源，待车辆高压系统内电容放电后，检测为无电压，方可进行下一步。

（2）使用绝缘测试仪红、黑色表笔分别插入测试仪 LINE 端和 EARTH 端。

（3）将功能旋钮旋至所需要的测试电压。

（4）将红表笔与测量点连接，黑表笔与车身壳体相连。

（5）按住测试按钮开始测量测量点与车身壳体间的电阻。

（6）松开测试按钮，被测电路通过测试仪放电，等待高压指示灯灭，高压报警声消失后，拆下测试表笔。此时，仪表显示屏显示测量点的绝缘阻值。查阅维修手册，对照测量数值是否符合标准值。

3. 警告标识

为了方便辨别，纯电动汽车连接高压回路部分的电线多为橙色导线，且在动力电池和高压元器件上都贴有警告标识和注意事项，如图 1-2-14 所示。维修人员对车辆进行维修时，要特别注意这些标识。

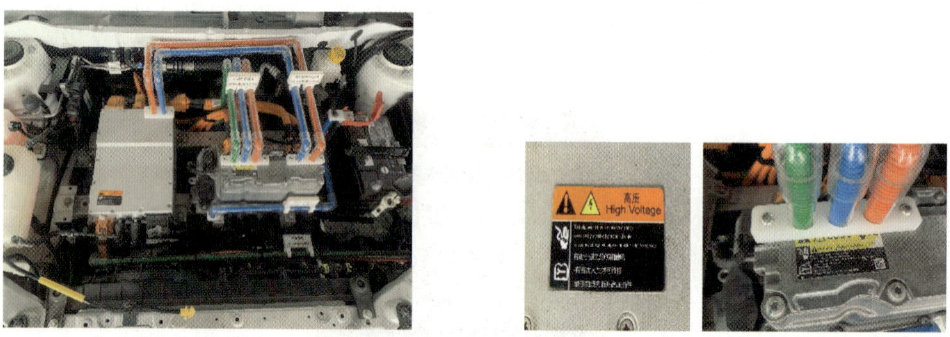

（a）橙色的高压电线及黄色的警告标识　　（b）高压警告标识

图 1-2-14　警告标识

4. 维修场地的安全设置

由于纯电动汽车存在高压系统及线路，所以维修场地、维修工具与传统燃油车不同，有其特别要求。维修场地要围安全警示线、挂警示牌，如图 1-2-15 所示；操作的车辆也同样需要设置高压安全警示牌；维修地面需要铺设绝缘胶垫。另外，维修前还需要维修技师对护具（绝缘服、绝缘手套、绝缘鞋、护目镜等）进行目视检查，尤其是绝缘手套的检查，并正确穿戴高压安全护具。

图 1-2-15　维修场地布置图

（三）电气事故发生的原因

由电气原因而造成的人身伤亡和设备损坏的事故，称作电气事故，它包括人身事故和设备事故。人身事故包括电流伤害、电磁伤害、静电伤害、雷电伤害、电气设备故障等造成的人身伤害。设备事故包括短路、漏电和操作事故等。人身事故和设备事故的发生大多数是由违反安全操作规程或安全技术规程造成的。

1. 违章操作

违章操作是引发电气事故的原因之一，例如违反停电检修安全工作制度，因误合闸造成维修人员触电；违反带电检修安全操作规程，使操作人员触及电器的带电部分；在带电情况下移动电气设备导致触电；用水冲洗或用湿布擦拭电气设备；违章救护触电人员时，造成救护者一起触电；对有高压电容的线路检修时未进行放电处理导致触电。

2. 施工不规范

在电气操作中施工不规范也能引起电气事故。如误将电源保护搭铁与零线相接，且插座的相线（俗称火线）、零线位置接反，使机壳带电；插头接线不合理，造成电源线外露，导致触电；电路的中线接触不良或安装保险，造成中线断开，导致电器损坏；线路敷设不合规范造成搭接物带电；随意加大熔丝的规格，失去短路保护作用，导致电器损坏；施工中未对电气设备进行搭铁保护处理。

3. 产品质量不合格

使用不合格的电气产品，也可导致电气事故。电气设备缺少保护设施造成电器在正常情况下损坏和触电；当带电作业时，使用不合理的工具或绝缘设施造成维修人员触电；产品使用劣质材料，使绝缘等级、抗老化能力降低，容易造成触电。

（四）电气事故的急救措施

人在触电后可能由于失去知觉或超过人的摆脱电流而不能自行脱离电源，此时抢救人员不要惊慌，要在保护自己不触电的情况下使触电者脱离电源。

任务实施

视频：帝豪新能源汽车高压安全操作

一、高压安全检查

<table>
<tr><td>
图 1-2-16　设置安全隔离</td><td>Step01　设置安全隔离，并放置安全警示牌。
完成情况：□完成
□未完成，原因：________</td></tr>
<tr><td>
图 1-2-17　安全防护用品</td><td>Step02　检查并穿戴个人安全防护用品。
注：由于是带电作业，操作人员须持证上岗
完成情况：□完成
□未完成，原因：________</td></tr>
<tr><td>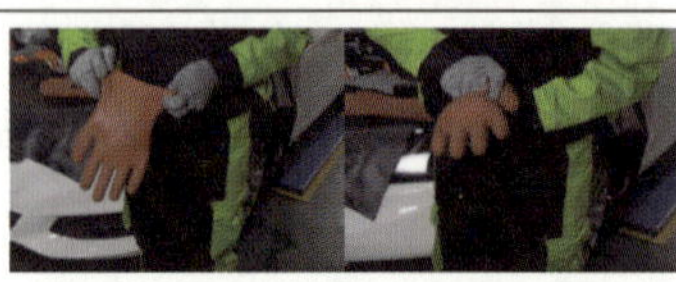
图 1-2-18　检测绝缘手套</td><td>Step03　检查绝缘手套确认裂纹、磨损以及其他损伤。
完成情况：□完成
□未完成，原因：________</td></tr>
<tr><td>
图 1-2-19　关闭电源开关</td><td>Step04　关闭电源开关，断开低压蓄电池负极并使用绝缘胶布包扎。
完成情况：□完成
□未完成，原因：________</td></tr>
<tr><td>
图 1-2-20　拆卸高压母线</td><td>Step05　等待 5 ~ 10 min，拆卸高压分线盒端动力电池高压母线。
完成情况：□完成
□未完成，原因：________
注：拆卸高压母线时必须佩戴与绝缘等级相符的绝缘手套。</td></tr>
</table>

续表

 图 1-2-21　测量子电压	Step06　测量高压母线端子电压是否为 0 V。 完成情况：□完成 □未完成，原因：____________ 注：确认无残余电压后再进行相应维修工作。

二、解码仪的使用

视频：帝豪新能源汽车诊断仪的使用

 图 1-2-22　安装车内 3 件套	Step01　安装车内 3 件套。 完成情况：□完成 □未完成，原因：____________
 图 1-2-23　连接车辆诊断座	Step02　将诊断仪插头连接到车辆诊断座。 完成情况：□完成 □未完成，原因：____________
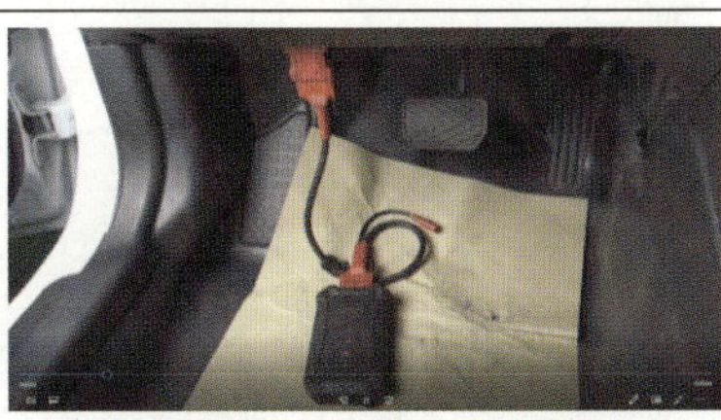 图 1-2-24　打开点火开关	Step03　打开点火开关，检查诊断仪各指示灯显示是否正常。 完成情况：□完成 □未完成，原因：____________

<table>
<tr><td>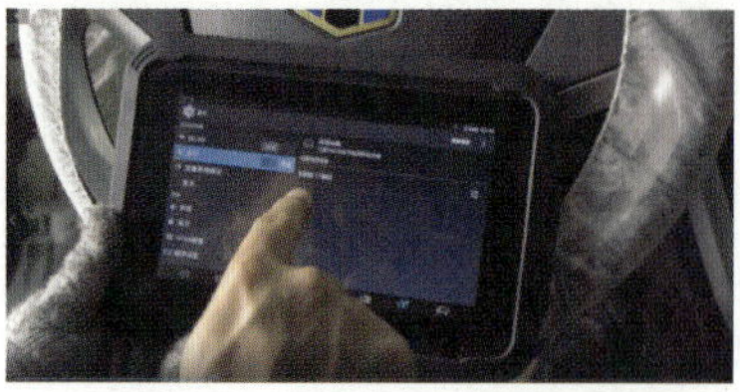
图 1-2-25　查平板电脑与诊断仪的连接</td><td>Step04　打开诊断仪和平板电脑，检查平板电脑与诊断仪的连接情况，蓝牙连接正常方可进行诊断。
完成情况：□完成
□未完成，原因：____________</td></tr>
<tr><td>
图 1-2-26　进入吉利新能源专用诊断程序</td><td>Step05　进入到吉利新能源专用诊断程序，选择吉利新能源车系，并选择吉利帝豪 EV450 车型。
是否正常：□正常
□不正常，原因：____________</td></tr>
<tr><td>
图 1-2-27　查看各系统的故障码</td><td>Step06　进入各个系统，查看各系统的故障码。
是否正常：□正常
□不正常，原因：____________</td></tr>
<tr><td>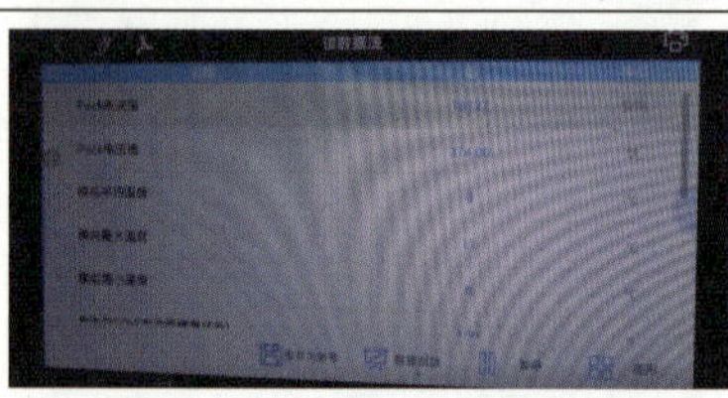
图 1-2-28　查看动力电池各项数据</td><td>Step07　选择动力电池系统，读取数据流，查看动力电池各项数据。
动力电池 SOC：____________
完成情况：□完成
□未完成，原因：____________</td></tr>
<tr><td>
图 1-2-29　退出诊断程序</td><td>Step08　退出诊断程序，关机。
完成情况：□完成
□未完成，原因：____________</td></tr>
</table>

总结评价

学习任务总结评价表

班级________小组________学号________姓名________

<table>
<tr><td colspan="2" rowspan="2">主要测评项目</td><td colspan="4">学生自评</td></tr>
<tr><td>A</td><td>B</td><td>C</td><td>D</td></tr>
<tr><td>关键能力总结</td><td>1. 遵守纪律，遵守学习场所管理规定，服从安排；
2. 具有安全意识、责任意识、5S 管理意识，注重节约、节能与环保；
3. 学习态度积极主动，能按时参加安排的实习活动；
4. 具有团队合作意识，注重沟通，能自主学习及相互协作；
5. 仪容仪表符合学习活动要求。</td><td></td><td></td><td></td><td></td></tr>
<tr><td>专业知识与能力总结</td><td>1. 能说出纯电动汽车高压系统的构成及作用；
2. 能结合纯电动汽车高压系统的构成，说明其高压系统安全设计的特点；
3. 能查阅维修手册，搜集维修安全注意事项，制订安全检查计划；
4. 能小组合作，执行维修手册标准，使用安全的防护用具进行高压安全检查；
5. 能够正确使用吉利汽车专用解码仪。</td><td></td><td></td><td></td><td></td></tr>
<tr><td>个人自评总结与建议</td><td colspan="5"></td></tr>
<tr><td>小组评价</td><td colspan="5"></td></tr>
<tr><td rowspan="2">教师评价</td><td rowspan="2"></td><td colspan="4">总评成绩</td></tr>
<tr><td colspan="4"></td></tr>
</table>

教师签字：　　　　　　　　日期：

学习任务三　新能源纯电动汽车 PDI 检查

任务导入

高级汽车维修工小虎，接到一项工作任务：对一辆吉利帝豪 EV450 纯电动汽车做新车交接检查，确保客户最终买到符合出厂标准的新车。主管要求小虎按照 PDI 检查流程对车辆进行检查。如果你是小虎，请问应该如何进行规范化的 PDI 检查？

工作任务

完成对吉利帝豪 EV450 纯电动汽车 PDI 检查，并记录数据。

任务分组

将学生按 4 ~ 6 人为一组进行分组，明确每组的工作任务，并填写表 1-3-1。

表 1-3-1　学生分组表

组　别	组员名单	任务分工
1		
2		
3		
4		
5		
6		

工作准备

1. 根据工作任务，进行任务分组。
2. 收集任务实施过程中所涉及的《电动汽车维护与保养》相关的国家标准。
3. 收集吉利帝豪 EV450 纯电动汽车 PDI 检查规定的项目和流程。
4. 根据工作任务，分析实施过程中的难点或可能出现的质量问题。

收集信息

1. PDI 即____________________，是指商品车最终交付给顾客前由专业人员对其进行的车辆质量状态检查，以确认__________、__________、__________等的完整性。

> **特别提示**
>
> PDI 即车辆售前检查（Pre Delivery Inspection，简称 PDI），是指商品车最终交付给顾客前由专业人员对其进行的车辆质量状态检查，以确认车辆外观、性能、随车物品等的完整性。
>
> PDI 是新车交付给顾客前的最后一个步骤，是为了向顾客保证新车的安全性和原厂性能。例如，未做 PDI 的新车会始终在运输模式运行，这种模式下只能简单行驶，很多系统都没有被激活，强行使用会导致功能不全，甚至会严重损害车辆，给车辆及驾驶员的安全造成极大的危害，因而，PDI 必不可少。

2. PDI 检验场地应在室内或遮阳棚下进行，室内或棚内灯光强度在车辆腰线处大于______ Lux；单支照明需用功率为_____W 的日光灯管。

3. 根据范围的不同，PDI 检查可分为基本检查、___________、___________和配备检查。

> **特别提示**
>
> PDI 检查根据不同范围可分为基本检查、前机舱内检查、车辆功能检查和配备检查。

4. 将下列检查内容与其对应的检查类别连接起来。

检查内容	检查类别
内饰各部件装配检查·	
玻璃水水位·	·配备检查
机舱盖、充电口盖·	
线束/管路连接·	·基本检查
铭牌及随车资料·	
主驾、副驾座椅及安全带·	·车辆功能检查
全车标牌和 Logo（标识）·	

5. 将下列 PDI 动态检查的内容补充完整。

根据__________，核对选装单上的有关信息，以及________的一致性
→ 用钥匙通电，待车辆________结束，起动车辆，观察各种指针、指示灯是否异常
→ 系________，检查_________指示灯是否熄灭
→ 将车开到__________检验棚，同时检查________、转向、悬挂、刹车是否异常
→ 将车熄火，拔出钥匙，完成检查并签字确认

6. 对照实物图，识别下列汽车部件并将其名称填写在相应位置。

____

____

____

____

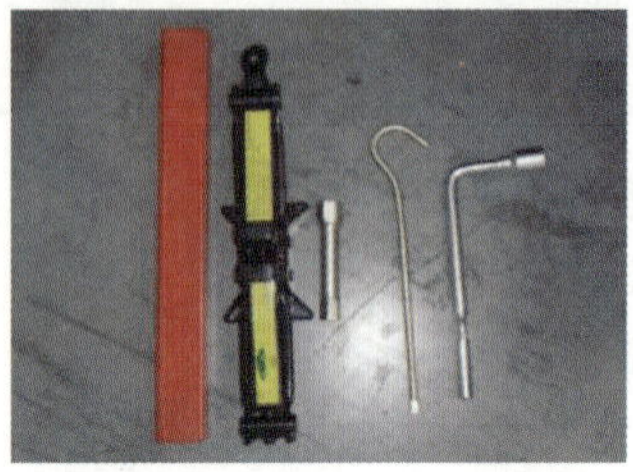

____

____

7. 对场地进行“6S”管理的具体内容包括：整理、__________、__________、__________、__________、安全。

制订方案

查阅维修手册，学习新能源汽车 PDI 检查方面的知识，制订方案。

1. 任务分工

____

____。

2. 任务实施步骤

____

____。

3. 异常情况处理措施

____

____。

知识学习

一、PDI（车辆售前检查）的要求

PDI 对检查人员、车辆和场地都有一定的要求。

1. 对检查人员的要求

PDI 检查人员需要穿戴舒适整洁，工作帽和制服要工整干净，服装无纽扣、拉锁漏在外部，

不佩戴戒指、手表、镯子、项链等饰物，以免损伤车辆漆面。

2. 对车辆的要求

进行 PDI 检查前，应对车辆做好清洁工作，如图 1-3-1 所示。工作场地应做好清洁工作，检查举升机、万用表、解码器、扳手等工具是否完好和整洁。

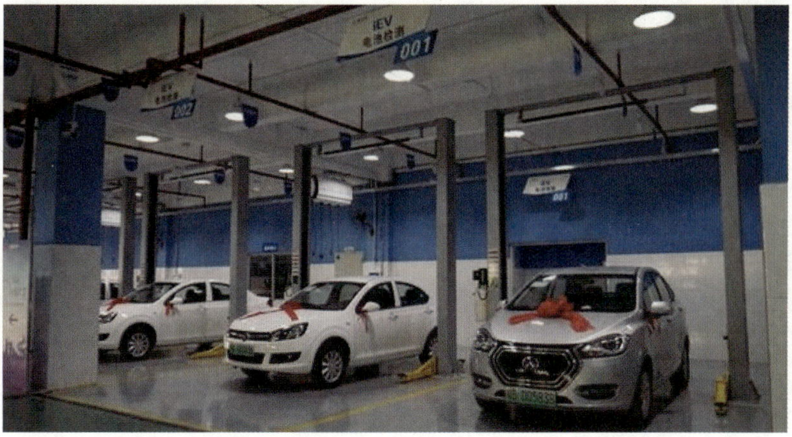

图 1-3-1 PDI 检查前对车辆做好清洁工作

3. 对场地的要求

为避免天气和阳光变化而引起检查结果的变化，PDI 检查必须在规定的场地进行，或类似的亮度条件下进行，要求如下：检验场地应在室内或遮阳棚下进行，室内或棚内灯光强度在车辆腰线处大于 1 100 Lux；单支照明需用功率为 40 W 的日光灯管。

二、PDI 的项目

越是高档车辆，其电子自动化程度越高，PDI 项目的检查也就越多。检验人员在进行检查前应随身携带检验记录表，如图 1-3-2 所示，以便随时记录检验结果。

1. 基础检查

基础检查的具体内容如图 1-3-3 所示。

2. 前机舱内检查

前机舱内检查的具体内容如图 1-3-4 所示。

3. 车辆功能检查

车辆功能检查的具体内容如图 1-3-5 所示。

车型：		颜色：	
VIN 号：		检测日期：	
※以下项目，无问题的在后面对应的检查结果内划 √，需要修理的划×，漏装的划○			
检查项目	记录栏	签字栏	
A. 基本检查	问题描述	检查人员	维修人员
1. 全车漆面、玻璃、装饰条检查			
2. 全车各部位间隙、段差			
3. 全车标牌和 Logo 标识			
4. 轮胎、轮辋			
5. 内饰各部件装配检查			
6. 备胎、后置物台和备胎盖板			
B. 前机舱内检查	问题描述	检查人员	维修人员
1. 整体目视检查（装调、渗、漏）			
2. 冷却液液位			
3. 制动液液位			
4. 玻璃水水位			
5. 蓄电池			
6. 线束/管路连接			
C. 车辆功能检查	问题描述	检查人员	维修人员
1. 遥控器及钥匙			
2. 车门及后备箱			
3. 车门窗及天窗			
4. 中控门锁			
5. 主驾、副驾座椅及安全带			
6. 仪表盘各项指示灯			
7. 导航仪及收音机			
8. 方向盘			
9. 照明灯光			
10. 指示灯光			
11. 雨刷			
12. 空调			
13. 后视镜（高配）			
14. 阅读灯			
15. 遮阳板及化妆镜			
16. 机舱盖，充电口盖			
17. 倒车雷达			
18. 换挡机构及驻车制动手柄			
19. 风窗加热			
20. 数据采集终端			
21. 充电功能			
22. 10 km 路试			
D. 配备检查	问题描述	检查人员	维修人员
1. 铭牌及随车资料			
2. 随车工具			

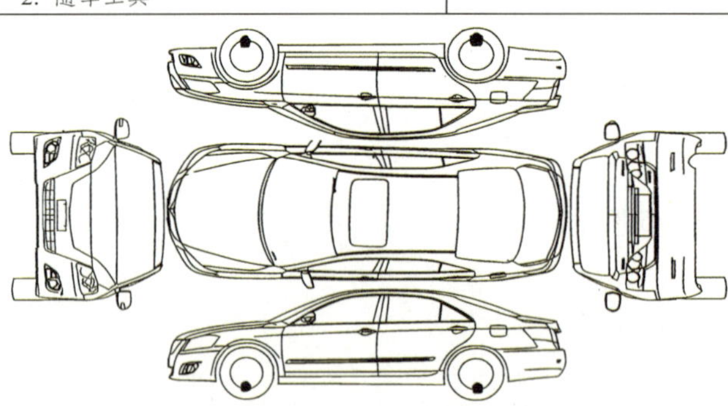

左侧外观损伤标示图标注：

×表示划伤

△表示掉漆

○表示漏装、缺件

日期/签字（执行人）

日期/签字（最后检查人）

说明：每车一单，每份两联。第一联由销售公司收回作统计分析用，第二联交客户留存。

图 1-3-2　某品牌纯电动汽车 PDI 检验记录表

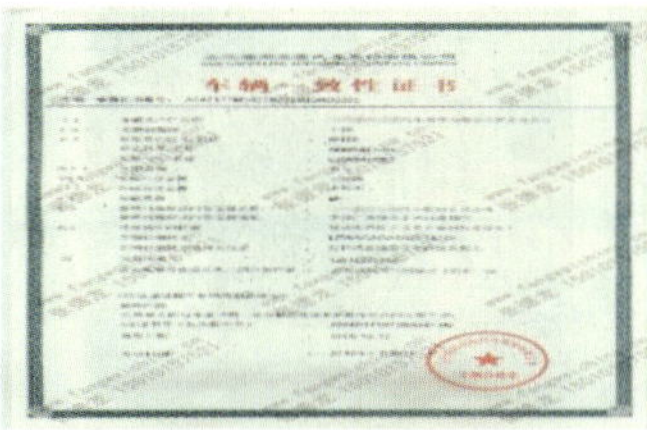

（a）车辆一致性证书检查

（b）VIN 码检查

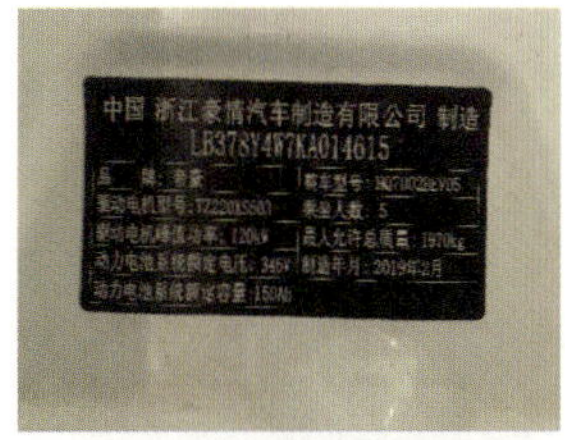

（c）车辆铭牌检查

（d）全车标牌、Logo 标识、漆面、玻璃、装饰条检查

（e）轮胎、轮辋、内部件装配检查

图 1-3-3　基础检查的项目和内容

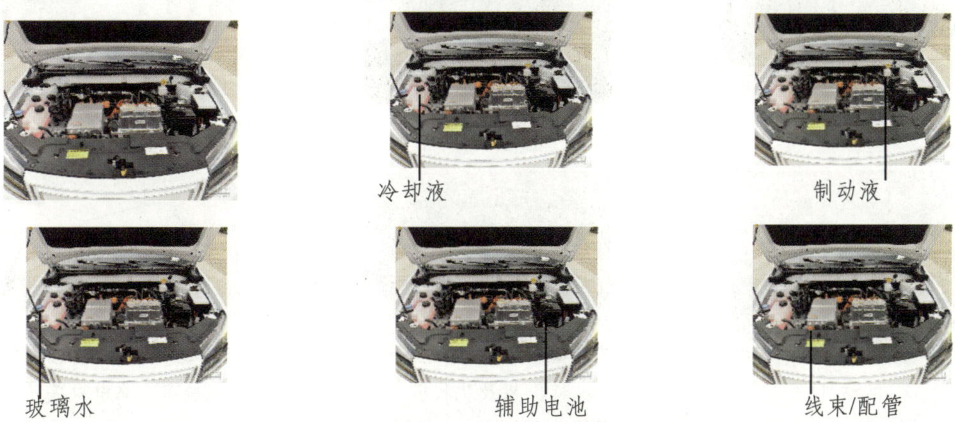

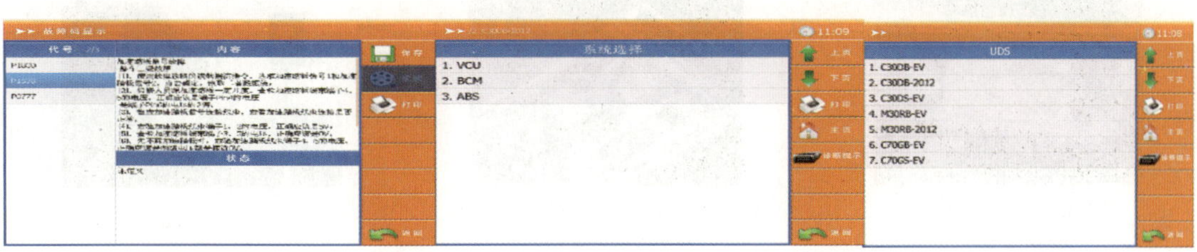

注：检查高压部分线路或元件时，必须佩戴绝缘手套，以防发生触电事故。

图 1-3-4　前机舱内检查的具体内容

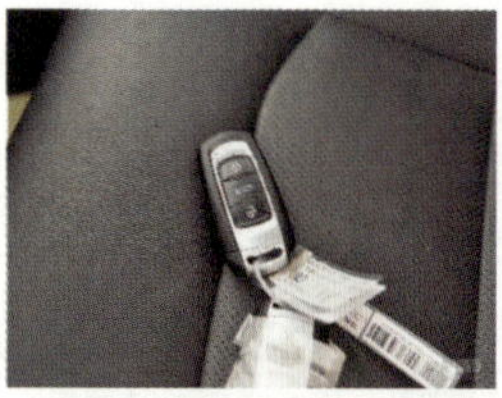

遥控器及钥匙

车门及后备厢

车门窗及天窗

中控门锁

主驾、副驾座椅及安全带

仪表盘各项指示灯

导航仪及收音机

方向盘

照明灯光

雨刷

空调

后视镜

阅读灯

遮阳板及化妆镜

机舱盖、充电口盖子

倒车雷达/影像检查：
使用正常。

换挡机构及驻车制动器检查：
操作功能正常。

充电功能

图 1-3-5　车辆功能检查的项目和内容

4．配备检查

配备检查的具体内容如图 1-3-6 所示。

图 1-3-6　配备检查的项目和内容

三、PDI 检查基本操作流程

PDI 检查流程分为动态检查和静态检查两种，动态检查的流程如图 1-3-7 所示。

核对选装单上的有关信息，以及 VIN 码的一致性 ⇨ 钥匙通电，待车辆自检结束，启动车辆，观察各种指针、指示灯是否异常 ⇨ 检查车辆车载系统、动力系统、灯光系统是否异常 ⇨ 检查车辆安全气囊、刹车系统是否异常 ⇨ 将所有动态检查的结果详细记录在 PDI 检查报告中，包括任何发现的问题和异常。

图 1-3-7　动态检查流程图

静态检查的顺序及流程如图 1-3-8、1-3-9 所示。

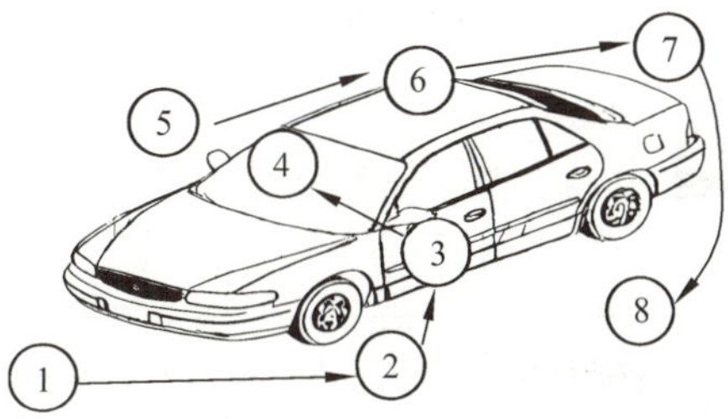

图 1-3-8　静态检查顺序图

①打开前盖，检查发动机舱有无异响；检查车前盖表面，车前灯，前保、中网的表面与配合情况 → ②检查左前翼子板，左前门、防擦条、后视镜灯的表面与配合情况 → ③进入驾驶室，检查天窗、雨刮、音响、空调、前座椅灯内饰功能和配合情况 → ④进入副驾驶座，检查座椅、遮阳板灯内饰及前挡风玻璃表面及储物箱 → ⑤检查车辆右侧的表面与配合情况，包括右前后门、前后翼子板、轮毂和右后视镜 → ⑥检查后排座椅以及相关内饰功能与表面配合情况，检查后挡风玻璃 → ⑦检查后备箱、后盖、后保、尾灯的表面质量与配合情况 → ⑧检查左后门、左后翼子板的表面与配合情况，儿童锁、后排座椅情况

图 1-3-9　静态检查流程图

任务实施

一、基本检查

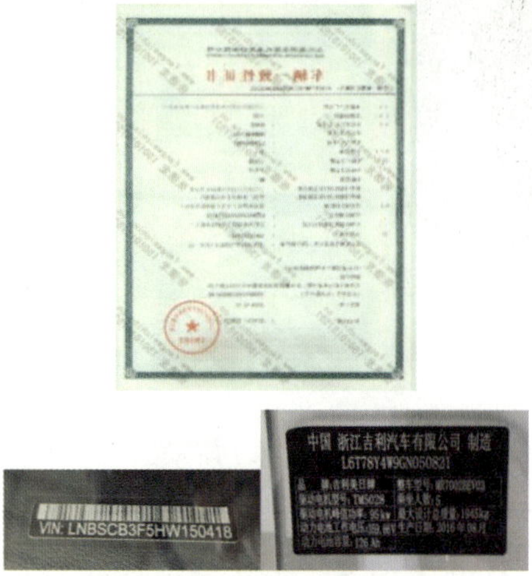 图 1-3-10　检查车辆证件	Step01　检查车辆合格证、VIN 码、产品铭牌与车辆出厂检验单是否相符。 完成情况：□完成 □未完成，原因：________
 图 1-3-11　检查车辆外观	Step02　检查车辆外观。 具体步骤： ① 整体目视检查车辆的外观，检查全车漆面，前后风挡，左右车窗，前后车灯表面有无磕碰、划伤。 ② 检查车顶装饰条粘贴是否良好、有无损坏。 ③ 检查车门、机盖、灯具安装各部缝隙是否均匀，过渡有无明显阶差。 完成情况：□完成 □未完成，原因：________
 图 1-3-12　检查车辆轮胎和内饰	Step03　检查车辆轮胎和内饰。 具体步骤： ① 检查车辆轮胎表面有无割伤，胎压是否正常。 ② 检查轮辋及螺栓有无划伤、生锈。 ③ 检查车门内侧、门框、转向盘、仪表台、挡位、中央扶手箱、座椅、地毯、车顶内饰安装是否可靠，有无划伤和脏污。 完成情况：□完成 □未完成，原因：________

二、前机舱内检查

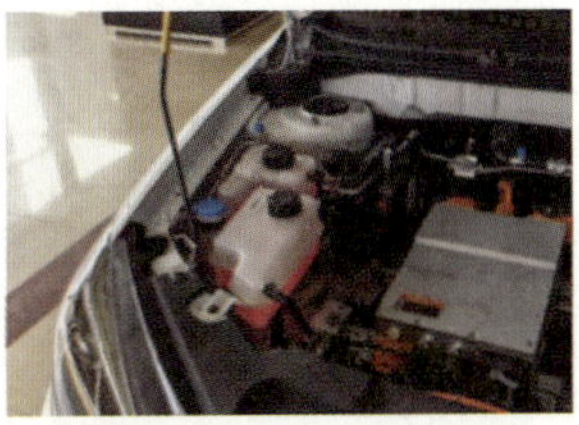

图 1-3-13　检查前机舱中的冷却液和制动液

Step01　检查前机舱中的冷却液和制动液。

具体步骤：

① 整体目视检查前机舱中的部件有无渗漏及损伤。

② 检查冷却液液位，液位应在 min ~ max 间。

③ 检查储液罐及软管有无漏液或损伤，制动液液位应在 min ~ max 间。

完成情况：□完成

□未完成，原因：________

图 1-3-14　检查玻璃水水位、蓄电池和线束/配管

Step02　检查玻璃水水位、蓄电池和线束/配管。

具体步骤：

① 检查玻璃水水位，水位应在 min ~ max 间。

② 检查蓄电池的状态和电压，以及接线螺栓是否紧固。

③ 检查线束/配管有无松动，各线束接头连接是否有效锁止，以及高压线束有无死弯、护套有无破损。

完成情况：□完成

□未完成，原因：________

三、车辆功能检查

图 1-3-15　检查车辆钥匙、后备厢、车门及车门窗

Step01　检查车辆钥匙、后备厢、车门及车门窗。

具体步骤：

① 检查汽车遥控器或机械钥匙是否可以有效开启和锁闭。

② 检查汽车后备厢是否可以正常开启或关闭。

③ 检查车辆的 4 个车门和车窗玻璃的升降是否正常。

完成情况：□完成

□未完成，原因：________

图 1-3-16　检查车辆中控门锁、主副驾驶座椅、仪表盘各项指示灯

Step02　检查车辆中控门锁、主副驾驶座椅、仪表盘各项指示灯。

具体步骤：

① 检查中控门锁的使用是否正常，以及主副驾驶座椅的调节、安全带的拉伸和锁闭是否正常。

② 将车辆上电后，观察各项检测指示灯是否在点亮数秒后正常熄灭。

完成情况：□完成

□未完成，原因：________

续表

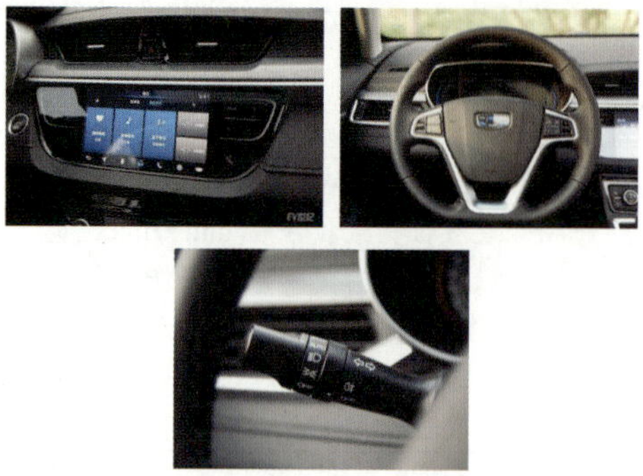 图 1-3-17　检查车辆导航仪、收音机、转向盘和各种指示灯的使用功能	Step03　检查车辆导航仪、收音机、转向盘和各种指示灯的使用功能是否正常。 具体步骤： ① 检查车辆导航仪是否可以正常使用。 ② 检查转向盘是否可以左右正常调节，喇叭和媒体调节按钮的使用是否正常。 ③ 检查远光灯、近光灯、雾灯等各种指示灯的使用是否正常。 完成情况：□完成 □未完成，原因：________
 图 1-3-18　检查雨刷、空调和后视镜（高配）	Step04　检查雨刷、空调和后视镜（高配）的使用是否正常。 具体步骤： ① 检查雨刷器的喷水和刷水功能是否正常。 ② 检查空调的制冷和制热功能是否正常，风量的调节和各出风口是否正常。 ③ 检查车辆两侧及车内的后视镜是否可以正常调节。 完成情况：□完成 □未完成，原因：________
 图 1-3-19　检查天窗（高配）、遮阳板和充电口盖	Step05　检查天窗（高配）、遮阳板和充电口盖的使用是否正常。 完成情况：□完成 □未完成，原因：________

续表

 图 1-3-20　检查倒车雷达、换挡机构和充电功能	Step06　检查倒车雷达、换挡机构和充电功能是否正常。 完成情况：□完成 □未完成，原因：________

四、配备检查

 图 1-3-21　检查汽车的各项使用功能	Step01　检查铭牌、随车资料和随车工具的完整性，并路试检查汽车的各项使用功能。 完成情况：□完成 □未完成，原因：________

总结评价

学习任务总结评价表

班级________小组________学号________ 姓名________

<table>
<tr><td colspan="2" rowspan="2">主要测评项目</td><td colspan="4">学生自评</td></tr>
<tr><td>A</td><td>B</td><td>C</td><td>D</td></tr>
<tr><td>关键能力总结</td><td>1. 遵守纪律，遵守学习场所管理规定，服从安排；
2. 具有安全意识、责任意识，6S 管理意识，注重节约、节能与环保；
3. 学习态度积极主动，能按时参加安排的实习活动；
4. 具有团队合作意识，注重沟通，能自主学习及相互协作；
5. 仪容仪表符合学习活动要求。</td><td></td><td></td><td></td><td></td></tr>
<tr><td>专业知识与能力总结</td><td>1. 能查阅维修手册，列举 PDI 检查的项目；
2. 能根据 PDI 检查项目，正确规范地填写检验记录单；
3. 能熟练掌握检查 PDI 各项目的具体方法及流程。</td><td></td><td></td><td></td><td></td></tr>
<tr><td>个人自评总结与建议</td><td colspan="5"></td></tr>
<tr><td>小组评价</td><td colspan="5"></td></tr>
<tr><td rowspan="2">教师评价</td><td rowspan="2"></td><td colspan="4">总评成绩</td></tr>
<tr><td colspan="4"></td></tr>
</table>

教师签字： 日期：

学习任务四　新能源纯电动汽车维护保养

任务导入

小刘在吉利4S店接到一台到店车辆，要求对这台吉利帝豪EV450纯电动汽车做1万千米定期养护。车间主管要求小刘按照吉利汽车规定的项目和流程对车辆进行保养，小刘该怎么实施呢?

工作任务

完成对吉利帝豪EV450纯电动汽车1万千米定期保养，并记录数据。

任务分组

将学生按4～6人为一组进行分组，明确每组的工作任务，并填写表1-4-1。

表1-4-1　学生分组表

组　别	小组成员	任务分工
1		
2		
3		
4		
5		
6		

工作准备

1. 根据工作任务，进行任务分组，并完成任务分工。
2. 收集任务实施过程中所涉及的《电动汽车维护与保养》相关的国家标准。
3. 收集吉利帝豪EV450纯电动汽车1万千米定期保养规定的项目和流程。
4. 根据工作任务，分析实施过程中的难点或可能出现的质量问题。

收集信息

1. 查阅用户手册，明确吉利帝豪EV450纯电动车保养信息。

保养周期：________________________　首保：______________________________

2. 保养的内容分为两大类，一类是检查，另一类是________________。检查的项目主要以清理、调整或添加、_______________。

3. 在吉利帝豪 EV450 纯电动汽车中，冷却系统负责冷却 PEU 和_________，冷却液的保养周期是_________。

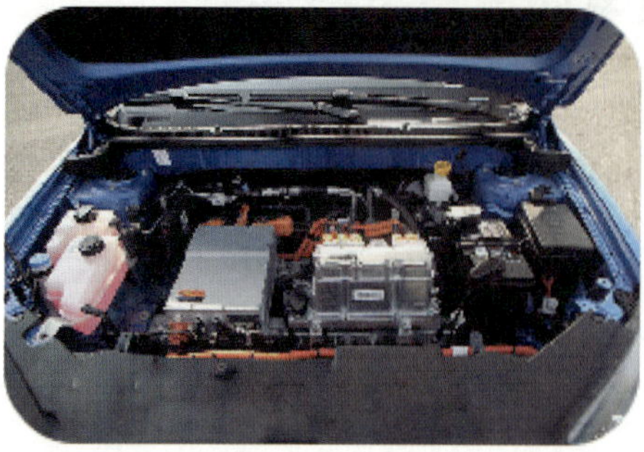

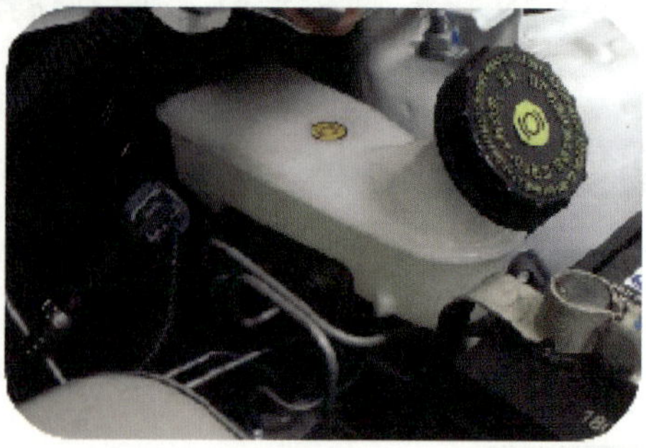

4. 制动液的保养周期是___________ ，减速器齿轮油的更换周期是______________。

制订方案

查阅维修手册和用户手册，学习新能源汽车保养方面的知识，制订 1 万千米保养任务实施方案。

1. 任务分工

____

____。

2. 任务实施步骤

____

____。

3. 异常情况处理措施

____

____。

知识学习

一、汽车维护的作用

汽车是由成千上万个零部件构成，每个零部件都有它的使用寿命，改善零部件运行环境，保证零部件处于最佳技术状况可以有效延长零部件的使用寿命。定期对车辆零部件或总成进行清洁、检查、紧固、润滑、调整，对油、水等液体进行补给或更换，能最有效地改善汽车使用环境。

汽车维护的目的是保持车辆良好的技术状况，提高汽车使用寿命，保证行车安全，并将运行消耗降至最低，充分发挥汽车的使用效能，从而取得良好的经济、社会和环境效益。汽车零部件的磨损曲线，如图 1-4-1 所示。

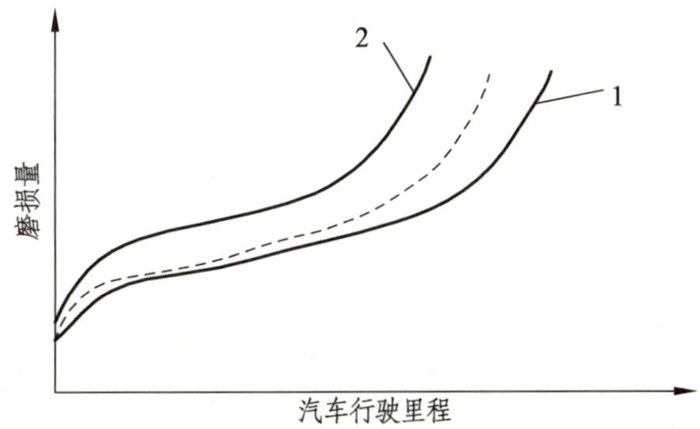

1—良好使用条件的磨损曲线；2—不良使用条件的磨损曲线。

图 1-4-1　汽车零部件的磨损曲线

（一）传统汽车维护的作业内容

汽车维护作业项目主要包括：清洁、清理、检查、紧固、润滑、调整、补给等几个方面，且维护范围随着行驶里程或时间的增加而逐步扩大。汽车维护作业并非对车辆总成进行解体，也非对汽车各主要总成大拆大卸。具体作业内容如下：

（1）清洁：为了提高汽车维护质量，以防止机件腐蚀、减轻零部件磨损和降低燃油消耗为基础，主要作业内容包括对机舱、室内、底盘和轮胎等的清洁作业。

（2）检查：对汽车各部位的检查，以确定零部件的磨损、变异和损坏等情况。主要作业内容是检查汽车各总成和机件是否齐全，连接是否紧固；是否存在漏水、漏油、漏气和漏电等现象；利用汽车上的指示仪表、报警装置以及其他随车诊断装置，检查各总成、机构和仪表的技术状况；对影响汽车安全行驶的转向、制动和灯光等工作情况应加强检查，对汽车各总成进行拆检、装配、调整时应检查各主要部件的配合间隙。

（3）紧固：为了使汽车各部分机件连接可靠，防止机件松动，紧固作业主要是及时对各连接螺栓进行必要的紧固和更换。

（4）润滑：为了减小各构件摩擦副的摩擦力，减轻机件的磨损所进行的作业，主要作业内容包括按照汽车润滑养护周期，用规定的润滑油或润滑脂对装配的机件进行润滑。

（5）调整：是保证汽车各总成和机件正常工作，同时减少机件磨损、提高汽车经济性和保证汽车可靠性。主要作业内容是按技术要求，调整相关机件装配间隙，达到恢复总成、机件良好的工作性能。

（6）补给：是对汽车的燃油、润滑油及其他所有特殊工作液进行加注补充；对蓄电池进行补充充电、对轮胎进行补气等的作业。

（二）新能源汽车维护的分类、周期及作业范围

1. 维护的分类及周期

2018 年 3 月，上海市汽车维修行业协会为规范新能源汽车维修企业的经营行为，杜绝由于维修技术掌握不到位，操作不规范造成生命和财产的危害，成立了“新能源汽车维修专业委员会”，有关专家根据该协会要求，在对新能源汽修企业调研的基础上，制订了《新能源汽车维护技术标准》。关于纯电动汽车的维护周期，具体见表 1-4-2。

表 1-4-2　纯电动汽车维护周期

序　号	维修类别	营运电动汽车	非营运电动汽车	技能类别
1	日常维护	每个营运工作日	—	三类技能
2	一级维护	5 000 ~ 10 000 千米或者 1 个月	5 000 ~ 10 000 千米或者 6 个月	二类技能
3	二级维护	20 000 ~ 30 000 千米或者 6 个月	20 000 ~ 30 000 千米或者 1 年	三类技能
4	诊断维修	高压系统总成部件（如控制模块、电动压缩机等）更换；维修仅限于动力蓄电池内独立部件更换（如动力蓄电池内单元格）；高压系统部件外观损坏、变形，严禁维修更换，应报备相应主机厂		二类技能
*维护作业间隔里程/时间，以先到者为准				

2. 维护作业范围

（1）日常维护，是以清洁、调整和检查为主的车辆维护作业，见表 1-4-3。

表 1-4-3　纯电动汽车的日常维护

序　号	日常维护	常规系统	电动系统	备　注
1	清　洁	车身（车窗等）	高压部件相关风冷过滤网	采用压缩空气吹扫或使用工业级吸尘器除尘
2	调　整	常规工作介质（油、水、电、胎压等）	高压工作介质（制冷剂、冷却液等）	
		运动部件润滑（门窗铰链）	电动传动系统零部件润滑	
3	检　查	底盘（制动、传动、悬挂、转向等）	驱动电机及控制器工作状态检查	任何高压警示，立即停用处理
		电气（灯光、照明、信号等）	仪表指示灯检视	
		电动机运转状态	动力蓄电池、电动辅助系统	

（2）一级维护，是以清洁、润滑、紧固、调整和仪器检测为主的维护作业，应由专业人员完成，见表 1-4-4。

表 1-4-4　纯电动汽车的一级维护

序　号	项　目	作业内容	具体操作	技术要求
1	驱动电机	驱动电机冷却液的液位和冰点检查	检查驱动电机冷却液的液位和冰点，必要时添加或更换冷却液	液位在指示刻度范围内，冰点根据厂家规定的要求操作
		驱动电机安装支架	目视检查驱动电机外观与安装支架	驱动电机外观无裂纹、无破损，安装支架无歪斜开裂等故障现象，支架固定螺栓扭矩符合出厂标准
2	动力蓄电池	动力蓄电池系统（设备）冷却风道滤网	拆卸、清洁、检查滤网	清除积尘，如有损坏或达到产品说明书要求更换条件的，更换滤网
		动力蓄电池系统状态	用专用动力蓄电池维护设备（或外接充电）对单体电池一致性进行维护	动力蓄电池系统中电池单体一致性应满足产品技术要求
		动力蓄电池系统 SOC 值校准	采用动力蓄电池专用诊断设备（或外接充电）对系统 SOC 值校准	系统 SOC 误差值小于 8%

续表

序　号	项　目	作业内容	具体操作	技术要求
2	动力蓄电池	动力蓄电池安装	目视检查动力蓄电池外观与安装支架	动力蓄电池外观无裂纹、无破损，安装支架无歪斜开裂等故障现象，支架固定螺栓扭矩符合出厂标准
		外接充电互锁	外接充电检查	当车辆与外部电路(例如：电网、外部充电器)连接时，不能通过其自身的驱动系统使车辆移动
		维修开关	手动检查维修开关	确保可靠安装并清理表面灰尘
3	高压控制系统	整车高压系统故障检查	用专用诊断仪检查车辆高压系统是否报故障，并对故障实施相关作业	高压系统无故障
		高压线束连接器紧固	目视检查、紧固	连接器接触面无过热、烧蚀等现象，紧固扭矩满足技术要求
		高压绝缘状态	使用绝缘测试仪（1 000 V）检测高压系统输入、输出与车体之间的绝缘电阻	绝缘电阻≥20 MΩ
		绝缘防护完整性	目视检查	高压线束绝缘防护层完整，无老化、破损
		高压系统紧固检查	目视检查、紧固	对高压箱、电机控制器等外挂式的高压系统部件检查、固定扭矩以满足技术要求
4	高压附件系统	电动转向泵安装紧固检查	目视检查、紧固	符合紧固扭矩要求
		充电系统（DC/DC）	功能检查、紧固	低压蓄电池充电电压符合出厂标准
		电动空调压缩机状态检查	功能检查、紧固	空调制冷符合出厂标准，紧固扭矩符合出厂要求

（3）二级维护，包括常规系统二级维护和高压系统二级维护。

① 常规系统二级维护，见表 1-4-5。

表 1-4-5　纯电动汽车常规系统二级维护

序　号	检测项目
1	制动性能，检查制动力
2	转向轮定位，主要检查前轮定位角和转向盘自由转动量
3	车轮动平衡
4	前照灯
5	操纵稳定性，有无跑偏、发抖、摆头
6	传动轴，有无泄漏、异响、松脱、裂纹等现象

② 高压系统二级维护，见表 1-4-6。

表 1-4-6 纯电动汽车高压系统二级维护

序号	系统	项目	作业内容	技术要求
1	驱动电机系统	驱动电机	电机接线盒	无电击、烧蚀现象
			电机端三相线螺栓	无松动
			电机端三相屏蔽线	三相屏蔽线与三相线无短路，绝缘电阻≥6 MΩ
			电机防水插件紧固，防水有效	紧固，防水有效
			电机三相线高压电缆	波纹管，无破损或老化
			电机信号线插件	紧固
		电机控制器	逆变器输入、输出端接线盒	无电击、烧蚀现象
			逆变器输出端三相线螺栓	无松动
		电机控制器	逆变器输出端三相线屏蔽线	无短路，绝缘电阻≥5 MΩ
			逆变器防水插件	紧固
			输入端 2 相母线绝缘防护	无老化，破损，铜线裸露
			输入端 2 相母线螺栓	无松动
		绝缘检查	A 相对车体绝缘电阻（绝缘测试仪 1 000 V）	≥20 MΩ
			B 相对车体绝缘电阻(绝缘测试仪 1 000 V）	≥20 MΩ
			C 相对车体绝缘电阻(绝缘测试仪 1 000 V）	≥20 MΩ
			逆变器正极对车体绝缘电阻（绝缘测试仪 1 000 V）	≥20 MΩ
			逆变器负极对车体绝缘电阻（绝缘测试仪 1 000 V）	≥20 MΩ
		冷却检查	电机通风	正常
			电机冷却风扇	工作正常
			电机冷却液泵	工作正常，冷却液位在规定范围内
			冷却管路	接头无渗漏，管路无破损
2	动力蓄电池	动力蓄电池系统	系统连线	各部位线路固定可靠、整齐
			温度	温度采集数据正常
			单体电压	单体电压采集数据正常，电压在规定范围内
			总电压	系统总电压在规定范围内
		电池箱	冷却风扇工作状态	工作正常
			通风冷却滤网除尘	滤网无堵塞，箱体内无灰尘
			高压线束连接端紧固	连接牢固、可靠
			箱体安装固定检查	螺栓紧固力矩符合要求
		绝缘检查	正极（输入、输出）对车体绝缘电阻（绝缘测试仪 1 000 V）	≥20 MΩ
			负极（输入、输出）对车体绝缘电阻（绝缘测试仪 1 000 V）	≥20 MΩ

续表

序 号	系 统	项 目	作业内容	技术要求
2	动力蓄电池	高压配电箱	高压零部件工作状态	正常
			绝缘电阻（绝缘测试仪 1 000 V）	≥20 MΩ
3	高压附件系统	电动转向	工作状况	高压上电状态下，能正常工作
			DC/AC 输入、输出电压	符合产品说明书要求
		电动真空助力器	工作状况	高压上电状态下，能正常工作
			DC/AC 输入、输出电压	符合产品说明书要求
		充电系统	工作状况	高压上电状态下，能正常工作
			DC/AC 输入、输出电压	符合产品说明书要求
		空调压缩机	工作状况	高压上电、空调制冷状态下，能正常工作
		暖风制热系统	工作状况	高压上电、空调制冷状态下，能正常工作

3. 汽车维护周期

汽车维护周期是指汽车进行同级维护的间隔期（行驶里程或时间）。我国国家标准《汽车维护、检测、诊断技术规范》（GB/T 18344—2016）和行业标准《纯电动汽车维护、检测、诊断技术规范》（JT/T 1344—2020）对汽车维护周期都作了相关的规定。

以吉利帝豪 EV450 纯电动汽车的维护周期为例，其前四次维护由生产厂方提供免费完成，见表 1-4-7。

表 1-4-7　吉利帝豪 EV450 纯电动汽车的前四次维护

序 号	次 数	保养期限（时间和里程以先到者为限）
1	第一次保养	新车 3 个月或行驶 3 000 千米
2	第二次保养	新车 9 个月或行驶 13 000 千米
3	第三次保养	新车 15 个月或行驶 23 000 千米
4	第四次保养	新车 21 个月或行驶 33 000 千米

吉利帝豪 EV450 纯电动汽车在完成以上四次保养之后，每间隔 6 个月或 10 000 千米（以先到者为限）需再进行保养维护，保养维护项目具体见表 1-4-8。

表 1-4-8　吉利帝豪 EV450 纯电动汽车的保养维护项目

序 号	保养项目	首次 3 000 千米，以后每间隔 6 个月或行驶 10 000 千米	规格及标准
1	外露螺栓、螺母	D	外露螺栓、螺母，按规定力矩检查并拧紧到位
2	制动性能	B、D、R	制动性能检查，必要时调整或按情况需要更换制动摩擦片
3	制动液检查	C	检查制动油液容量，不足时添加符合 GB12981—2012 中的 DOT4 或 HZY4 型制动液

续表

序　号	保养项目	首次 3 000 千米，以后每间隔 6 个月或行驶 10 000 千米	规格及标准
4	制动液更换	R	每行驶 2 年或 3 万千米必须更换制动液，特别恶劣情况下每行驶 1 年或 2 万千米更换制动液
5	制动软管和硬管	D	无漏油、损坏、紧固、定位
6	制动软管、制动皮碗更换	R	每行驶 2 年必须更换，特别恶劣情况下每行驶 1 年更换
7	轮胎	C、D、R	检查冷轮胎充气压力是否正常，前轮 240 kPa，后轮 240 kPa；检查轮胎花纹深度，必要时更换
8	四轮定位	B、D	营运车首次 8 000 千米做 1 次四轮定位，以后视车辆情况确定
9	全车灯光	D	功能正常
10	喇叭、刮水器、洗涤器	D	功能正常
11	车门铰链、车门限位器、门锁	D	涂抹润滑脂
12	线路	B、D、R	检查运动件与线束有无干涉、有无磨损、插件插接是否到位、线束是否固定到位，绝缘电阻值测量
13	驱动电机	D	驱动电机固定螺栓紧固性检查、电机三相线紧固性检查、接地线束紧固性检查
14		B、D	水冷系统管路有无老化、变形、渗漏，水箱、管路有无水垢，水泵工作是否正常
15		D	位置、温度传感器的检测，传感器电阻值、绝缘电阻值测量
16		D	测试电机 U、V、W 间线电阻，测试电机绝缘电阻值，测试电机接地线部位的接地电阻值
17		B、D	电机前后端盖清理检查，电机的轴向间隙检测，怠速及行车状态电机运转是否平稳
18	动力电池组	B、D	电池箱体（含尾部挂梁）与车辆底盘螺栓紧固检查，螺栓是否腐蚀，电池箱体是否有划痕、腐蚀、变形、破损等情况，电池箱体底部防石击胶是否有划痕、腐蚀、破损等情况
19		D	MSD 拉手及底座内部是否清洁、腐蚀、破损
20		B、D	高、低压插接件是否清洁、腐蚀、破损，连接是否可靠，接地线束是否牢固无松动
21		D	检查电池状态参数、SOC、温度、Cell 电压、Pack 绝缘阻值
22	DC/DC 转换器	D	检查 DC/DC 转换器工作是否正常，线束波纹管表皮是否老化、开裂、脱落，接插件是否松动，线束端子螺栓是否松动
23	电机控制器	D	检查电机功能，检查接地线束是否牢固无松动

续表

序　号	保养项目	首次 3 000 千米，以后每间隔 6 个月或行驶 10 000 千米	规格及标准
24	冷却液	C、D、R	检查是否泄漏、液面高度是否在正常范围内，不够时添加，每 2 万千米更换一次（或按情况需要）
25	齿轮油	C、D、R	检查是否泄漏、液面高度是否在正常范围内，不够时添加，每 5 万千米更换一次（或按情况需要）
26	车载充电机	D	充电机安装牢固、无松动，表面清洁，充电机诊断测试。高、低压接插件表面完好无破损、牢固
27		D	接地线牢固无松动，绝缘、接地检测，绝缘电阻 ≥100 MΩ，接地电阻 ≤0.1 Ω
28	空调系统	D	检查空调功能、制冷剂、空调管路、压缩机是否有泄漏、异响等，一般情况下每 10 000 千米或 12 个月（以先到者为限）更换空调滤芯
字母说明：B 调整，C 添加，D 检查，R 更换			

任务实施

一、常规检查

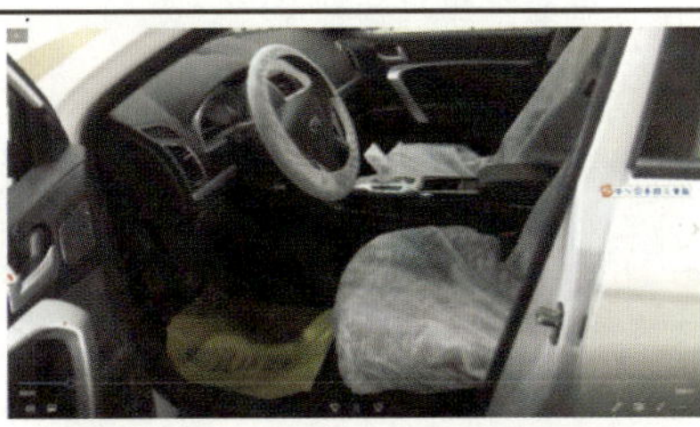 图 1-4-2　安装车内外三件套	Step01　安装车内外三件套。 完成情况：□完成 □未完成，原因：________
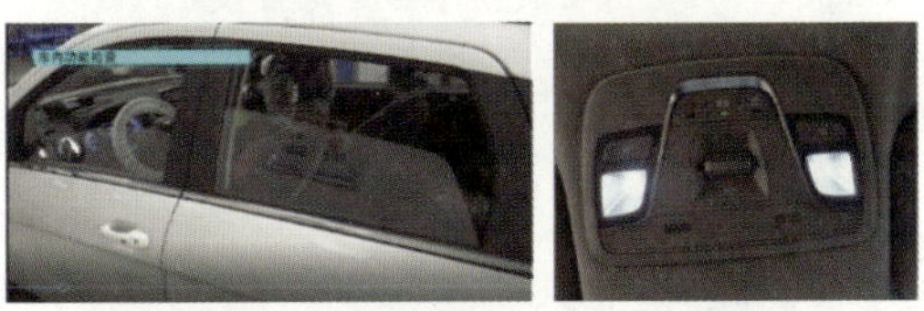 图 1-4-3　检查车内各系统的工作情况	Step02　检查车内各系统的工作情况，如仪表、灯光、雨刮、车窗等。 完成情况：□完成 □未完成，原因：________
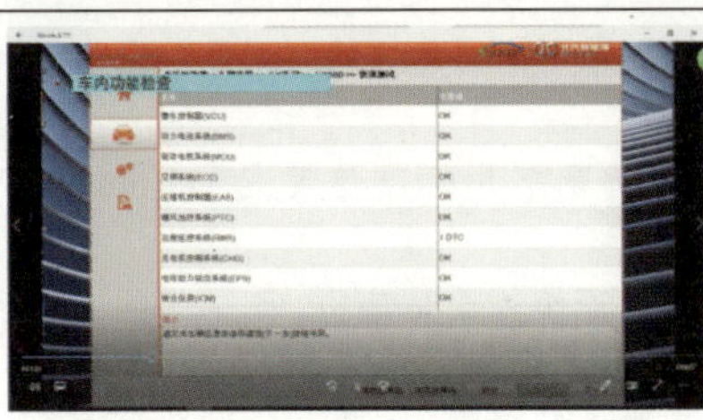 图 1-4-4　检查是否有故障代码	Step03　连接解码仪，检查是否有故障代码。 完成情况：□完成 □未完成，原因：________

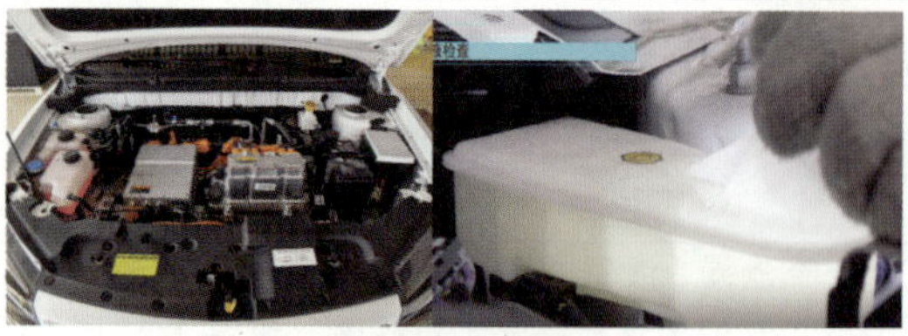 图 1-4-5　检查冷却液、制动液、风窗洗涤液的液位高度	Step04　检查冷却液、制动液、风窗洗涤液的液位高度。 完成情况：□完成 □未完成，原因：__________ 注：在最高位和最低位之间则正常。
 图 1-4-6　检查底部零部件	Step05　举升车辆，检查底部零部件是否有明显刮擦破损现象。 完成情况：□完成 □未完成，原因：__________
 图 1-4-7　拆下前后车轮，拆下制动分泵，取出制动摩擦片	Step06　拆下前后车轮，拆下制动分泵，取出制动摩擦片，注意不要拆卸油管。 完成情况：□完成 □未完成，原因：__________
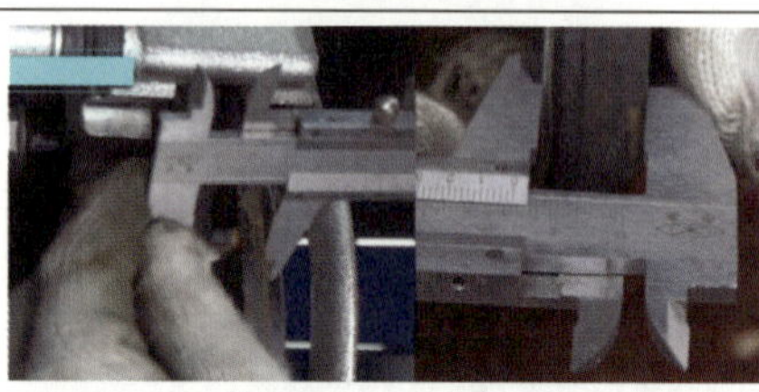 图 1-4-8　测量前轮制动摩擦片的厚度	Step07　测量前轮制动摩擦片的厚度。 制动摩擦片标准厚度是 11.2 mm，极限是 2.5 mm。 制动摩擦片测量值：__________；制动盘测量值：__________。 是否正常：□正常 □不正常，原因：__________
 图 1-4-9　测量后轮制动摩擦片的厚度	Step08　采用同样的方法，测量后轮制动摩擦片的厚度。 后轮制动摩擦片标准厚度是 11 mm，极限是 2.5 mm。 后轮制动摩擦片测量值：__________；后轮制动盘测量值：__________。 是否正常：□正常 □不正常，原因：__________

<table>
<tr>
<td>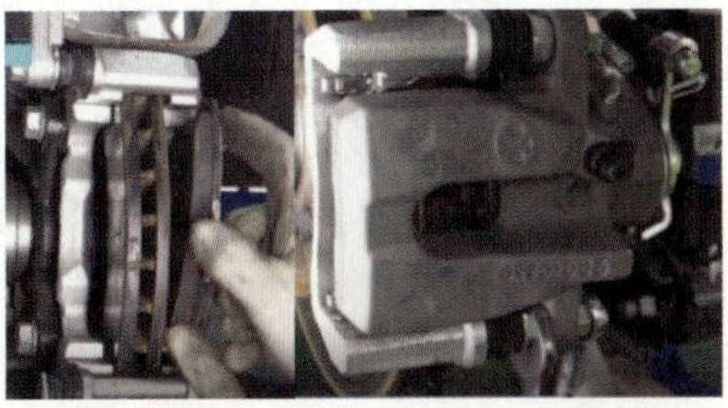
图 1-4-10　装回制动摩擦片和制动分泵</td>
<td>Step09　装回制动摩擦片，装回制动分泵，并按规定力矩拧紧。
标准力矩为：27 N · m。
完成情况：□完成
□未完成，原因：＿＿＿＿＿＿</td>
</tr>
<tr>
<td>
图 1-4-11　检查底盘件球头、防尘罩、紧固螺栓</td>
<td>Step10　检查底盘件球头、防尘罩、紧固螺栓等是否正常。
是否正常：□正常
□不正常，原因：＿＿＿＿＿＿</td>
</tr>
</table>

知识拓展　纯电动汽车维护、检测、诊断技术规范

交通运输部发布了推荐性行业标准《纯电动汽车维护、检测、诊断技术规范》(JT/T 1344—2020)，自 2021 年 2 月 1 日起施行。本标准基于纯电动汽车推广应用现状及技术发展特点，明确了纯电动汽车维护作业的主要内容、作业要求，以达到指导和规范纯电动汽车售后维护单位开展维护作业的目的。

本标准将纯电动汽车维护项目分为常规维护和电动系统专用装置维护，常规维护是指为维持纯电动汽车上的制动系、转向系、行驶系、传动系等机械系统（部件）及低压电气系统的完好技术状况或工作能力而进行的作业。该部分的维护作业按照现行国家标准《汽车维护、检测、诊断技术规范》(GB/T 18344—2016) 的规定执行。电动系统专用装置维护指为维持纯电动汽车上的高压系统及其相关附件的完好技术状况或工作能力而进行的作业。依据现行部令规章，将纯电动汽车维护分为日常维护、一级维护和二级维护 3 种，其中，日常维护由驾驶员进行，一级维护和二级维护由专业人员进行。

本标准从作业环境、应急设备、作业人员、人员防护、车辆状态等5个方面提出要求，包括：作业场地应干燥，并设置警示隔离区和警示牌，确保维护作业过程人员安全；要求在作业区域配备消防及高压防护应急设备，用于紧急情况下对人或车采取应急救助措施；基于行业普遍做法，明确维护作业人员应取得电工特种作业操作证并经专业培训合格后上岗，以确保作业人员充分掌握了高压系统部件的维护安全基础知识；要求高压系统维护作业人员应由2人及以上协同操作，确保意外情况下能及时发现和处置；要求维护作业人员应做好安全防护，穿戴安全防护装备，在维护作业前对车辆进行有效断电，确保维护作业过程绝缘安全。此外，对于车辆维修保养手册规定有其他操作安全和故障防护特殊要求的，还应遵循主机厂相关规定要求，旨在要求维护人员进一步通过汽车生产企业的维护技术资料，全面掌握相关作业安全要求。

二、更换减速器油

 图 1-4-12　检查减速器壳体	Step01　检查减速器壳体是否有泄漏痕迹，如有，则必须查明原因，修理泄漏部位。 是否正常：☐正常 ☐不正常，原因：________
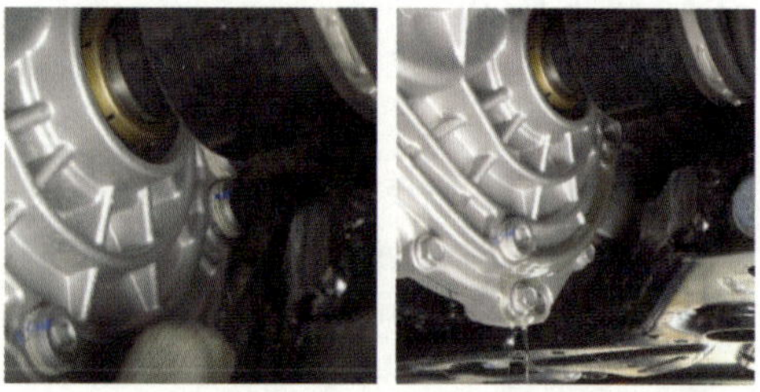 图 1-4-13　拆下油位螺塞，检查油位	Step02　拆下油位螺塞，检查油位。 正常情况：油位应与油位螺塞孔齐平，拆下螺塞后油液露出。 是否正常：☐正常 ☐不正常，原因：________
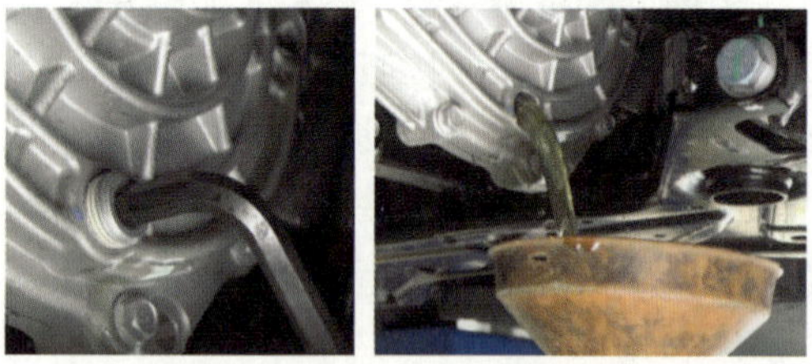 图 1-4-14　拆下放油螺塞，排放废油	Step03　拆下放油螺塞，排放废油。 完成情况：☐完成 ☐未完成，原因：________

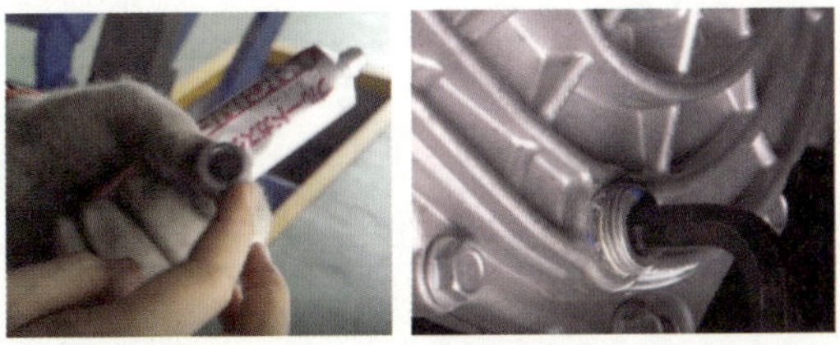 图 1-4-15　重新装回放油螺栓	Step04　待排放干净后重新装回放油螺栓。 完成情况：□完成 □未完成，原因：____________ 注：安装前在放油螺塞上涂抹少量的密封胶，并按规定力矩（12～18 N·m）拧紧。
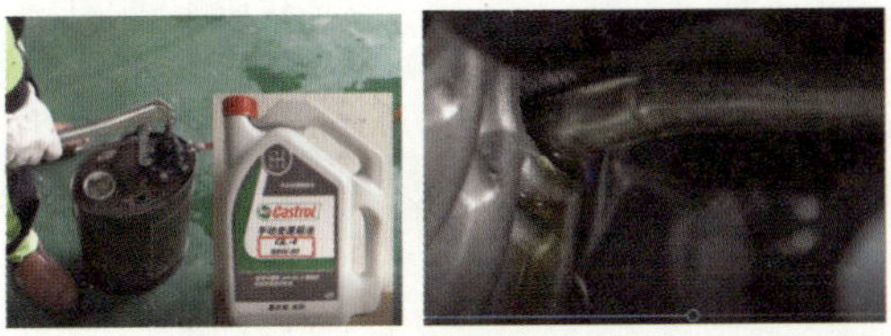 图 1-4-16　添加新的减速器油	Step05　用加注机添加新的减速器油，加注口有油液溢出即为合适。 完成情况：□完成 □未完成，原因：____________ 注：更换减速器油必须是规定标号 SAE 80W-90（GL-4）。
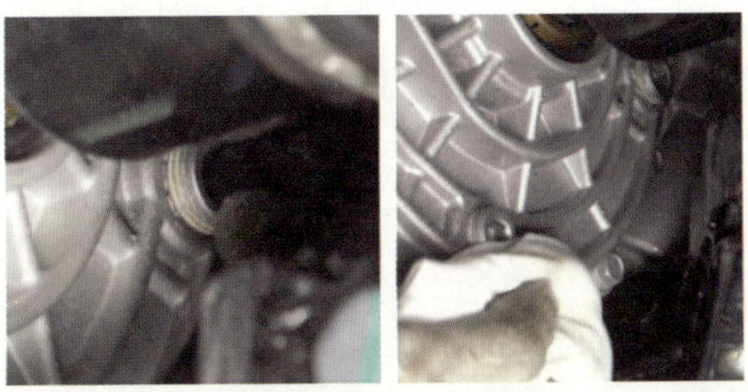 图 1-4-17　安装油位螺塞	Step06　安装油位螺塞，按规定力矩拧紧，并清洗油口位置油污。 完成情况：□完成 □未完成，原因：____________ 注：螺塞必须涂抹密封胶。
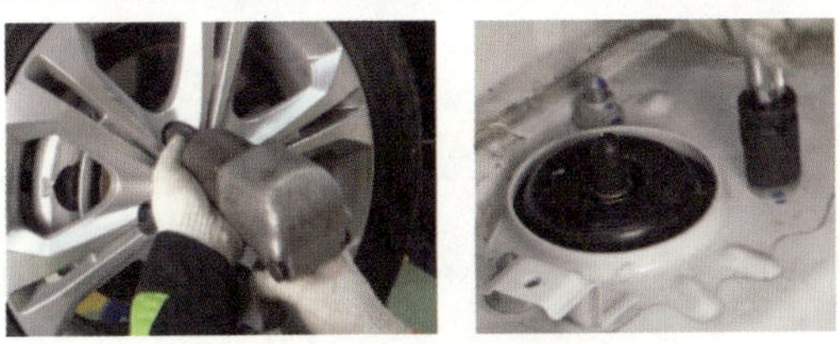 图 1-4-18　检查减振器螺栓	Step07　安装轮胎，放下车辆，检查减振器螺栓是否松动。 完成情况：□完成 □未完成，原因：____________
 图 1-4-19　安装轮胎饰板	Step08　按规定力矩拧紧轮胎螺栓，安装轮胎饰板。 完成情况：□完成 □未完成，原因：____________

总结评价

学习任务总结评价表

班级______________小组______________学号______________ 姓名________________

<table>
<tr><td colspan="2" rowspan="2">主要测评项目</td><td colspan="4">学生自评</td></tr>
<tr><td>A</td><td>B</td><td>C</td><td>D</td></tr>
<tr><td>关键能力总结</td><td>1. 遵守纪律，遵守学习场所管理规定，服从安排；
2. 具有安全意识、责任意识、6S 管理意识，注重节约、节能与环保；
3. 学习态度积极主动，能按时参加安排的实习活动；
4. 具有团队合作意识，注重沟通，能自主学习及相互协作；
5. 仪容仪表符合学习活动要求。</td><td></td><td></td><td></td><td></td></tr>
<tr><td>专业知识与能力总结</td><td>1. 能查阅维修手册，列举 1 万千米保养的项目；
2. 能正确完成 1 万千米保养的操作。</td><td></td><td></td><td></td><td></td></tr>
<tr><td>个人自评总结与建议</td><td colspan="5"></td></tr>
<tr><td>小组评价</td><td colspan="5"></td></tr>
<tr><td rowspan="2">教师评价</td><td rowspan="2"></td><td colspan="4">总评成绩</td></tr>
<tr><td colspan="4"></td></tr>
</table>

教师签字： 日期：

项目二

新能源电动汽车动力电池及其系统故障检修

学习目标

1. 知识目标

（1）新能源动力电池的基本参数及成组技术；

（2）新能源动力电池管理系统的工作原理；

（3）新能源动力电池的故障机理分析及诊断流程。

2. 技能目标

（1）能查阅相关资料，认识动力电池的类型和特点，了解其技术参数的含义，准确比较不同类型电池的性能优劣；

（2）能小组合作，查阅维修手册，掌握检修动力电池故障的方法；

（3）能认识动力电池系统的组成，了解动力电池管理系统的结构，掌握其工作原理；

（4）能掌握动力电池管理系统的故障检修方法。

3. 素质目标

（1）能够自主查阅相关资源获取信息；

（2）能够团队合作，解决问题；

（3）能够精益求精地磨炼技艺，树立技能报国的理想，发扬大国工匠精神，具备爱岗敬业的职业素养。

学习任务一 动力电池组更换

任务导入

一辆行驶了 2 万多千米的 2018 款吉利帝豪 EV450 纯电动汽车，在行驶过程中，突发仪表报警，显示屏上显示“动力蓄电池故障”，同时动力系统失效。车主靠边停车后，重复开关了几次，故障依旧存在，把车送到 4S 店维修处后，被告知需要拆解动力电池组，并由电池厂家做专业检测。如果你是该 4S 店的维修人员，应该如何更换动力电池组呢?

工作任务

就车更换动力电池组，并填写工单。

任务分组

将学生按 4 ~ 6 人为一组进行分组，明确每组的工作任务，并填表 2-1-1。

表 2-1-1　学生分组表

组　别	组员名单	任务分工
1		
2		
3		
4		
5		
6		

工作准备

1. 根据工作任务，进行任务分组，并完成任务分工。
2. 收集任务实施过程中所涉及的《电动汽车维护与保养》相关的国家标准。
3. 收集吉利帝豪 EV450 纯电动汽车动力电池组更换的方法和流程。
4. 根据任务，分析实施过程中的难点或可能出现的质量问题。

收集信息

1. 在纯电动汽车中应用得较为广泛的动力电池主要是__________和__________。
2. 了解三元锂电池工作过程，将下列内容补充完成。

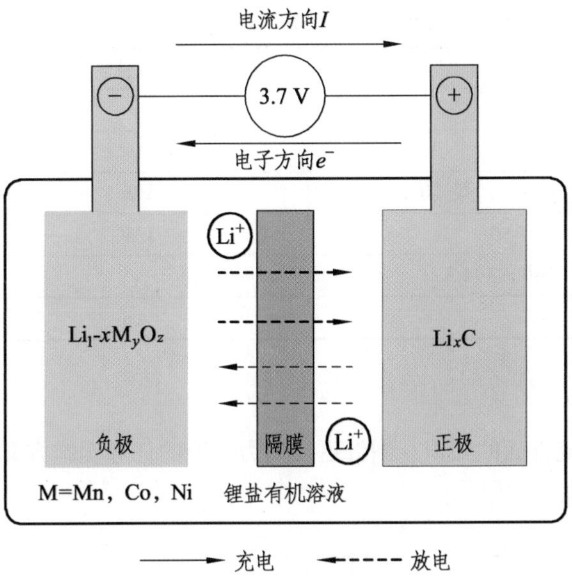

三元锂电池原理图

充电时，电池的正极上有生成，生成的锂离子经过电解液运动到________。而作为负极的碳呈层状结构，它有很多微孔，达到负极的锂离子就嵌入碳层的微孔中，嵌入的锂离子越多，充电容量________。

放电过程中，嵌在极碳层中的锂离子脱出，又运动回______极。回到______极的锂离子越多，放电容量越高。

3. 反映动力电池状态的重要参数是________；______越高，相同质量的动力电池的续航里程就越长；______是衡量汽车动力性能的一个综合指标，其大小表征电池承受工作电流的大小。

4. 将下列单位所表示的含义填写完整。

A · h：________　　A · h/kg：________　　A · h/L：________

SOC：________　　W · h/kg：________　　W/kg：________

5. 根据纯电动汽车维修手册，将下列动力电池的主要技术参数与其含义连接起来。

工作电压 ·	· 在规定条件下测得的并由制造商标明的电池容量值
放电终止电压 ·	· 动力电池在一定放电条件下所能输出的电量
开路电压 ·	· 动力电池充满电时的电压
充电上限电压 ·	· 动力电池在开路状态下的端电压
标称容量 ·	· 动力电池正常放电时所规定的放电终止时的负载电压
实际容量 ·	· 根据动力电池活性物质的特性计算出的最高理论值
额定容量 ·	· 动力电池接上负载后处于放电状态下的电压
理论容量 ·	· 用来鉴别动力电池是否适用的近似容量值

6. 根据维修手册，认识吉利帝豪 EV450 纯电动汽车动力电池组的参数，将表 2-1-2 中内容补充完整的。

表 2-1-2　吉利帝豪 EV450 纯电动汽车动力电池组的参数

项　目	形式与参数	单位
电池种类		—
电池组额定电压		V
峰值功率	150 kW，持续 10 s	kW
额定功率	50	kW
电池组工作电压范围	266 ~ 394.3	V
电池容量		Ah

制订方案

分组查阅维修手册，学习动力电池系统方面的知识，制订更换动力电池的任务实施方案。

1. 任务分工

____

____。

2. 任务实施步骤

____

____。

3. 异常情况处理措施

____

____。

知识学习

纯电动汽车与传统燃油汽车的不同之处在于纯电动汽车没有了发动机和燃油箱，用电机取代了发动机，动力电池取代了燃油。纯电动汽车以动力电池作为蓄能动力源，通过电机等动力装置转化为机械能，从而驱动汽车行驶。所以动力电池对纯电动汽车而言至关重要，其性能的好坏直接决定着汽车的质量。

一、动力电池概述

（一）动力电池的分类

电池自问世以来，广泛应用于人类生活中。动力电池是指为电动汽车动力系统提供能量的电池。动力电池的分类如图 2-1-1 所示。

（二）纯电动汽车常用动力电池

在纯电动汽车中应用得较为广泛的动力电池主要是镍氢电池和锂离子电池，如丰田普锐斯采用镍氢电池，特拉斯采用 4680 三元锂电池。

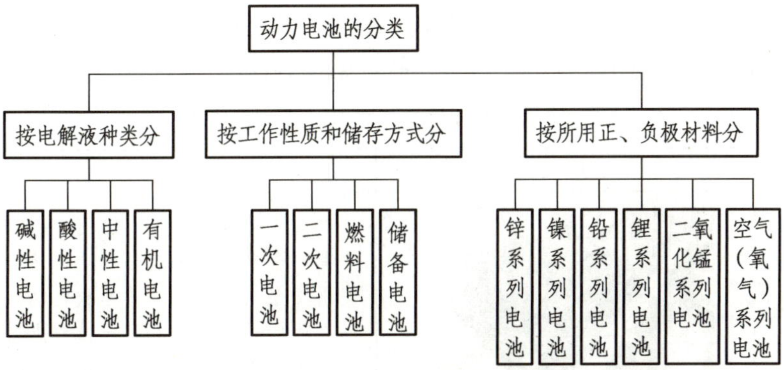

图 2-1-1　动力电池的分类

特别提示

一次电池：只能进行一次放电的电池，不能进行充电而再利用。

二次电池：可重复进行充电、放电使用的电池，也称作动力电池或充电电池。

1. 镍氢电池的结构与工作原理

如图 2-1-2 所示，镍氢电池由正极、负极、电池隔板和外壳等组成。正极的活性物质为氢氧化亚镍[$Ni(OH)_2$]，充电后变为羟基氧化镍（NiOOH）；负极的活性物质为储氢合金（M），充电后变为金属氢化物（MH）；电池隔板采用接枝聚丙烯。镍氢电池的电解液是以 KOH 为主并少量添加 NaOH、LiOH 组成的水溶液。

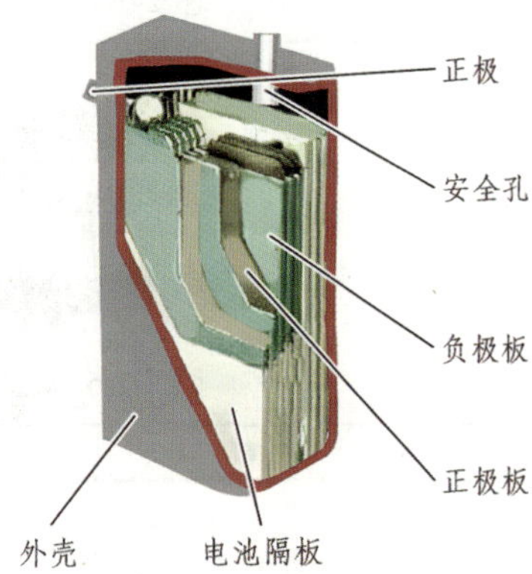

图 2-1-2　镍氢电池的结构

镍氢电池在正常工作条件下的电压约为 1.2 V，所以其标称电压一般按 1.2 V 来计算。由于电池本身各部分存在内阻以及极化内阻，在充电过程中，电池电压要高于理论电压，放电过程中，电池电压要低于理论电压。

镍氢电池是一种碱性动力电池，其额定电压是 1.2 V，充满后正常电压为 1.4 V 左右。镍氢电池的正极活性物质主要由镍组成，负极活性物质主要由储氢合金组成。在电池充电过程中，水在电解质溶液中分解为氢离子和氢氧离子，氢离子被负极吸收，负极从金属转化为金属氢化物。在放电过程中，氢离子离开负极，氢氧离子离开正极，氢离子和氢氧离子在电解质氢氧化钾中结合成水并释放电能。其充放电的反应式为：

$$2NiOOH + KOH + H_2 \underset{充电}{\overset{放电}{\rightleftharpoons}} Ni(OH)_2+KOH+Ni(OH)_2$$

镍氢电池的优点：技术成熟、价格低、适合大电流放电、可循环充放电、环保无污染、安全稳定；缺点：重量大、电池寿命较短、比能量较低，在动力电池领域有被锂电池取代的趋势。

2. 锂离子电池的结构与工作原理

锂离子电池是一种新型的高能动力电池，具有工作电压高、比能量高、循环使用寿命长等优点，因此被广泛应用在纯电动汽车中。目前，应用于纯电动汽车中锂离子电池主要包括磷酸铁锂电池、三元锂电池和锰酸锂电池，其具体特点见表 2-1-3。

表 2-1-3　车用锂离子电池的类型及特点

类　型	图　示	特　点
磷酸铁锂电池	 图 2-1-3　磷酸铁锂电池	磷酸铁锂电池是指用磷酸铁锂作为正极材料的锂离子电池，具有循环寿命达到 800 次以上、使用安全、可大电流快速放电、热稳定性好、高温性能好等优点，其致命性缺点是低温性能差，无法满足冬天的使用需求。北汽 EV160 纯电动汽车采用的是 ATL 普莱德的磷酸铁锂电池
三元锂电池	 图 2-1-4　三元锂电池	三元锂电池是指正极材料使用镍钴锰酸锂三元正极材料的锂电池，具有能量密度大、单体电压高、循环使用寿命高、热稳定性好等优点，但也具有容易热解的特性。因此，在应用过程中应加强过充电保护、过放电保护、过温保护和过电流保护。吉利帝豪 EV450 采用的是宁德时代的三元锂电池
锰酸锂电池	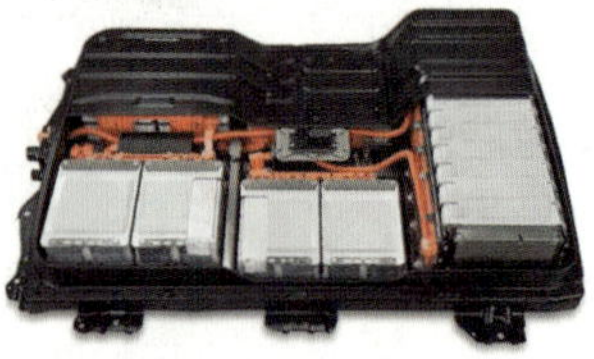 图 2-1-5　锰酸锂电池	锰酸锂电池是较有前景的锂离子正极材料之一，具有常温和低温下循环性能佳、原材料丰富、制备技术成熟、材料环保、安全性能好等优点，但也具有高温性能、循环性能、储存性能较差、高性能材料的制备技术尚不普及等缺点。日产聆风和启辰晨风采用的都是锰酸锂电池

知识拓展　磷酸铁锂电池与三元锂电池的构成

1. 磷酸铁锂电池的构成

如图 2-1-6 所示，磷酸铁锂电池一般由正极、负极、隔膜、电解质、PTC 元件、安全阀及外壳等构成。

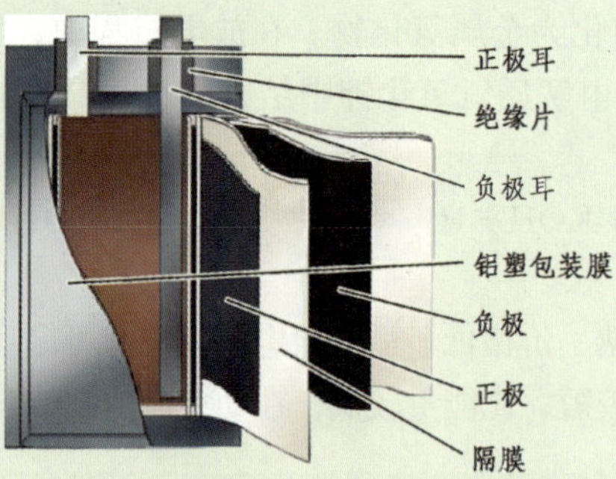

图 2-1-6　磷酸铁锂动力电池的构成

（1）正　极

磷酸铁锂电池的正极物质以磷酸铁锂（LiFePO4）为主要原料，如图 2-1-7 所示，LiFePO4 作为电池的正极，由铝箔与电池正极连接；中间是聚合物的隔膜，它把正极与负极隔开，但锂离子 Li^+可以通过而电子 e-不能通过；右边是由碳（石墨）组成的电池负极，由铜箔与电池的负极连接；电池的上下端之间是电池的电解质；电池由金属外壳密闭封装。

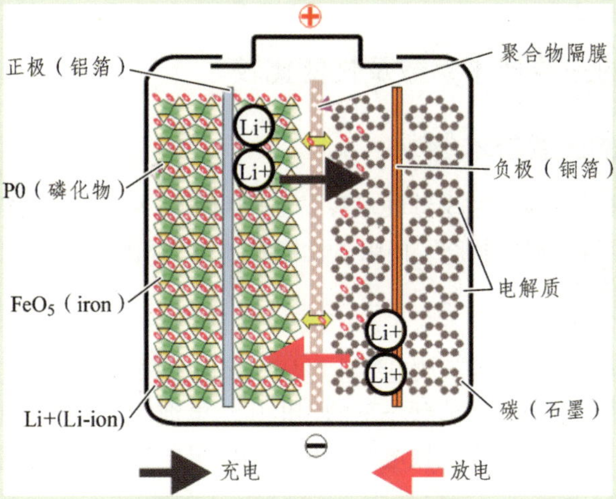

图 2-1-7　磷酸铁锂原料的结构

（2）负　极

磷酸铁锂电池的负极活性物质是由碳材料与粘合剂的混合物再加上有机溶剂调和制成糊状，并涂覆在铜基体上，呈薄层状分布。

（3）隔　膜

隔膜又称隔板或称隔离膜片，一般采用的是聚乙烯或聚丙烯材料的微多孔膜，其作用是当电池出现异常，导致温度上升时阻塞或阻断作为离子通道的细孔，使动力电池停止充放电反应，有效防止因内、外部短路等引起的过大电流而使电池产生异常发热现象。

（4）PTC 元件

PTC 元件位于磷酸铁锂电池盖帽内部，当电池内部温度上升到一定高度时或电流增大到一定控制值时，PTC 就起到了温度保险丝和过流保险的作用，会自动拉断或断开，从而形成内部断路，保证了电池的使用安全。

2. 三元锂电池的构成

三元锂电池以钴酸锂、锰酸锂或镍酸锂等化合物为正极，以可嵌入锂离子的碳材料为负极，使用有机电解质。动力电池总成安装在车体下部，动力电池的组成部件包括各模组总成、CSC 采集系统、电池控制单元（BMU）、电池高压分配单元（B-BOX）等部件。

电池管理系统 BMS（Battery Management System）能够对动力电池组总电压、总电流、每个测点温度和电池单体的电压参数进行实时监控，并进行故障诊断、SOC（剩余电量比）计算、短路保护、漏电监测、报警显示、充放电模式选择等。BMS 可以将动力电池相关参数上报 VCU，由 VCU 控制动力电池的充电和放电功率。当动力电池温度低于-20 °C 时，动力电池无法充电。此时需通过交流充电的方法使空调工作并对动力电池进行加热，当动力电池温度达到-20～55 °C 的正常工作温度时，系统切换到正常交流充电流程。

二、动力电池的主要技术参数及性能比较

（一）动力电池的主要技术参数

动力电池的技术参数关系到整车续驶里程、加速和爬坡等性能。表征动力电池性能的主要技术参数包括电压、容量、荷电状态、内阻、比能量、功率和比功率以及循环寿命等。

1. 电　压

电压分为开路电压、工作电压、放电终止电压和充电上限电压等。

（1）开路电压指动力电池在开路状态下的端电压。电池的开路电压等于电池在断路时（即没有电流通过两极时）电池的正极电极电势与负极的电极电势之差。开路电压可以作为判断电池荷电状况的依据。

（2）工作电压指动力电池接上负载后处于放电状态下的电压。

（3）放电终止电压指动力电池正常放电时所规定的放电终止时的负载电压。各种标准中都明确规定了在不同放电率和温度下放电时的终止电压。根据放电率的不同，终止电压也不同，大电流放电时规定较低的终止电压，小电流放电时则规定较高的终止电压。通常，镍氢电池的放电终止电压为 1 V，锂离子电池则为 2.8 V。

（4）充电上限电压指动力电池充满电时的电压。动力电池在充电时，达到充电上限电压后，还继续充电，这样会导致过充电，使电池内压升高、电池变形、漏液等情况发生，电池的性能也会显著降低。

2. 容量（A · h）

容量是指完全充电的动力电池在规定条件下所释放出的总容量。

（1）理论容量指根据动力电池活性物质的特性，按法拉第定律计算出的最高理论值，一般用质量容量（A · h/kg）或体积容量（A · h/L）来表示。

特别提示

影响动力电池容量的因素主要有两方面：一是活性物质的重量；二是活性物质的利用率。容量常见单位有 mA · h、A · h，1A · h=1 000 mA · h。

（2）实际容量：动力电池在一定放电条件下所能输出的电量，等于放电电流与放电时间的乘积，主要受放电倍率和温度的影响。

（3）标称容量（公称容量）：用来鉴别动力电池是否适用的近似容量值，由于没有指定放电条件，因此一般只标明动力电池的容量范围而没有确切值。

（4）额定容量（保证容量）：在规定条件下测得的并由制造商标明的电池容量值。

3. 荷电状态

动力电池的荷电状态（State of Charge，简称 SOC）是指当前动力电池按照规定放电条件可以释放的容量占可用容量的百分比，用来表示动力电池剩余的能量，是反映动力电池状态的重要参数。SOC 的测量方法见表 2-1-4。

表 2-1-4　SOC 的测量方法

方　法	定　义
放电实验法	通过对电流恒流连续放电，放电电流和放电时间的乘积即为剩余电量。其优点为方法简单可靠，估算精度高；缺点为需要时间较长，测量时电池需处于脱机状态，无法在线实时测量
安时计量法	通过对电池充电或放电时准确的电流时间累积来估算电池的 SOC。其优点为简单、准确可靠、适用范围广；缺点为对干扰比较敏感，受温度、电池放电倍率影响较大
开路电压法	通过电池的开路电压和电池放电深度之间固定的对应关系估算 SOC。其优点为方法简单易行，可以直接、准确地得到 SOC；缺点为需要大量的电池充放电试验来储存足够多的典型数据，电池需要长时间静置，不能用于动态估算电池的 SOC
神经网络法	通过模拟电池的动态特性来估算电池的 SOC。其优点为快速、方便、精准度高、使用范围广；缺点为精确的数学模型难以建立，需要大量的参考数据来进行训练，学习速度慢，训练时间长，算法复杂，对硬件要求较高

4. 内　阻

动力电池的内阻是指电池在工作时，电流流过电池内部所受到的阻力。动力电池的内阻不是常数，在充放电过程中随时间的变化而不断变化，这是因为活性物质的组成、电解液的浓度和温度都在不断的改变，另外内阻与电池荷电状态、使用寿命状态和充放电电流等因素也有关。

5. 比能量

比能量是指单位质量或单位体积的电池所能输出的能量，单位为 W·h/kg。比能量越高，相同质量的动力电池的续航里程就越长。

6. 功率与比功率

在一定放电制度下，单位时间内动力电池输出的能量称为电池的功率，单位为 W 或 kW。单位质量或单位体积电池输出的功率称为比功率，单位为 W/kg 或 W/L。比功率是衡量汽车动力性能的一个综合指标，其大小表征电池所承受的工作电流的大小。一般来讲，对同类型纯电动汽车，比功率越大，汽车的动力性越好。

7. 循环寿命

动力电池每充电、放电一次，叫作一次充放电循环。动力电池在保持输出一定容量的情况下所能进行的充放电循环次数，叫作动力电池的循环寿命（使用寿命）。循环次数是当一个电池所经历完整充放电的次数，可由实际放电容量与设计容量来估计。每当累积的放电容量等于设计容量时，则循环一次。通常在 500 ~ 1 000 次充放电循环后，完全充电的电池容量会下降 10% ~ 20%。

（二）动力电池的性能比较

镍氢电池和锂离子电池的性能比较见表 2-1-5。

表 2-1-5　镍氢电池和锂离子电池的性能比较

电池类型	镍氢电池	锂离子电池
电压（V）	1.2	3.2 ~ 3.7
比能量（W·h/kg）	60 ~ 90	70 ~ 160
循环寿命（次）	≥400	≥600
快速充电能力	较好	好
污染程度	微小	微小
使用温度范围（℃）	−20 ~ 50	−20 ~ 55

各类锂离子电池的性能比较见表 2-1-6。

表 2-1-6　各类锂离子电池的性能比较

电池类型	钴酸锂电池	锰酸锂电池	三元锂电池	磷酸铁锂电池
电压（V）	3.6 ~ 3.7	3.6 ~ 3.7	3.6 ~ 3.7	3.2 ~ 3.3
比能量（W·h/kg）	>150	>100	>140	>70
循环寿命（次）	>600	>600	>600	>800
安全性	低	较高	较高	高
热稳定性	不稳定	较稳定	较稳定	稳定
原料成本	昂贵	较低	较低	低

三、动力电池成组概述

自纯电动汽车诞生以来，动力电池技术一直制约着纯电动汽车的推广普及。动力电池技术（包括电芯技术、成组技术和动力电池管理系统技术）是连接整车和动力电池研发生产的技术纽带和桥梁。

如图 2-1-8 所示，在电池成组（PACK）时，通常把未组装的电池称作电芯，而把连接上 PCM 板、有充放控制等功能的成品称作电池。

图 2-1-8　吉利帝豪 EV450 纯电动汽车电池组

将单体电池通过串联或并联构成一个电池模块，再将若干电池模块通过串联或并联组合成动力电池组使用，以满足纯电动汽车对电压和电流的需要。动力电池成组的一般工艺流程如图 2-1-9 所示。

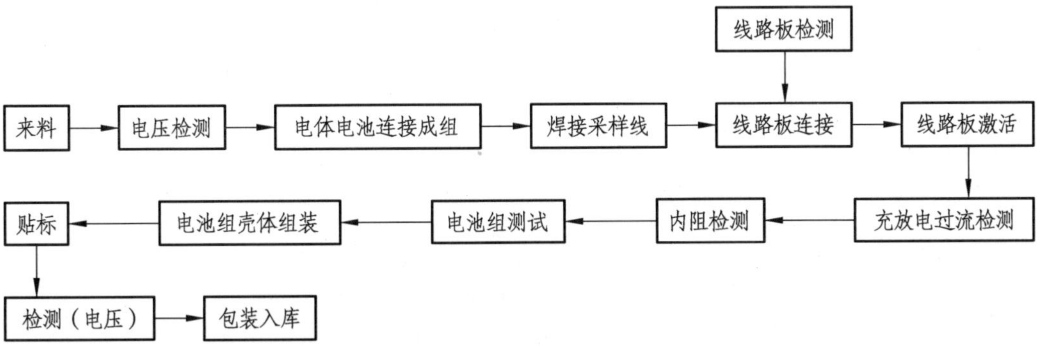

图 2-1-9　动力电池成组的一般工艺流程

每个车型有不同的设计要求，需要根据具体车型适配不同容量的电池组，进而确定串/并联形式和电芯规格等。以吉利帝豪 EV450 采用的宁德时代三元锂电池组为例，其电池箱上盖使用新型 SMC 材料，下箱体使用质轻、强度高的铝型材；电池包在高效水冷系统上采用铝板液冷系统，能保证电池包在−30 ~ 55 °C 范围内正常工作；电池包在高能量密度上采用新型工艺，电池包总重量 380 kg，电池包能量密度高达 142 W · h/kg；电池包使用单体 153 A · h 的电芯，将 95 个电池模块串联构成整车动力电池组（简称为 95S1P），总电量高达 52 kW · h。其具体参数见表 2-1-7。

表 2-1-7　吉利帝豪 EV450 纯电动汽车动力电池组的具体参数

项　目	形式与参数	单　位
电池类型	三元材料	—
电池组额定电压	346	V
峰值功率	150 kW，持续 10 s	kW
额定功率	50	kW
电池组工作电压范围	266 ~ 408.5	V
电池容量	153（1C）	A · h
电芯工作电压范围	3.0 ~ 4.15	V
电芯的额定电压	3.65	V
电池包额定电压	346（3.65 × 95）	V
工况续驶里程（NEDC）	450	km

特别提示

动力电池的额定电压=单体电芯额定电压 × 单体电芯串联数；动力电池的容量=单体电芯容量 × 单体电芯并联数量；动力电池总能量=动力电池的额定电压×动力电池的容量。

四、动力电池常见故障

（一）单体电池故障

单体电池故障主要包括 3 种情况：电池性能正常，无须更换；故障电池性能衰退严重，应立即更换；故障电池影响行车安全。其具体现象、后果及处理方法见表 2-1-8。

表 2-1-8　单体电池故障的现象、后果及处理方法

故障类别	故障现象	故障后果	处理方法
电池性能正常，无须更换	单体电池 SOC 偏低	在汽车行驶过程中，电压最先达到放电终止电压，使得电池组实际容量降低	对单体电池单独充电
	单体电池 SOC 偏高	在充电末期最先达到充电终止电压，影响充电电容	对单体电池单独放电
故障电池性能衰退严重，应立即更换	单体电池容量不足	限制整个电池组的容量，影响车辆续驶里程	更换单体电池
	单体电池内阻偏大	严重影响电池的电化学性能，如充放电过程中的极化严重、活性物质利用率低、循环性能差	
故障电池影响行车安全	单体电池过充电	电池内部短路，电池热失控，严重时会起火、爆炸	检查电池管理系统
	单体电池过放电		
	单体电池内部短路	电池热失控，严重时会起火、爆炸	更换单体电池
	单体电池外部短路		排除短路故障，更换单体电池
	单体电池极性装反		更换单体电池

通常情况下，造成单体电池前两种故障的原因可能包括两个：一是动力电池成组时单体电池一致性问题，单体电池的 SOC、容量、内阻本身就存在差异；二是单体电池在成组应用过程中因为应用环境差异（如温度、充放电电流）造成的一致性差异增加，加剧单体电池的不一致性。

（二）电池线路或连接件故障

线路或连接件故障的诊断对于确保行车安全和整车的可靠性非常重要。例如，因为车辆的振动，电池间的连接螺栓会出现松动，电池间接触电阻增大，发生电池间虚接故障，以致电池组内部能量损耗增加，造成车辆动力不足和续驶里程短，在极端情况下还能引起高温，产生电弧，熔化电池电极和连接片，甚至造成电池着火等事故的发生。

在纯电动汽车运行过程中，单体电池之间可能发生相对跳动，造成两电池间的连接片折断。电池箱和纯电动汽车的电气连接也是故障的高发点，电插接器在经历长时间振动后容易产生虚接，出现易烧蚀、接触不良等故障。具体故障现象、故障后果及处理方法见表 2-1-9。

表 2-1-9　电池线路或连接件故障的现象、后果及处理方法

故障现象	故障后果	处理方法
电池间虚接	汽车动力不足，续驶里程短	紧固电池连接
电池间断路	汽车无法起动	检查电池连接
快速熔断器断开		检查快速熔断器
动力电池插接器断开		检查动力电插接器
动力电池插接器虚接	插接器易烧蚀，汽车动力不足	
信号电插接器故障	无法监控汽车	检查信号电插接器
正/负极接触器故障	汽车无法起动	检查接触器
电源线短路	电池热失控，严重时会起火、爆炸	检查电源线

五、动力电池更换流程

关于动力电池的更换流程见表 2-1-10。

表 2-1-10　动力电池更换流程

流程步骤	备　注
将车辆开到举升机上，退电至 OFF 挡，断开小电池负极，举升机将车辆顶起	举升时确保举升机的支撑点，不要支撑在动力电池上
用万用表检测电池是否漏电	将万用表正极分别搭在电池正负极引出，负极搭车身地。正常值为 10 V 以下。若过大请不要拆卸，检测漏电原因和地方，排除问题后再进行以下操作
拔掉电池包进出水口的快拔接插件，用堵头堵上水管及接头	—
拔掉电池包的低压接插件	—
佩戴绝缘手套，用套筒拧松直流母线接插件上的锁紧螺丝，将直流母线接插件拔出，再将车载小线接插件拔掉	—
使用工装将动力电池包托住，用套筒将电池包固定在地板上的螺栓拧出，之后缓慢将动力电池包降下	动力电池下降过程中平台车缓慢向前移动，可以避免动力电池与后悬架的干涉

特别提示

人的生命只有一次，切勿存在侥幸心理。在故障检修中，不能存在麻痹大意的思想，不能不正确使用安全工器具，不能认为佩戴安全帽等行为是“太麻烦”“没必要”。

任务实施

一、车辆初步检查

图 2-1-10　确定驻车制动

Step01　确认驻车制动。

完成情况：□完成

□未完成，原因：__________

 图 2-1-11　确定车辆处于 N 挡状态	Step02　打开点火钥匙，踩一下制动踏板，使车辆进入到 REDAY 模式，确认车辆处于 N 挡状态。 完成情况：□完成 □未完成，原因：__________
 图 2-1-12　检查仪表显示的故障	Step03　检查仪表显示的故障。 完成情况：□完成 □未完成，原因：__________
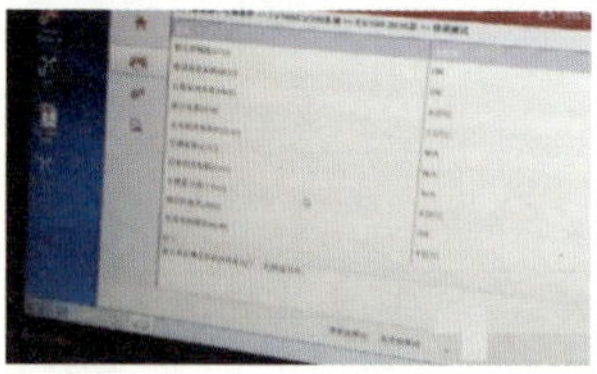 图 2-1-13　连接故障诊断仪	Step04　连接故障诊断仪，用故障诊断仪读取故障码。 完成情况：□完成 □未完成，原因：__________
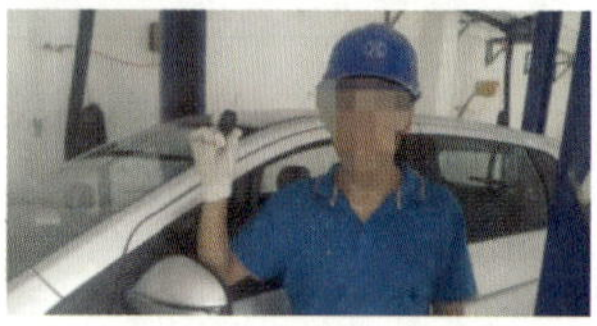 图 2-1-14　关闭点火开关	Step05　关闭点火开关，把钥匙装在口袋内。 完成情况：□完成 □未完成，原因：__________

二、高压电系统断电及绝缘检测

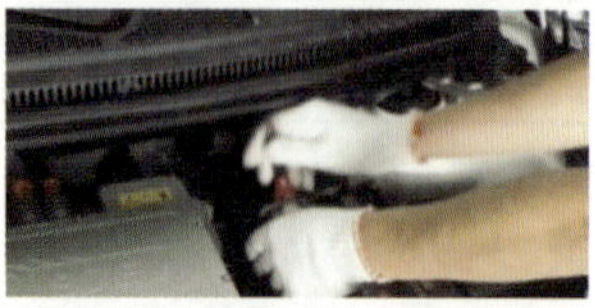 图 2-1-15　断开 12 V 蓄电池负极	Step01　断开 12 V 蓄电池负极。 完成情况：□完成 □未完成，原因：__________
 图 2-1-16　做好负极线的相关保护措施	Step02　做好负极线的相关保护措施。 完成情况：□完成 □未完成，原因：__________

续表

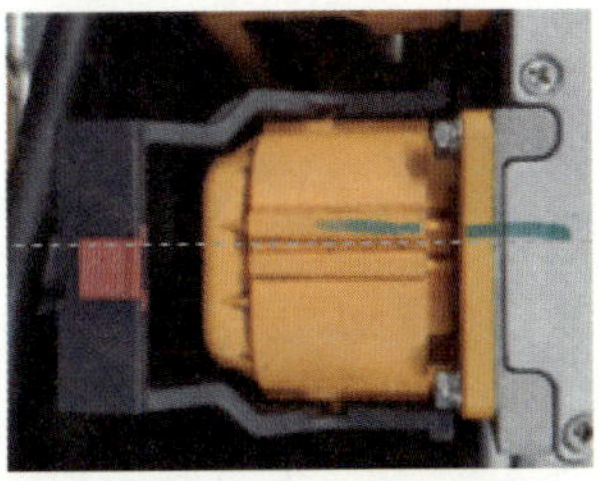 图 2-1-17　拔下动力电池母线	Step03　拔下动力电池母线。 完成情况：□完成 □未完成，原因：__________
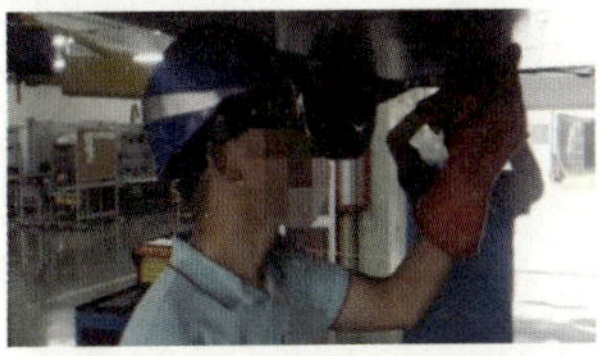 图 2-1-18　检查动力电池底板	Step04　用举升机升起车辆，并检查动力电池底板。 完成情况：□完成 □未完成，原因：__________
 图 2-1-19　拆下动力电池线束护板	Step05　拆下动力电池线束护板。 完成情况：□完成 □未完成，原因：__________
 图 2-1-20　检查低压控制线束插件外观	Step06　检查低压控制线束插件外观。 完成情况：□完成 □未完成，原因：__________
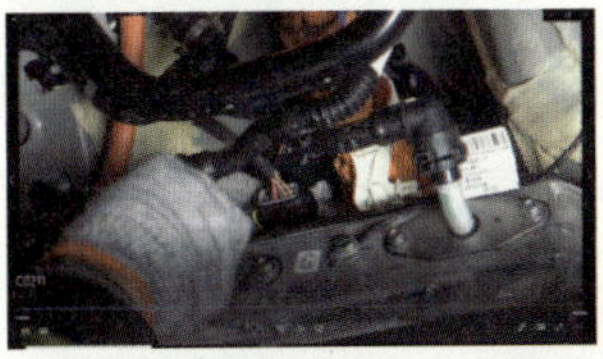 图 2-1-21　拆卸低压控制线束插件	Step07　拆卸低压控制线束插件。 完成情况：□完成 □未完成，原因：__________
 图 2-1-22　检查低压控制线束动力电池端插件状况	Step08　检查低压控制线束动力电池端插件状况。 完成情况：□完成 □未完成，原因：__________

<table>
<tr><td>
图 2-1-23　检查动力电池高压线缆动力电池端插件外观</td><td>Step09　检查动力电池高压线缆动力电池端插件外观。
完成情况：□完成
□未完成，原因：________</td></tr>
<tr><td>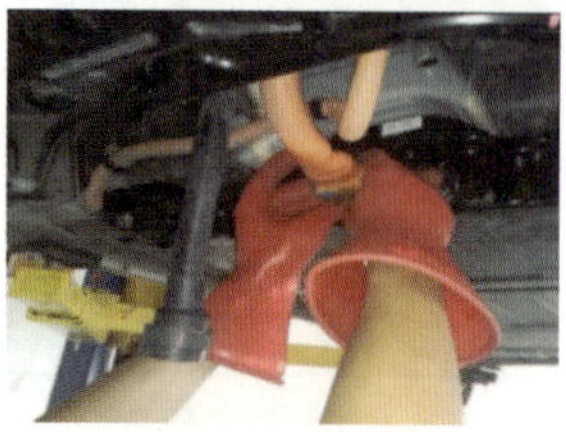
图 2-1-24　拆卸动力电池高压线缆动力电池端插件</td><td>Step10　拆卸动力电池高压线缆动力电池端插件。
完成情况：□完成
□未完成，原因：________</td></tr>
<tr><td>
图 2-1-25　拆卸动力电池高压线缆动力电池端插件</td><td>Step11　拆卸动力电池高压线缆动力电池端插件。
完成情况：□完成
□未完成，原因：________</td></tr>
</table>

三、动力电池组的拆卸

<table>
<tr><td>
图 2-1-26　推入动力电池举升机</td><td>Step01　推入动力电池举升机。
完成情况：□完成
□未完成，原因：________</td></tr>
<tr><td>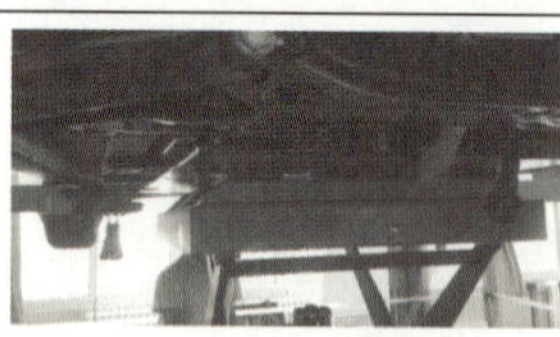
图 2-1-27　拆卸动力电池</td><td>Step02　调整电池举升车，使之托住动力电池底部，拆卸动力电池。
完成情况：□完成
□未完成，原因：________</td></tr>
</table>

续表

 图 2-1-28　放下动力电池	Step03　放下动力电池。 完成情况：□完成 □未完成，原因：____________
 图 2-1-29　检查和清洁动力电池外观	Step04　检查动力电池外观，清洁动力电池外观。 完成情况：□完成 □未完成，原因：____________

四、动力电池组的安装

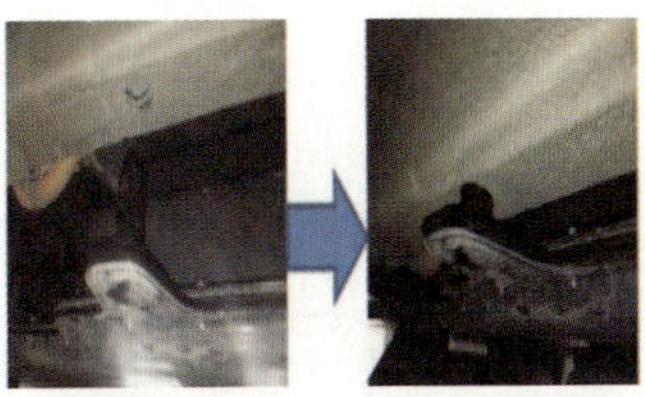 右后侧定位销（微调）入位 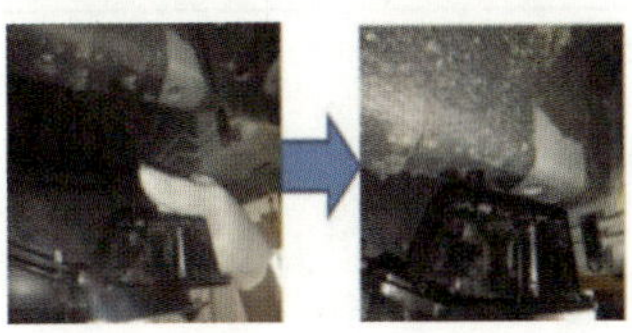 左前侧定位销（微调）入位 图 2-1-30　安装动力电池	Step01　将更换的新动力电池移至车辆下方，使动力电池两侧定位销置于车辆下方的定位孔中，安装动力电池。 完成情况：□完成 □未完成，原因：____________
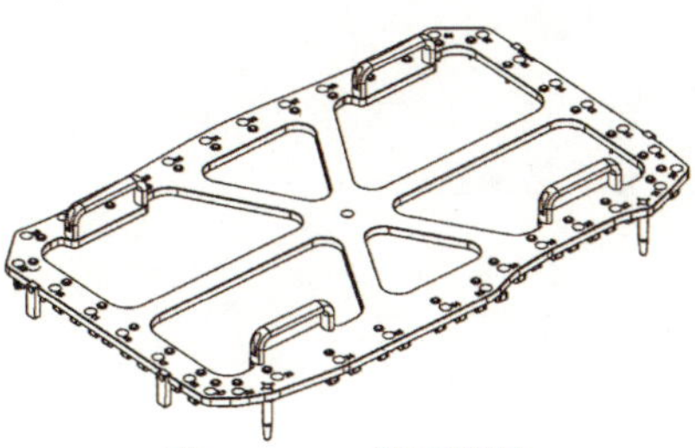 图 2-1-31　紧固螺栓	Step02　紧固螺栓。 完成情况：□完成 □未完成，原因：____________ 注：装复时拧紧力矩为(95±5) N·m，顺序如图 2-1-31 所示。

<table>
<tr><td>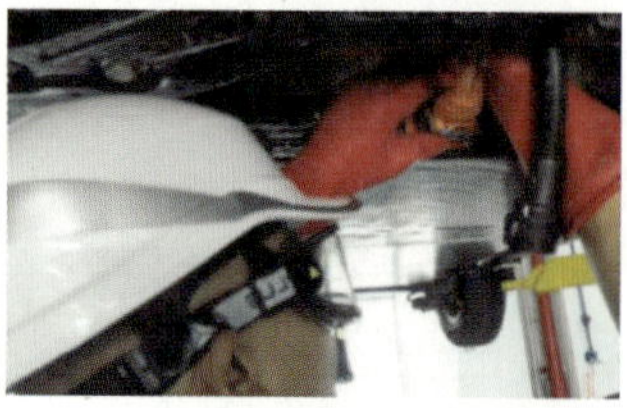
图 2-1-32　安装动力电池高压线缆动力电池端插件</td><td>Step03　移出动力电池举升车，安装动力电池高压线缆动力电池端插件。
完成情况：□完成
□未完成，原因：________</td></tr>
<tr><td>
图 2-1-33　安装低压控制线束插件</td><td>Step04　安装低压控制线束插件。
完成情况：□完成
□未完成，原因：________</td></tr>
<tr><td>
图 2-1-34　安装电池护板</td><td>Step05　安装电池护板。
完成情况：□完成
□未完成，原因：________</td></tr>
<tr><td>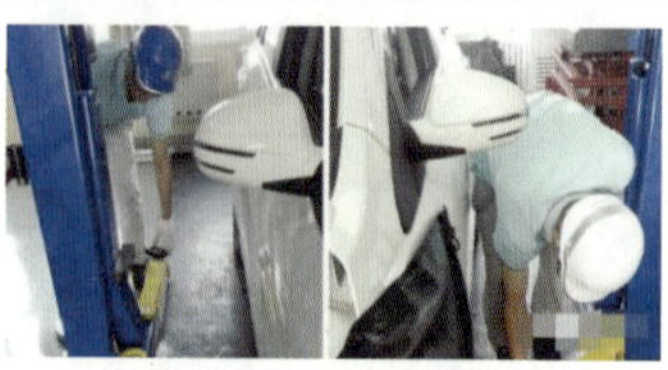
图 2-1-35　移除警示标识</td><td>Step06　放下举升机，移出举升支臂，移除警示标识。
完成情况：□完成
□未完成，原因：________</td></tr>
<tr><td>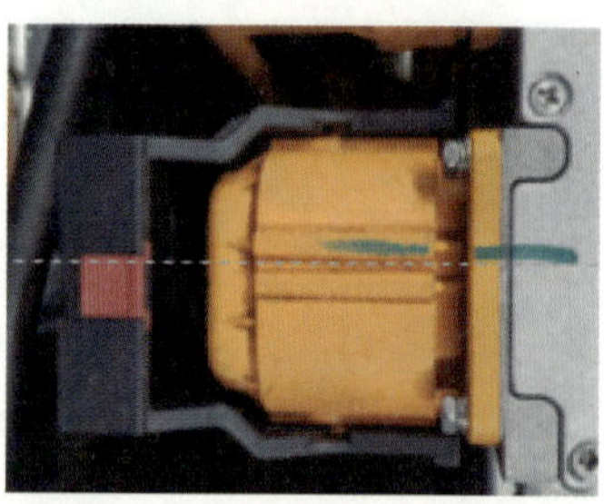
图 2-1-36　安装动力电池母线连接器</td><td>Step07　安装动力电池母线连接器。
完成情况：□完成
□未完成，原因：________</td></tr>
</table>

续表

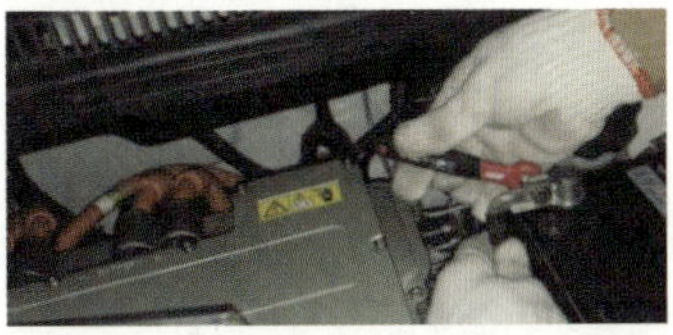 图 2-1-37　连接 12 V 蓄电池负极	Step08　连接 12 V 蓄电池负极。 完成情况：□完成 □未完成，原因：__________
 图 2-1-38　仪表出现 REDAY	Step09　起动车辆，仪表出现 REDAY。 完成情况：□完成 □未完成，原因：__________
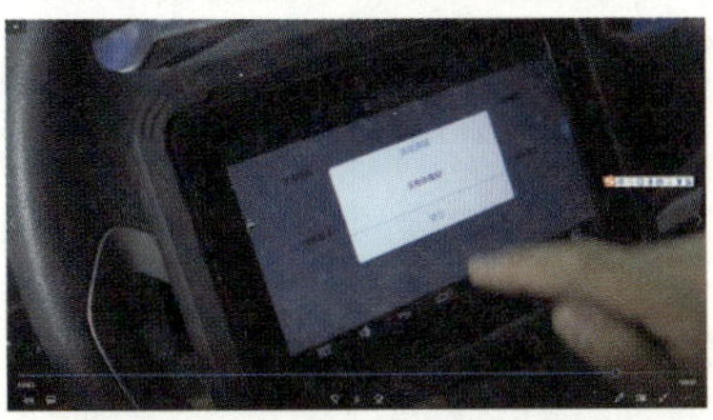 图 2-1-39　再次读取故障码	Step10　用故障诊断仪再次读取故障码，无故障码。 完成情况：□完成 □未完成，原因：__________
 图 2-1-40　充电验证	Step11　充电验证，确认车辆充电正常。 完成情况：□完成 □未完成，原因：__________

总结评价

学习任务总结评价表

班级______________小组______________学号______________ 姓名______________

<table>
<tr><td colspan="2" rowspan="2">主要测评项目</td><td colspan="4">学生自评</td></tr>
<tr><td>A</td><td>B</td><td>C</td><td>D</td></tr>
<tr><td>关键能力总结</td><td>1. 遵守纪律，遵守学习场所管理规定，服从安排；
2. 具有安全意识、责任意识、6S 管理意识，注重节约、节能与环保；
3. 学习态度积极主动，能按时参加安排的实习活动；
4. 具有团队合作意识，注重沟通，能自主学习及相互协作；
5. 仪容仪表符合学习活动要求。</td><td></td><td></td><td></td><td></td></tr>
<tr><td>专业知识与能力总结</td><td>1. 能描述动力电池的主要类型和主要技术参数；
2. 能描述动力电池的结构组成；
3. 能正确实施动力电池更换任务。</td><td></td><td></td><td></td><td></td></tr>
<tr><td>个人自评总结与建议</td><td colspan="5"></td></tr>
<tr><td>小组评价</td><td colspan="5"></td></tr>
<tr><td rowspan="2">教师评价</td><td rowspan="2"></td><td colspan="4">总评成绩</td></tr>
<tr><td colspan="4"></td></tr>
</table>

教师签字： 日期：

学习任务二　动力电池绝缘故障检修

任务导入

车主黄先生的吉利帝豪 EV450 纯电动汽车因涉水过深导致车辆无法行驶，高压不上电。经 4S 店初步检测后，判断为动力电池管理系统故障，现需进一步检修以确认故障原因。如果你是该 4S 店售后服务中心的维修人员，应该如何检修该故障呢？

工作任务

完成动力电池绝缘故障的检测及故障排除，并填写工单。

任务分组

将学生按 4 ~ 6 人为一组进行分组，明确每组的工作任务，并填写表 2-2-1。

表 2-2-1　学生分组表

组　别	小组成员	任务分工
1		
2		
3		
4		
5		
6		

工作准备

1. 根据工作任务，进行任务分组，并完成任务分工。
2. 收集任务实施过程中所涉及的《电动汽车维护与保养》相关的国家标准。
3. 收集吉利帝豪 EV450 纯电动汽车动力电池绝缘故障检修的方法和流程。
4. 根据任务，分析实施过程中的难点或可能出现的质量问题。

收集信息

1. 根据教材及维修手册，认识动力电池系统的组成，将下列部件补充完成。

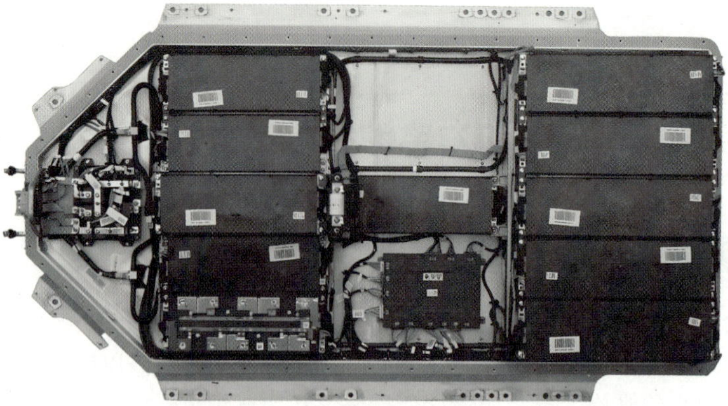

2. 根据教材及维修手册，认识动力电池线束连接情况。

3. BMS 会实时监测总正和总负对________________的绝缘阻值，如果出现绝缘阻值低于安全范围，则会______________________。

4. 查阅维修手册，认识动力电池管理系统的结构，将下列部件与其功能连接起来。

电池模组 •	• 采集单体电池各项数据信息
CSS 采集系统 •	• 将 N 个电池单体按照并联或者串联的方式组合
电池控制单元 BMU •	• 主正、主负、预充继电器等
电池高压分配单元 •	• 将单体电压电流温度及高压绝缘等信息上报给 VCU，并根据 VCU 指令完成对动力电池的控制
维修开关 •	• 动力电池总成中间，断开可确保切断高压

5. 完成电气原理框图。

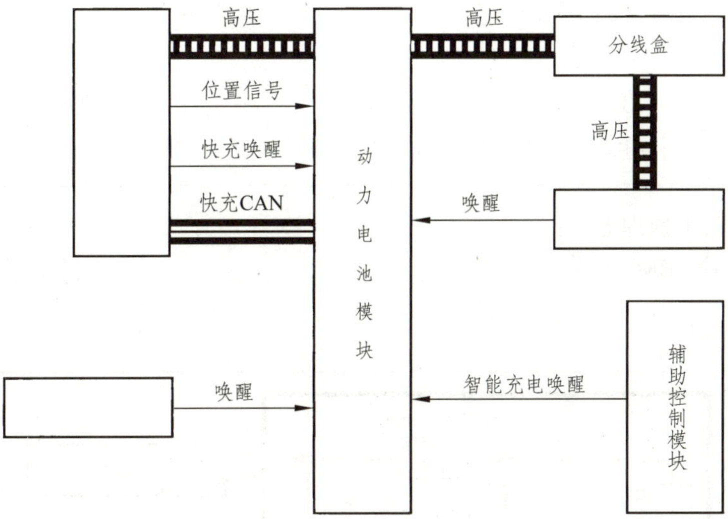

6. 根据教材及维修手册，完成动力电池充放电过程。

动力电池的充电原理如下：

充电初期，______________接收到充电枪插入信号后唤醒整车控制器及 BMS，BMS 进行自检和初始化，完成后上报给整车控制器。整车控制器控制______________闭合，BMS 控制__________闭合，对各单体电池进行预充电，确定单体电池无短路后，预充完成。

预充电完成之后，BMS 闭合_____________，随后断开_____________，主电路接通，动力电池开始充电。

充电途径路线如下：

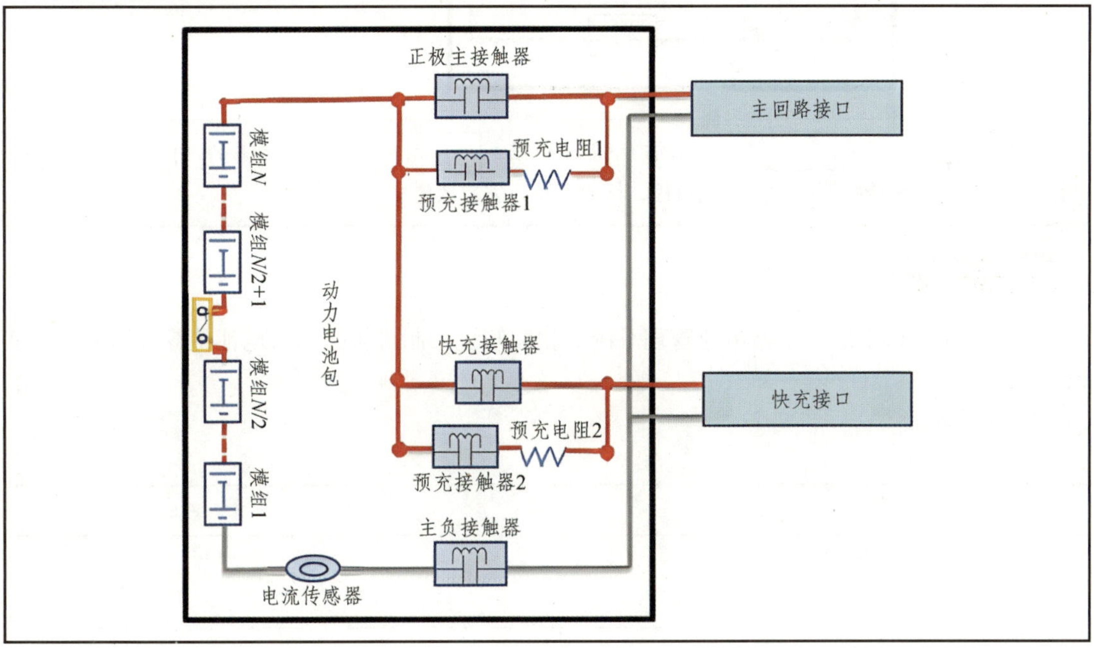

慢充时：充电桩→______→高压控制盒→高压插接件→______→动力电池组正极→主保险→动力电池组负极→电流传感器→主负继电器→高压插接件→______→车载充电机→充电桩，构成回路，进行慢充。

快充时：快充桩→高压控制盒→高压插接件→______→动力电池组正极→主保险→动力电池组负极→______→主负继电器→高压插接件→高压控制盒→快充桩，构成回路，进行快充。

动力电池的放电原理如下：

预充电完成后，BMS 闭合______，断开______，主电路接通，动力电池组开始放电。

放电途径路线如下：

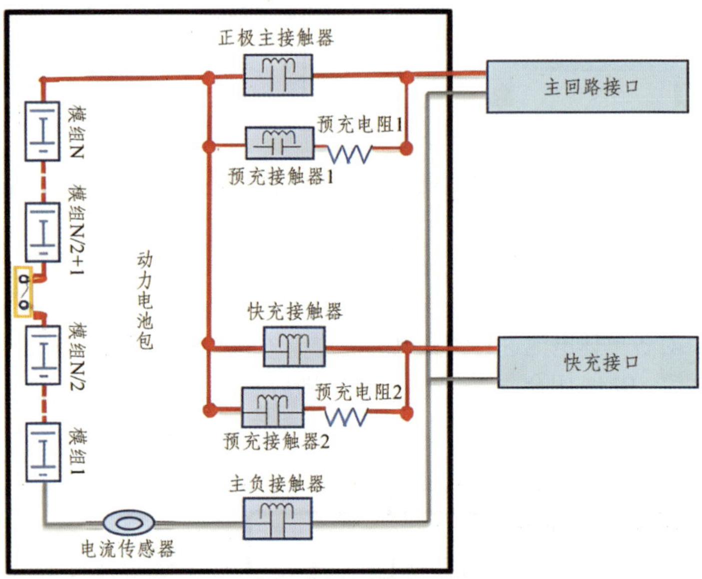

动力电池组负极→______→动力电池组正极→______→高压插接件→______→主负继电器→电流传感器→动力电池负极，构成回路，完成放电。

制订方案

分组查阅维修手册，学习电池管理系统的相关知识，制订排除动力电池绝缘故障的任务实施方案。

1. 任务分工

______

______。

2. 任务实施步骤

______

______。

3. 异常情况处理措施

____

____。

知识学习

一、高压系统的构成

纯电动汽车的高压系统通常由驱动电机、电机控制器、动力电池系统、DC/DC 转换器、电动空调压缩机、PTC 加热器、车载充电机等构成，如图 2-2-1 所示。

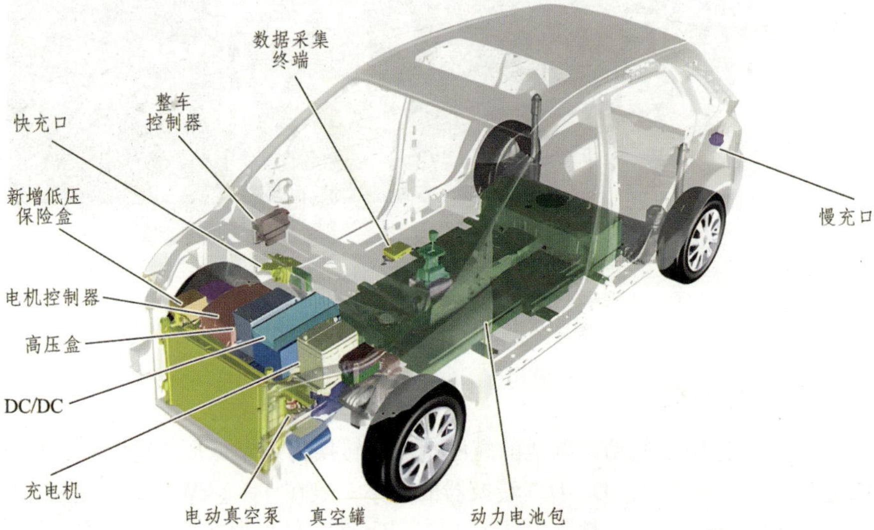

图 2-2-1　纯电动汽车高压系统的构成

（一）驱动电机及电机控制器

纯电动汽车的驱动电机（见图 2-2-2）与减速器组合，替代了传统车辆发动机与变速箱的功能。驱动电机具有响应快、效率高、重量轻、结构紧凑、维修方便等特点。

电机控制器（见图 2-2-3）的主要作用是：将动力电池提供的直流电转换为交流电，然后输出给驱动电机，驱动整车行驶；通过控制驱动电机的正转来实现整车加速、减速；通过控制驱动电机的反转来实现倒车；通过有效的控制策略，控制动力总成以最佳方式协调工作。

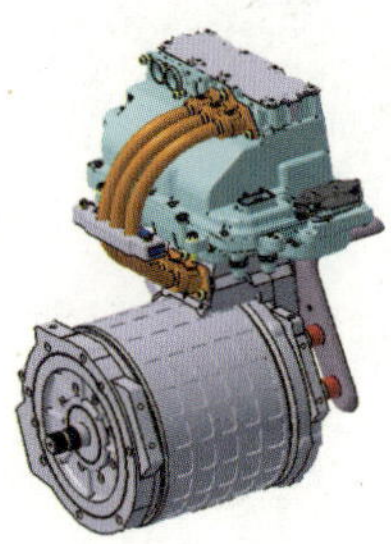

图 2-2-2　驱动电机

图 2-2-3　电机控制器

（二）动力电池系统

如图 2-2-4 所示，动力电池系统由动力电池组、电池管理系统（BMS）、动力电池箱及辅助元器件组成。为保证电池组的使用寿命及安全性，动力电池系统有温度和电压传感器对其进行数据采集，并将采集的数据传给电池管理系统进行判断。

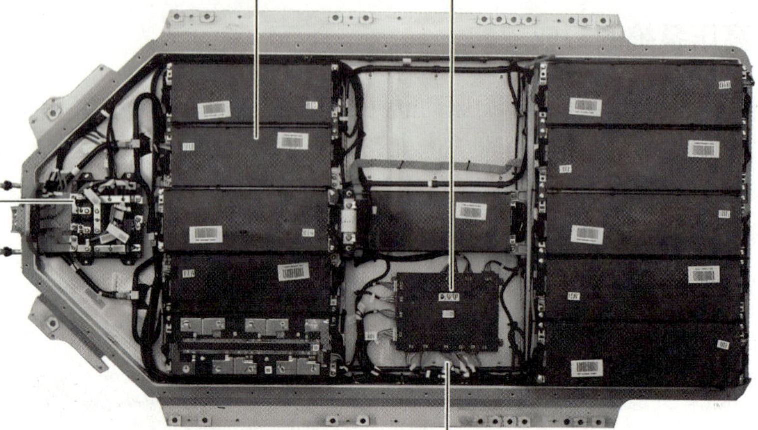

图 2-2-4　EV160 动力电池系统

（三）DC/DC 转换器

DC/DC 转换器的作用是将动力电池的高压直流电转换为整车低压 12 V 直流电，给整车低压用电系统供电及铅酸电池充电。DC/DC 转换器的功率一般在 1 ~ 2 kW，输入电压为动力电池组工作电压范围，输出电压为恒压，输出电压为 14 V。DC/DC 转换器在实车上的安装位置如图 2-2-5 所示。

图 2-2-5　DC/DC 转换器在实车上的安装位置

（四）车载充电机

车载充电机用于对动力电池组进行充电。它连接车辆的交流充电口，收到允许充电信号后，将输入 220 V 交流电，经过滤波整流后，通过升压电路输出合适的电压/电流给动力电池组，进行充电。车载充电机在实车上的安装位置如图 2-2-5 所示。车载充电机内部保险丝的作用是将动力电池组的高压直流电输出分配给整车高压电器使用，可实现对高压用电器的保护及切断。

（五）电动空调压缩机

如图 2-2-6 所示，电动空调压缩机由高压电驱动，受整车控制器 VCU 控制，是空调制冷系统制冷剂循环的动力源泉。电动空调继电器控制电动空调压缩机 12 V 低压电源，低压电源电压是电动空调压缩机控制器的通信信号传输及控制功能得以正常运行的可靠保证。其工作原理为：整车控制器 VCU 通过数据总线与电动空调压缩机控制器相连接，再由电动空调压缩机控制器控制电动空调压缩机的高压电源线“DC+与 DC−”通断；高压互锁信号线在高压上电前确保整个高压系统的完整性，使高压电在一个封闭的环境下工作，提高安全性。

（六）PTC 加热器

如图 2-2-7 所示，PTC 加热器由陶瓷发热元件与铝管组成。PTC 元件通电后产生热量，鼓风机送风经过 PTC 芯体后加热空气产生暖风。

图 2-2-6　电动空调压缩机

图 2-2-7　PTC 加热器

二、新能源汽车绝缘检测原理

（一）绝缘相关概念

工程上一般意义的绝缘是指为了隔离人、其他带电或者不带电结构，在带电器件表面包裹一层不导电物质的做法。不导电的物质叫作绝缘材料。可以用此绝缘电阻、漏电流比较不同绝缘材料或者系统绝缘能力的高低，一般用于表示绝缘测试结果。

绝缘电阻是指绝缘介质所具有的电阻值，是衡量介质绝缘性能好坏的物理量，在常见的测量方式中，则表现为带电器件与壳体、大地等参考平台之间的电阻值，由于数值较大，单位常用“MΩ”表示。漏电流是系统内流过绝缘材料表面的电流，数值越大，说明系统绝缘性能越差，单位一般用“mA”表示。

采用纯电动汽车绝缘检测仪实时监测电动车辆高压系统对车辆的电气绝缘性能，确保车辆在绝缘状态下运行，对保证乘客人身安全、电气设备正常工作以及车辆安全运行具有重要意义。

（二）电气绝缘失效的危害

电动汽车与传统车相比，电子电气系统的比例大大增加。并且，电动汽车动力系统是以往不曾在汽车上使用过的高压系统，动辄几百伏的电压平台。因此，电气绝缘是电动汽车高压安全的重要项目。根据相关标准中对人体安全电流的要求（DC 10 mA，AC 2 mA），GB/T 18384—2015 电动汽车安全要求中规定，绝缘电阻最低要求：直流 100 Ω/V，交流 500 Ω/V。

电气系统如果出现绝缘失效，视程度不同，会造成累进的后果。系统中若只有一个点绝缘出现故障，暂时对系统不会产生明显影响。若出现多点绝缘失效，则漏电流会在两点之间流转，在附近材料上积累热量，遇到适当情况，可能会引发火灾，且影响电器的正常工作；最严重的情况，可能发生人员触电。当然，汽车的电气都在底盘等乘车人员一般无法触及的地方，最可能遇到触电危险的，可能是生产和维修人员。电气系统绝缘失效的常见原因除了设计和制造问题以外，一般包括：热老化，光老化，低温环境下的材料脆裂，固定不当引起的摩擦损伤等。

（三）电动汽车上的电气系统

电动汽车高压系统的电源动力电池包系统中的负载电气包括：电机及电机控制器，空调、车载充电机，PTC 加热器等。在绝缘监测系统中，电动汽车上的电气系统按照电源和负载划分成两部分，绝缘阻值分别测量计算。

（四）动力电池包对地绝缘检测方法

动力电池包是有源系统，在测量绝缘电阻的过程中，可以利用自身的电源。而普通的材料测量绝缘，则需要借助测量仪器的电源进行。

动力电池系统的绝缘电阻测量主要有两类方法：一类是交流信号注入法，另一类是外接电阻法。交流信号注入法指给动力电池正负极之间注入一定频率的低压交流信号，通过测量系统反馈，获得系统的绝缘电阻。缺点是测试信号在系统中形成波纹干扰，影响系统正常工作。外接电阻法在正负极之间接入一系列电阻，利用电路中设置开关的通断，可以获得两个状态下电阻上的电压值，通过列出电路状态方程，两个方程联立接触动力电池正极对地和负极对地的电阻值，判断电池正负极对地绝缘情况。

（五）检修动力电池绝缘故障

1. 查阅电池包外部高压电路图及线束连接器位置图

如图 2-2-8 所示，了解电池包外部高压电路及线束连接器的工作原理。

2. 确认高压回路切断

（1）操作起动开关使电源模式至 OFF 状态。

（2）断开蓄电池负极电缆。

（3）断开直流母线。

（4）断开动力电池高压线线束连接器 BV16 如图 2-2-8 所示。

（5）等待 5 min。

（6）用万用表检测 BV16 端子 1 与端子 2 之间的电压。

特别提示

端子 1 与端子 2 距离较近，严禁万用表针头短接和触碰任何非目标测量金属部件，并佩戴绝缘手套，标准电压≤5 V。

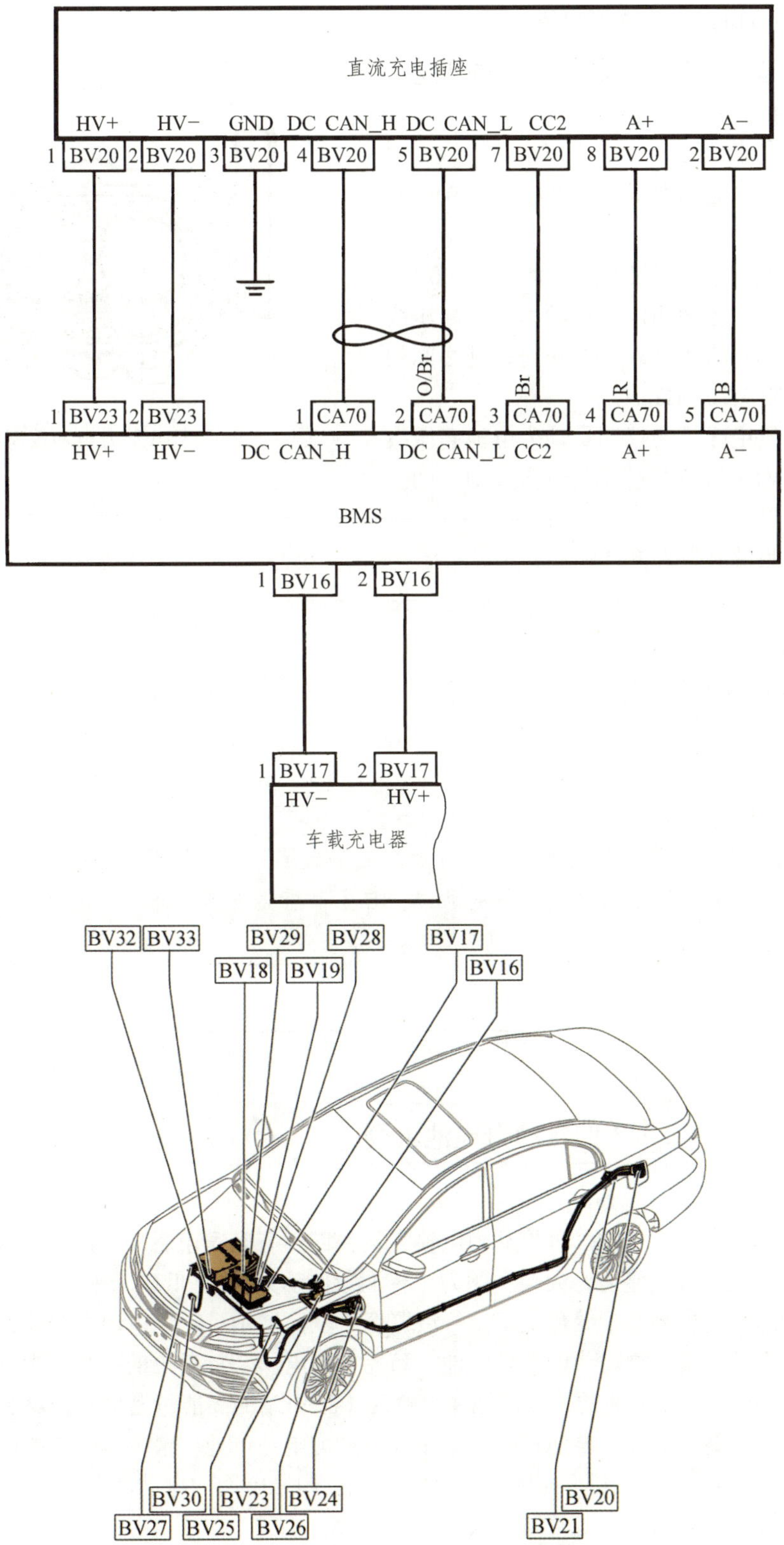

图 2-2-8　电池高压电路及线束连接器位置图

3. 检测动力电池供电绝缘阻值

（1）操作起动开关使电源模式至 OFF 状态。

（2）断开蓄电池负极电缆。

（3）断开直流母线。

（4）拆卸动力电池高压线线束连接器 BV16，如图 2-2-9 所示。

（5）将高压绝缘检测仪的挡位调至 1 000 V。

（6）用高压绝缘检测仪测量动力电池高压线线束连接器 BV16 的 1 号端子与车身接地之间的电阻（标准电阻≥20 MΩ）。

（7）用高压绝缘检测仪测量动力电池高压线线束连接器 BV16 的 2 号端子与车身接地之间的电阻（标准电阻≥20 MΩ）。

（8）确认测量值是否符合标准。

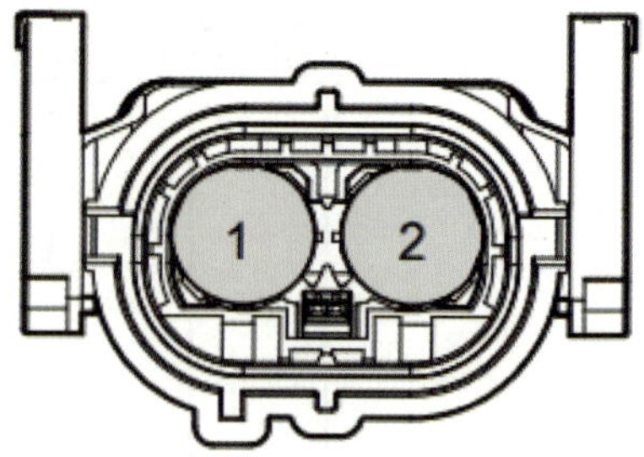

图 2-2-9　BV16 动力电池控制器线束端子

小贴士

40 年的发展历史告诉我们，产业结构出现的问题具有历史必然性，最终必须要依靠法治化管理及公平公正的市场竞争机制解决。这是一个长期而艰难的历程。40 年的成长经验告诉我们，中外合资是一把“双刃剑”，它虽然在一定时期内促进了汽车产业和市场的发展，但长期依赖外资不可能将产业做强。企业和品牌的成长是岁月和意志的积累，成功之路只有快慢，没有捷径。40 年的成功实践告诉我们，只有坚持改革开放才能形成国际领先的产业基础，自主创新才是产业发展的灵魂，执着的理想信念是发展的动力，自主品牌是发展的根本，只有依托自主才能将产业做强。

知识拓展　2022 世界动力电池大会

2022 年 7 月 21 日，2022 世界动力电池大会在四川省宜宾市召开，这是中国举办的首个世界级动力电池行业盛会，大会主题为“智汇绿色动力 创享低碳未来”。

大会期间，同步举办了绿色低碳出行展览会，全面展示了动力电池全产业链上下游的先进技术和产品，如宁德时代的麒麟电池、巧克力换电块，特斯拉的磷酸铁锂电池包及储能设备 Powerwall，比亚迪的刀片电池，吴峰院士工作站的高能量密度正极材料，欧阳明高院士工作站的高比能固态电池材料等诸多代表动力电池产业“最尖端”科技的展品以及华为聚焦城市“车路云网图”的智能网联解决方案、国家电网的电动汽车 V2G 双向直流充放电系统和智慧车联网平台运营监控大屏等。

任务实施

视频：帝豪新能源汽车动力电池绝缘故障检修

<table>
<tr><td>
图 2-2-10　读取故障码</td><td>Step01　连接故障诊断仪，读取故障码。
故障码：__________
完成情况：□完成
□未完成，原因：__________</td></tr>
<tr><td>
图 2-2-11　断开蓄电池负极</td><td>Step02　断开蓄电池负极，并做好绝缘处理。
完成情况：□完成
□未完成，原因：__________</td></tr>
<tr><td>

图 2-2-12　测量高压系统残余电压</td><td>Step03　等待 5 min 后，测量高压系统残余电压。
（1）使用绝缘手套拆卸动力电池母线；
（2）用万用表测量动力电池母线端子以及高压分线盒端子残余电压，正常为 0 V。
测量值：______V。
完成情况：□完成
□未完成，原因：__________</td></tr>
<tr><td>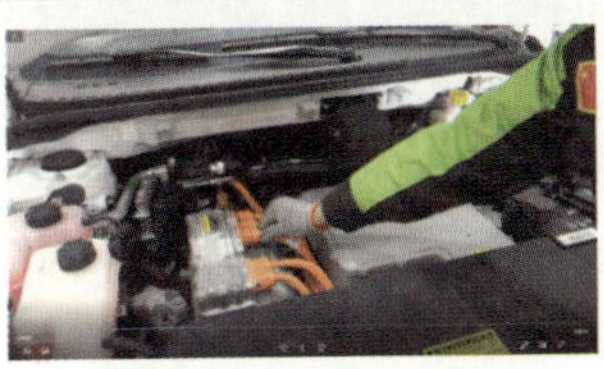
图 2-2-13　基础检查</td><td>Step04　基础检查。检查系统部件是否有明显损坏或存在可能导致故障的情况。
检查情况：□正常
□不正常，部位：__________</td></tr>
</table>

<table>
<tr>
<td>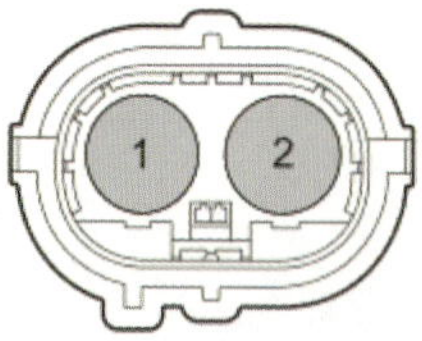

EP41 接动力电池线束连接器
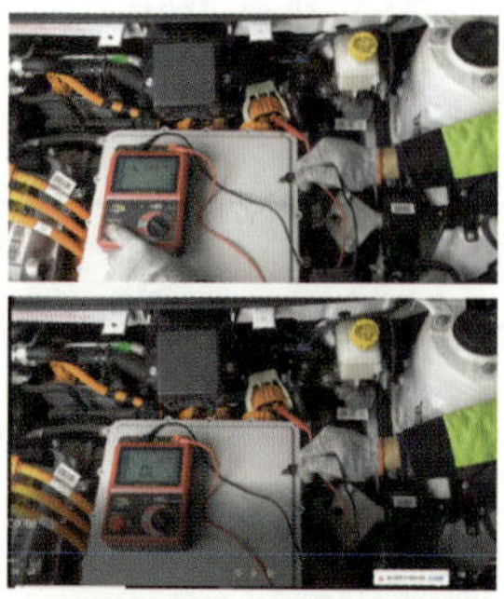
图 2-2-14　检测动力电池供电绝缘阻值</td>
<td>Step05　检测动力电池供电绝缘阻值。
（1）拔掉分线盒动力电池母线；
（2）将高压绝缘测试仪的挡位调至 1 000 V；
（3）用高压绝缘检测仪测量 EP41 的 1 号端子与车身接地之间的电阻；
（4）用高压绝缘检测仪测量 EP41 的 2 号端子与车身接地之间的电阻。
正常值：大于或等于 20 MΩ；
测量值：________________。
测量结果：□正常
□异常，修理或更换线束
注：端子 1 和 2 之间距离较近，严禁万用表针头短接和触碰任何非目标测量金属部件，并佩戴绝缘手套</td>
</tr>
<tr>
<td>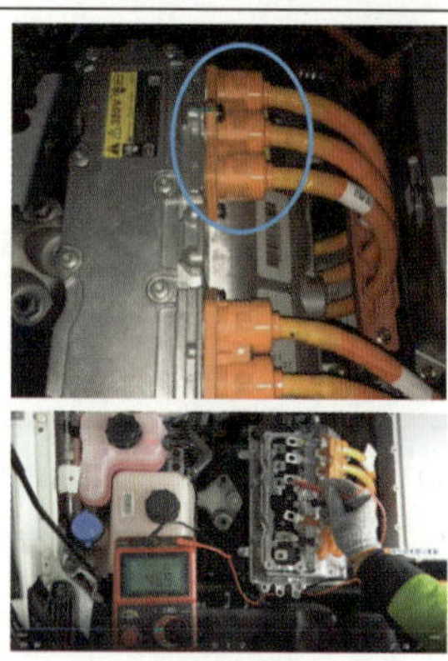
图 2-2-15　检测驱动电机电线路绝缘阻值</td>
<td>Step06　检测驱动电机电线路绝缘阻值。
（1）拆卸 PEU 上盖及线束固定螺栓；
（2）将高压绝缘测试仪的挡位调至 1 000 V；
（3）用高压绝缘检测仪测量电机三相线束与车身接地之间的电阻。
正常值：大于或等于 20 MΩ；
测量值：________________。
测量结果：□正常，绝缘阻值正常
□异常，修理或更换线束</td>
</tr>
<tr>
<td>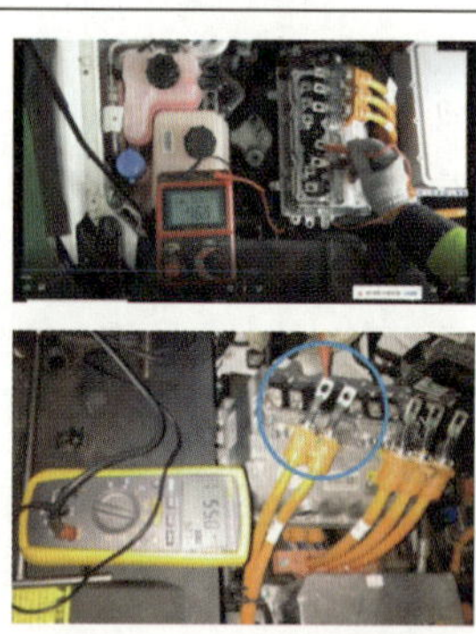
图 2-2-16　检测电机控制器高压输入线束绝缘电阻</td>
<td>Step07　检测电机控制器高压输入线束绝缘电阻。断开电机控制器线束连接器，测量电机控制器上线束连接器两个端子与分线盒壳体件的绝缘阻值。
正常值：大于或等于 2 MΩ
测量值：________________。
测量结果：□正常，绝缘阻值正常
□异常，修理或更换线束</td>
</tr>
</table>

续表

<table>
<tr>
<td>
图 2-2-17　检测充电机绝缘电阻</td>
<td>Step08　检测充电机绝缘电阻。断开充电机线束连接器，测量两个端子与分线盒壳体件的绝缘阻值。
正常值：大于或等于 10 MΩ；
测量值：________________。
测量结果：□正常，绝缘阻值正常
□异常，修理或更换线束</td>
</tr>
<tr>
<td>
图 2-2-18　检测 PTC 绝缘电阻</td>
<td>Step09　检测 PTC 绝缘电阻。拔掉 PTC 加热器上的高压接插件，测量 PTC 加热器上线束连接器两个端子与分线盒壳体件的绝缘阻值。
正常值：大于或等于 20 MΩ；
测量值：________________。
测量结果：□正常，绝缘阻值正常
□异常，修理或更换线束</td>
</tr>
<tr>
<td>
图 2-2-19　检测空调压缩机绝缘电阻</td>
<td>Step10　检测空调压缩机绝缘电阻。拔掉空调压缩机上的高压接插件，测量空调压缩机上线束连接器两个端子与分线盒壳体件的绝缘阻值。
正常值：大于或等于 10 MΩ；
测量值：________________。
测量结果：□正常，绝缘阻值正常
□异常，修理或更换线束</td>
</tr>
</table>

高压部件名称、测试端及正常阻值见表 2-2-2。

表 2-2-2　高压部件名称、测试端、正常阻值表

高压部件名称	测试端	正常阻值
动力电池直流母线	端子 1（正极）与车身搭铁（负极）	≥20 MΩ
	端子 2（正极）与车身搭铁（负极）	≥20 MΩ
PTC 加热器	端子 1（正极）与车身搭铁（负极）	≥20 MΩ
	端子 2（正极）与车身搭铁（负极）	≥20 MΩ
AC 空调压缩机	端子 1（正极）与车身搭铁（负极）	≥10 MΩ
	端子 2（正极）与车身搭铁（负极）	≥10 MΩ
OBC 慢充充电机	端子 1（正极）与车身搭铁（负极）	≥10 MΩ
	端子 2（正极）与车身搭铁（负极）	≥10 MΩ
电机三相线束	U 项	≥20 MΩ
	V 项	≥20 MΩ
	W 项	≥20 MΩ
PTC 加热器高压线束	线束端子 1（正极）与车身搭铁（负极）	≥2 MΩ
AC 空调压缩机高压线束	线束端子 2（正极）与车身搭铁（负极）	≥2 MΩ
PEU 电机控制器高压线束（输入）	T+、T-线束	≥2 MΩ

绝缘标准值：________________。

总结评价

学习任务总结评价表

班级____________小组____________学号____________ 姓名____________

<table>
<tr><td colspan="2" rowspan="2">主要测评项目</td><td colspan="4">学生自评</td></tr>
<tr><td>A</td><td>B</td><td>C</td><td>D</td></tr>
<tr><td>关键能力总结</td><td>1. 遵守纪律，遵守学习场所管理规定，服从安排；
2. 具有安全意识、责任意识、6S 管理意识，注重节约、节能与环保；
3. 学习态度积极主动，能按时参加安排的实习活动；
4. 具有团队合作意识，注重沟通，能自主学习及相互协作；
5. 仪容仪表符合学习活动要求。</td><td></td><td></td><td></td><td></td></tr>
<tr><td>专业知识与能力总结</td><td>1. 能说出动力电池系统的内部组成；
2. 能掌握动力电池各组成部件的作用和位置；
3. 能够分析动力电池上下电的控制过程；
4. 能掌握检修动力电池高压绝缘故障的方法。</td><td></td><td></td><td></td><td></td></tr>
<tr><td>个人自评总结与建议</td><td colspan="5"></td></tr>
<tr><td>小组评价</td><td colspan="5"></td></tr>
<tr><td rowspan="2">教师评价</td><td rowspan="2"></td><td colspan="4">总评成绩</td></tr>
<tr><td colspan="4"></td></tr>
</table>

教师签字：　　　　　　　　　日期：

学习任务三 动力电池管理系统通信故障检修

任务导入

一辆 2018 款吉利帝豪 EV450 纯电动汽车，现出现高压不能上电故障，仪表显示动力电池断开，车辆无法行驶。故障码显示 U0AC486，BMU 的 CAN 网络中断故障。针对该故障现象，该如何检修呢？

工作任务

完成动力电池管理系统通信故障的检测及故障排除，并填写工单。

任务分组

将学生按 4 ~ 6 人为一组进行分组，明确每组的工作任务，并填写表 2-3-1。

表 2-3-1 学生分组表

组　别	小组成员	任务分工
1		
2		
3		
4		
5		
6		

工作准备

1. 根据工作任务，进行任务分组，并完成任务分工。
2. 收集任务实施过程中所涉及的《电动汽车维护与保养》相关的国家标准。
3. 收集吉利帝豪 EV450 纯电动汽车动力电池管理系统通信故障检修的方法和流程。
4. 根据工作任务，分析实施过程中的难点或可能出现的质量问题。

收集信息

1. 根据教材及维修手册，完成吉利帝豪 EV450 动力电池系统电气原理框图。

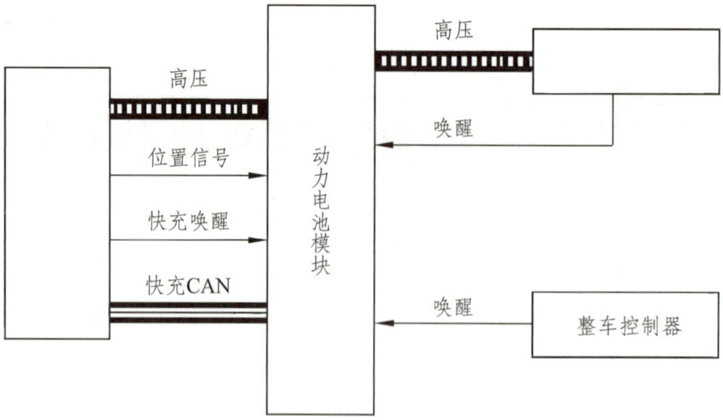

2. 动力电池管理系统简称__________，它可以将动力电池相关的参数上报给 VCU，并由________控制动力电池的充电和放电功率。它的主要功能包括数据采集、状态分析、均衡控制、热管理和安全保护。请将对应的功能连接起来。

数据采集 •	• 控制动力电池各单体之间的均衡性，保证系统整体性能
状态分析 •	• 电池进行热管理，将电池包的温度控制在合理的范围内
均衡控制 •	• 电流保护、过充过放保护、过温保护和绝缘监测
热管理 •	• 准确地对电池 SOC 和 SOH 这两个方面进行估测
安全保护 •	• 采集每个电池模块电压、充放电电流及温度等信息

3. 在数据采集模块中，BMS 需要采集每个电池模块的端电压、充放电电流、电池组总电压及温度等信息，因此就需要配备一些传感器，如电压传感器、电流传感器、温度传感器，请准确填写其名称。

__________________　　__________________　　__________________

4. 在 BMS 管理过程中，由于电池差异性的存在，就必须进行均衡管理，目前 BMS 管理中均衡管理有两种形式，即_________________、_________________。主动均衡是____达到能量均衡的目的；被动均衡是____达到能量均衡的目的。

5. 查阅维修手册，完成 EV450 动力电池 BMS 控制原理。

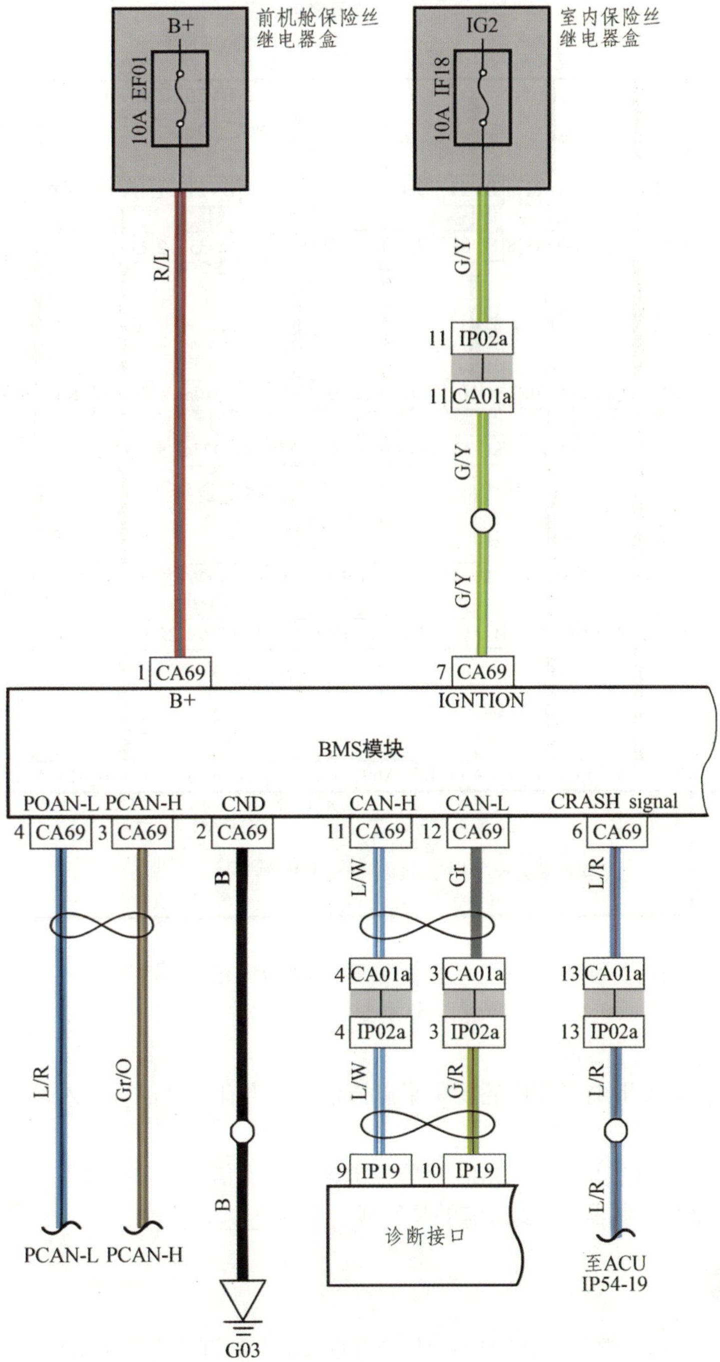

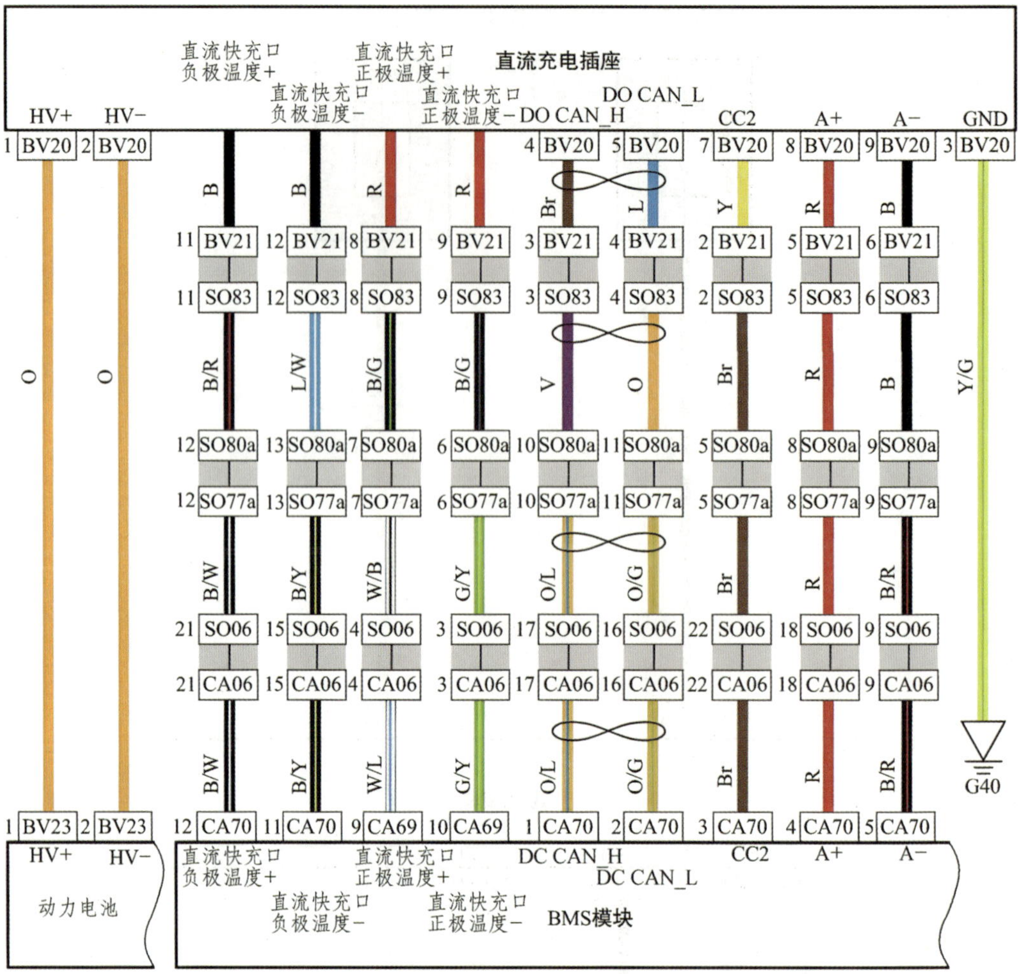

（1）此系统中（快充/慢充）__________直接与动力电池连接。

（2）在 BMS 控制系统中，电源保险分别是__________、__________，在控制插头的脚位分别是__________、__________号脚。

（3）BMS 在控制上下电过程中还要采集碰撞信号，当有碰撞信号输入时，BMS 将会断开高压电，高压不能上电。信号线是__________。

（4）动力电池在充电过程中，BMS 会监控电池组温度信号，信号线是______________。

（5）BMS 与整车控制器 VCU 通信的是网线____________________。

制订方案

分组查阅维修手册，学习电池管理系统方面的知识，制订动力电池 BMS 通信故障检修的任务实施方案。

1. 任务分工

____

____。

2. 任务实施步骤

____

____。

3. 异常情况处理措施

____

____。

知识学习

一、动力电池系统的组成

动力电池系统主要由动力电池模组、动力电池箱体、动力电池管理系统（BMS）和辅助元器件 4 部分组成，如图 2-3-1 所示。

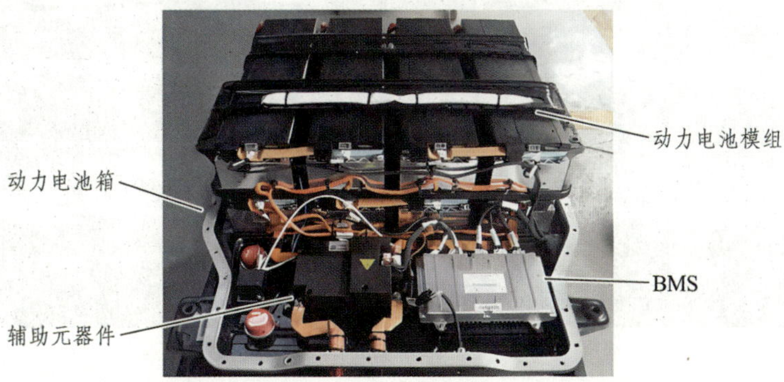

图 2-3-1　动力电池系统的组成

（一）动力电池的模组

如图 2-3-2 所示，动力电池模组由若干个单体电芯通过串联和并联的方式组装而成，为纯电动汽车提供能量存储和动力输出。

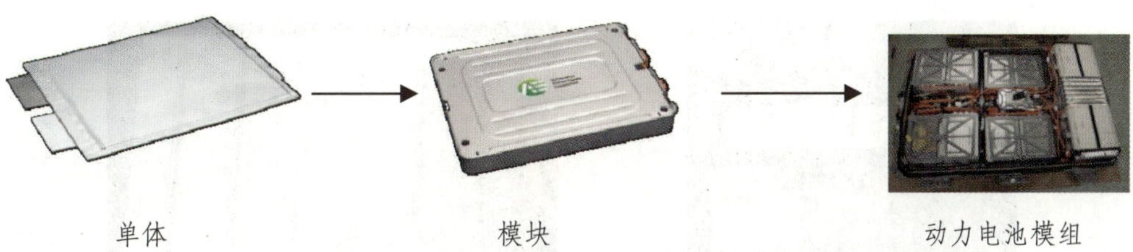

图 2-3-2　动力电池模组的构成

（二）动力电池箱体

如图 2-3-3（a）所示，动力电池箱体是支撑、固定、包围电池系统的组件，主要由上盖、下托盘、过渡件、护板和螺栓等部件组成。

动力电池箱体通常安装在车身底盘下方，有承载及保护动力电池组及电气元件的作用。如图 2-3-3（b）、2-3-3（c）所示，在动力电池箱体的外部贴有高压安全警告标识、产品铭牌、动力电池包序列号、物料追溯编码等信息。由于纯电动汽车的运行环境复杂，因此对动力电池箱体的散热、防水、绝缘和安全等性能的设计要求很高。

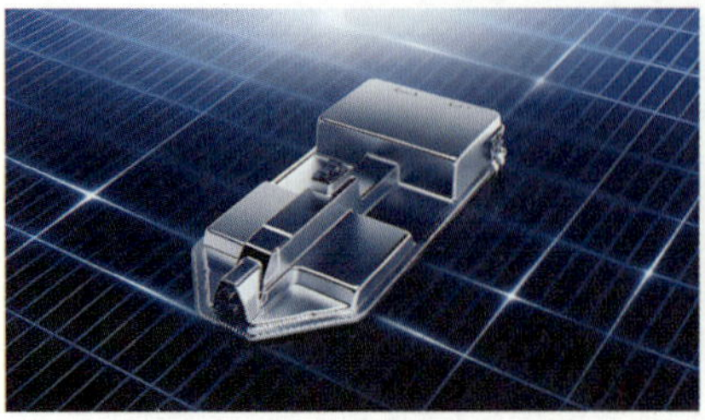

（a）动力电池箱体外观

（b）安全警告标识

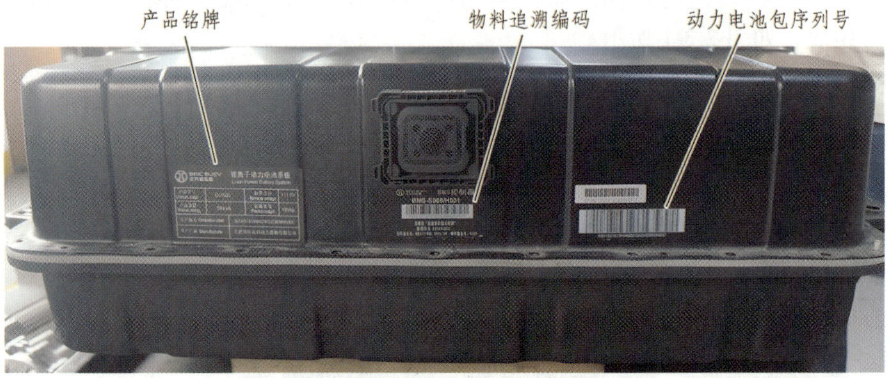

（c）产品铭牌、动力电池包序列号、物料追溯编码

图 2-3-3　动力电池箱体

（三）动力电池管理系统（BMS）

如图 2-3-4 所示，动力电池管理系统（Battery Management System，BMS），是指监视动力电池组中各单体电池的状态（温度、电压、荷电状态等），可以为动力电池提供通信、安全、电芯均衡及管理控制，并提供与应用设备通信接口的系统。

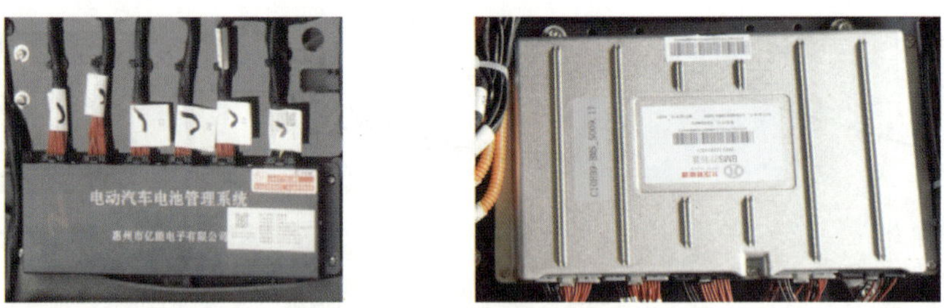

图 2-3-4　动力电池管理系统

（四）辅助元器件

辅助元器件主要由主（正、负）继电器、预充继电器、预充电阻、加热继电器、电流传感

器、加热保险丝、高低压插接件和高低压线束等组成，如图 2-3-5 所示。

1. 主继电器

主继电器的作用是连接、切断电池总成高压，当涉及整车安全隐患故障时，整车控制器直接发布指令通过主继电器切断高压以保证整车安全。

在吉利帝豪 EV450 纯电动汽车的动力电池系统中，电池总成的总正端和总负端均配置主继电器，即主正继电器和主负继电器，其作用是向系统高压部件提供高压直流供给。另外，主继电器还可以在汽车充电或者电流回馈时向电池总成输入电流。

图 2-3-5　辅助元器件的组成

为了防止电源瞬间通电时产生的大电流冲击电子元件及主继电器吸合产生的电弧，保证高压系统的安全，大部分的纯电动汽车都安装了预充电路。预充电路由预充电阻与预充继电器组成，通常与主正继电器并联。

2. 加热继电器

锂离子电池的性能受温度影响较大，在低温情况下，锂离子电池的充放电化学反应活性差，负极上嵌套的锂离子会产生离子结晶，直接刺穿隔膜，容易造成微短路，影响其使用寿命和性能。因此，部分电池系统设置了加热装置——加热继电器。当车辆在充电时电芯温度低于设定值，BMS 控制加热继电器闭合，从而使电池系统内部的加热元件给电芯加热。

3. 电流传感器

电流传感器用于监测充、放电电流的大小，主要分为霍尔式电流传感器和电阻分流式电流传感器。

（1）霍尔式电流传感器如图 2-3-6 所示，可以测量各种类型的电流，其所依据的工作原理主要是霍尔效应原理。霍尔式电流传感器一般由原边电路、聚磁环、霍尔器件和放大电路等组成，主要包括磁平衡式电流传感器（闭环式）和直放式电流传感器（开环式）两种类型。

（2）如图 2-3-7 所示，电阻分流式电流传感器又称分流器，是用来测量直流电流的大小，根据直流电流通过电阻时在电阻两端产生电压的原理制成。

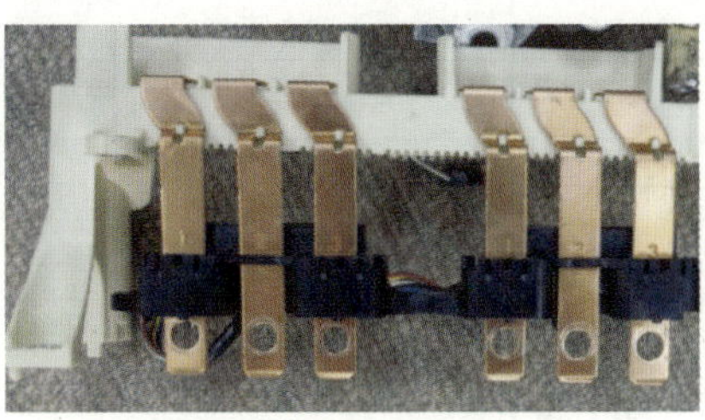
图 2-3-6　霍尔式电流传感器

图 2-3-7　电阻分流式电流传感器

4. 加热保险丝

如图 2-3-8 所示，加热保险丝又称熔断器，是一种安装在电路中，保证电路安全运行的电器元件。它会在电流异常升高到一定的高度时，自身熔断以切断电流，从而起到保护电路安全运行的作用。

5. 高低压插接件

动力电池系统通过使用可靠的高压插接件“总正”“总负”与高压控制盒相连，低压插接件连接 CAN 总线与整车控制器或车载充电机之间进行通信，图 2-3-9 所示为动力电池的高低压插接件，其端子针脚定义见表 2-3-2。

图 2-3-8　加热保险丝

图 2-3-9　动力电池的高低压插接件

表 2-3-2　动力电池的高低压插接件的端子针脚定义

插接件	端　子	端子定义	颜　色	端子状态	规定条件（电压、电流、波形）
CA69 动力电池低压线束连接器 1	1	12 V 正极供电 BAT	R/L	—	—
	2	12 V 负极搭铁 GND	B	—	—
	3	整车 CAN H	Gr/O	—	—
CA69 动力电池低压线束连接器 1	4	整车 CAN L	L/B	—	—
	5	—	—	—	—
	6	Crosh 型号	L/R	—	—
	7	12 V 正极供电 IG2	G/Y	—	—
	8	—	—	—	—
	9	快充插座正极柱温度+	W/L	—	—
	10	快充插座正极柱温度-	G/Y	—	—
	11	—	—	—	—
	12	—	—	—	—
CA70 动力电池低压线束连接器 2	1	快充 CCAN H	O/L	—	—
	2	快充 CCAN L	O/G	—	—
	3	快充 CC2	Br	—	—
	4	快充 WakeUp	R	—	—
	5	快充 WakeUp GND	B/R	—	—

续表

插接件	端　子	端子定义	颜　色	端子状态	规定条件（电压、电流、波形）
CA70 动力电池低压线束连接器 2	6	—	—	—	—
	7	—	—	—	—
	8	—	—	—	—
	9	—	—	—	—
	10	—	—	—	—
	11	快充插座正极柱温度+	B/Y	—	—
	12	快充插座负极柱温度-	B/W	—	—
BV16 动力电池高压线束连接器 3	1	HV-	—	高压总负	—
	2	HV+	—	高压总正	—
BV23 动力电池高压线束连接器 4	1	FCHV+	—	快充总正	—
	2	FCHV-	—	快充总负	—

6. 高低压线束

如图 2-3-10 所示，所有的纯电动汽车高压线束采用橙色标记，低压线束为黑色，以便于区分。

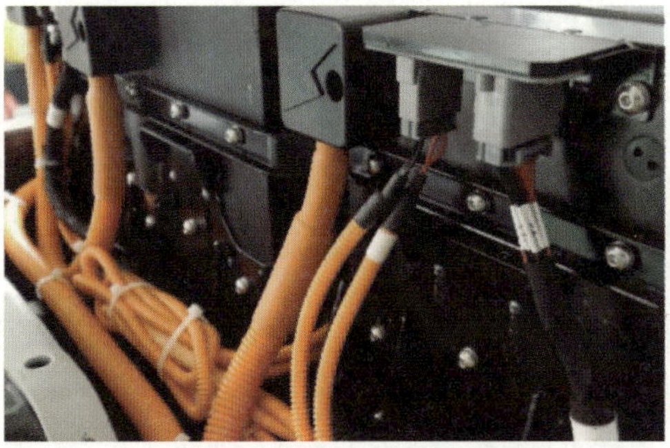

图 2-3-10　高低压线束

二、BMS 的功能

BMS 是电池保护和管理的核心部件，它不仅要保证电池安全可靠，又要充分发挥电池的能力和延长使用寿命。在动力电池系统中，它的作用就相当于人的大脑。作为电池和整车控制器以及驾驶者沟通的桥梁，通过控制接触器控制动力电池组的充放电，并向 VCU 传送动力电池系统的基本参数及故障信息。图 2-3-11 所示为帝豪 EV450 纯电动汽车 BMS 拓扑图。

BMS 的主要功能包括数据采集、状态分析、均衡控制、热管理和安全保护。BMS 能够实时监测动力电池的电压、电流、温度、绝缘等参数，根据监测参数进行热管理、电池均衡管理、荷电状态（SOC）计算和电池健康状态（SOH）诊断等，充电过程中控制最佳充电电流，通过 CAN 总线接口与 VCU、MCU、车载显示系统等进行实时通信。

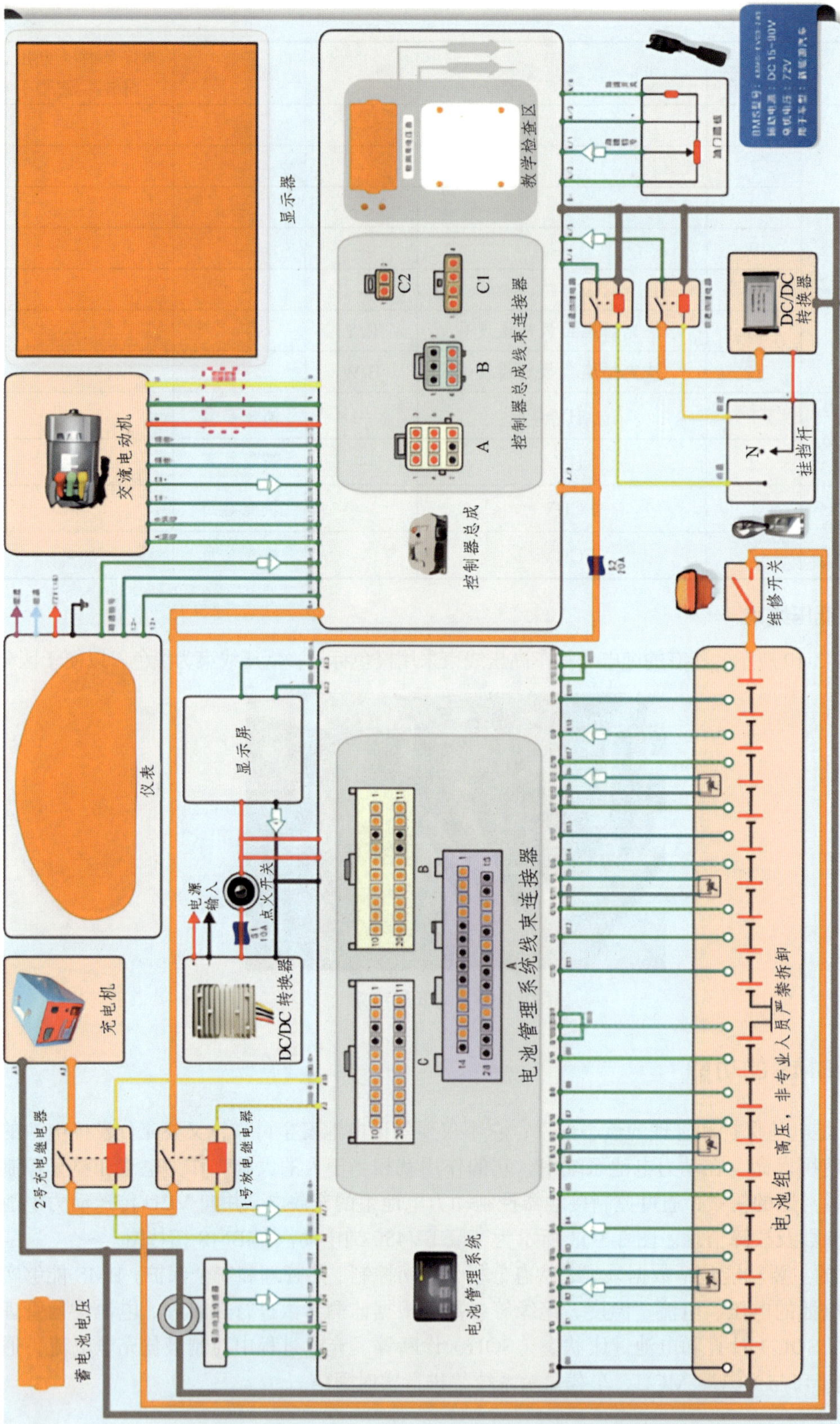

图 2-3-11　吉利帝豪 EV450 BMS 拓扑图

（一）数据采集

实时采集纯电动汽车动力电池中的每个电池模块的端电压、充放电电流、电池组总电压及温度等，采集传感器如图 2-3-12 所示。在实际使用过程中，电池在不同温度下的电化学性能不同，导致电池所放出的能量也不同。BMS 可以通过软件分析单体电池状态，有效预测单体电池的供电性能，及时发现性能劣化的故障电池，为电池组精细维护提供测量依据，保证电池使用的安全性、可靠性。

（a）电压传感器　　（b）电流传感器　　（c）温度传感器

图 2-3-12　数据采集的传感器

（二）状态分析

状态分析能够准确地对电池的剩余电量（SOC）和电池老化程度（SOH）这两个方面进行估测。随时预报纯电动汽车储能电池剩余能量或储能电池的 SOC，让驾驶人获得直接的信息，了解到剩余的电量对续航里程的影响，使电池的 SOC 值控制在 30%～70%的工作范围内。SOC 的分析会受到 SOH 的影响，电池的 SOH 在使用过程中受到温度和电流等持续影响而需要不断进行分析，以确保 SOC 分析的准确性。

（三）均衡控制

受到生产制造和工作环境的影响，电池之间在电压、容量和内阻等性质上会有所差别，导致每个单体电池在实际使用过程中有效容量和充放电电量是不一样的，因此，为保证电池系统的整体性能和延长使用寿命，减少单体电池之间的差异性而对电池进行均衡控制是十分必要的。

电池均衡控制方法有多种多样，按均衡管理控制方式分类，可以分为被动式均衡和主动式均衡两种，如图 2-3-13 所示，其特点见表 2-3-3。

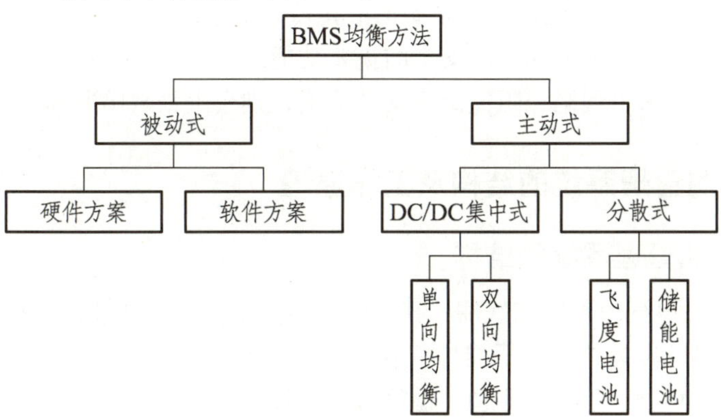

图 2-3-13　BMS 均衡控制方法

表 2-3-3　BMS 均衡控制方法的特点

方　法	特　点
被动式均衡	被动式均衡又称耗散型均衡，通过在每一个单体电池并联一个电阻分流的方式，将容量多的电池中多余的能量消耗掉，实现整组电池电压的均衡。其优点是成本低，技术难度不高，较容易实现；缺点是将电能转化为热能消耗掉，造成部分能量浪费
主动式均衡	主动式均衡又称非耗散型均衡，通过将能量高的单体电池上的能量转移到能量低的单体电池上，或用整组能量补充到能量最低的单体电池上，以达到能量均衡的目的。其优点是转换效率高；缺点是结构复杂，成本高

（四）热管理

目前，动力电池普遍存在比能量和比功率低、循环寿命短、使用性能受温度影响大等缺点。由于车辆空间有限，电池在工作中产生的热量累积，会造成各处温度不均匀，影响电池单体的一致性，从而降低电池充放电循环效率，影响电池的功率和能量发挥，严重时还将导致热失控，影响系统安全性与可靠性。为了使电池组发挥最佳的性能和寿命，需要对电池进行热管理，如图 2-3-14 所示，将电池包温度控制在合理的范围内。

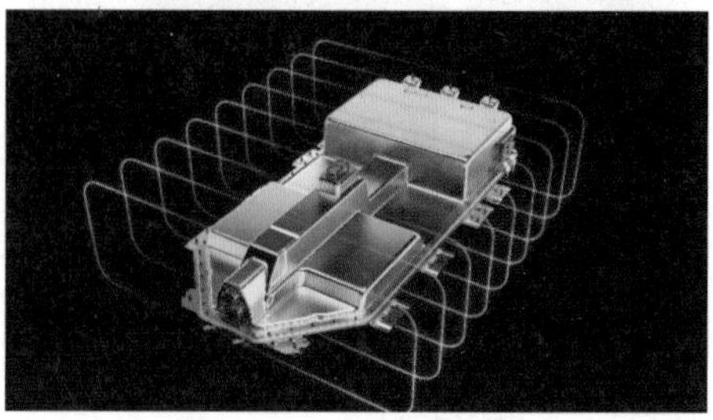

图 2-3-14　热管理系统

BMS 热管理的主要功能包括：电池温度的准确测量和监控，电池组温度过高时的有效散热，低温条件下的快速加热，保证电池组温度场的均匀分布，电池散热系统与其他散热单元的匹配。

（五）安全保护

安全保护是 BMS 最重要的功能，是基于前面 4 个功能而进行的，主要包括过电流保护、过充过放保护、过温保护和绝缘监测。

（1）过电流保护是根据电池 SOC 限制充电电流或放电电流，防止电池电流过大而造成电池内部发热，热量积累增加造成电池温度上升，从而导致电池的热稳定性下降，影响电池的使用寿命和安全性能。BMS 会判断电流值是否超过安全范围，一旦超过则会采取相应的安全保护措施。

（2）过充过放保护是指电池在充电或放电过程中，BMS 会检测系统中单体电池的电压，当电压超过充电或放电限制电压时，BMS 会断开充电或放电回路从而保护电池系统。

（3）BMS 能够在电池温度超过高温限制值或是低于低温限制值时，禁止进行充放电。

（4）绝缘监测功能是保证电池系统安全的重要功能之一。BMS 会实时监测总正和总负对车身搭铁的绝缘阻值，如果出现绝缘阻值低于安全范围，则会上报故障并断开高压电。

三、动力电池管理系统的结构及工作原理

（一）动力电池管理系统的结构

BMS 按结构性质可分为硬件和软件，其中硬件包括主控盒、从控盒和高压盒等，还包括采集电压线、电流、温度等数据的电子器件；软件包括底层软件和应用层软件，可以用来监测电池的电压、电流、SOC 值、绝缘电阻值、温度值，并通过与 VCU、充电机的通信，来控制动力电池系统的充放电。BMS 主要硬件的作用见表 2-3-4。

表 2-3-4　BMS 主要硬件的作用

部　件	作　用
主控盒	接受 VCU 的指令，根据高压回路硬件硬线绝缘状况，控制正负母线接触器是否开闭，决定整车安全上下电；接收从控盒采集的电池电压、电池温度以及母线电流的数据，分析计算电池包内电池的电压和电量以及充放电能力，与 VCU 或充电机通信；储存电池充电次数，计算电池寿命；储存电池故障信息等
从控盒	对各个电池串的电压巡检采集、计算与处理；找出最高电压电芯、最低电压电芯；计算电芯电压最高与最低的差值应小于 0.03 V；充电时有一节电芯电压达到充电终止电压，即停止充电；放电时有一节电芯电压降到放电终止电压，即停止放电；通过高可靠性的数据传输通道与主控盒进行指令及数据的双向传输
高压盒	控制 PTC 加热器、预充接触器、高压正负极接触器

（二）动力电池管理系统的工作原理

1. 充电原理

（1）充电初期预充电

充电初期，车载充电机接收到充电枪插入信号后唤醒整车控制器及 BMS，BMS 进行自检和初始化，完成后上报给整车控制器。整车控制器控制主负继电器闭合，BMS 控制预充继电器闭合，对各单体电芯进行预充电，确定单体电芯无短路后，预充完成。

充电初期预充电途径路线如图 2-3-15 所示。

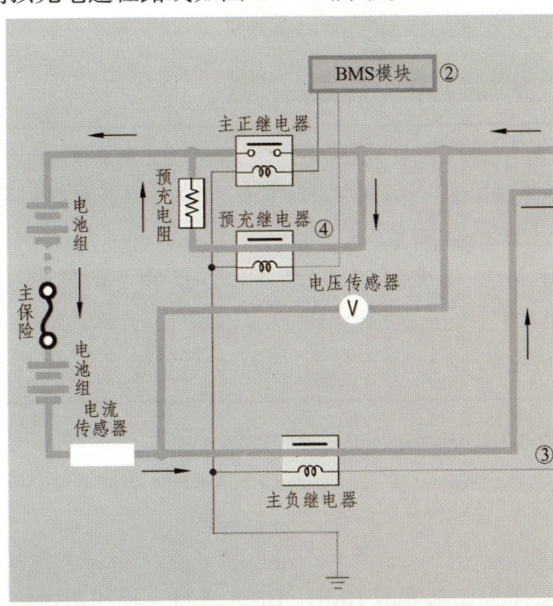

慢充时：充电桩→车载充电机→高压控制盒→高压插接件→预充继电器→预充电阻→动力电池组正极→主保险→动力电池组负极→电流传感器→主负继电器→高压插接件→高压控制盒→车载充电机→充电桩，构成回路，进行预充。

快充时：快充桩→高压控制盒→高压接插件→预充继电器→预充电阻→动力电池组正极→主保险→动力电池组负极→电流传感器→主负继电器→高压插接件→高压控制盒→快充桩，构成回路，进行预充。

图 2-3-15　动力电池充电初期预充电途径路线

（2）充　电

预充电完成之后，BMS 闭合主正继电器，随后断开预充继电器，主电路接通，动力电池开始充电。

充电途径路线如图 2-3-16 所示。

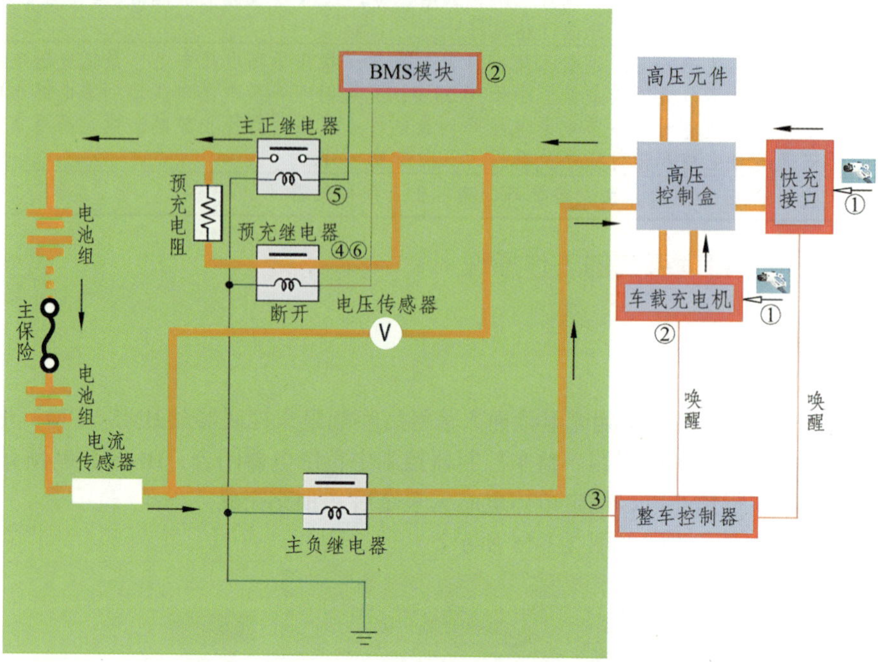

慢充时：充电桩→车载充电机→高压控制盒→高压插接件→主正继电器→动力电池组正极→主保险→动力电池组负极→电流传感器→主负继电器→高压插接件→高压控制盒→车载充电机→充电桩，构成回路，进行慢充。

快充时：快充桩→高压控制盒→高压插接件→主正继电器→动力电池组正极→主保险→动力电池组负极→电流传感器→主负继电器→高压插接件→高压控制盒→快充桩，构成回路，进行快充。

图 2-3-16　动力电池充电途径路线

2. 放电原理

（1）放电初期预充

打开点火开关至 ON 挡位置，整车控制器唤醒 BMS，BMS 进行自检和初始化，完成后上报给整车控制器。整车控制器发出高压供电指令，BMS 开始按顺序控制继电器的闭合和断开。

因电路中电机控制器和空调压缩机控制器等含有电容，在放电模式初期，BMS 控制预充继电器进行闭合，需要给各控制器电容运用低压、小电流进行充电，当电容两端电压接近动力电池总电压时，断开预充继电器。

放电初期预充途径路线如图 2-3-17 所示。

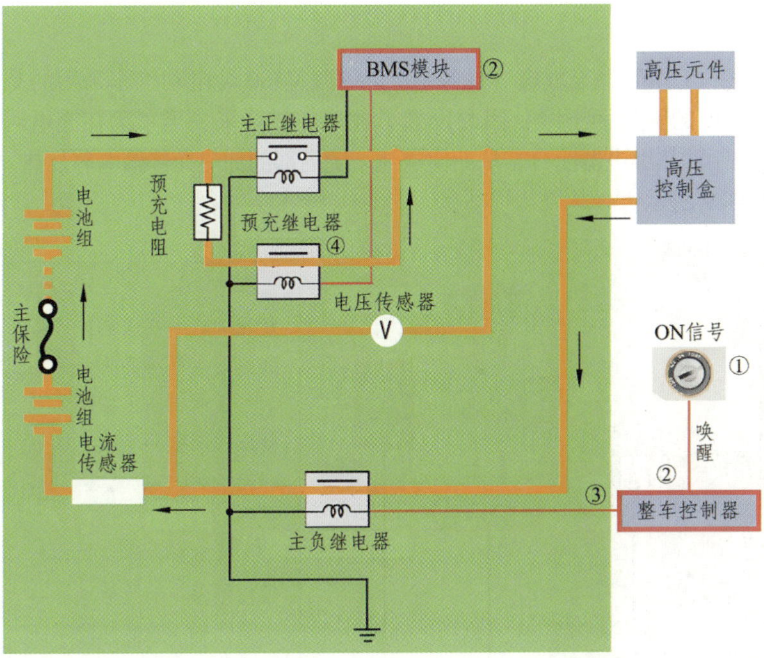

动力电池组负极→主保险→动力电池组正极→预充电阻→预充继电器→高压插接件→高压控制盒→主负继电器→电流传感器→动力电池负极，构成回路，完成预充。

图 2-3-17　动力电池放电初期预充途径路线

（2）放　电

BMS 闭合主正继电器，断开预充继电器，主电路接通，动力电池组开始放电。

放电途径路线如图 2-3-18 所示。

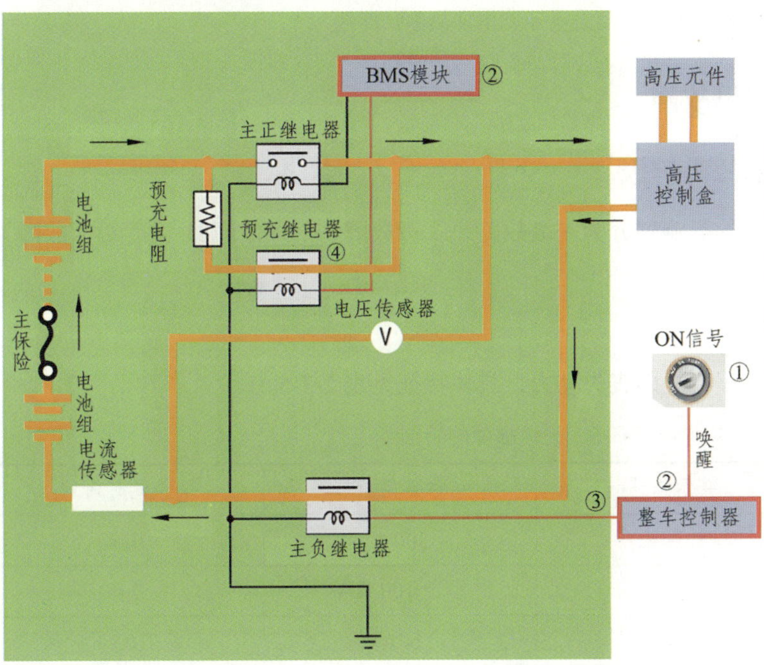

动力电池组负极→主保险→动力电池组正极→主正继电器→高压插接件→高压控制盒→主负继电器→电流传感器→动力电池负极，构成回路，完成放电。

图 2-3-18　动力电池放电途径路线

3. 充电加热原理

当动力电池在冬季低温环境下工作时，充放电容量降低。帝豪 EV450 纯电动汽车采用的是三元锂电池组，其充电容量随温度的降低而下降，因此设置了电池加热系统，当车辆在充电时电芯温度低于设定值时，BMS 控制加热继电器闭合，从而使电池系统内部的加热元件给电芯加热。

充电加热途径路线如图 2-3-19 所示。

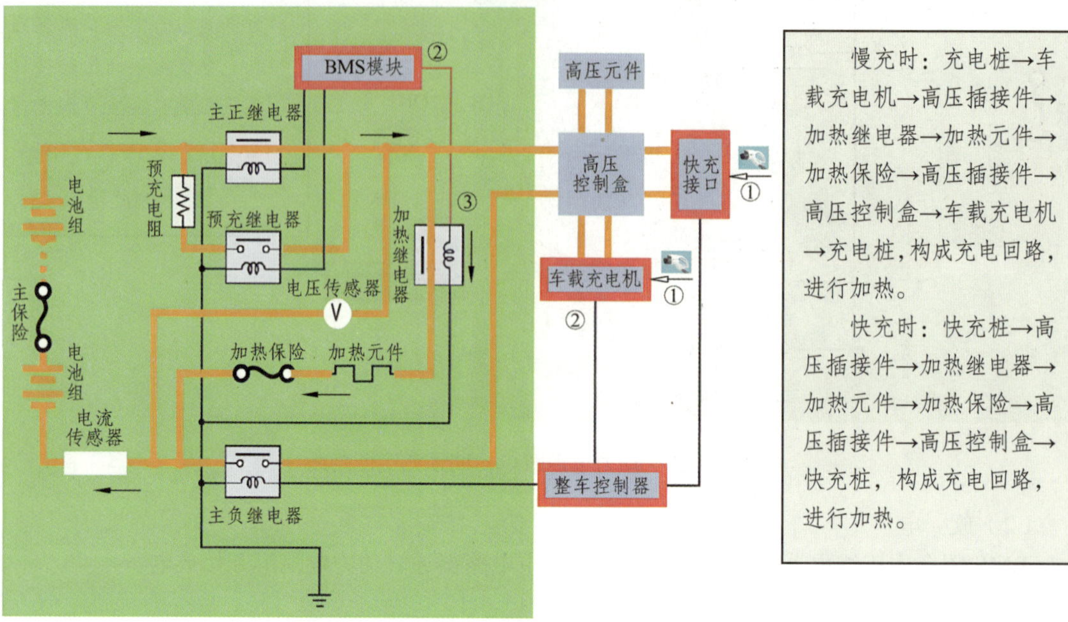

图 2-3-19　动力电池充电加热途径路线

四、动力电池系统常见故障

（一）动力电池系统的故障等级

根据动力电池对车辆行驶的影响划分为一级故障、二级故障、三级故障 3 个等级，故障等级描述如下：

1. 一级故障（非常严重）

动力电池上报该故障，整车将立即丧失动力，具体特征见表 2-3-5。

表 2-3-5　一级故障的特征

报警级别	警示描述	临界阈值	报警延时时间
一级	过电流	300 A	10 s
	绝缘等级过低	小于 100 Ω/V	2 s
	烟雾检测故障	N/A	10 s
	单体电芯电压过低	2.3 V	2 s
	单体电芯电压过高	3.8 V	2 s

2. 二级故障（严重）

动力电池上报该故障，整车将停止高压上电或限制电机输出功率，具体特征见表 2-3-6。

表 2-3-6　二级故障的特征

报警级别	警示描述	临界阈值	报警延时时间
二级	单体电芯电压过低	2.5 V	10 s
	温度不均衡	20 °C	10 s
	单体电压不均衡	500 mV	2 s
	温度过高	55 °C	10 s
	总电压过低	265 V	2 s
	SOC 过低	10%	2 s
	绝缘等级太低	小于 500 Ω/V	30 s
	BMS 内部通信故障	通信中断大于 5 s	5 s
	高压母线连接器故障	N/A	10 s

3. 三级故障（轻微）

动力电池上报该故障，整车将限制能量回馈电流或提示驾驶员，具体特征见表 2-3-7。

表 2-3-7　三级故障的特征

报警级别	警示描述	临界阈值	报警延时时间
三级	温度低	5 °C	10 s
	温度不均衡	15 °C	10 s
	单体电压不均衡	300 mV	10 s
	温度高	50 °C	2 s
	单体电压低	2.7 V	10 s
	放电电流太大	200 A	30 s
	放电电流过大	160 A	1 min
	放电电流较大	130 A	2 min
	放电电流大	100 A	3 min
	SOC 低	15%	5 s
	充电时间过长	30 s	5 s
	充电电流过大	120 A	5 s

（二）动力电池管理系统常见故障

电池管理系统对于保障电池组的安全及使用寿命，最大限度发挥电池系统效能具有重要作用。电池管理系统通常对单体电压、总电压、总电流和温度等进行实时监控采样，并将实时参数反馈给整车控制器。电池管理系统除了对电池性能参数进行监控、实施电池性能管理以外，还具有以热管理为主的应用环境管理，实施对电池的加热和冷却，确保电池良好的应用环境温度。若电池管理系统发生故障，就失去了对电池的监控，不能估计电池的 SOC，容易造成电池的过充、过放、过载、过热以及不一致性等问题，影响电池的性能、使用寿命和行车安全。

电池管理系统故障包括 CAN 通信故障、总电压测量故障、单体电压测量故障、温度测量故障、电流测量故障、继电器故障、加热器故障和冷却系统故障等，具体描述见表 2-3-8。

视频：帝豪新能源汽车冷却水泵不转故障检修

表 2-3-8　电池管理系统故障的现象、后果及处理方法

故障现象	故障后果	处理方法
CAN 通信故障	无法监控纯电动汽车	检查 CAN 网络
总电压测量故障	无法监控总电压	检查总电压测量模块
单体电压测量故障	无法监控单体电压	检查单体电压测量模块
温度测量故障	无法监控电池温度	检查温度测量模块
电流测量故障	无法监控电池电流	检查电流测量模块
冷却系统故障	电池温度偏高	检查冷却风扇控制线路

（三）动力电池管理系统通信故障

1. 了解动力电池管理系统的工作原理

如图 2-3-20 所示，查阅动力电池管理系统电路图及线束连接器位置图，熟悉其工作原理。

2. 用诊断仪访问 BMS 模块

检查是否输出了 DTC。若有，则根据输出的 DTC 维修电路。

3. 检查蓄电池

（1）测量蓄电池电压。电压标准值：11 ~ 14 V。

（2）确认电压是否符合标准值。若没有，则蓄电池充电或检查充电系统。

4. 检查 BMS 模块保险丝 EF01 和 IF18 是否熔断

（1）检查保险丝 EF01 和 IF18 线路是否有短路故障。

（2）进行线路修理，确认没有线路短路现象。

（3）更换额定电流的保险丝。保险丝的额定值为 EF01 10 A、IF18 10 A。

（4）确认 BMS 模块是否正常工作。

5. 检查 BMS 模块线束连接器（端子电压）

（1）操作启动开关使电源模式至 OFF 状态。

（2）断开 BMS 模块线束连接器 CA69。

（3）操作启动开关使电源模式至 ON 状态。

（4）测量 BMS 模块线束连接器 CA69 端子 1、7 对车身接地的电压，如图 2-3-21 所示。电压标准值：11 ~ 14 V

（5）确认电压是否符合标准值。

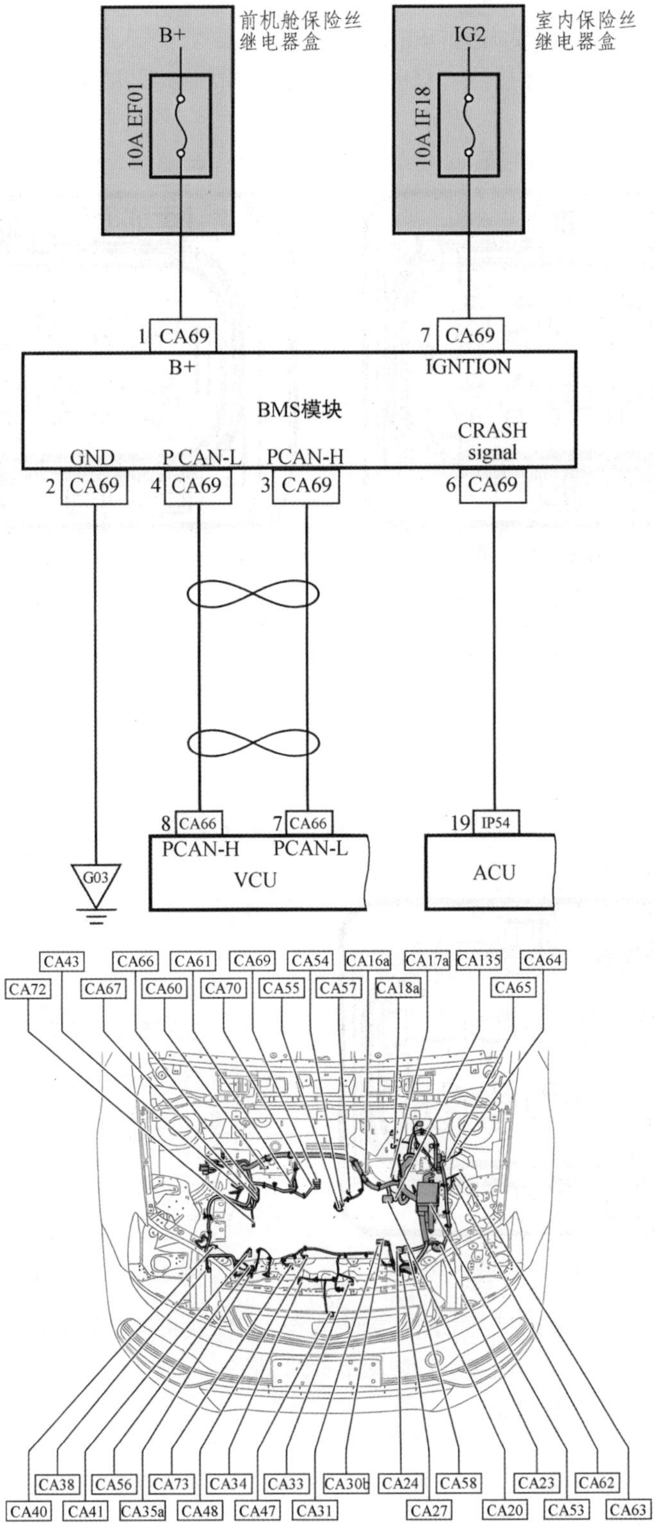

图 2-3-20　动力电池管理系统电路图及线束连接器位置图

6. 检查 BMS 模块线束连接器（接地端子导通性）

（1）操作启动开关使电源模式至 OFF 挡。

（2）测量 BMS 模块线束连接器 CA69 端子 2 与车身接地之间的电阻值，如图 2-3-22。电阻标准值：小于 1 Ω。

（3）确认电阻是否符合标准值。

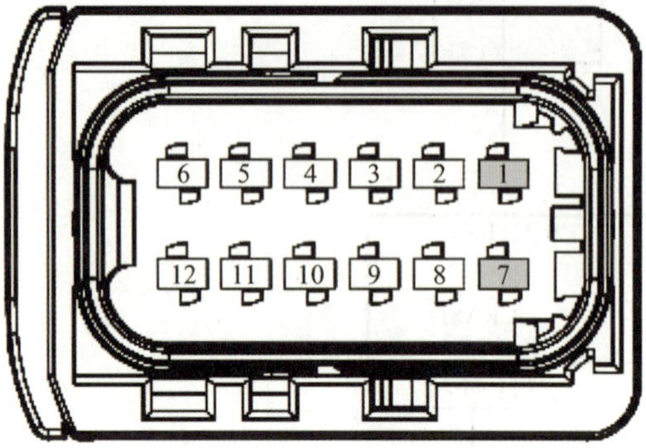

图 2-3-21　CA69 BMS 模块

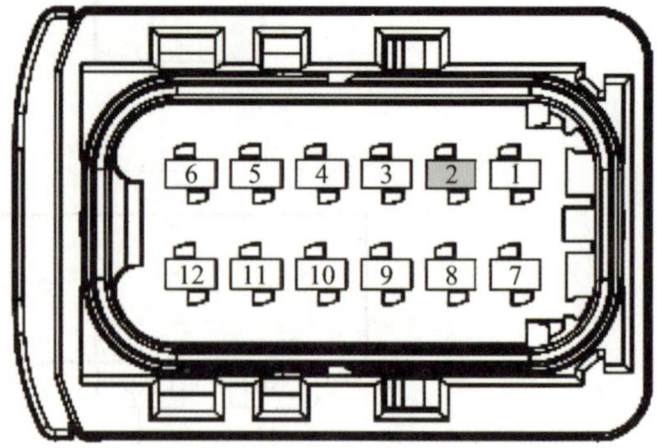

图 2-3-22　CA69 BMS 模块

7. 检查 BMS 模块与 VCU 之间线束连接器的数据通信线

（1）操作启动开关使电源模式至 OFF 状态。

（2）将蓄电池负极电缆从蓄电池上断开。

（3）断开 BMS 模块线束连接器 CA69。

（4）从 VCU 上断开线束连接器 CA66。

（5）测量 BMS 模块线束连接器 CA69 端子 3 与 VCU 线束连接器 CA66 端子 8 之间的电阻值，如图 2-3-23、图 2-3-24 所示。

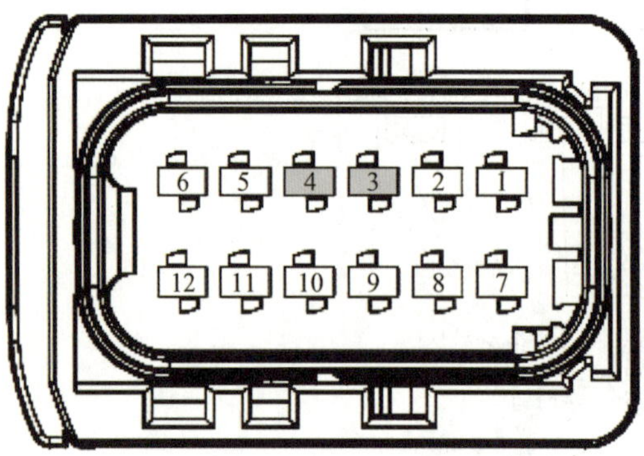

图 2-3-23　CA69 BMS 模块

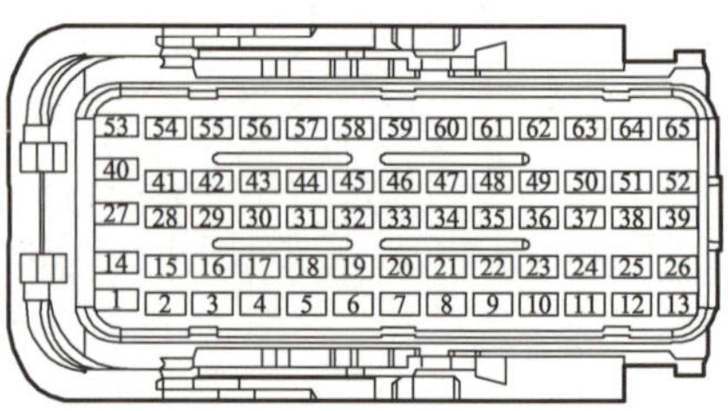

图 2-3-24　CA66 VCU 线束连接器

（6）测量 BMS 模块线束连接器 CA69 端子 4 与 VCU 线束连接器 CA66 端子 7 之间的电阻值。电阻标准值：小于 1 Ω，如图 2-3-23、图 2-3-24 所示。

（7）确认电阻是否符合标准值。

8. 更换 BMS 模块

（1）更换 BMS 模块。

（2）操作启动开关使电源模式至 ON 状态，确认功能是否正常。

案例分享

格林美打造动力电池全生命周期价值链闭环

格林美股份有限公司主要从事废旧电池、废弃钴镍资源及电子废弃物等的回收和资源化再利用，其全资子公司荆门市格林美新材料有限公司、格林美（无锡）能源材料有限公司、格林美（武汉）城市矿产循环产业园开发有限公司均为《新能源汽车废旧动力蓄电池综合利用行业规范条件》公告企业，共具备 3 万吨/年梯次利用能力和 10 万吨/年再生利用能力。

（1）注重梯次及再生利用技术创新。企业自主研发废旧动力电池智能化拆解、无损快速检测与分级应用、异构重组技术装备，实现自动化上料、拆解、分拣，以及梯次利用的安全与均衡控制。持续升级再生利用技术工艺，实现协同萃取、定向除杂、有害元素深度脱除。主导、参与标准研究近 30 项，申请相关专利 320 余项，其中 20 余项核心专利已在欧、美、日、韩等国家获得授权。

（2）深入推进高值化综合利用。企业梯次利用废旧动力电池，开发应用于储能电站、UPS（不间断电源）等领域的整包级梯次产品，2020 年生产用于市政路灯、工程机械、低速电动车等领域的梯次产品共计 3 万余组。再生利用废旧动力电池有价金属资源，用于生产三元前驱体与正极材料，年再生利用金属钴 5 000 余吨、金属镍 10 000 余吨。目前，企业已占国内三元材料市场份额的 20%以上，并向三星 SDI、CATL 等电池生产企业供应原材料。

（3）大力推动全产业链发展闭环。企业积极参与国内外产业链协作，发挥带动作用，探索新型商业模式，与韩国浦项市政府共同推进废旧动力电池回收利用，与三星 SDI、ECOPRO、北汽、东风、比亚迪等 280 余家国内外相关企业合作构建“电池回收—梯次利用—原料再生—材料再造—电池再造—新能源汽车再装配”的绿色供应链、价值链、责任链，促进行业绿色发展。

任务实施

视频：帝豪新能源汽车
BMS 通信故障检修

 图 2-3-25　读取故障码	Step01　连接故障诊断仪，读取故障码。 故障码：______ 完成情况：□完成 □未完成，原因：______
 图 2-3-26　拆卸 BMS CA69 低压控制插头	Step02　举升车辆，拆卸 BMS CA69 低压控制插头。 完成情况：□完成 □未完成，原因：______
 图 2-3-27　测量电压值	Step03　打开点火开关，测量 1 号、7 号脚与搭铁之间的电压值，正常值应在 12 V 左右。 测量值：______ 完成情况：□完成 □未完成，原因：______
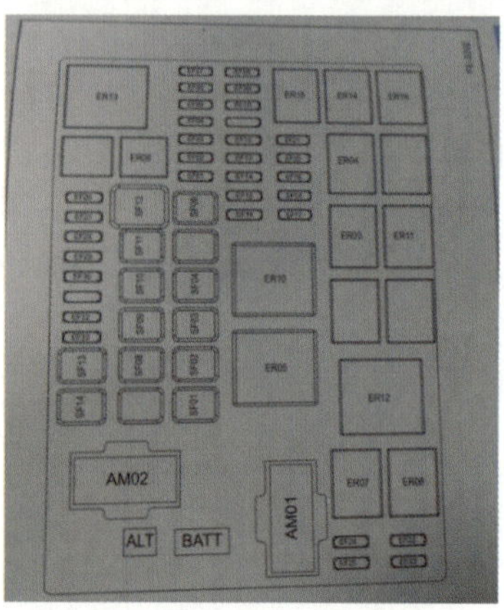 图 2-3-28　测量保险丝是否烧坏	如果以上步骤测量无电压，则测量保险丝 EF01、IF18 是否烧坏。具体方法：万用表测量保险丝电阻，应小于 1 Ω。 测量结果：□正常 □不正常，更换保险丝
 图 2-3-29　检查 BMS 搭铁情况	Step04　检查 BMS 搭铁情况。 方法：测量 2 号脚与车身搭铁之间的电阻值，正常应小于 1 Ω。 测量值：______ 测量结果：□正常 □不正常，原因：______

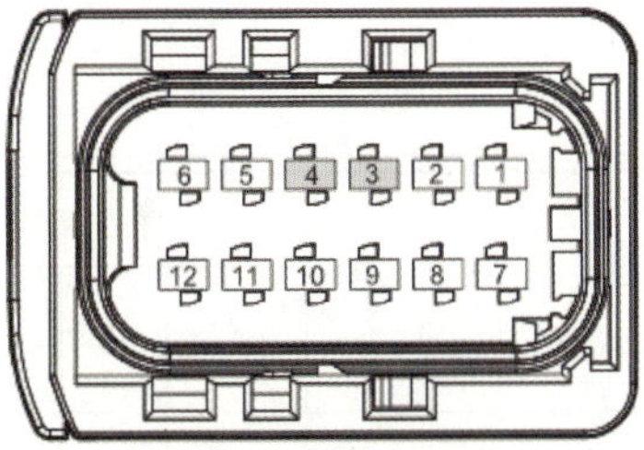 CA69 BMS 模块 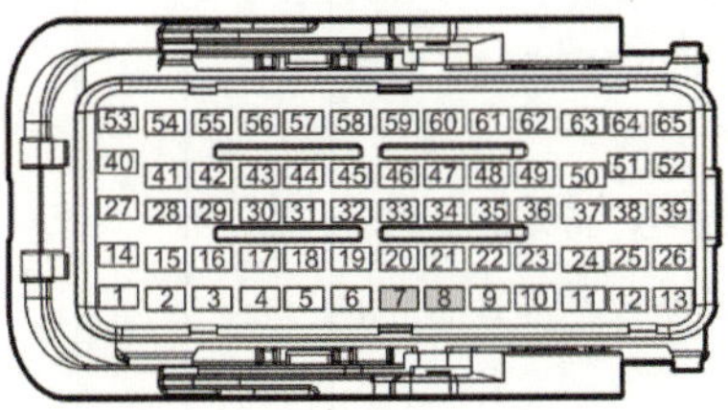 CA66 VCU 线束连接器 图 2-3-30　检查 BMS 通信线路	Step05　检查 BMS 通信线路。 （1）操作起动开关使电源模式至 OFF 状态。 （2）将蓄电池负极电缆从蓄电池上断开。 （3）断开 BMS 模块线束连接器 CA69。 （4）从 VCU 上断开线束连接器 CA66。 （5）测量 BMS 模块线束连接器 CA69 端子 3 与 VCU 线束连接器 CA66 端子 8 之间的电阻值。 （6）测量 BMS 模块线束连接器 CA69 端子 4 与 VCU 线束连接器 CA66 端子 7 之间的电阻值。标准阻值：小于 1 Ω。 （7）确认电阻是否符合标准值。 测量值：__________Ω 测量结果：□正常，进行下一步 □不正常，则修理或更换线束
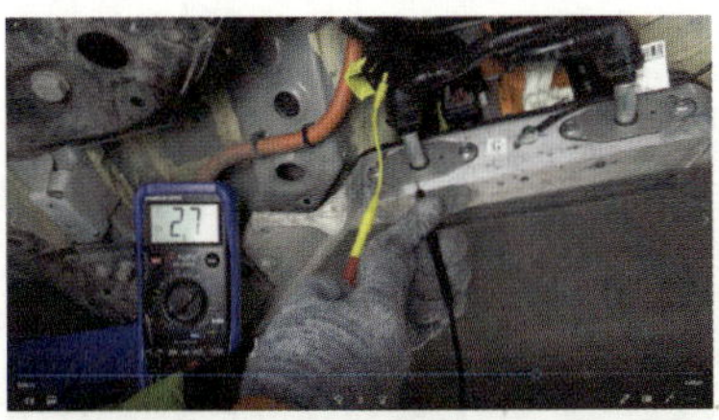 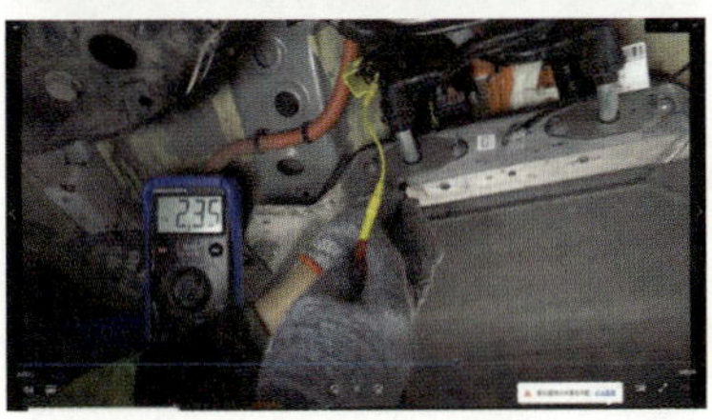 图 2-3-31　测量网络信号电压	Step06　测量网络信号电压。检查 CA69 3、4 号脚与搭铁之间的电压。 检查结果：3 号脚与搭铁：__________V； 4 号脚与搭铁：__________V。 正　常　值：3 号脚与搭铁：略高于 2.5 V； 4 号脚与搭铁：略低于 2.5 V。
 图 2-3-32　检查 P-CAN 网络完整性	Step07　检查 P-CAN 网络完整性。 方法：测量 CA69 3、4 号脚之间的电阻值，正常应在 120 Ω 左右。 测量值：__________Ω。 测量结果：□正常 □不正常，则需优先排除 CAN 网络不完整故障。 如果以上测量全部正常，则是 BMS 故障，需更换

总结评价

学习任务总结评价表

班级______________小组______________学号______________ 姓名________________

<table>
<tr><td colspan="2" rowspan="2">主要测评项目</td><td colspan="4">学生自评</td></tr>
<tr><td>A</td><td>B</td><td>C</td><td>D</td></tr>
<tr><td>关键能力总结</td><td>1. 遵守纪律，遵守学习场所管理规定，服从安排；
2. 具有安全意识、责任意识、6S 管理意识，注重节约、节能与环保；
3. 学习态度积极主动，能按时参加安排的实习活动；
4. 具有团队合作意识，注重沟通，能自主学习及相互协作；
5. 仪容仪表符合学习活动要求。</td><td></td><td></td><td></td><td></td></tr>
<tr><td>专业知识与能力总结</td><td>1. 能掌握动力电池管理系统的功能和工作原理；
2. 能查阅维修手册，小组合作，掌握检修 BMS 网络通信故障的方法。</td><td></td><td></td><td></td><td></td></tr>
<tr><td>个人自评总结与建议</td><td colspan="5"></td></tr>
<tr><td>小组评价</td><td colspan="5"></td></tr>
<tr><td rowspan="2">教师评价</td><td rowspan="2"></td><td colspan="4">总评成绩</td></tr>
<tr><td colspan="4"></td></tr>
</table>

教师签字： 日期：

项目三

新能源电动汽车充电系统故障检修

学习目标

1. 知识目标

（1）纯电动汽车直流充电控制逻辑；

（2）纯电动汽车交流充电控制逻辑；

（3）纯电动汽车漏电检测控制逻辑。

2. 技能目标

（1）能认识快速充电系统的组成，理解其工作原理；

（2）能认识交流充电系统的组成，理解其工作原理；

（3）能查阅维修手册，掌握正确诊断及排除快速充电系统和交流充电系统故障的方法。

3. 素质目标

（1）能够自主查阅相关资源获取信息；

（2）能够团队合作，解决问题；

（3）能够精益求精地磨炼技艺，树立技能报国的理想，发扬大国工匠精神，具备爱岗敬业的职业素养。

学习任务一　新能源电动汽车直流无法充电故障检修

任务导入

车主黄先生驾驶吉利帝豪 EV450 纯电动汽车时发现仪表显示剩余电量为 20%，就将车开到附近的充电站进行快充，结果发现接入快充桩后车辆无法充电，重复操作了几次，均存在同样的问题。如果你是该品牌售后服务中心的维修技师，应该如何排除该故障呢？

工作任务

完成对吉利 EV450 纯电动汽车直流无法充电故障检修，并记录注意事项。

任务分组

将学生按 4 ~ 6 人为一组进行分组，明确每组的工作任务，并填写表 3-1-1。

表 3-1-1　学生分组表

组　别	小组成员	任务分工
1		
2		
3		
4		
5		
6		

工作准备

1. 根据工作任务，进行任务分组。
2. 收集任务实施过程中所涉及的《电动汽车维护与保养》相关的国家标准。
3. 收集吉利帝豪 EV450 纯电动汽车快速无法充电故障检修的方法和流程。
4. 根据工作任务，分析实施过程中的难点或可能出现的质量问题。

收集信息

1. ＿＿＿＿＿＿是纯电动汽车主要的能源补给系统，为保障车辆持续行驶提供动力能源。根据动力电池的实时状态进行控制＿＿＿＿充电和＿＿＿＿充电，并根据动力电池的电量和温度控制充电＿＿＿＿的调节和动力电池的加热。

2. 充电系统可分为＿＿＿＿充电系统和＿＿＿＿充电系统两种方式，车主可根据充电时长需求来选择充电方式。

3. 快速充电系统通过直流快充桩将电网交流电（________V）逆变为________电，对动力电池进行快速充电，充电时间较短。

4. 查阅教材，将下列快充桩的图片与其名称连接起来。

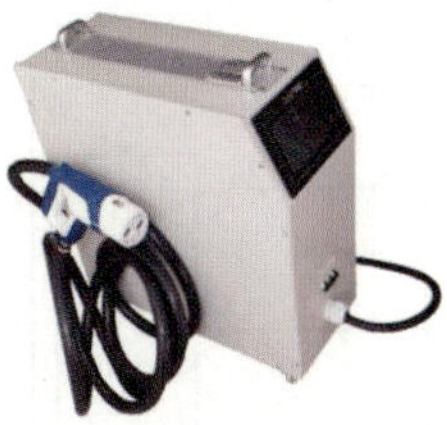

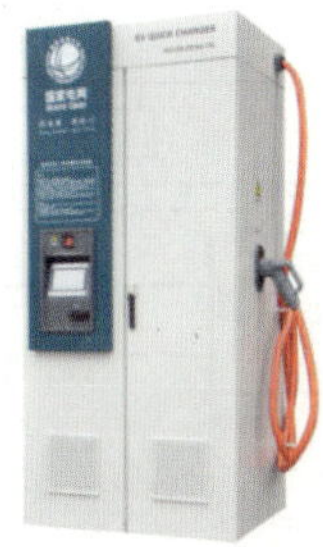
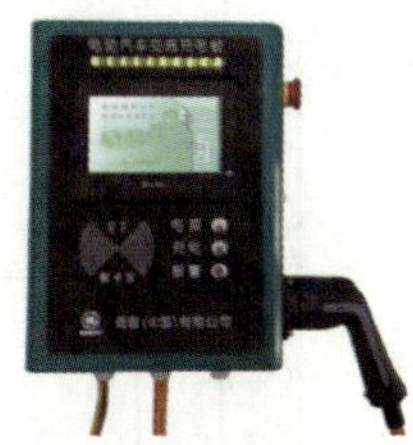

分体式快充桩	壁挂式快充桩	便携式快充桩	一体式快充桩

5. 吉利帝豪 EV450 快充口位于____________，用于与____________连接。当插上充电枪或者充电口打开时，车辆将无法正常启动。

6. 查阅教材，了解快充口的连接端口信息，将图中快充口连接端口的针脚定义补充完整。

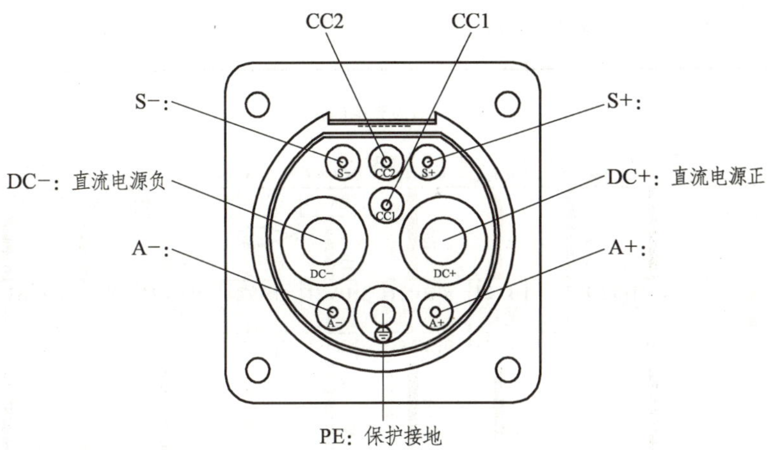

7. 下列选项中，快速充电系统完成正常充电需要满足的条件有（　　）（多选）。

A. 充电连接确认信号 CC_1、CC_2 正常

B. 充电机供电电源 220 V 和 12 V 正常

C. 动力电池电芯温度在 5 ~ 45 °C

D. 绝缘性能大于 20 MΩ

8. 如下图所示，根据快速充电系统的工作原理，将下列内容补充完整。

K_1、K_2 为充电桩_______正、负继电器；K_3、K_4 为充电桩________正、负继电器；K_5、K_6 为____________正、负继电器；CC_1 为___________检测快充插头与车辆连接状态识别信号，CC_2 为______________ 检测快充插头与车辆连接状态识别信号。

当 CC_1、CC_2 检测到电压值符合要求之后，即认为充电桩与车辆可靠连接，K_3、K_4 继电器闭合，充电桩输出_______V 低压唤醒电源至车辆控制器，两者辨认成功之后，整车控制器报送动力电池的充电需求，充电桩报送供电能力，两者成功匹配。继而整车控制器和 BMS 控制_________、_________闭合，充电桩控制__________、__________闭合，这时即进入充电阶段。

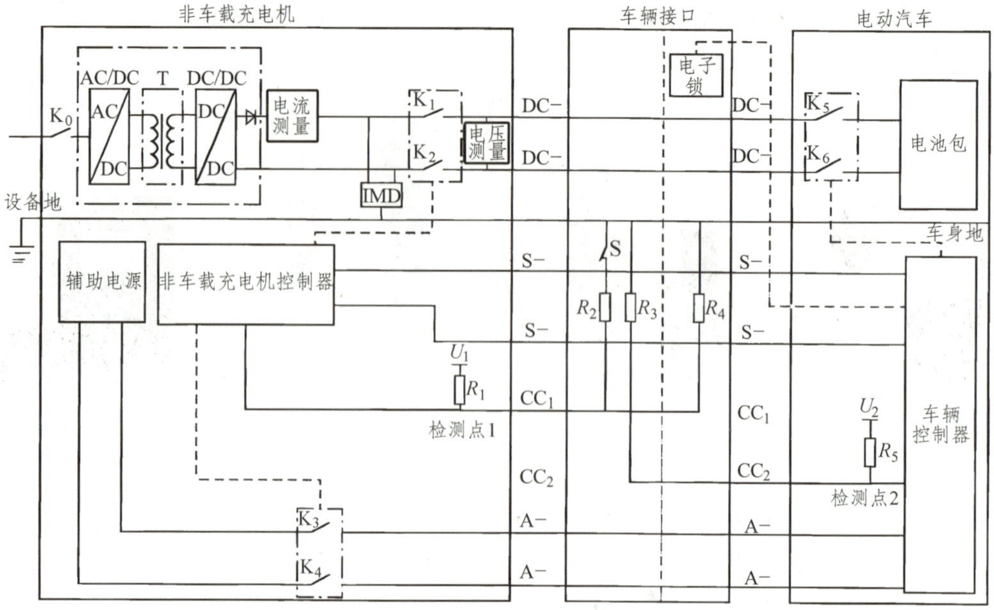

9. 查阅吉利帝豪 EV450 维修手册，根据快充充电低压控制原理，将下列内容补充完整。

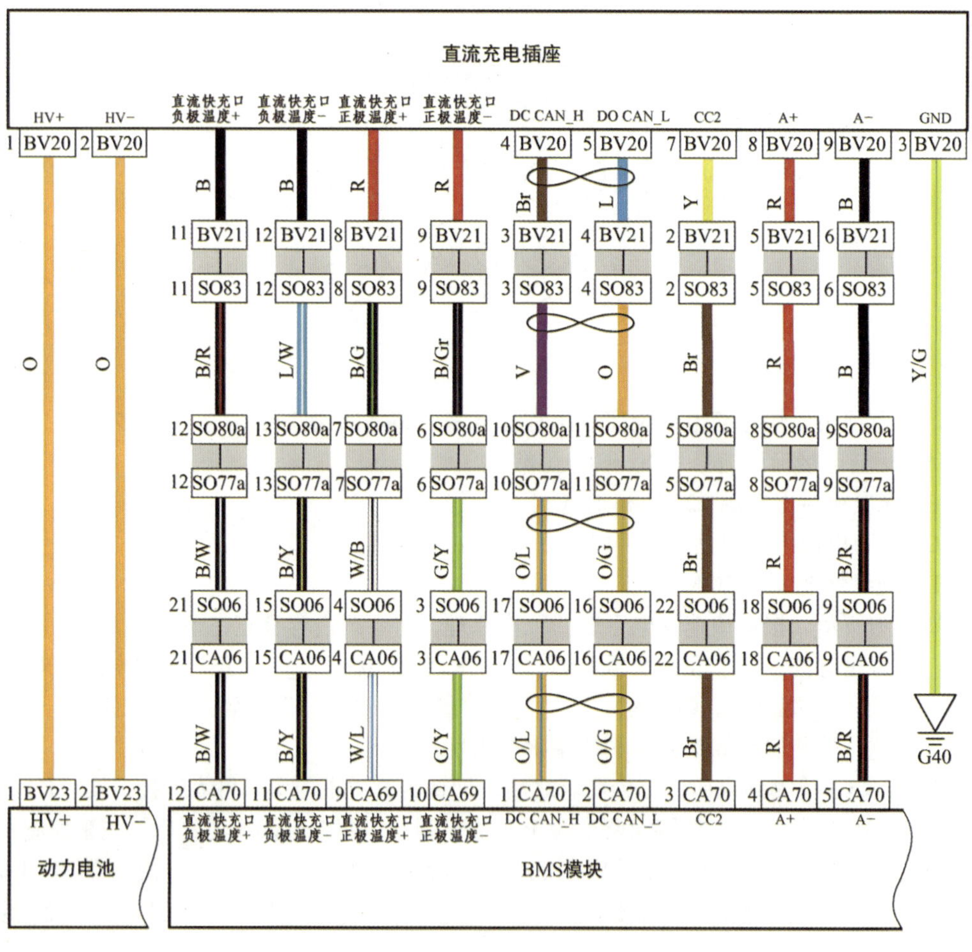

（1）吉利帝豪 EV450 快充充电时直接连接____________________。

（2）BMS 端快充口连接确认信号是____________线。

（3）快充网络连接线是____________线，是 DC-CAN。

（4）快充充电时，还要检测快充口温度信号，以确保安全，温度信号分别是________线。

制订方案

分组查阅维修手册，学习汽车快速充电系统方面的知识，制订检修车辆无法快速充电故障的任务实施方案。

1 任务分工

____

____。

2. 任务实施步骤

____

____。

3. 异常情况处理措施

____

____。

知识学习

一、快速充电（直流高压充电）系统的组成与其工作原理

以吉利帝豪 EV450 纯电动汽车为例介绍快速充电系统通过直流快充桩将电网交流电升压整流为直流电，对动力电池进行快速充电，以实现对动力电池快速、高效、安全和合理的电量补给。快速充电系统主要由快充桩、快充口、快充线束、BMS、几个接触器（在动力电池包内）及动力电池包等组成，如图 3-1-1 所示。

图 3-1-1 快速充电系统的组成

如图 3-1-2 所示，当直流充电设备接口连接到整车直流充电口，直流充电设备发送充电唤醒信号给 BMS，BMS 根据动力电池的可充电功率，向直流充电设备发送充电电流指令。同时，BMS 吸合系统高压正极继电器和高压负极继电器，动力电池开始充电。充电时间：48 min 可充电 80%。

1—车载充电器；2—驱动电机控制器；3—交流充电接口；4—直流充电接口；5—高压线束。

图 3-1-2　快充系统布置

二、快充系统主要控制部件的结构特点

（一）快充桩

随着电动汽车产业的快速发展，大量电动汽车充电站也投入建设和运行，高速公路、路边、商场、停车场等都随处可见。充电站里有高质量多功能的充电设备（快充桩），承担着为电动汽车动力电池提供电能等功能；快充桩可以有效地保护电池，监控电池的工作状态，并为电池组提供最高效的充电方案。

快充桩可以固定在地面或墙壁上，有分体式、一体式、便携式等几种形式，如图 3-1-3 所示。

（a）分体式快充桩

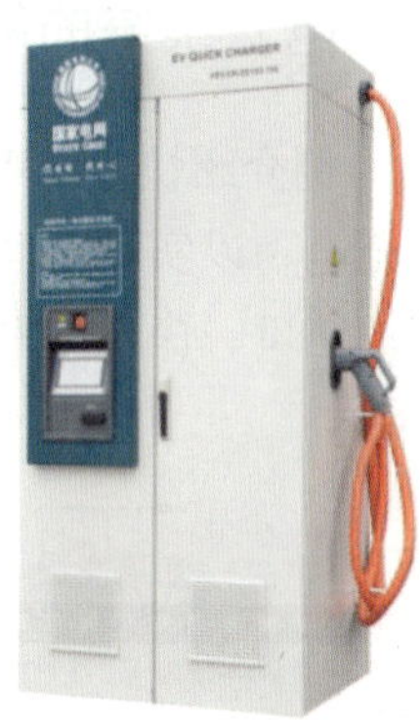

（b）一体式快充桩

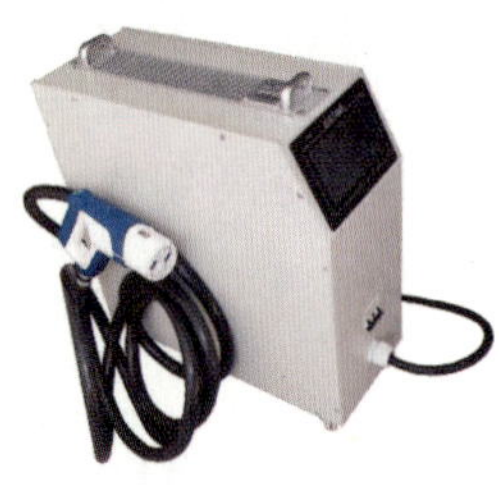

（c）便携式快充桩

图 3-1-3　快充桩的形式

快充桩的功能类似于加油站里面的加油机，直接向电池充电。直流快充桩也是固定安装在户外，如社区停车场、居民小区、大型商场、服务区、路边停车场、专门的电动汽车充电站等场所，接入电网，为电动汽车电池提供直流电源的充电装置。由于直流快充桩可直接为电动汽车的电池充电，一般采用三相四线制供电，输出的电压和电流可调范围大。因此，可以在短时间内完成动力电池的能量补充，实现电动汽车快速充电。

（二）快充口

吉利 EV450 纯电动汽车快充口与快充线束连接，位于车辆左后叶子板侧面，如图 3-1-4 所示，但要注意，不同的车型，其充电口的位置有所不同。当快充枪插入快充口时，仪表充电指示灯应常亮；当快充枪拔出快充口时，仪表充电指示灯应熄灭。如果快充枪插入快充口，车辆将无法正常起动。

图 3-1-4　快充口

> **特别提示**
>
> 快充口盖上有高压警告标识，严禁未采取安全防护措施随意触碰。

快充口为 9 孔式接口，其连接端口布置形式如图 3-1-5 所示。

图 3-1-5　快充口连接端口布置形式

快充口各端口针脚定义见表 3-1-2。

表 3-1-2　快充口各端口针脚定义

端口标识	端口针脚定义
DC+	高压直流电源正极，连接直流电源正极与电池正极
DC−	高压直流电源负极，连接直流电源负极与电池负极
S+	充电通信 CAN-H，与动力 BMS 及数据采集终端通信
S−	充电通信 CAN-L，与动力 BMS 及数据采集终端通信
A+	低压辅助电源正极，为 12 V 快充唤醒信号，经过熔丝 FB27
A−	低压辅助电源负极，接动力电池负极
CC_1	快充连接确认线
CC_2	快充连接确认线
PE（GND）	车身搭铁，接低压动力电池负极

（三）快充线束

快充线束是连接快充口与电池包之间的线束。帝豪 EV450 车型的快充线束安装位置如图 3-1-6 所示。

如图 3-1-7 所示，快充线束一端（接头 B）连接车辆的快充口，另一端分成 3 支线束，分别为接高压控制盒的高压线束（接头 A）、整车低压线束（接头 C）和接车身搭铁点的搭铁线束（接头 D）。

图 3-1-6　快充线束在实车上的位置

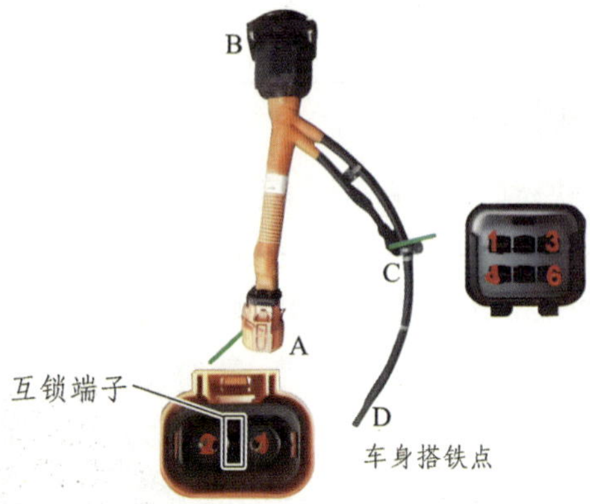

图 3-1-7　快充线束

快充线束中连接快充口（接头 B）端口针脚见表 3-1-2，另一端接头 B、C、D 的端口针脚见表 3-1-3。

表 3-1-3　接头 B、C、D 端口针脚定义

接头连接端	图示	端口针脚定义
B：接高压控制盒		1 脚：高压输出负极 DC-
		2 脚：高压输出正极 DC+
		中间为互锁端子
C：接整车低压线束插件		1 脚：低压辅助电源负极 A-
		2 脚：低压辅助电源正极 A+
		3 脚：快充连接确认线 CC_2
		4 脚：快充 CAN-H 信号 S+
		5 脚：快充 CAN-L 信号 S-
		6 脚：空
D：接 PE（GND）车身搭铁点	—	—

（四）动力电池包的内部结构和功能

（1）电池单体（Cell）是直接将化学能转化为电能的基本单元装置，包括电极、隔膜、电解质、外壳和端子，并被设计成可充电。

（2）电池模组（Module）将一个以上电池单体按照串联、并联或串并联方式组合，且只有一对正负极输出端子，并作为电源使用的组合体。

（3）每一个电池单元有多个 CSC 采集系统，以监测其中每个电池单体或电池组单体电压、温度信息。CSC 采集系统将相关信息上报电池控制单元（BMU）（见图 3-1-8）并根据 BMU 的指令执行单体电压均衡。

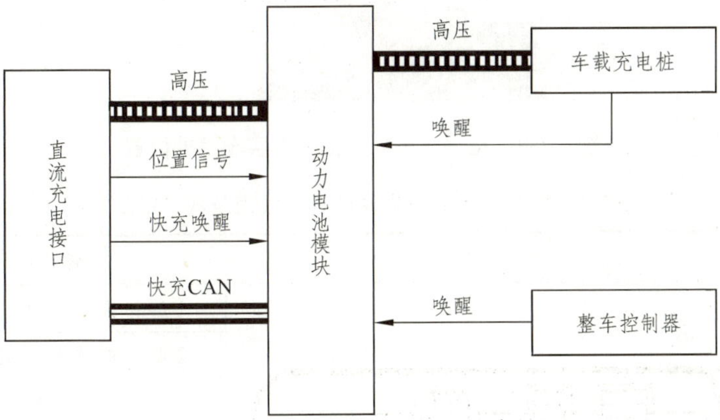

图 3-1-8　快充系统电气原理

（4）电池控制单元（BMU）安装于动力电池总成内部，是电池管理系统核心部件，电池控制单元（BMU）将单体电压、电流、温度及整车高压绝缘等信息上报整车控制器（VCU）并根据 VCU 的指令完成对动力电池的控制。

（5）电池高压分配单元（B-BOX）安装在动力电池总成的正负极输出端，由高压正极继电器、高压负极继电器、预充继电器、电流传感器和预充电阻等组成。

（6）直流母线位于前副车架上部，断开 12 V 蓄电池正、负电缆，等待 5 min 后，举升车辆，拔下直流母线，连接充电机端插件。在高压零部件检查和维护前，断开直流母线可以确保切断高压。

特别提示

在断开直流母线时，首先确保电池对外无电流输出，且佩戴绝缘防护装备。

（五）电池包高低压插头的定义

电池包高低压插头在实车上的位置如图 3-1-9 所示。

电池包外部接口共有 4 个接线口，分别是快充线束插件、车载高压充电线束插件、CA69 动力电池低压线束连接器 1、CA70 动力电池低压线束连接器 2。

（1）快充线束插件的连接线束及端口针脚如图 3-1-9 所示。

（2）低压控制线束插件的连接线束及端口针脚定义见表 3-1-4。

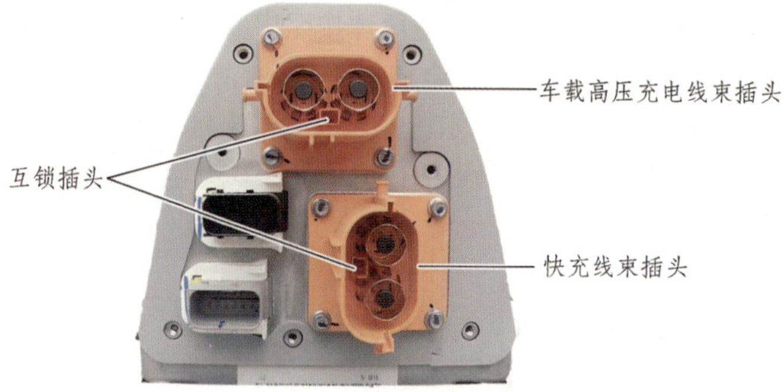

图 3-1-9　电池包高低压插头在实车上的位置

表 3-1-4　低压控制线束插件的连接线束及端口针脚定义

连接线束	图　示	端口针脚定义
连接低压控制线束	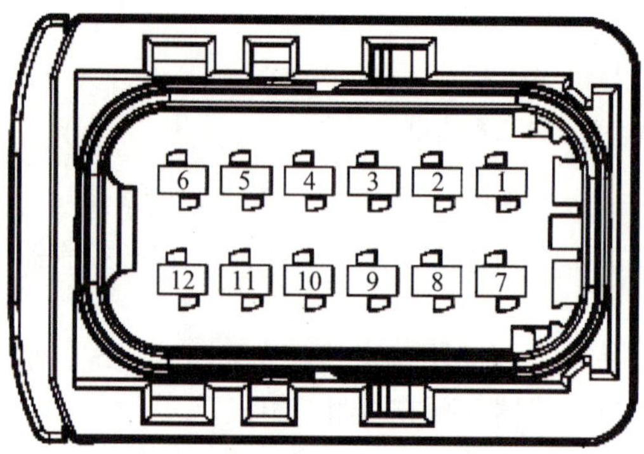 图 3-1-10　CA69 动力电池低压线束连接器	1 脚：常电 12 V
		2 脚：电源地 GND
		3 脚：整车 CAN H
		4 脚：整车 CAN L
		5 脚：空
		6 脚：Crosh 信号
		7 脚：IG2
		8 脚：空
		9 脚：快充插座正极柱温度+
		10 脚：快充插座负极柱温度−
		11 脚：空
		12 脚：空
	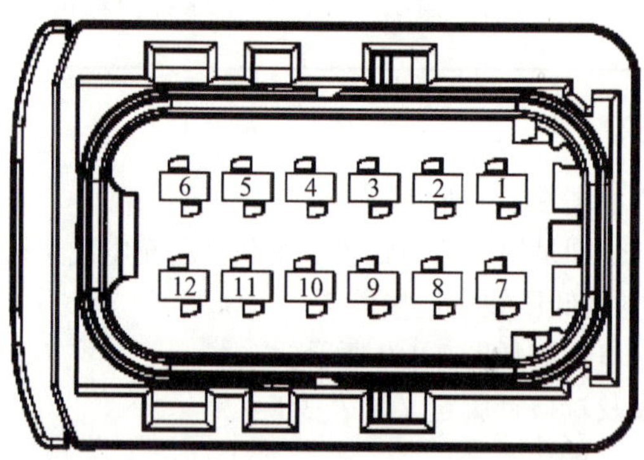 图 3-1-11　CA70 动力电池低压线束连接器	1 脚：快充 CAN-H
		2 脚：快充 CAN-L
		3 脚：快充 CC_2
		4 脚：快充 wakeup
		5 脚：快充 wakeup GND
		6 脚：空
		7 脚：空
		8 脚：空
		9 脚：空
		10 脚：空
		11 脚：快充插座正极柱温度+
		12 脚：快充插座负极极柱温度−

（六）快充高压插头互锁信号线路

1. 快充高压插头互锁信号线路的作用

快充高压插头互锁信号线路监测高压线束的连接情况，当某个快充高压插件未插到位，动力电池 BMU 则控制主接触器切断高压电源，其主要作用如下：

（1）整车在高压供电前确保整个高压系统的完整性，使高压处于一个封闭的环境下工作，提高安全性。

（2）当整车在运行过程中高压系统回路断开或者完整性受到破坏时，需要启动安全防护。

（3）防止带电插拔高压插接器给高压端子造成的拉弧损坏。

2. 高低压互锁常见问题

快充高压插头互锁常见问题有高压插件互锁端子缺失或退针、高压插件未插或未装配到位、高压插件端子松动损坏等，如图 3-1-12 所示。

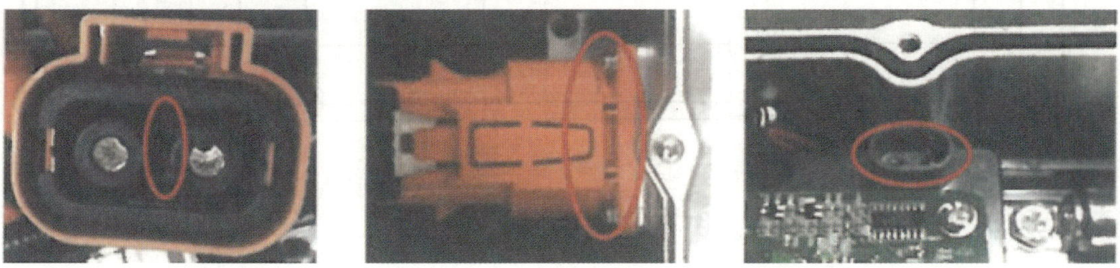

（a）高压插件互锁端子缺失或退针　（b）高压插件未装配到位　（c）高压插件端子松动损坏

图 3-1-12　高低压互锁常见问题

三、快速充电系统的工作原理、工作过程及工作条件

（一）快速充电系统的工作原理

快速充电系统的工作原理如图 3-1-13 所示。

K_1、K_2 为充电桩高压正、负继电器；K_3、K_4 为充电桩低压唤醒正、负继电器；K_5、K_6 为电池高压正、负继电器；CC_1 为充电桩检测快充插头与车辆连接状态识别信号，CC_2 为车辆控制器检测快充插头与车辆连接状态识别信号。

视频：帝豪新能源汽车直流充电原理

当 CC_1、CC_2 检测到电压值符合要求之后，即认为充电桩与车辆可靠连接，K_3、K_4 继电器闭合，充电桩输出 12 V 低压唤醒电源至车辆控制器，两者辨认成功之后，整车控制器报送动力电池的充电需求，充电桩报送供电能力，两者成功匹配。继而整车控制器和 BMS 控制 K_5、K_6 闭合，充电桩控制 K_1、K_2 闭合，这时即进入充电阶段，整车控制器发送充电请求及充电状态报文，充电桩反馈充电机状态报文，当车辆及充电桩判断充电结束后，断开 K_1、K_2、K_5、K_6，充电截止，断开 K_3、K_4，充电完成。

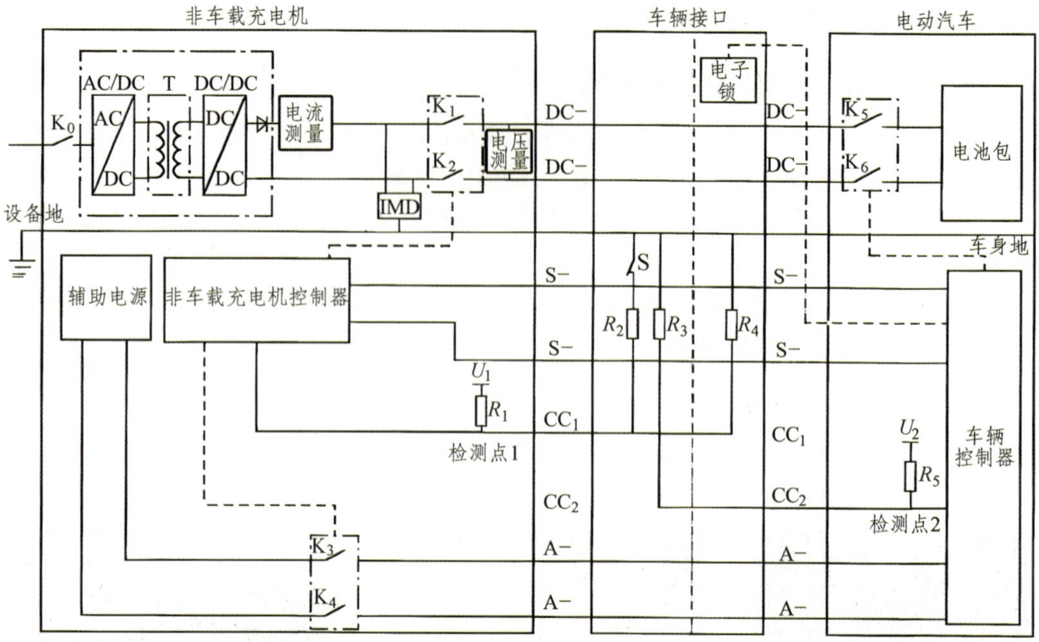

图 3-1-13　快速充电系统工作原理

（二）快速充电系统的工作过程

快速充电系统的工作过程如图 3-1-14 所示。

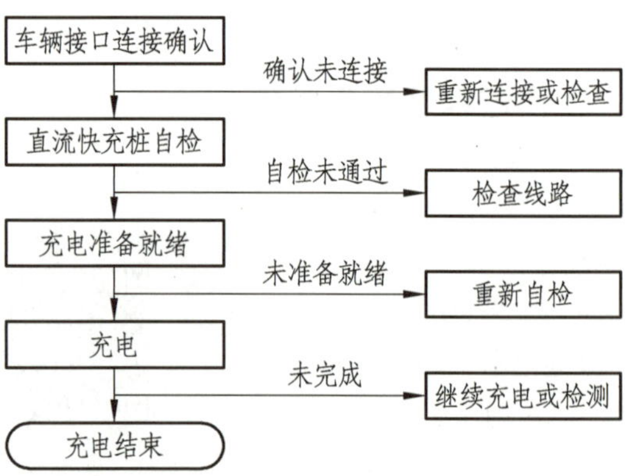

视频：帝豪新能源汽车充电操作流程

图 3-1-14　快速充电系统的工作过程

快速充电系统每个工作阶段的具体内容见表 3-1-5。

表 3-1-5　每个工作阶段的具体内容

工作阶段	内　容
车辆接口连接确认阶段	按下充电枪枪头按键，插入车辆插座，再放开充电枪枪头按键。这时，CC_1 将检测到 12 V—6 V—4 V 的电压变化，一旦检测电压达到 4 V，快充桩将判断充电枪插入成功，车辆接口完全连接，并将充电枪中的电子锁进行锁定，防止充电枪枪头脱落

续表

工作阶段	内　容
直流快充桩 自检阶段	在车辆接口完全连接后，快充桩将闭合 K_3、K_4，使低压辅助供电回路导通，为车辆控制装置供电（有的车辆不需要供电）。车辆得到供电后，将根据 CC_2 的电压判断车辆接口是否连接，若电压值为 6 V，则车辆装置开始周期发送通信握手报文，接着闭合 K_1、K_2，进行绝缘检测，即检测 DC 线路的绝缘性能，保证后续充电过程的安全性。绝缘检测结束后，将投入泄放回路泄放能量，并断开 K_1、K_2，同时开始周期发送通信握手报文
充电准备就绪阶段	车辆控制 K_5、K_6 闭合，使充电回路导通，快充桩检测到车辆端电池电压正常（电压与通信报文描述的电池电压误差≤±5%，且在快充桩输出最大、最小电压的范围内）后闭合 K_1、K_2，直流充电线路导通，车辆准备充电
充电阶段	车辆向快充桩实时发送电池充电需求的参数，快充桩会根据该参数实时调整充电电压和电流，并相互发送各自的状态信息（快充桩输出电压电流、车辆电池电压电流、SOC 等）
充电结束阶段	车辆根据BMS是否达到充满状态或受到快充桩发来的“快充桩中止充电报文”判断是否结束充电。满足以上充电结束条件，车辆会发送“车辆中止充电报文”，在确认充电电流小于 5 A 后断开 K_5、K_6。快充桩在达到操作人员设定的充电结束条件，或者收到车辆发来的“车辆中止充电报文”后，会发送“快充桩中止充电报文”，并控制快充桩停止充电，在确认充电电流小于 5 A 后断开 K_1、K_2，并再次投入泄放回路，然后再断开 K_3、K_4，充电结束

（三）快速充电系统的充电条件

为保证车辆及充电线路的安全，提高车辆的使用寿命，快速充电系统完成正常充电需要满足以下条件：

（1）充电连接确认信号 CC_1、CC_2 正常。

（2）BMS 供电电源 12 V 正常。

（3）充电唤醒信号 12 V 输出正常。

（4）快充桩、整车控制器、BMS 之间通信正常。

（5）动力电池电芯温度在 5 ~ 45 °C。

（6）单体电池最高电压与最低电压差小于 0.3 V。

（7）单体电池最高温度与最低温度差小于 15 °C。

（8）绝缘性能大于 500 Ω/V。

（9）实际单体最高电压不大于额定单体电压 0.4 V。

（10）高低压电路连接正常及高压互锁线正常。

四、快速充电系统故障原因分析

快速充电系统故障主要分为快充桩与车辆无法通信故障和快充桩与车辆通信正常但无充电电流故障，引起这两种故障的具体原因如下：

（1）快充桩与车辆无法通信的主要原因有唤醒线路熔丝损坏，搭铁点搭铁不良，快充枪、快充口、快充线束、低压电器盒、整车控制器、动力电池低压控制插件等部件的低压辅助电源针脚、连接确认针脚、快充 CAN 针脚等损坏、退针、烧蚀、锈蚀，动力电池和数据采集终端快充 CAN 总线间的电阻不符合。

（2）快充桩与车辆通信正常但无充电电流的主要原因有高压控制盒快充继电器线路熔丝损坏、主熔丝损坏、低压电器盒损坏、高压控制盒损坏、快充线束损坏以及动力电池 BMS 快充唤醒失常等。

知识拓展 加快推进公路沿线电动汽车充电基础设施建设

为满足日益增长的电动汽车充电需求，服务公众便捷出行，促进电动汽车产业发展，2022 年 8 月 25 日，交通运输部、国家能源局、国家电网有限公司、中国南方电网有限责任公司共同研究制定并印发《加快推进公路沿线充电基础设施建设行动方案》。

《方案》要求，到 2023 年底前，具备条件的普通国省干线公路服务区（站）能够提供基本充电服务；到 2025 年底前，高速公路和普通国省干线公路服务区（站）充电基础设施进一步加密优化，农村公路沿线有效覆盖，基本形成“固定设施为主体，移动设施为补充，重要节点全覆盖，运行维护服务好，群众出行有保障”的公路沿线充电基础设施网络，更好满足公众高品质、多样化出行服务需求。

五、直流无法充电故障检修

视频：帝豪新能源汽车快充故障检修

1. 了解快充系统工作原理

如图 3-1-15 所示，查阅快充系统电路图及线束连接器位置图，明白其工作原理。

2. 检查充电枪与充电口插针是否松动

（1）操作启动开关使电源模式至 OFF 状态。

（2）检查充电枪插针是否松动。

（3）检查充电口插针是否松动。若是，则更换故障的充电枪或充电口。

3. 使用故障诊断仪读取故障代码

（1）操作启动开关使电源模式至 ON 状态。

（2）连接故障诊断仪，读取系统故障代码。

（3）确认系统是否存在其他故障代码。若无，则进行下一步。

注：优先排除其他故障代码指示故障。

4. 检查 BMS 与直流充电接口之间的 CC 信号线

（1）操作启动开关使电源模式至 OFF 状态。

（2）断开车载充电器处直流母线。

（3）断开 BMS 线束连接器 CA70。

（4）断开直流充电插座线束连接器 BV20。

（5）如图 3-1-16 所示，用万用表测量 CA70 的 3、4、5 号端子和直流充电插座线束连接器 BV20 的 7、8、9 端子之间的电阻。电阻标准值小于 1 Ω。

（6）确认测量值是否符合标准。若是，则进行下一步。

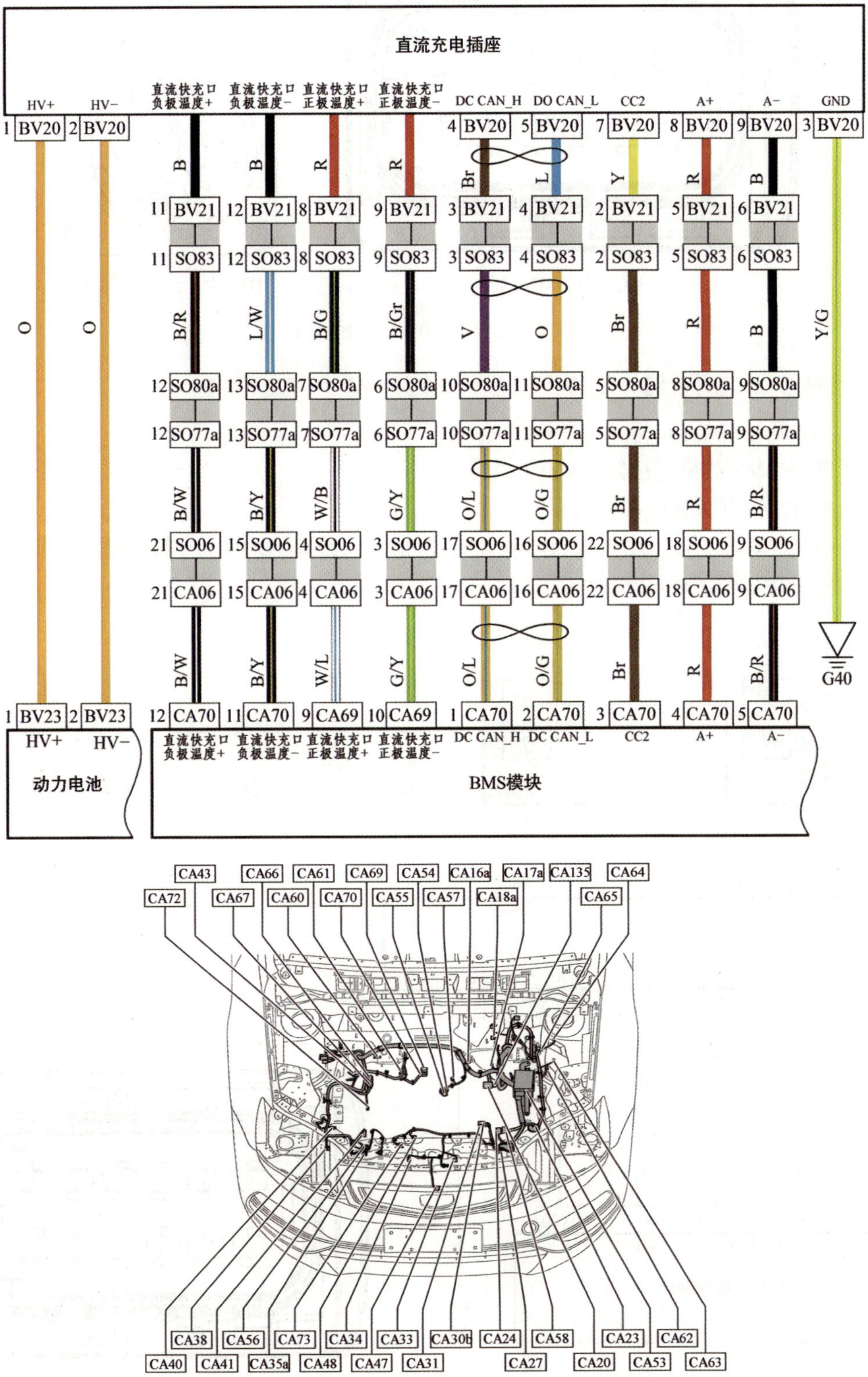

图 3-1-15　快充系统电路图及线束连接器位置图

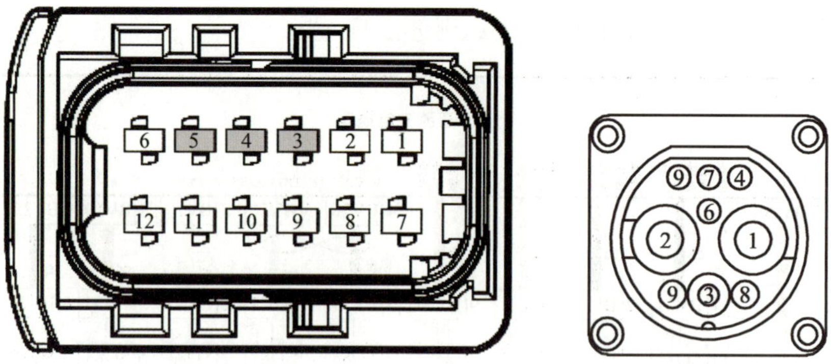

（a）CA70 BMS 模块　　（b）BV20 直流充电插座

图 3-1-16　CA70 和 BV20 端子

5. 检查 BMS 电源电路

（1）操作启动开关使电源模式至 OFF 状态。

（2）断开 BMS 线束连接器 CA69。

（3）操作启动开关使电源模式至 ON 状态。

（4）如图 3-1-17 所示，用万用表测量 BMS 线束连接器 CA49 的 1 号端子和车身可靠接地之间的电压。电压标准值：11 ~ 14 V。

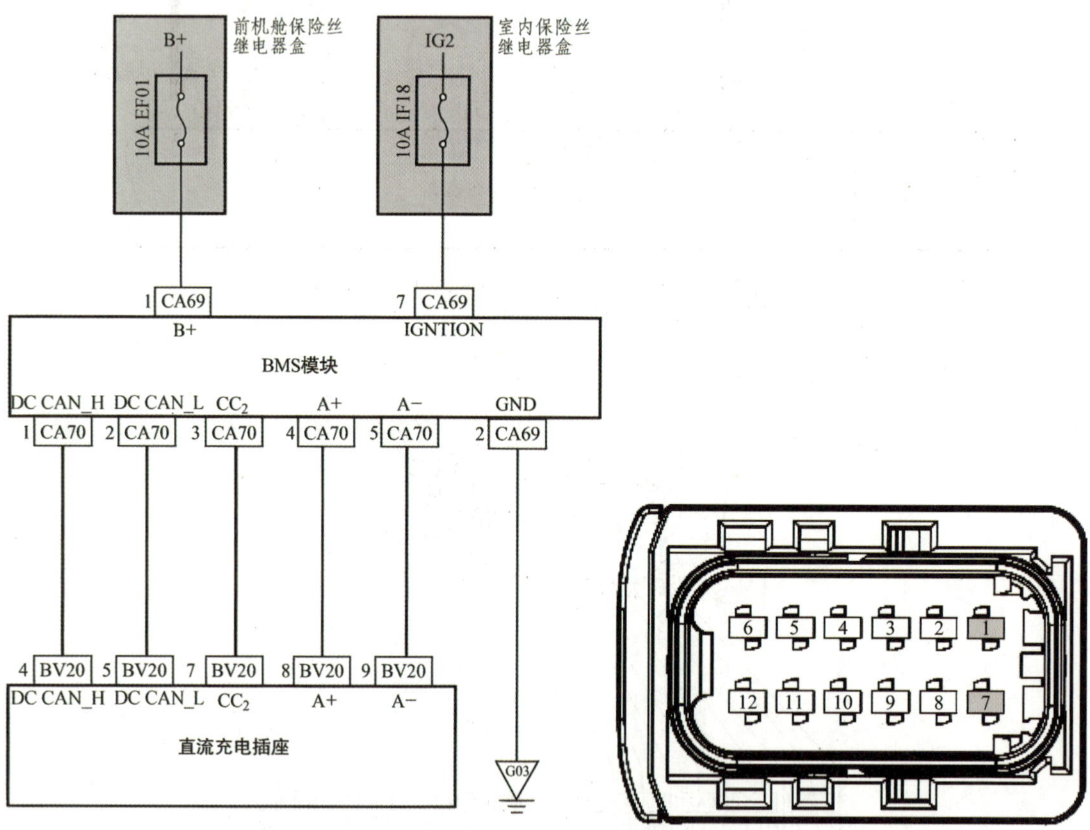

图 3-1-17　CA69 端子

（5）如图 3-1-26 所示，用万用表测量 BMS 线束连接器 CA69 的 7 号端子和车身可靠接地之间的电压。电压标准值：11 ~ 14 V。

（6）确认测量值是否符合标准。若是，则进行下一步。

6. 检查 BMS 接地线路

（1）操作启动开关使电源模式至 OFF 状态。

（2）断开 BMS 线束连接器 CA69 如图 3-1-26 所示。

（3）用万用表测量 BMS 线束连接器 CA69 的 2 号端子和车身可靠接地之间的电阻。标准电阻小于 1 Ω。

（4）确认测量值是否符合标准。若是，则进行下一步。

7. 更换 BMS

（1）操作启动开关使电源模式至 OFF 状态。

（2）断开蓄电池负极电缆。

（3）拆卸电池包，更换电池包 BMS。

（4）确认故障排除。

任务实施

一、排除快速充电系统网络故障

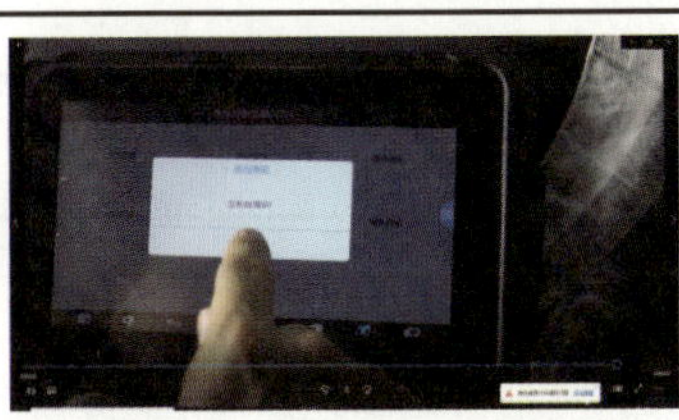 图 3-1-18　读取故障码	Step01　连接故障诊断仪，读取故障码，确认是否有其他故障码。 故障码：__________ 完成情况：□有，优先排除其他系统故障码所示故障 □没有，下一步
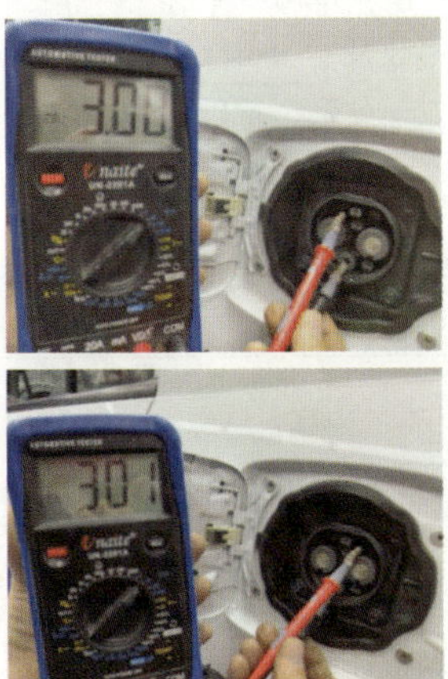 图 3-1-19　测量通信系统信号电压	Step02　测量通信系统信号电压。 测量结果：CAN-L 与搭铁：__________V； CAN-H 与搭铁：__________V。 正常值：CAN-L、CAN-H 均约为 3 V。 测量情况：□正常 □异常，进行下一步检查

<table>
<tr>
<td>
图 3-1-20　测量通信线路电阻</td>
<td>Step03　测量通信线路电阻。
测量结果：CAN-H 与 CAN-L：__________Ω。
正常值：约为 120 Ω。
测量情况：□正常
□异常，进行下一步检查</td>
</tr>
<tr>
<td>
CA70 BMS 模块线束连接器 B
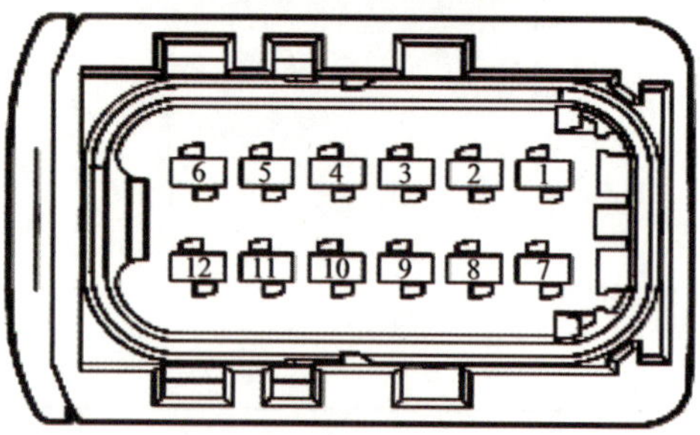

图 3-1-21　测量通信线路 DC-CAN 到充电口的导通性</td>
<td>Step04　拆下蓄电池负极，举升车辆，拔下 BMS 插头、CA70 线束插头，测量通信线路 DC-CAN 到充电口的导通性。
测量结果：CAN-H-CA70-1#：______Ω；
CAN-L-CA70-2#：______Ω；
正常值：小于 1 Ω。
测量情况：□正常
□异常，原因：________________</td>
</tr>
</table>

二、排除线路连接故障

<table>
<tr>
<td>
图 3-1-22　测量快速充电检测电阻</td>
<td>Step01　测量快速充电检测电阻。
测量结果：CC_1-搭铁：__________Ω。
正常值：电阻约为 1 kΩ
测量情况：□正常
□异常，原因：</td>
</tr>
<tr>
<td>
图 3-1-23　测量快充 CC_2 线路的导通性</td>
<td>Step02　测量快充 CC_2 线路的导通性。
方法：测量 CC_2 与 BMS CA70-3 脚之间的电阻值。
正常值：小于 1 Ω。
测量情况：□正常，进行下一步
□异常，修理或更换线束</td>
</tr>
</table>

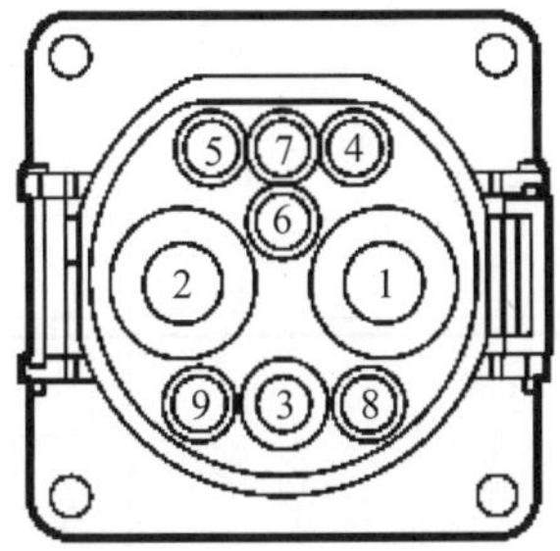 图 3-1-24　测量快充唤醒线路的导通性	Step03　测量快充唤醒线路的导通性。 方法：测量 A+、A-与 BMS CA70-4 脚、CA70-5 脚之间的电阻值。 正常值：小于 1 Ω。 测量情况：☐正常，进行下一步 ☐异常，修理或更换线束

三、排除 BMS 电源搭铁故障

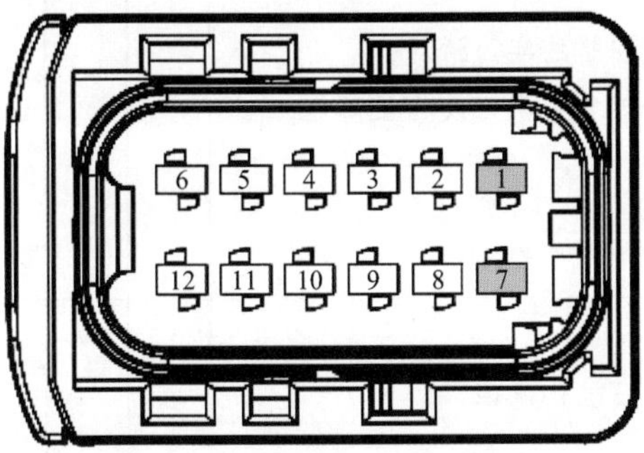 图 3-1-25　测量 BMS CA69-1、CA69-7 号脚的电源电压	Step01　打开点火开关，测量 BMS CA69-1、CA69-7 号脚的电源电压。 测量结果：__________V。 正常值：11-14 V。 测量情况：☐正常 ☐异常，更换或修理线束
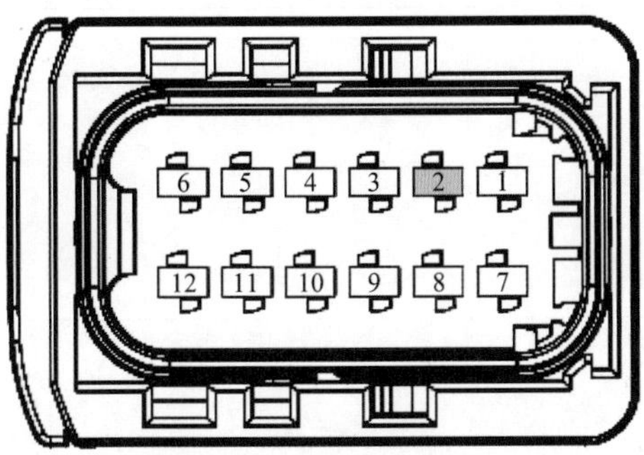 图 3-1-26　测量 BMS CA69-2 号脚与车身可靠接地之间的电阻	Step02　关闭点火开关，测量 BMS CA69-2 号脚与车身可靠接地之间的电阻。 测量结果：__________Ω。 正常值：小于 1 Ω。 测量情况：☐正常 ☐异常，更换或修理线束

特别提示

如果以上测量全都正常，则是 BMS 故障，需更换 BMS。

总结评价

学习任务总结评价表

班级________小组________学号________ 姓名________

<table>
<tr><td colspan="2" rowspan="2">主要测评项目</td><td colspan="4">学生自评</td></tr>
<tr><td>A</td><td>B</td><td>C</td><td>D</td></tr>
<tr><td>关键能力总结</td><td>1. 遵守纪律，遵守学习场所管理规定，服从安排；
2. 具有安全意识、责任意识、6S 管理意识，注重节约、节能与环保；
3. 学习态度积极主动，能按时参加安排的实习活动；
4. 具有团队合作意识，注重沟通，能自主学习及相互协作；
5. 仪容仪表符合学习活动要求。</td><td></td><td></td><td></td><td></td></tr>
<tr><td>专业知识与能力总结</td><td>1. 能够描述快充系统的组成、作用及工作原理；
2. 能够描述快充系统的充电条件；
3. 能够正确诊断及排除快充系统故障。</td><td></td><td></td><td></td><td></td></tr>
<tr><td>个人自评总结与建议</td><td colspan="5"></td></tr>
<tr><td>小组评价</td><td colspan="5"></td></tr>
<tr><td rowspan="2">教师评价</td><td rowspan="2"></td><td colspan="4">总评成绩</td></tr>
<tr><td colspan="4"></td></tr>
</table>

教师签字：　　　　　　　　日期：

学习任务二 新能源汽车电动汽车交流无法充电故障检修

任务导入

一辆 2017 年款吉利帝豪 EV450 轿车，慢充充电时，出现了“仪表有充电枪已连接显示，但不能充电”的故障。作为一名维修技师，你会怎么做呢？

工作任务

完成对吉利 EV450 纯电动汽车交流无法充电故障检修，并记录注意事项。

任务分组

将学生按 4 ~ 6 人为一组进行分组，明确每组的工作任务，并填写表 3-2-1。

表 3-2-1　学生分组表

组　别	小组成员	任务分工
1		
2		
3		
4		
5		
6		

工作准备

1. 根据工作任务，进行任务分组。
2. 收集任务实施过程中所涉及的《电动汽车维护与保养》相关的国家标准。
3. 收集吉利帝豪 EV450 慢速无法充电故障检修的方法和流程。
4. 根据工作任务，分析实施过程中的难点或可能出现的质量问题。

收集信息

1. 交流充电系统通过交流充电线束与________V 家用交流插座或交流充电桩相连给动力电池供电。交流充电系统必须借助电动汽车上的____________将交流电转化为直流电，以实现动力电池的电能补给，充电时间较长。

2. 查阅教材，认识慢充口，将慢充口的端口与其所对应的针脚定义连接起来。

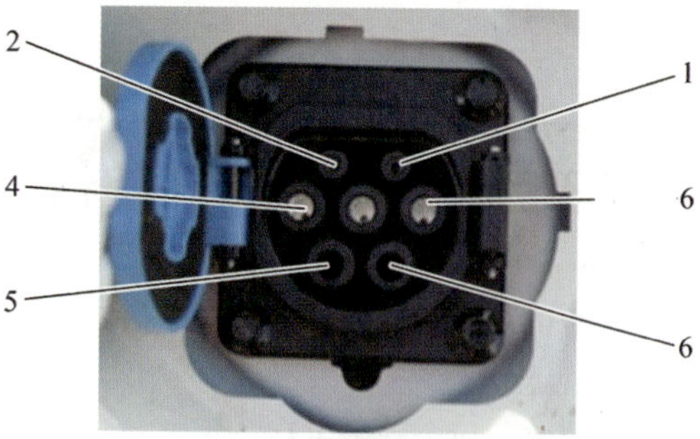

1· ·交流电源（零线）（N）
2· ·控制连接确认（CP）
3· ·备用触头 1
4· ·充电连接确认（CC）
5· ·交流电源（相线）（L）
6· ·备用触头 2

3. 查阅教材，认识慢充线束，将慢充线束连接车载充电机一端的端口与其对应的针脚定义连接起来。

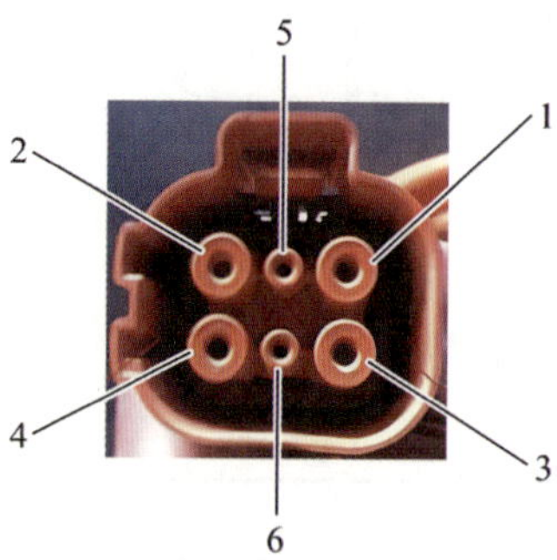

1· ·对应 CC 端（充电连接确认）
2· ·对应 N 端
3· ·对应 PE（车身地搭铁）
4· ·对应 L 端
5· ·对应 CP 端（控制确认线）
6· ·空

4. 下列属于交流充电系统充电条件的是（　　）（多选）。

A. 充电机供电电源 220 V 和 12 V 正常，充电机工作正常

B. 动力电池电芯温度为 0 ~ 45 °C

C. 绝缘性能大于 10 MΩ

D. 单体电池最高电压与最低电压差小于 0.3 V

5. 查阅教材，理解交流充电系统的工作原理，并将信息补充完整。

（1）连接确认：车辆端和充电机端分别检测________________信号电压变化，判断连接成功。

（2）连接成功后，充电机控制端输出 12 V 电压经过 R_1、R_3 搭铁，检测点_____信号电压会变化，连接确认。此时刷卡充电，S_1 开关就会往下闭合，发送 PWM 占空比信号，检测点_____检测到占空比信号后就会闭合 S_2。

（3）开关 S_2 闭合后，使得 R_2、R_3 形成_____联，检测点 1 信号电压再次变化，充电控制装置控制开关________闭合，车辆开始充电。

6. 在电路控制图中标识充电机相关控制线束，并写出作用。

（1）车载充电机的电源线是___________，搭铁线是______________。

（2）当充电枪连接成功并确认后，各种信息的交互传输由_____________信号完成。

（3）车载充电机与 VCU 以及 BMS 的通信线是_______和_______。

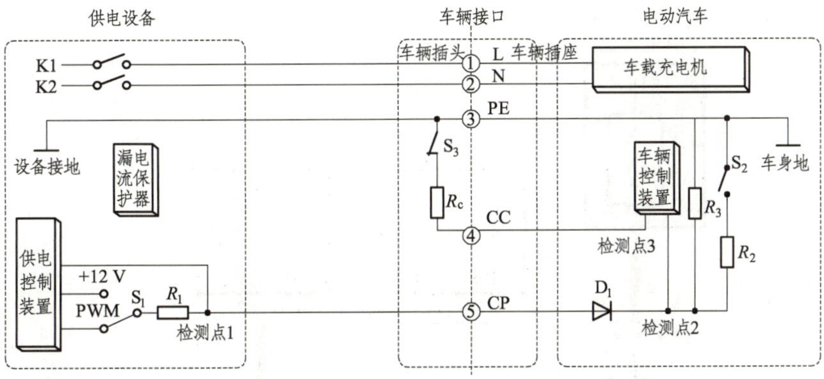

供电设备
车辆接口
电动汽车
K1
K2
车辆插头
车辆插座
L
N
PE
CC
CP
车载充电机
设备接地
漏电流保护器
S_3
R_C
车辆控制装置
S_2
车身地
R_3
R_2
检测点3
供电控制装置
+12 V
PWM
S_1
R_1
检测点1
D_1
检测点2

交流充电系统工作原理

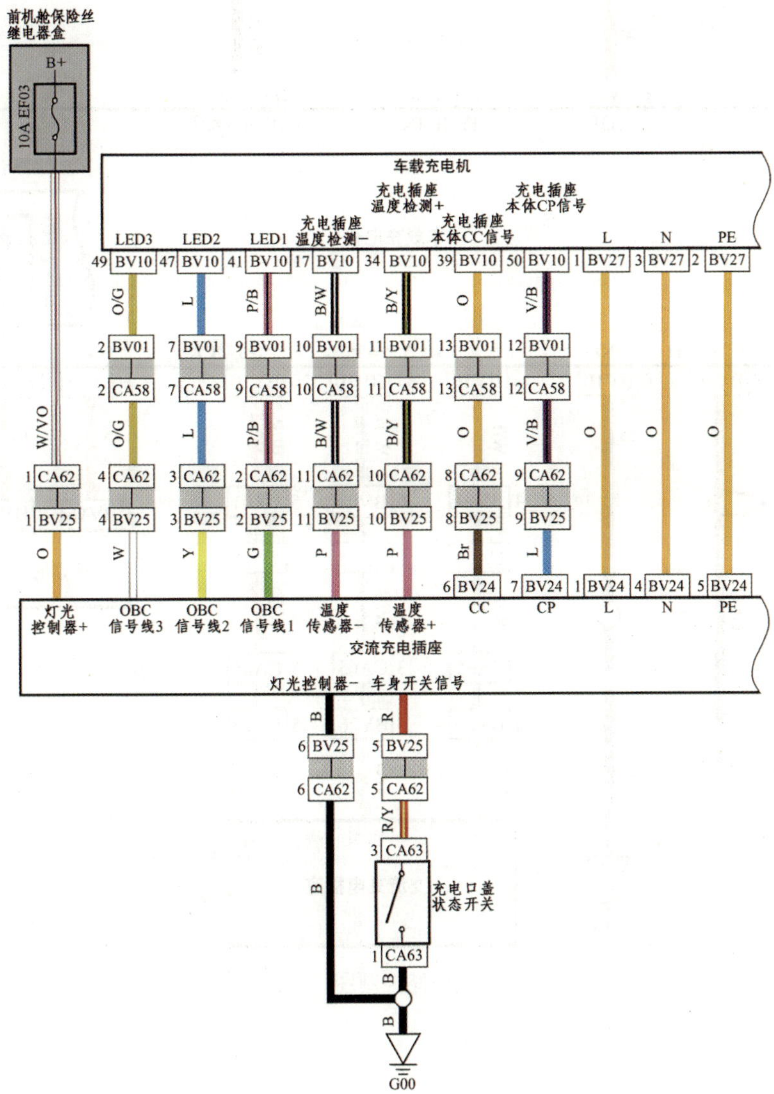

前机舱保险丝继电器盒
B+
10A EF03
车载充电机
LED3
LED2
LED1
充电插座温度检测−
充电插座温度检测+
充电插座本体CC信号
充电插座本体CP信号
L
N
PE
49 BV10
47 BV10
41 BV10
17 BV10
34 BV10
39 BV10
50 BV10
1 BV27
3 BV27
2 BV27
O/G
L
P/B
B/W
B/Y
O
V/B
2 BV01
7 BV01
9 BV01
10 BV01
11 BV01
13 BV01
12 BV01
2 CA58
7 CA58
9 CA58
10 CA58
11 CA58
13 CA58
12 CA58
W/VO
1 CA62
4 CA62
3 CA62
2 CA62
11 CA62
10 CA62
8 CA62
9 CA62
1 BV25
4 BV25
3 BV25
2 BV25
11 BV25
10 BV25
8 BV25
9 BV25
O
W
Y
G
P
P
Br
L
6 BV24
7 BV24
1 BV24
4 BV24
5 BV24
灯光控制器+
OBC信号线3
OBC信号线2
OBC信号线1
温度传感器−
温度传感器+
CC
CP
L
N
PE
交流充电插座
灯光控制器−
车身开关信号
B
R
6 BV25
5 BV25
6 CA62
5 CA62
R/Y
3 CA63
充电口盖状态开关
1 CA63
G00

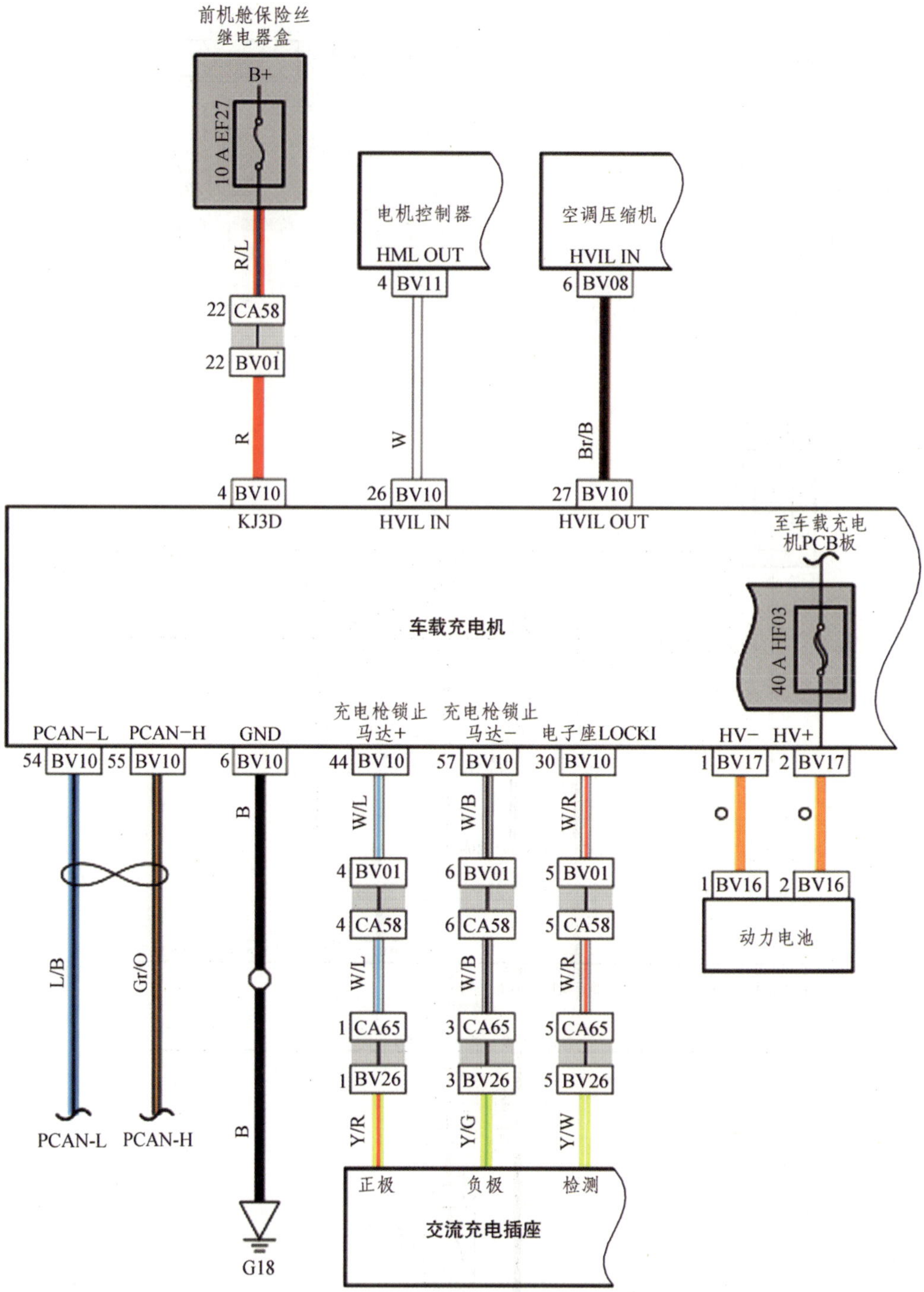
前机舱保险丝
继电器盒
B+
10 A EF27
R/L
22 CA58
22 BV01
R
4 BV10
电机控制器
HML OUT
4 BV11
W
26 BV10
空调压缩机
HVIL IN
6 BV08
Br/B
27 BV10
KJ3D
HVIL IN
HVIL OUT
至车载充电
机PCB板
车载充电机
40 A HF03
PCAN−L
PCAN−H
GND
充电枪锁止
马达+
充电枪锁止
马达−
电子座LOCKI
HV−
HV+
54 BV10
55 BV10
6 BV10
44 BV10
57 BV10
30 BV10
1 BV17
2 BV17
L/B
Gr/O
B
W/L
W/B
W/R
4 BV01
6 BV01
5 BV01
4 CA58
6 CA58
5 CA58
1 BV16
2 BV16
动力电池
1 CA65
3 CA65
5 CA65
1 BV26
3 BV26
5 BV26
Y/R
Y/G
Y/W
PCAN-L
PCAN-H
正极
负极
检测
交流充电插座
G18

电路控制图

制订方案

分组查阅维修手册，学习汽车交流充电系统方面的知识，制订检修车辆无法交流充电故障的任务实施方案。

1. 任务分工

____

____。

2. 任务实施步骤

____

____。

3. 异常情况处理措施

____

____。

知识学习

一、交流充电系统的组成

交流充电系统通过交流充电线束（家用交流充电线束、充电桩交流充电线束）与 220 V 家用交流插座或交流充电桩相连为动力电池进行充电。交流充电系统将 220 V 交流电转化为直流电，以实现动力电池的电能补给。

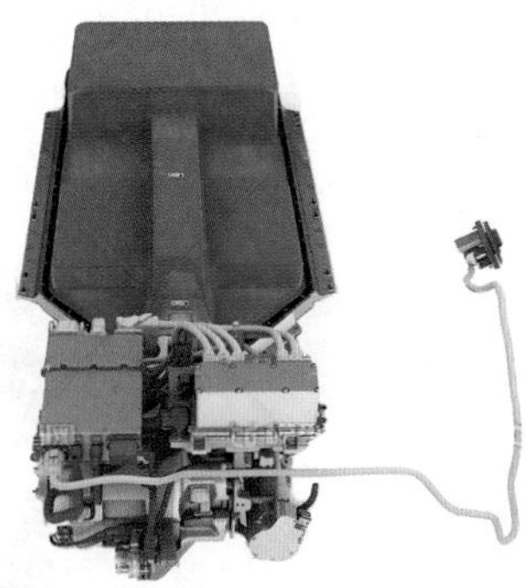

图 3-2-1 交流充电系统的组成

如图 3-2-1 所示，交流充电系统主要由供电设备（慢充桩、充电宝、挂壁式）、慢充口、慢充线束、车载充电机、高压控制盒和动力电池等组成。家用充电插座额定电流不能小于充电插座额定电流，否则可能会导致发热，甚至产生火灾。

（一）供电设备

交流充电系统的供电设备主要是慢充桩、充电宝和挂壁式慢充桩 3 种。

1. 慢充桩

如图 3-2-2 所示，慢充桩是采用有线传输方式为具有车载充电机的电动汽车提供交流电能，提供人机操作界面和交流充电接口，并具备相应保护功能的专用装置。慢充桩应用在各种大、中、小型电动汽车充电站，其特点是充电功率较小，电池充电时间较长。

2. 充电宝

纯电动汽车充电宝三相端接家用三相插座，另一端接车辆慢充口，如图 3-2-3 所示。

3. 挂壁式慢充桩

挂壁式慢充桩即交流快充桩，是固定安装在社区停车场、居民小区、家用停车库等场所，接入电网，为电动汽车车载充电机提供可控的单向交流电源或三相交流电源的供电装置，如图 3-2-4 所示。它本身并不具备充电功能，只是单纯提供电力输出，但需要连接电动汽车车载充电机，方可起到为电动汽车电池充电的作用。

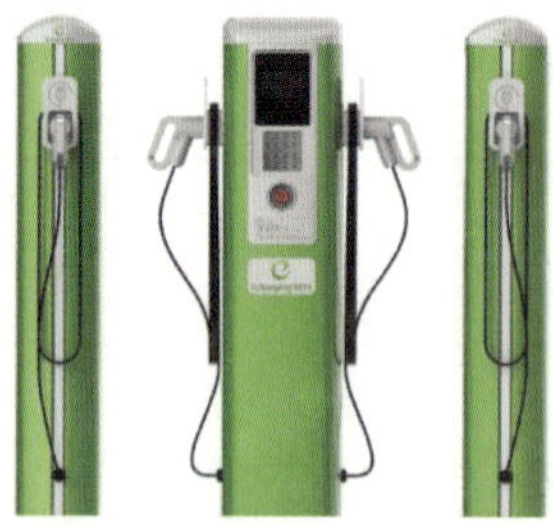

图 3-2-2　慢充桩

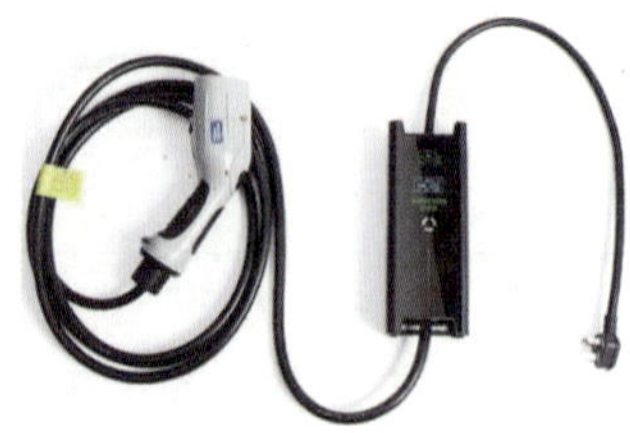

图 3-2-3　充电宝

图 3-2-4　挂壁式慢充桩

（二）慢充口

吉利帝豪 EV450 汽车交流充电口安装在车身左前翼子板上，直流充电口安装在车身左后侧。充电时，根据选择的充电类型，连接交流充电插头或者直流充电插头连接到相应的充电插座，连接正确后开始充电。充电口连接后形成检测回路，当出现连接故障时，系统可以检测该故障。慢充口适用于电动汽车传导充电，大多数位于传统汽车的油箱口位置，但吉利 EV450 在左前叶子板上，如图 3-2-5 所示。打开充电盖后可以看到充电插头为 7 孔式，其连接端口布置形式及端口针脚定义如图 3-2-6 所示。

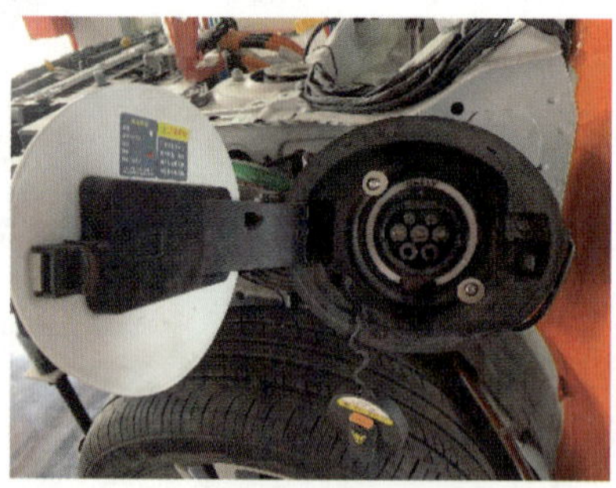

图 3-2-5　慢充口

图 3-2-6　连接端口布置形式及端口针脚定义

特别提示

不充电时，切勿打开充电盖。

（三）慢充线束

1. 慢充线束的作用及安装位置

慢充线束是连接慢充口与车载充电机之间的线束，其作用是将慢充桩输入的 220 V 交流电输送到车载充电机。慢充线束在实车上的位置如图 3-2-7 所示。

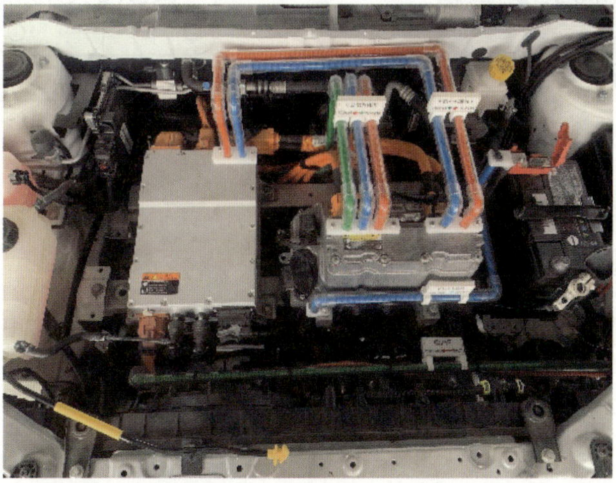

图 3-2-7　慢充线束在实车上的安装位置

2. 慢充线束两端的端子定义

慢充线束的一端连接车载充电机交流输入端（详见车载充电机），其端口布置形式及端口针脚定义如图 3-2-8 所示。

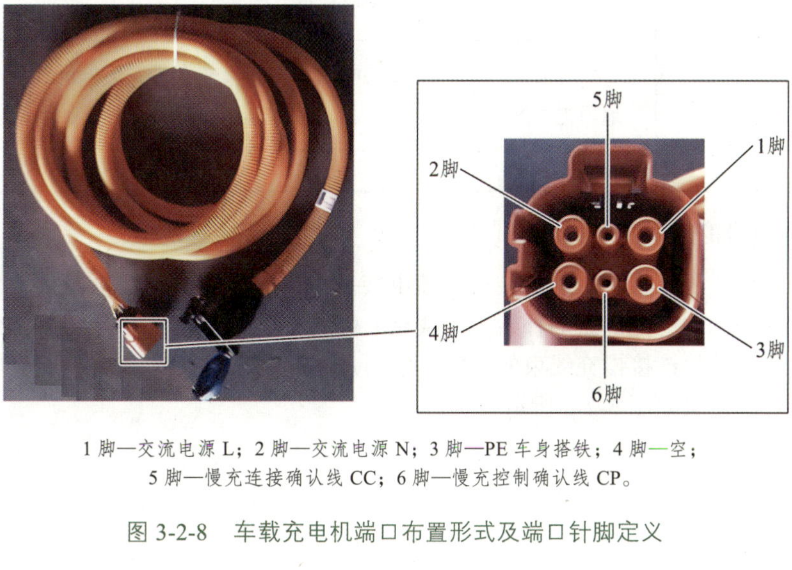

1 脚—交流电源 L；2 脚—交流电源 N；3 脚—PE 车身搭铁；4 脚—空；
5 脚—慢充连接确认线 CC；6 脚—慢充控制确认线 CP。

图 3-2-8　车载充电机端口布置形式及端口针脚定义

慢充线束的另一端连接慢充口，其端口布置形式及端口针脚定义具体如图 3-2-9 所示。

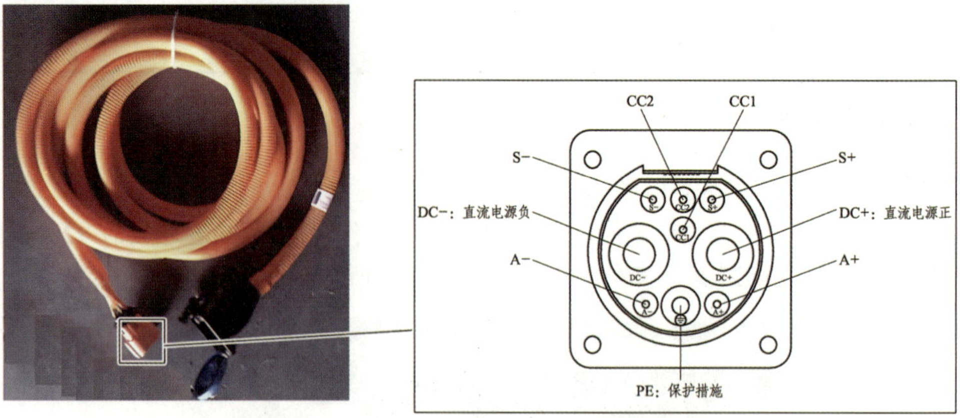

图 3-2-9　慢充口端口布置形式及针脚定义

（四）车载充电机

1. 充电机的分类

纯电动汽车充电机从供电电源提取能源，以合适的方式传递给动力电池，从而建立了供电电源与动力电池之间的功率转换接口。充电机按照安装位置的不同分为车载充电机和地面充电机，具体内容见表 3-2-2。

表 3-2-2　充电机的分类

类　型		定　义
按照安装位置分	车载充电机	车载充电机又称交流充电机，固定安装在汽车上，当需要充电时，只需要将车载充电机的插头插接到停车场或其附近的交流电源插座上或是专用的充电桩上，与地面交流电源连接即可进行充电
	地面充电机	地面充电机又称直流充电机，是采用直流充电模式（以充电机输出的可控直流电源直接对动力电池总成进行充电）为汽车动力电池充电

2. 车载充电机的外观及端口

车载充电机的作用是将输入的 220 V 交流电转换为纯电动汽车动力电池所需的 290 ~ 420 V 高压直流电，实现动力电池电量的补给。车载充电机的外观及端口如图 3-2-10 所示。

（1）交流输入端为连接慢充线束的一端，作用是通过慢充线束将 220 V 交流电输入车载充电机，其端口针脚定义如图 3-2-8 所示。

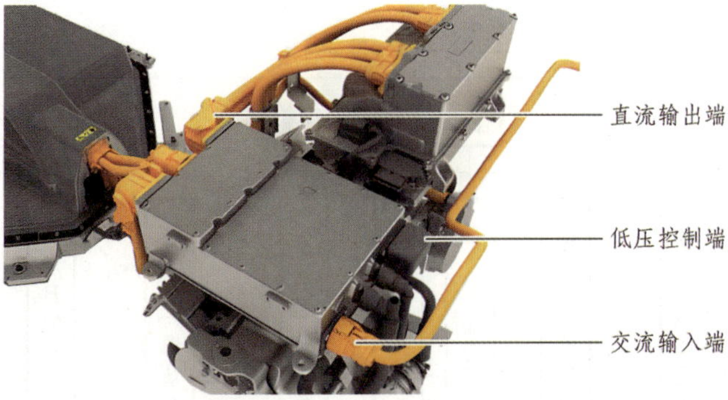

图 3-2-10　车载充电机的外观及端口

（2）直流输出端通过高压附件线束将转换后的动力电池所需的 290 ~ 420 V 高压直流电送往至高压控制盒，其端口针脚定义如图 3-2-11 所示。

（3）低压控制端的端口针脚定义如图 3-2-12 所示。

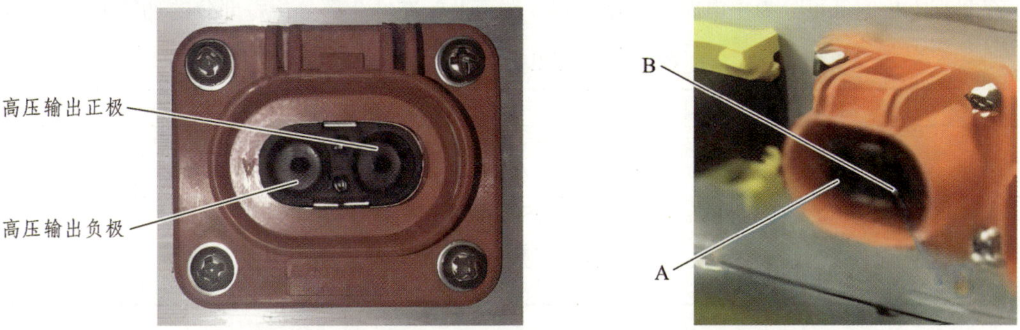

图 3-2-11　直流输出端的端口针脚定义

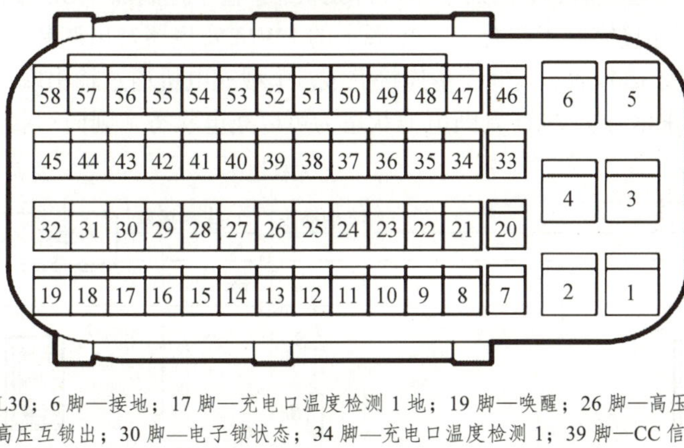

4 脚—KL30；6 脚—接地；17 脚—充电口温度检测 1 地；19 脚—唤醒；26 脚—高压互锁入；27 脚—高压互锁出；30 脚—电子锁状态；34 脚—充电口温度检测 1；39 脚—CC 信号检测；41 脚—对应灯具 2 脚；44 脚—电子锁正极；其他脚—空。

图 3-2-12　低压控制端的端口针脚定义

3. 车载充电机的功能

纯电动汽车车载充电机采用高频开关电源技术，其功能如图 3-2-13 所示。

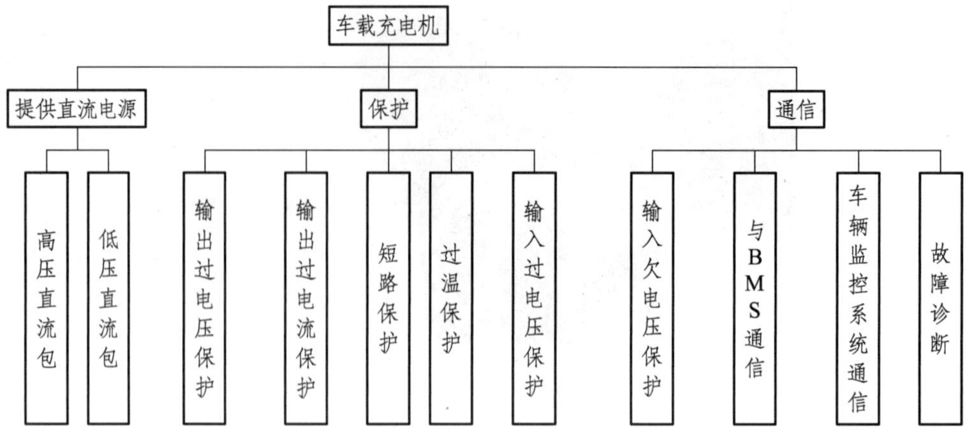

图 3-2-13　车载充电机的功能

4. 车载充电机的内部结构及工作原理

车载充电机内部可分为主电路、控制电路、线束及标准件 3 部分，每部分的功能见表 3-2-3。

表 3-2-3　充电机内部结构及作用

内部结构	功　能
主电路	将交流电转换为恒定电压的直流电；将直流电变换为合适的电压及电流供给动力电池
控制电路	控制 MOS 管的开关；与 BMS 之间通信；监测充电机状态；与充电桩握手等
线束及标准件	用于主电路及控制电路的连接，固定元器件及电路板

车载充电机的工作原理如图 3-2-14 所示，图示状态为电源插头与车辆上的充电插座插合后的状态。完成插头插座连接后，车辆处于不可行驶状态。整车控制器 VCU 检查检测点 3 的电压，以确认插头插座是否连接完好。闭合 S_1，电源上的 PWM 发生器发出调制脉冲信号，VCU 检测到检测点 2 收到 PWM 信号后，充电设备连接完成。车载充电机通过输出端的“充电请求信号”，向 VCU 发送充电请求信号，VCU 判断电池状态为可以充电状态，则向车载充电机发送充电报

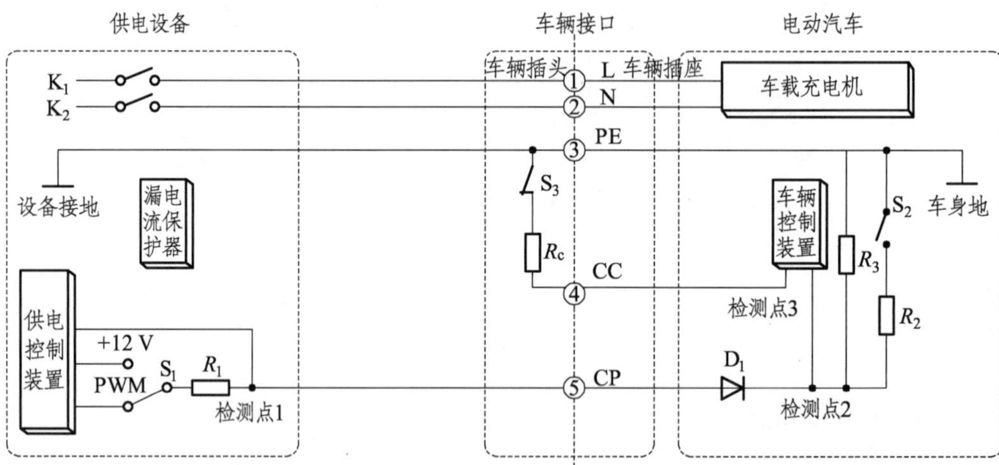

图 3-2-14　车载充电机的工作原理

文，车载充电机通过低压电源口向正常控制器供电。充电电流阈值设置完毕后，闭合慢充回路继电器，开始充电过程。在此过程中，VCU 随时检查检测点 3 的状态，确认连接状态是否完好；电源侧则检查检测点 1，确认连接完好。

特别提示

充电完成的条件是电池充满。在充电连接确认过程中，任何一个连接确认条件不满足，VCU 都会要求充电结束，并发送报文，要求车载充电机停止工作，并停止低压供电。

5. 充电指示灯工作状态

充电指示灯位于车辆充电接口上方，用于指示不同的充电状态。任意电源挡位，当 BCM 收到 BMS 的充电状态信息时，驱动充电指示灯工作，显示充电状态。充电指示灯状态显示定义见表 3-2-4。

表 3-2-4　充电指示灯状态

颜　色	状　态	说　明
白　色	常亮 2 min	充电照明
黄　色	常亮 2 min	充电加热
绿　色	闪烁 2 min	充电过程
蓝　色	常亮 2 min	预约充电
绿　色	常亮 2 min	充电完成
红　色	常亮 2 min	充电故障
蓝　色	闪烁 2 min	放电过程

上述显示信号中“正在充电”状态显示为即时显示，“充电完成、充电故障”显示为延时关闭——即收到相应的状态信号时显示相应的状态 15 min 后自动熄灭，期间若充电状态变化（如由“充电故障”变为“正在充电”状态）则立即切换为相应的状态。充电指示灯由 BMS 信号提供给 BCM，BCM 控制指示灯状态。充电指示灯控制流程如图 3-2-15 所示。

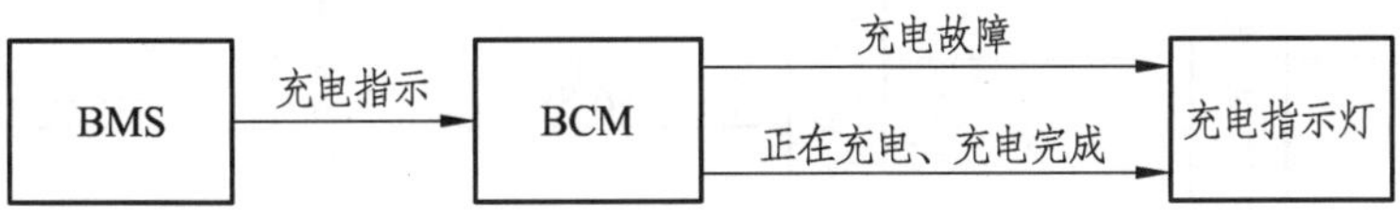

图 3-2-15　充电指示灯控制流程

特别提示

当充电正常时，Power 灯和 Run 灯亮；当启动 30 s 后仍只有 Power 灯亮时，有可能为电池无充电请求或已充满；当 Fault 灯亮时，则说明充电系统出现异常；当 3 个灯都不亮时，应检查快充桩、充电线束及插接件。

二、交流充电系统的工作原理

如图 3-2-16 所示，当纯电动汽车和交流充电桩建立电气连接后，车辆控制装置通过判断检测点 2 的 PWM 信号占空比确认供电设备的最大可供电能力，并且通过判断电阻值来确认电缆的额定容量。车辆控制装置对快充桩当前提供的最大供电电流值、车载充电机的额定输入电流值及电缆的额定容量进行比较，将其最小值设定为车载充电机当前最大允许输入电流，当设置完成后，车载充电机开始对纯电动汽车充电。

视频：帝豪新能源汽车交流充电原理

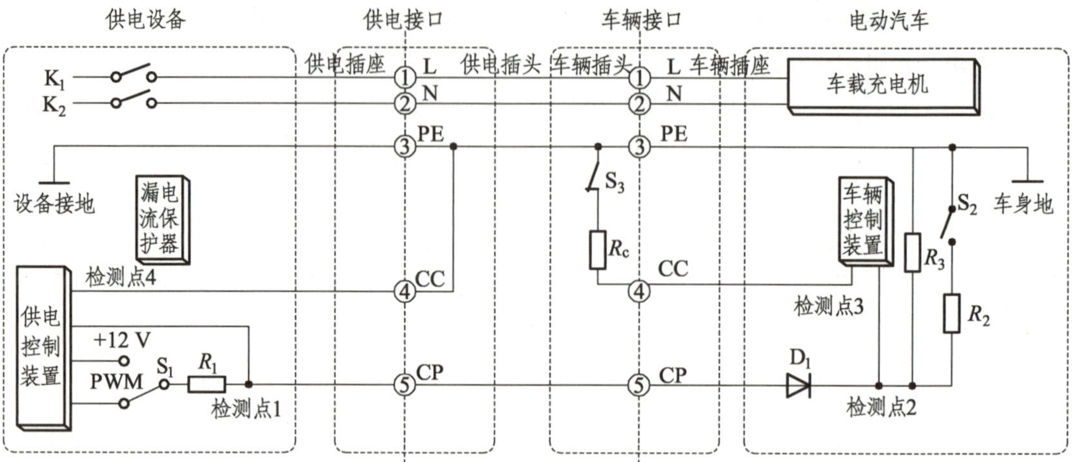

图 3-2-16　交流充电系统工作原理

三、交流充电系统的工作过程

交流充电系统的工作过程如图 3-2-17 所示。

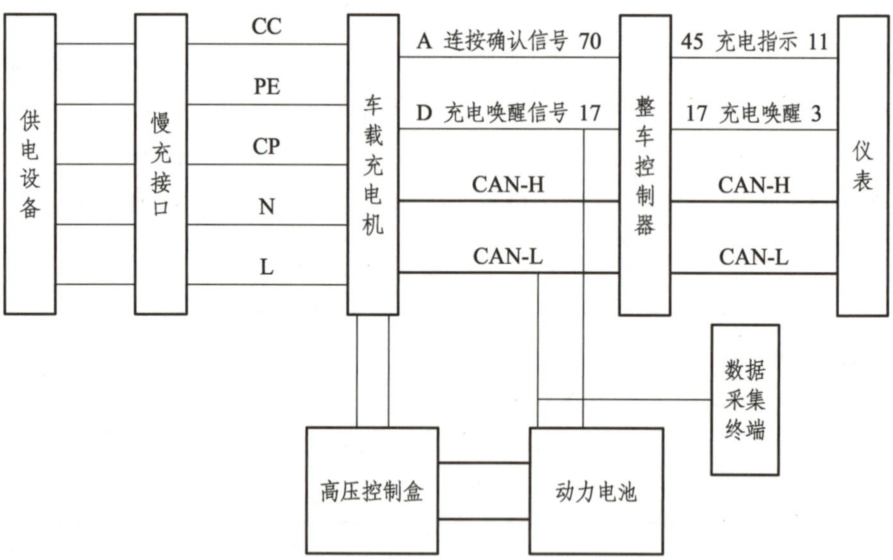

图 3-2-17　交流充电系统的工作过程

交流充电系统的工作过程具体分为以下几个阶段：

（1）交流供电。将充电枪连接到交流快充桩（或家用 16 A 供电插座），快充桩向电动汽车输入交流电。

（2）充电唤醒。充电枪通过 CC 连接确认信号后，车载充电机通过硬线向 VCU、BMS 发出充电唤醒信号、连接确认信号。整车控制器唤醒仪表显示连接状态。

（3）动力电池系统检测充电需求。动力电池系统首先检测动力电池有无充电需求，计算需要的充电电流。

（4）动力电池系统发送充电指令。检测完毕后，动力电池系统会将充电指令发送给车载充电机，由整车控制器发出指令，并由动力电池管理模块控制闭合动力电池正、负主继电器，开始充电。

（5）充电过程。车载充电机开始工作，将外部供电设备提供的 220 V 交流电转换为动力电池的高压直流电储存到动力电池组件。

（6）停止充电。当动力电池系统检测到充电完成后，发送指令给车载充电机，此时，车载充电机停止工作，动力电池组件断开继电器。

特别提示

充电模式不能切换到行驶模式。点火开关在 ON 挡且在充电中，此时关闭充电口，车辆不能供高压，需驾驶人将点火开关打到非 ON 挡，并再次到 ON 挡时，方可供高压；行驶模式可以切换到充电模式。整车在行驶模式时，如果检测有充电需求，整车控制器需先执行高压断电后，再进行正常的充电流程。

四、交流充电系统的充电条件

使用交流充电桩对动力电池进行能量补充时，交流充电系统对充电条件有如下要求：

（1）充电线连接确认信号正常。

（2）充电机供电电源 220 V 和 12 V 正常，充电机工作正常。

（3）充电唤醒信号 12 V 输出正常。

（4）充电机、VCU、BMS 之间通信正常。

（5）动力电池电芯温度为 0 ~ 45 °C。

（6）单体电池最高电压与最低电压差小于 0.3 V。

（7）单体电池最高温度与最低温度差小于 15 °C。

（8）绝缘性能大于 500 Ω/V。

（9）实际单体最高电压不大于额定单体电压 0.4 V。

（10）高低压电路连接正常（包括高压互锁电路）（远程控制开关在关闭状态）。

知识拓展 **纯电动汽车日常充电保养小技巧**

（1）掌握充电时间：一般的纯电动汽车充电时间为 10 h 左右。充电过久过短，对电池的损失都比较大。

（2）保护好充电器：尽量在通风的环境中充电，避免在充电过程中出现充电插头过热的情况。

（3）每天充电：即使平时行驶少，还是建议每天充电，这样使电池处于浅循环状态，延长电池的寿命。

（4）定期让电池深放电：定期对电池进行一次深放电，活化电池物质。

（5）停放过程中避免出现亏电现象：电池出现亏电情况时，容易有硫酸盐化，硫酸铅结晶物附着在极板上，使用过程中会堵塞电离子通道，出现充电不足、电池容量下降的情况。

（6）避免大电流放电：车辆在起步时，尽量避免出现猛加速的情况，大电流放电时，容易产生硫酸铅结晶，影响汽车电池的性能。

五、交流充电系统常见故障检修

视频：帝豪新能源汽车慢充故障检修

交流充电系统常见故障及检修措施见表 3-2-5。

表 3-2-5　交流充电系统常见故障及检修措施

常见故障	检修措施
慢充口故障	（1）测量 CC-CP 电压； （2）插入充电线，拔下车载充电机线束连接器，测量 CC-PE 电阻； （3）测量充电口线路
车载充电机供电、唤醒故障	（1）拔下车载充电机线束连接器，打开点火开关，测量车载充电机电压； （2）将车辆连接快充桩，测量车载充电机唤醒信号； （3）测量车载充电机通信线路
车载充电机高压故障	（1）拆下动力电池负极； （2）拆下高压控制盒； （3）测量车载充电机保险

六、交流无法充电故障检修

1. 交流慢充系统工作原理

查阅交流慢充系统电路图及线束连接器位置图（见图 3-2-18），了解其工作原理。

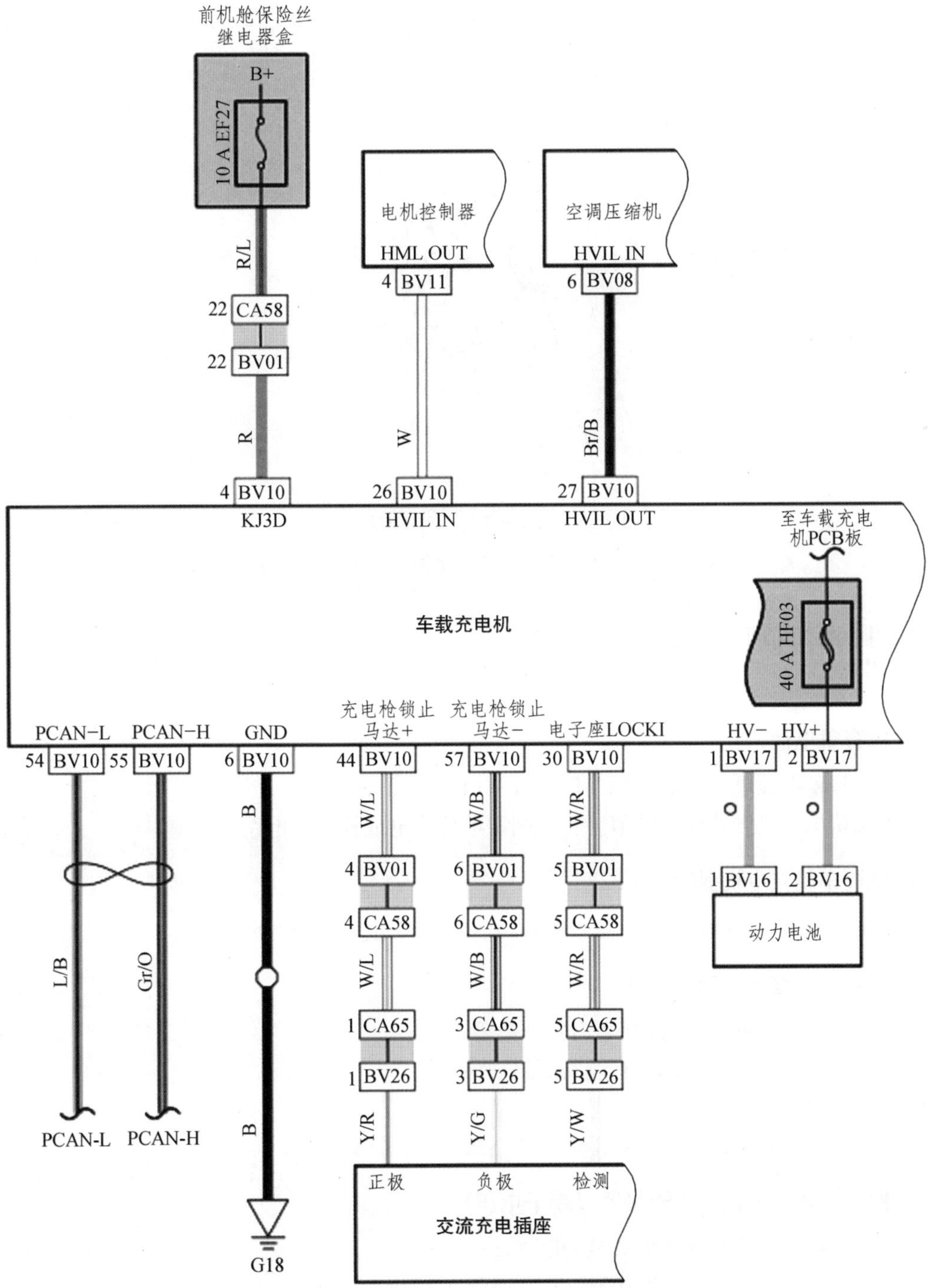
前机舱保险丝
继电器盒
B+
10 A EF27
电机控制器
HML OUT
空调压缩机
HVIL IN
R/L
22 CA58
22 BV01
4 BV11
6 BV08
R
W
Br/B
4 BV10
26 BV10
27 BV10
KJ3D
HVIL IN
HVIL OUT
至车载充电
机PCB板
车载充电机
40 A HF03
充电枪锁止
马达+
充电枪锁止
马达-
PCAN-L
PCAN-H
GND
电子座LOCKI
HV-
HV+
54 BV10
55 BV10
6 BV10
44 BV10
57 BV10
30 BV10
1 BV17
2 BV17
B
W/L
W/B
W/R
4 BV01
6 BV01
5 BV01
1 BV16
2 BV16
4 CA58
6 CA58
5 CA58
动力电池
L/B
Gr/O
1 CA65
3 CA65
5 CA65
1 BV26
3 BV26
5 BV26
PCAN-L
PCAN-H
Y/R
Y/G
Y/W
正极
负极
检测
交流充电插座
G18

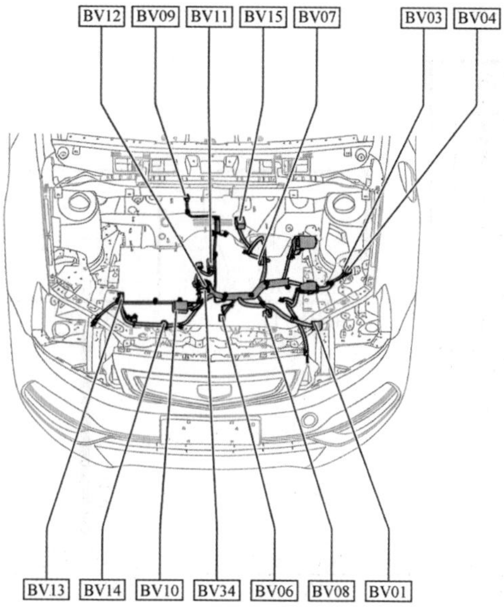

图 3-2-18　交流慢充系统电路图及线束连接器位置图

2. **用诊断仪访问车载充电机**

检查是否输出了 DTC。若是，则根据输出的 DTC 维修电路。

3. **检查蓄电池**

（1）测量蓄电池电压。电压标准值：11 ~ 14 V。

（2）确认电压是否符合标准值。否，则蓄电池充电或检查充电系统。

4. **检查车载充电机保险丝 EF27**

检查车载充电机保险丝 EF27 是否有短路故障，若是，则进行下一步。

5. **检修保险丝 EF27 线路**

（1）检查保险丝 EF27 线路是否有短路故障。

（2）进行线路修理，确认没有线路短路现象。

（3）更换额定电流的保险丝。保险丝的额定值为 EF27 10A。

（4）确认车载充电机是否正常工作。是，则系统正常。

6. **检查车载充电机线束连接器（端子电压）**

（1）操作启动开关使电源模式至 OFF 状态。

（2）断开车载充电机线束连接器 BV10 如图 3-2-19（a）所示。

（3）操作启动开关使电源模式至 ON 状态。

（4）测量车载充电机线束连接器 BV10 端子 4 与车身接地的电压。电压标准值：11 ~ 14 V。

（5）确认电压是否符合标准值。否，则修理或更换线束。

7. **检查车载充电机线束连接器（接地端子导通性）**

（1）操作启动开关使电源模式至 OFF 挡。

（2）测量车载充电机线束连接器 BV10 端子与车身接地之间的电阻值，如图 3-2-19（b）所示。电阻标准值：小于 1 Ω。

（3）确认电阻是否符合标准值。否，则修理或更换线束。

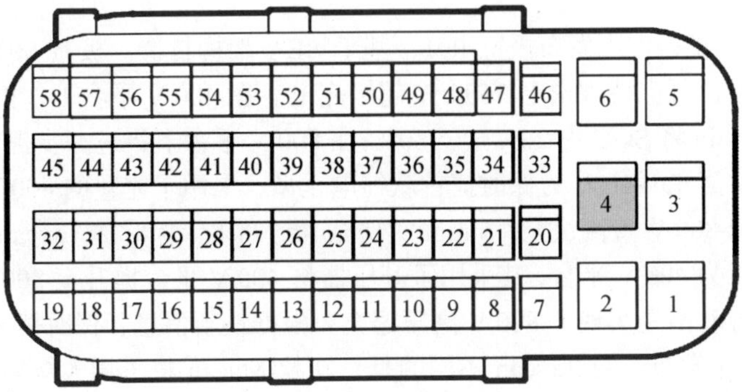

（a）

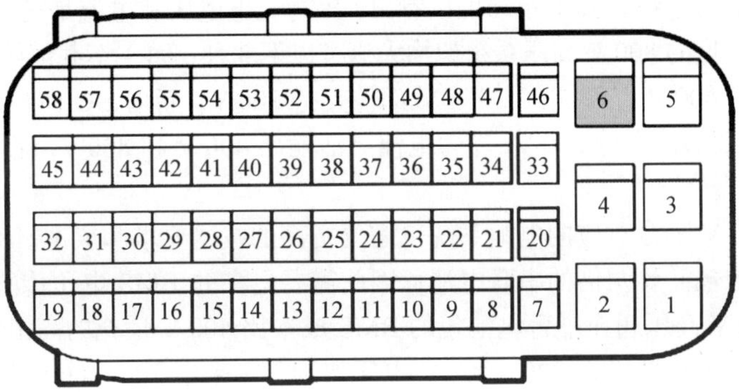

（b）

图 3-2-19　BV10 车载充电机

8. **更换车载充电机**

（1）更换车载充电机。

（2）操作启动开关使电源模式至 ON 状态，确认功能是否正常。若是，则系统正常。

案例分享

800 V 高压超充普及未来可期

伴随着纯电动汽车庞大的充电需求，车主在用车过程中的充电效率问题日益凸显。800 V 高压超级充电是目前行业正在加速研发的技术，从 2021 年起，陆续有多家企业开始打造量产 800 V 高压超充平台，该超充平台采用 800 V 超充电压，最高峰值电流可达 600 A，可以实现充电 5 min 续航达 200 km。

（1）特斯拉作为电动汽车行业先驱，自 2012 年起就开始着手超充布局。自第三代充电桩开始，特斯拉开始采用液冷技术，运用全新的架构使得充电峰值达到 250 kW，在峰值情况下充电 15 min 可以达到 250 km 续航，充电 40 min 可从 10%充至 90%。当前，特斯拉已经开始研发第四代超充，功率将达到 350 kW，峰值电流 900 A。

（2）2021 年，吉利发布极氪 001，基于 SEA 架构打造。极氪 001 搭载 800 V 高压充电平台，可支持理论上 360 kW 超级充电。在 400 V 平台下，极氪 001 最快能够实现 28 min 将 SOC 由 20%充至 80%;在 800 V 平台下将进一步提升充电速度。

（3）保时捷 Taycan 作为保时捷首款纯电车型，采用了完整的 800 V 电池架构，满足 400 V 和 800 V 直流快充，5 min 实现充电到 80%。保时捷 Taycan 设计之初市面上普遍电压为 400 V 平台，其采用了升压器将 400 V 平台提升至 800 V，在 800 V 平台尚不完善时率先实现了 800 V 高压超充。根据最新消息，保时捷 800 V Macan 车型于 2023 年发布。与 Taycan 不同的是，新款 Macan 将采用大众集团 PPE 纯电平台，充电功率将达到 270 kW。

从各企业对于快充技术布局可以看出，提高充电电压和电流是提升快充能力的核心，目前常见的 800 V 高压系统架构大概有以下 3 种：（1）车载部件支持 800 V，电驱升压兼容 400 V 直流桩；（2）车载部件支持 800 V，新增 DC-DC 兼容 400 V 直流桩；（3）车载部件支持 800 V，动力电池灵活输出 400 V 和 800 V，同时兼容 400 V 直流桩。

不过 800 V 平台对应的电池系统也需要更高的技术要求和成本。800 V 高压超充对应的电池包需要两倍的串联电池，因此需要更多的 BMS 电压传感器。相关资料显示，800 V 高压超充平台电池包的 BMS 成本比 400 V 快充的高出约 30%。

现如今主流车型仍为 200 ~ 400 V 电压架构，未来十年内 800 V 肯定会成为下一个主流电压架构。800 V 高压超充让充电功率要求更高，提高电流也是必然，因此整车散热也是 800 V 高压超充平台需要面临的技术难题。而 SiC 的应用技术发展成熟，能够保证在 800 V 电压架构下充电使电流保持稳定，保证使用安全。

小贴士

“工匠精神”的基本内涵包括敬业、精益、专注、创新等方面的内容。工匠精神是社会文明进步的重要尺度，是中国制造前行的精神源泉，是企业竞争发展的品牌资本，是员工个人成长的道德指引。“工匠精神”涵盖追求卓越的创造精神、精益求精的品质精神、用户至上的服务精神。学生要在思政和专业教育协同中不断培养敬业和精益求精的精神，才能播种发芽，最后成就自己。

任务实施

一、排除慢充口故障

注意：在涉及拔插高压插头时必须做好高压安全防护。

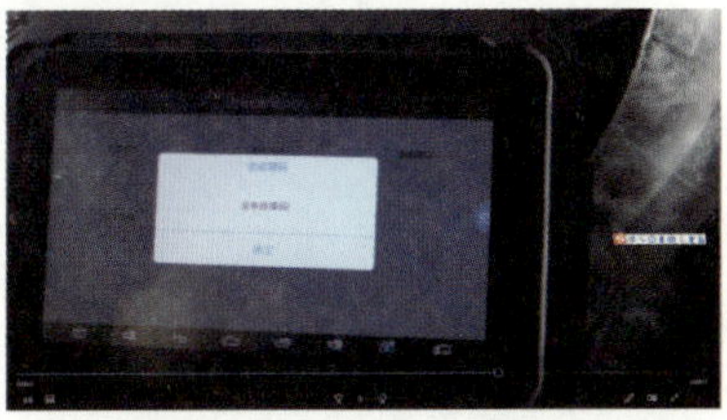 图 3-2-20　读取故障码	Step01　连接故障诊断仪，读取故障码，确认是否有其他故障码。 故障码：__________ 完成情况：□有，优先排除其他系统故障码所示故障 □没有，则进行下一步
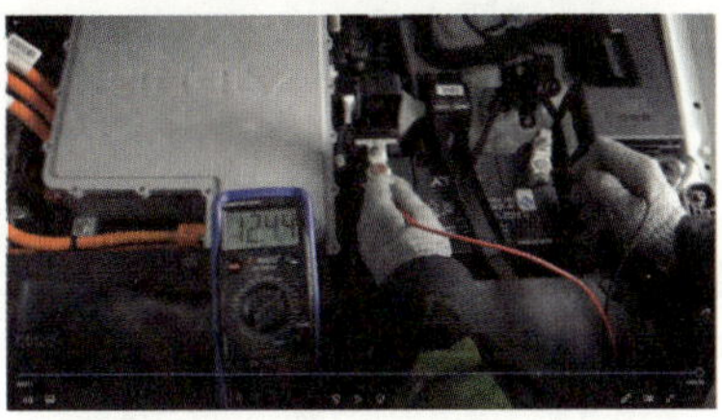 图 3-2-21　检查蓄电池电压	Step02　检查蓄电池电压。 标准电压：11 ~ 14 V； 检查结果：__________V。 测量情况：□正常 □异常，蓄电池充电或检查充电系统
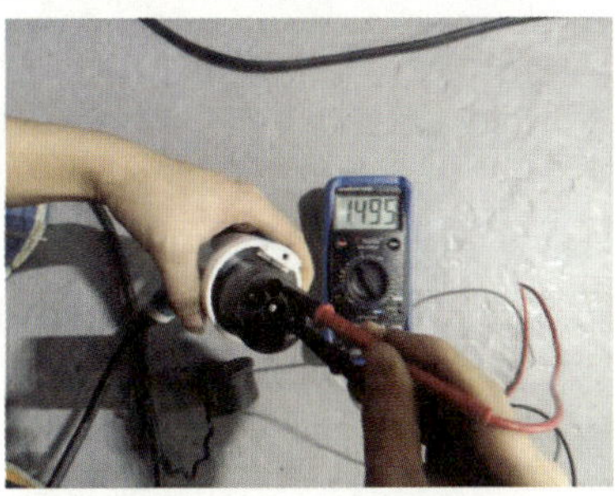 图 3-2-22　检查充电枪	Step03　检查充电枪，测量 CC—PE 之间的电阻值。 测量结果：CC—PE：__________Ω； 正常值：16 A 充电线为 680 Ω，32 A 充电线为 220 Ω，10 A 为随车充电枪，1.4 ~ 1.6 kΩ。 测量情况：□正常 □异常，更换充电枪
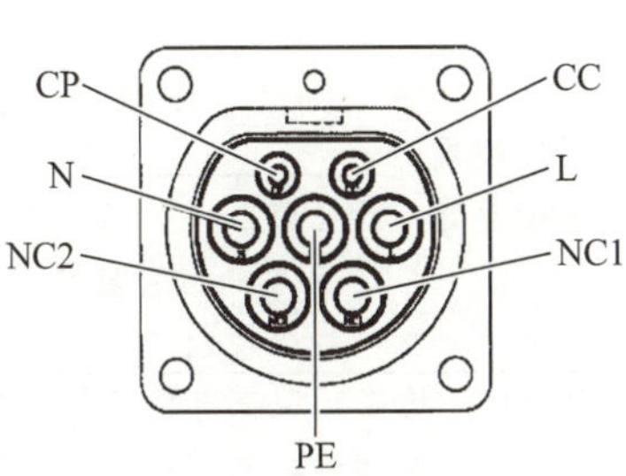 （a）充电口端口	Step04　测量充电口线路，拔下充电机 BV10 插头和 BV27 插头。 测量结果：CC—BV10—39#：______Ω；CP—BV10—50#：________Ω；L—BV27—1#：______Ω；N—BV27—3#：________Ω；PE—BV27—2#：________Ω。 正常值：小于 1 Ω。 测量情况：□正常 □异常，检查或更换线束

续表

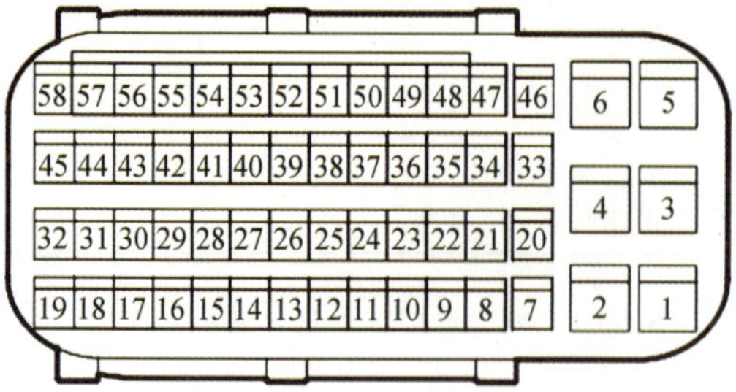

（b）BV10 充电机控制器线束连接器

（c）BV27 接车载充电机线束连接器

图 3-2-23　测量充电口线路

二、排除充电机供电、搭铁、通信故障

图 3-2-24　检查车载充电机保险丝 EF27 是否熔断

Step01　检查车载充电机保险丝 EF27 是否熔断。

检查情况：□正常

□异常，更换额定容量 EF27 10 A 保险丝

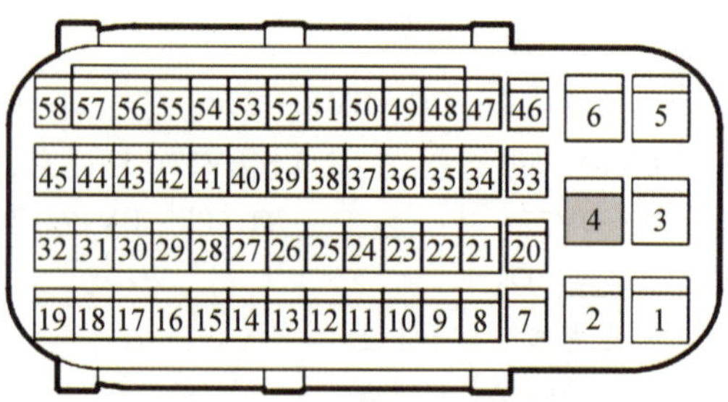

图 3-2-25　检查 BV10 车载充电机

Step02　测量充电机电源电压。

方法：拔下充电机 BV10 插头，测量 4 号对车身接地之间的电压，正常应为 11～14 V。

测量结果：__________V。

测量情况：□正常

□异常，检查电源保险 EF20 是否烧毁

Step03　检查车载充电机搭铁情况，测量 6 号脚与车身接地之间的电阻，正常应小于 1 Ω。

测量情况：□正常

□异常，更换或检查线路连接情况

续表

	Step04　拔下车载充电机线束插头BV10测量通信线路。 测量结果：54～55脚：________Ω。 正常值：54～55脚之间电阻为55～67.5 Ω。 测量情况：□正常 □异常，优先排除B-CAN网络不完整故障

三、排除充电机高压故障

在高压检修前必须严格按照高压安全操作进行，以确保安全。

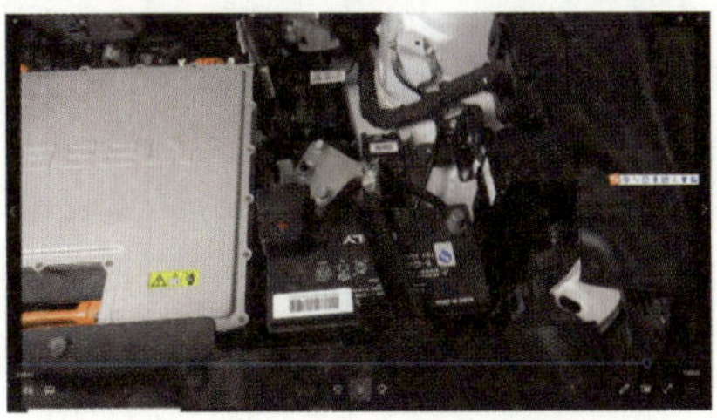 图 3-2-26　拆下蓄电池负极	Step01　拆下蓄电池负极和维修开关。 完成情况：□完成 □未完成，原因：______________ 注：等待5 min才能进行下一步。
 图 3-2-27　拆开高压分线盒上盖	Step02　拆开高压分线盒上盖。 完成情况：□完成 □未完成，原因：______________ 注：拆卸需戴上绝缘手套，使用绝缘工具。
 图 3-2-28　检查车载充电机保险	Step03　检查车载充电机保险是否熔断。 正常值：保险电阻小于1 Ω； 测量结果：车载充电机保险：________Ω。 测量情况：□正常 □异常，更换高压保险

总结评价

学习任务总结评价表

班级＿＿＿＿＿＿＿小组＿＿＿＿＿＿＿学号＿＿＿＿＿＿＿ 姓名＿＿＿＿＿＿＿

<table>
<tr><td colspan="2" rowspan="2">主要测评项目</td><td colspan="4">学生自评</td></tr>
<tr><td>A</td><td>B</td><td>C</td><td>D</td></tr>
<tr><td>关键能力总结</td><td>1. 遵守纪律，遵守学习场所管理规定，服从安排；
2. 具有安全意识、责任意识、6S 管理意识，注重节约、节能与环保；
3. 学习态度积极主动，能按时参加安排的实习活动；
4. 具有团队合作意识，注重沟通，能自主学习及相互协作；
5. 仪容仪表符合学习活动要求。</td><td></td><td></td><td></td><td></td></tr>
<tr><td>专业知识与能力总结</td><td>1. 能够叙述慢充系统的组成、作用及工作原理；
2. 能够叙述慢充系统的充电条件；
3. 能够正确诊断及排除慢充系统的故障。</td><td></td><td></td><td></td><td></td></tr>
<tr><td>个人自评总结与建议</td><td colspan="5"></td></tr>
<tr><td>小组评价</td><td colspan="5"></td></tr>
<tr><td rowspan="2">教师评价</td><td rowspan="2" colspan="3"></td><td colspan="2">总评成绩</td></tr>
<tr><td colspan="2"></td></tr>
</table>

教师签字： 日期：

学习任务三 新能源电动汽车高压系统漏电故障检修

任务导入

车主黄先生的帝豪 EV450 纯电动汽车出现高压无法上电故障，车辆无法行驶，经服务站技师诊断，确认为高压系统漏电故障，需要进一步检查确认。

工作任务

完成对吉利 EV450 纯电动汽车高压系统漏电故障检修，并记录注意事项。

任务分组

将学生按 4 ~ 6 人为一组进行分组，明确每组的工作任务，并填写表 3-3-1。

表 3-3-1 学生分组表

组　别	小组成员	任务分工
1		
2		
3		
4		
5		
6		

工作准备

1. 根据工作任务，进行任务分组。
2. 收集任务实施过程中所涉及的《电动汽车维护与保养》相关的国家标准。
3. 收集吉利 EV450 纯电动汽车高压系统漏电故障检修的方法和流程。
4. 根据工作任务，分析实施过程中的难点或可能出现的质量问题。

收集信息

1. 纯电动汽车有一套充电系统和高压供电系统。高压供电系统是由动力电池向电机控制器、________________、电动压缩机、________________等高压部件提供能量。如下图所示，请补全部件。

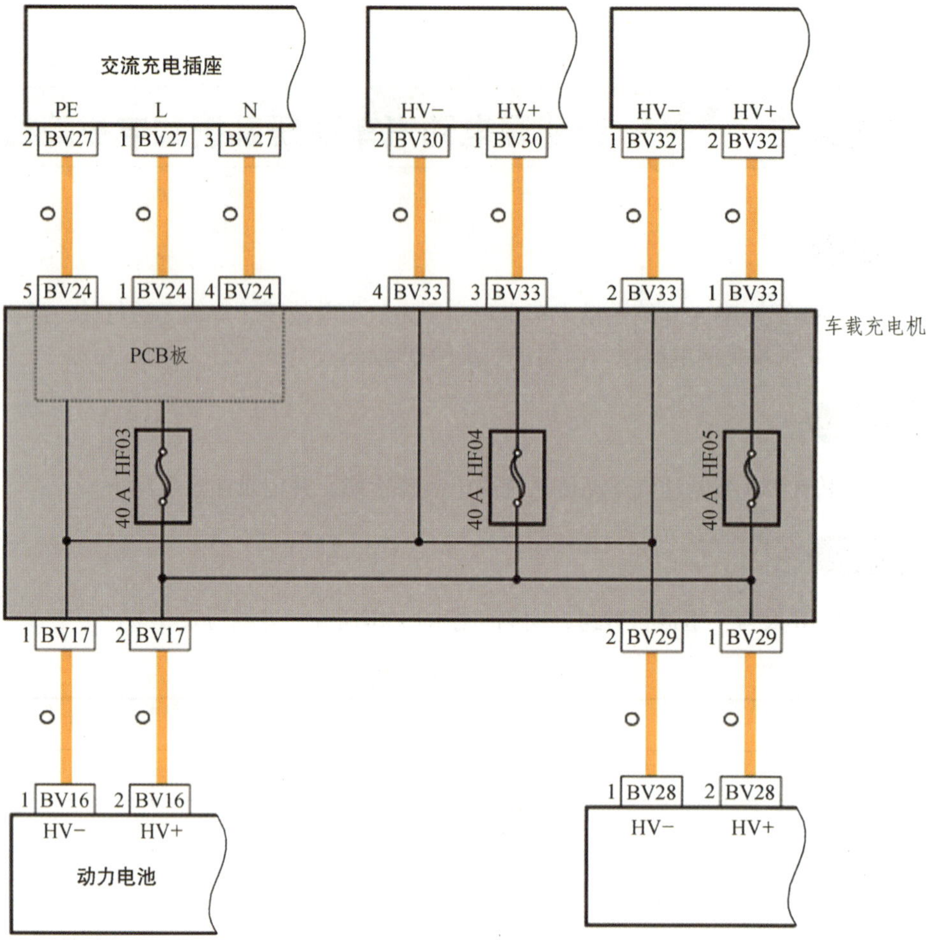

2. 高压配电系统主要包括____________、____________、____________、____________、____________等部件。

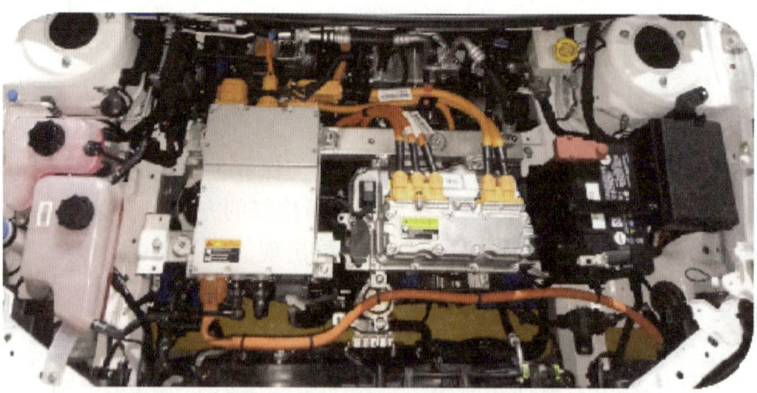

高压配电系统

3. 车载充电机内部集成有高压分线盒，分线盒的作用是：高压电的分配、____________和________________。它的作用类似于低压控制系统中的保险丝盒。

4. 分线盒内装有 40 A 熔断器，当电流超过________A 时，熔断器会在 15 s 内熔断，当回路超过______A 时，会在 1 s 内熔断，保护相关回路。

制订方案

分组查阅维修手册，学习高压配电相关知识，制订高压系统漏电故障的任务实施方案。

1. 任务分工

____

____。

2. 任务实施步骤

____

____。

3. 异常情况处理措施

____

____。

知识学习

一、高压系统的组成

（一）高压配电系统

吉利帝豪 EV450 高压配电系统如图 3-3-1 所示。它由动力电池模块、车载充电机分线盒、电机控制器、驱动电机、PTC 加热器、电动压缩机、直流充电接口及交流充电接口组成。

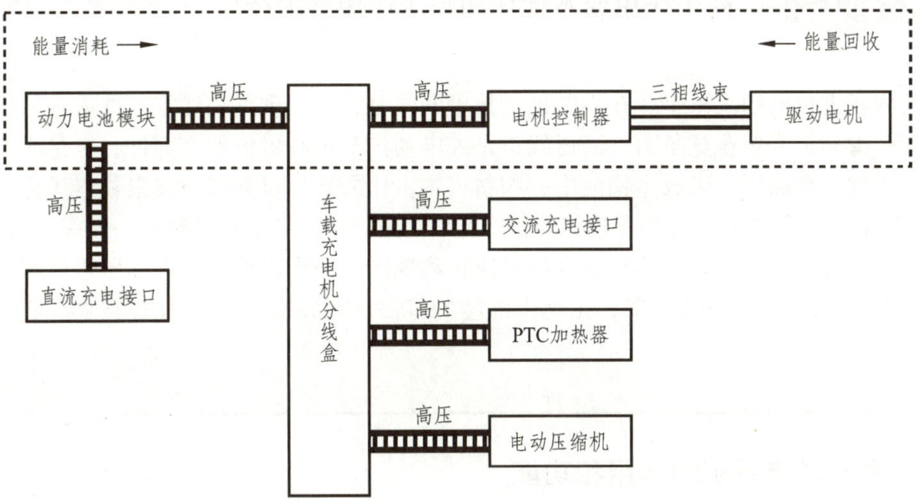

图 3-3-1　吉利帝豪 EV450 高压配电系统

（二）整车高压线束

纯电动汽车的高压线束是以高压分配为基础布局各线束的连接关系，因此连接的中心是高压控制器（高压分线盒）。高压线束主要由高压连接器、高压线缆、包覆物（胶带、热缩管、波纹管、耐磨自卷管等）及护板等组成。帝豪 EV450 高压充电系统及部件位置如图 3-3-2 所示，其高压配电系统主要包括车载充电器、交流充电接口、直流充电接口、直流母线、电机三相线等部件。

1—车载充电器；2—驱动电机控制器；3—交流充电接口；4—直流充电接口；5—高压线束。

图 3-3-2 帝豪 EV450 高压线束及高压部件图

特别提示

所有高压线缆均为橙色，车辆上电时不要触碰这些线缆和部件，高压线缆接插件拔出后，立即用绝缘胶带包裹。

知识拓展　高压线束成本优化和高压连接器国产化

国内各大纯电动汽车企业在不断创新技术的同时，也在重点关注零部件成本的优化，提高产品力和提升企业竞争力。高压线束是纯电动汽车中高价值的零部件，也是成本优化的主要零件。在高压线束成本构成中，物料成本占比最高，目前高压线束物料优化方向主要为充电插座一体式设计、高压连接器国产化、高压线缆线径优化及物料一对多可选优化。

其中，近年来高压连接器行业发展迅速，涌现出了一批优秀的国内高压连接器品牌供应商，如 Luxshare、Ebusbar 等，正逐步替代 TE 等外资品牌，这对高压连接器降成本意义重大。

二、高压供电系统的作用和功能

如图 3-3-3 所示，纯电动汽车有一套高压供电系统，其动力电池为电机控制器、驱动电机、电动压缩机、PTC 加热器等高压部件提供能量。此外动力电池还有一套直流快充充电系统和一套交流慢充充电系统。这些所有的高压部件都由高压配电系统连接输送电能。

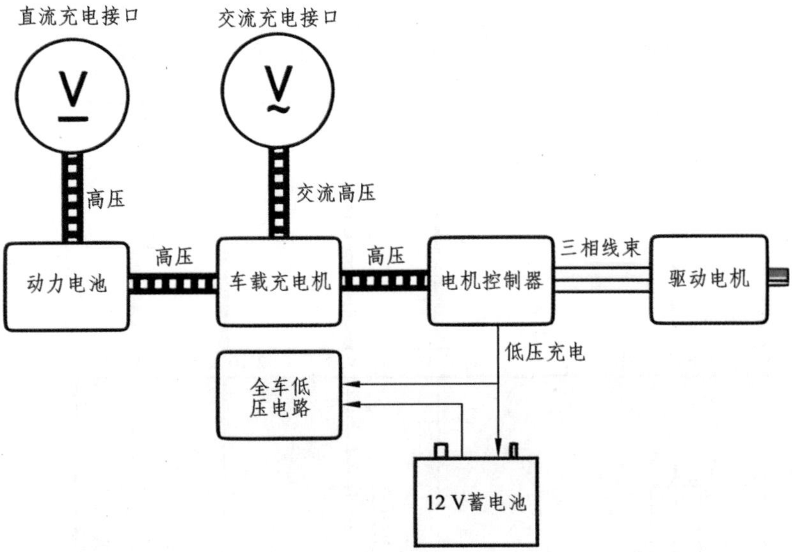

图 3-3-3　高压供电系统的示意图

三、高压系统的工作原理

（一）车载充电器分线盒

车载充电器分线盒的作用类似于低压供电系统中的保险丝盒，高压接线盒功能有高压电能的分配和高压回路的过载及短路保护，车载充电器分线盒将动力电池总成输送的电能分配给电机控制器、空调压缩机和 PTC 加热器。此外，交流慢充时，充电电流也会经过分线盒流入动力电池为其充电。车载充电器分线盒内对电动压缩机回路、PTC 加热器回路、交流慢充回路各设有一个 40 A 的熔断器。当上述回路电流超过 90 A 时，熔断器会在 15 s 内熔断；当回路电流超过 150 A 时，熔断器会在 1 s 内熔断，保护相关回路。车载充电器分线盒电器原理如图 3-3-4 所示。

（二）直流充电接口

直流充电接口能接收直流充电桩的电能，并通过高压线束将电能输送给动力电池总成，为其充电。

（三）交流充电接口（如配备）、直流母线

交流充电接口能接收交流充电桩的电能，并通过高压线束将电能输送给车载充电机，车载充电机将交流电转化成直流电经过直流母线将直流电传递到动力电池，为其充电。能量传递路线如图 3-3-5 所示。

（四）电机三相线

车辆行驶时，电流从动力电池依次经过直流母线、分线盒、电机控制器高压线、电机控制器、电机三相线到达驱动电机，产生驱动力。能量传递路线如图 3-3-6 所示，能量回收时传递路线相反。

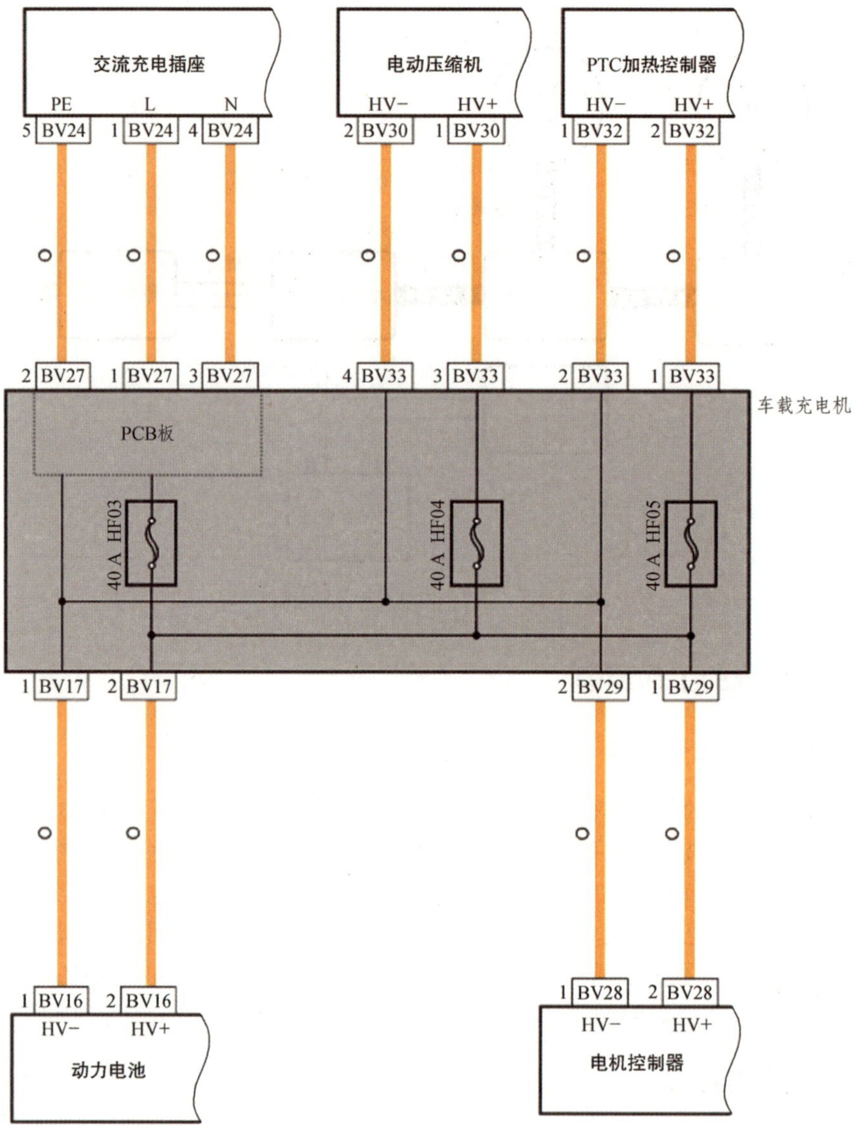

图 3-3-4　车载充电器分线盒电器原理

图 3-3-5　充电能量传递路线原理

图 3-3-6　电机驱动能量传递路线原理

四、钳形电流表和绝缘电阻检测仪的使用及注意事项

（一）钳形电流表

钳形电流表是一种测量正在运行的电气线路中电流大小的便携式电流表。它由电流互感器和电流表组成。

它根据测量机构不同可分为整流式的磁电系仪表（用于交流电路）和电磁系仪表（用于交流电路和直流电路）两种。根据显示方式不同可分为指针式和数显式如图 3-3-7 所示。钳形电流表是维修电工常用的测量仪表之一，其安全操作规程如下：

（1）应两人进行高压回路操作，禁止用导线从钳形电流表另接表计测量。使用时注意电压等级，穿好绝缘鞋、戴好绝缘手套，站在绝缘垫上，不得触及其他设备，以防短路或接地。

（2）观看测量数据，要特别注意保持头部与带电部位的安全距离。在测量高压电缆时，电缆两线距离应大于 300 mm，且绝缘良好，测量方便，才能进行操作。

（3）使用钳形电流表时，要根据使用场所、电流的性质及大小选择相应的型号或挡位。

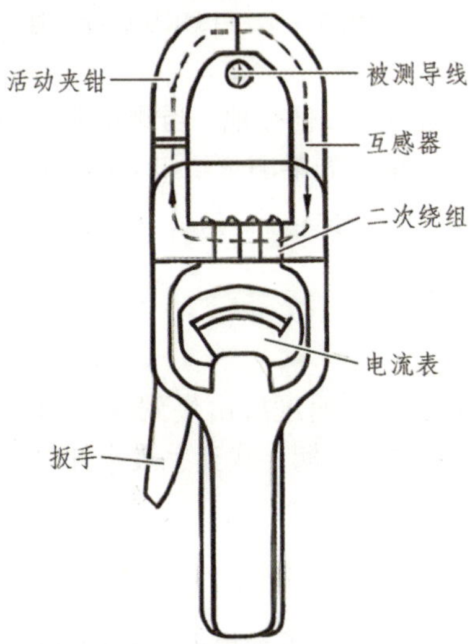

（a）指针式

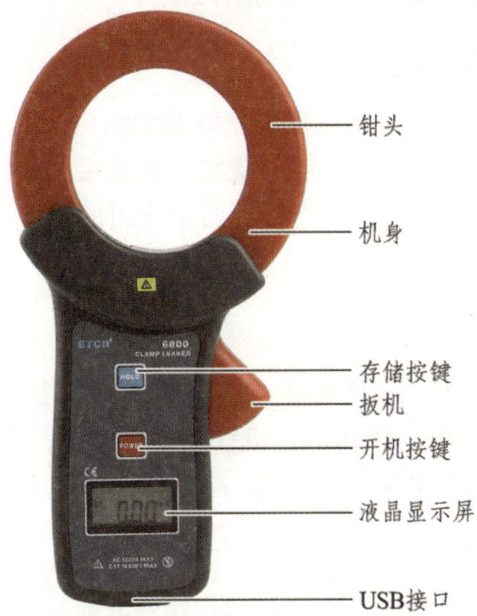

（b）数显式

图 3-3-7　钳形电流表的结构与实物

（4）选择量程，要先估计被测电流的大小，如果无法估计应把量程调到最大，然后再逐步缩小量程，进行精确测量。

（5）不能在使用钳形电流表测量时换挡，因为电流互感器在测量时副边是不允许断路的，否则容易造成仪表损坏，产生的高压甚至危及操作者的人身安全。

（6）单相线路中两根线不能同时进入钳口，也就是测量时，只有一根线穿入钳口，如图 3-3-8 所示。

（7）要养成每次使用完毕后，把量程拨至最大挡，以防下次使用没看量程就测量。

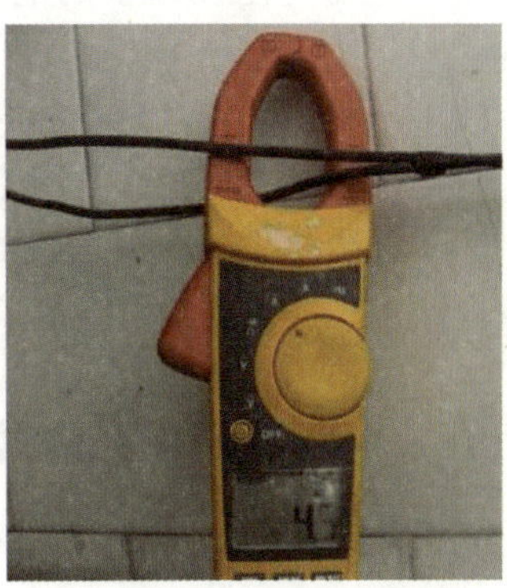

图 3-3-8　单线穿入钳口

（8）钳形电流表在测量时要在规定的频率范围内使用，它在测量除正弦波电流之外，对所有波形电流的测量都会产生误差。

（9）绕线型异步电机的转子电流不能用交流钳形电流表测量，因为电机工作时，转子的频率低，常产生误差，导致我们误判。

（二）绝缘电阻检测仪

如图 3-3-9 所示，绝缘电阻测试仪主要用一个电压激励被测装置或网络，然后测量激励所产生的电流，利用欧姆定律测量出电阻，即绝缘电阻测试仪是用来将其他仪器的绝缘性以电阻的形式测量出来的仪器。因为大部分生活中的绝缘体并非完美绝缘，因此，仪器可以通过将高压直流电应用到绝缘体上的方法，测量电流并计算电阻。

图 3-3-9　FLUKE 绝缘电阻检测仪

绝缘电阻测试仪的测量方法如下：

1. 接　线

当绝缘电阻测试仪测量线路绝缘电阻时，L 柱与导线连接，E 柱接地；当测量电机绕组的绝缘电阻时，L 柱与电机的绕组引线连接，E 柱与电机外壳连接；如果测量绕组之间的绝缘电阻，则 L 和 E 两列分别连接到两个绕组的导线上；测量电缆对地绝缘电阻时，L 柱接电缆芯线、E 柱接电缆表面、G 柱接电缆绝缘层。

2. 测　量

测量时，应使绝缘电阻测试仪放平稳，摇动发电机手柄的速度应由慢到快，当转速达到 120 r/min 时，经 1 min 指针基本稳定后，再行读数；如果摇动手柄，找到手表指针时，不能再摇动，以免烧掉仪器线圈。

3. 注意事项

要等绝缘电阻测试仪停止转动并将被测物充分放电后，方可用手触摸设备和拆除仪表接线，以免触电。

绝缘电阻测试仪操作注意事项如下：

（1）绝缘电阻测试仪的电压电平应与被测物体的电压电平相适应，以免击穿被测设备的绝缘。

（2）严禁测试带电设备的绝缘电阻。

（3）严禁在有人工作的线路上晃动绝缘电阻，雷电时严禁进行摇测工作。

（4）在带电设备附近，摇测绝缘电阻时，人员和仪表选择的位置应合适，并与带电设备保持安全距离，防止绝缘电阻测试仪的测量引线接触带电部分。

五、高压系统常见故障检修

高压系统常见故障及检修措施见表 3-3-2。

表 3-3-2　高压系统常见故障及检修措施

<table>
<tr><th>常见故障</th><th>检修措施</th></tr>
<tr><td>电机控制器回路故障</td><td rowspan="2">1. 回路断路故障；
2. 回路绝缘故障；
3. 回路相互断路故障；
4. 分线盒故障</td></tr>
<tr><td>动力电池回路故障</td></tr>
<tr><td>车载充电机回路故障</td><td rowspan="4">1. 回路断路故障；
2. 回路绝缘故障；
3. 回路相互断路故障；
4. 分线盒熔断器故障；
5. 分线盒故障</td></tr>
<tr><td>压缩机回路故障</td></tr>
<tr><td>PTC 加热器回路故障</td></tr>
<tr><td>电机内部故障</td></tr>
</table>

六、检修高压系统漏电故障

1. 高压系统的工作原理

（1）查阅高压系统电路图及线束连接器位置图，了解其工作原理，如图 3-3-10 所示。

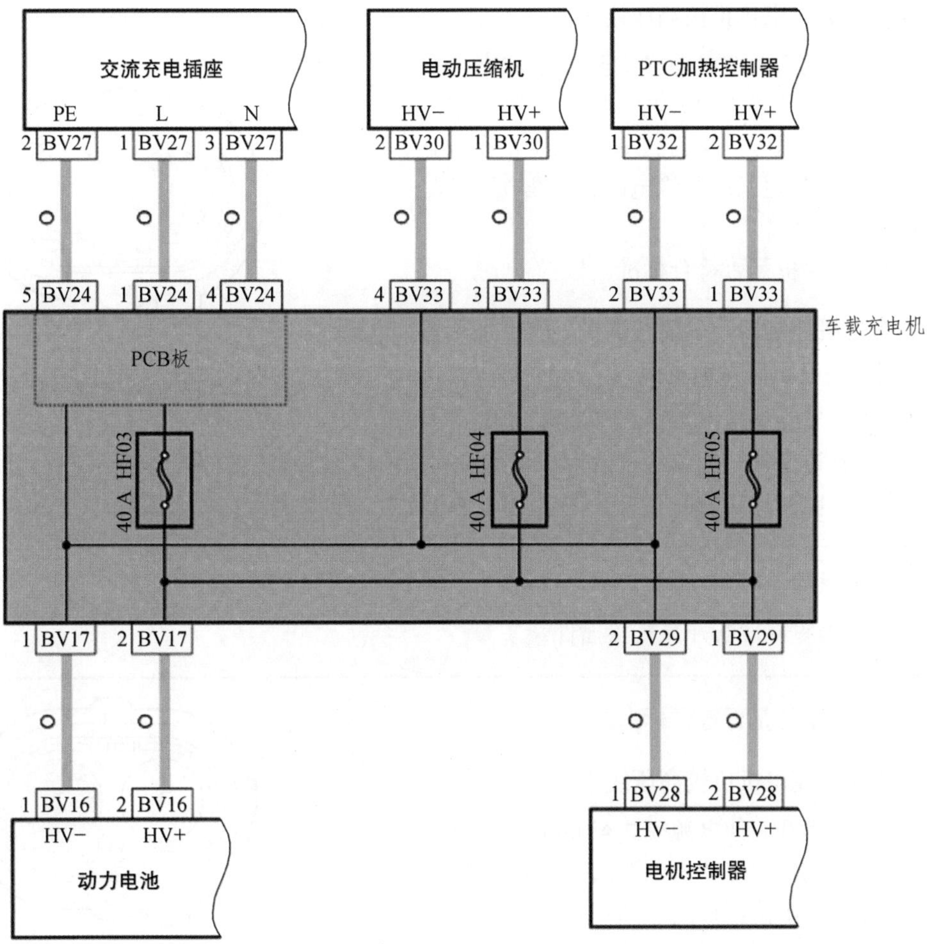

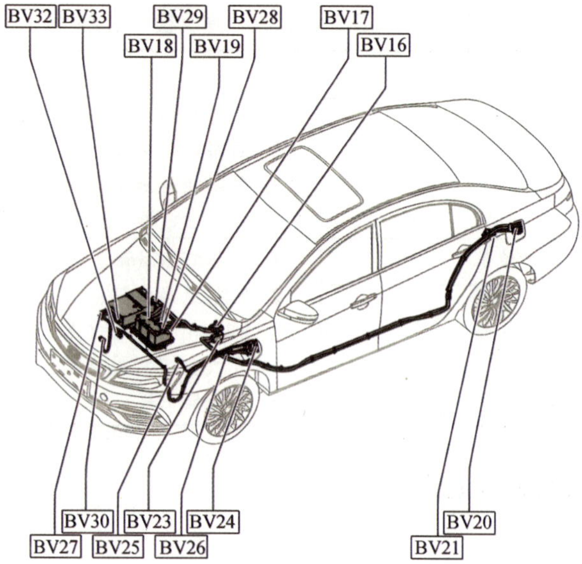

图 3-3-10　高压系统电路图及线束连接器位置图

2. 检查车载充电机正极高压线束

（1）操作启动开关使电源模式至 OFF 状态。

（2）断开直流母线（动力电池侧）线束连接器 BV16。

（3）用绝缘电阻测试仪测试 BV16 的 1 号端子（见图 3-3-11）与车身接地之间的绝缘电阻；标准电阻：大于或等于 20 MΩ。

（4）确认测量值是否符合标准。

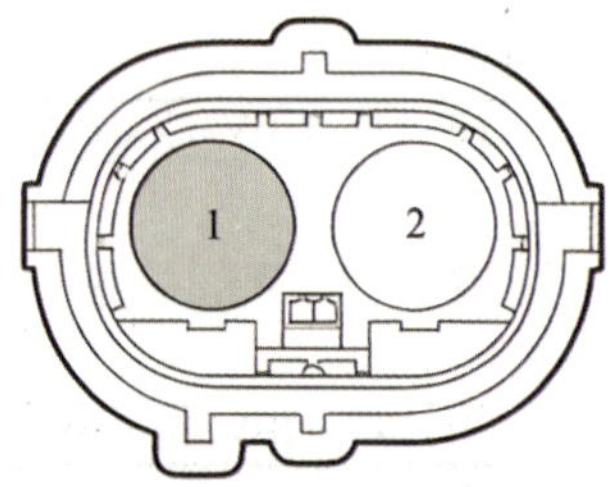

图 3-3-11　BV16 接动力电池绒束连接器端子图

3. 检查电机控制器、车载充电机、PTC 加热器、电动压缩机、充电接口正极对地电阻

（1）操作启动开关使电源模式至 OFF 状态。

（2）按照上述方法，用绝缘电阻测试仪依次检查电机控制器、车载充电机、PTC 加热器、电动压缩机、充电接口正极与车身接地之间的绝缘电阻。标准电阻：大于或等于 20 MΩ。

> **特别提示**
>
> 测试时其他零部件断开高压接插件。

（3）确认测量值是否符合标准。

4. 检查车载充电机负极高压线束

（1）操作启动开关使电源模式至 OFF 状态。

（2）断开直流母线（动力电池侧）线束连接器 BV16。

（3）用绝缘电阻测试仪测试 BV16 的 2 号端子（见图 3-3-12）与车身接地之间的绝缘电阻；标准电阻：大于或等

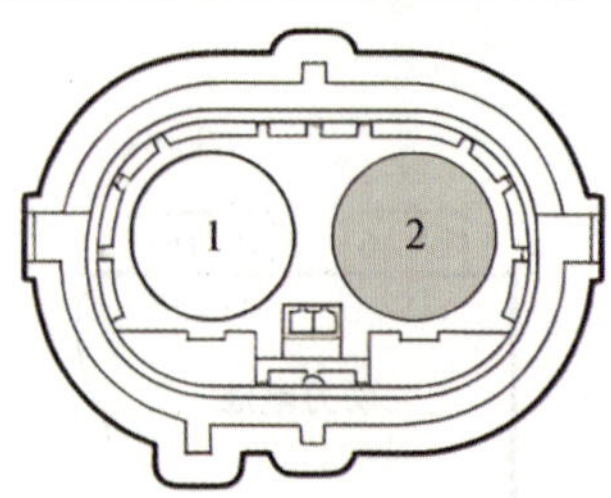

图 3-3-12　BV16 接动力电池绒束连接器端子图

于 20 MΩ。

（4）确认测量值是否符合标准。

5. 检查电机控制器、车载充电机、PTC 加热器、电动压缩机、充电接口负极对地电阻

（1）操作启动开关使电源模式至 OFF 状态。

（2）按照上述方法，用绝缘电阻测试仪依次检查电机控制器、车载充电机、PTC 加热器、电动压缩机、充电接口负极与车身接地之间的绝缘电阻。标准电阻：大于或等于 20 MΩ。

> **特别提示**
>
> 测试时其他零部件断开高压接插件。

（3）确认测量值是否符合标准。

6. 检查动力电池负极高压线束

（1）操作启动开关使电源模式至 OFF 状态。

（2）断开直流母线（车载充电机侧）线束连接器 BV17。

（3）用绝缘电阻测试仪测试 BV17 的 2 号端子（见图 3-3-13）与车身接地之间的绝缘电阻；标准电阻：大于或等于 20 MΩ。

（4）确认测量值是否符合标准。

7. 检查动力电池负极高压线束

（1）操作启动开关使电源模式至 OFF 状态。

（2）断开直流母线（车载充电机侧）线束连接器 BV17。

（3）用绝缘电阻测试仪测试 BV17 的 1 号端子（见图 3-3-14）与车身接地之间的绝缘电阻；标准电阻：大于或等于 20 MΩ。

（4）确认测量值是否符合标准。

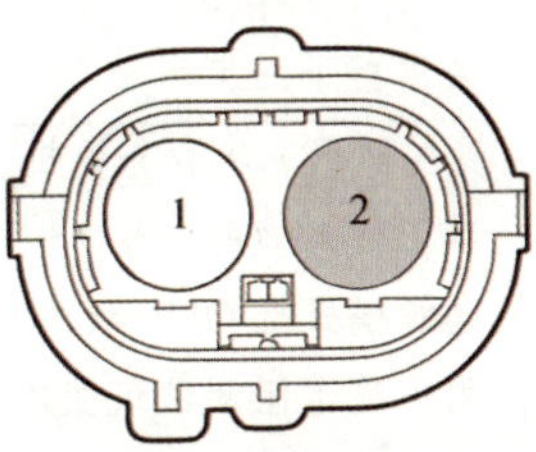

图 3-3-13　BV17 接车载充电机线束连接器端子图

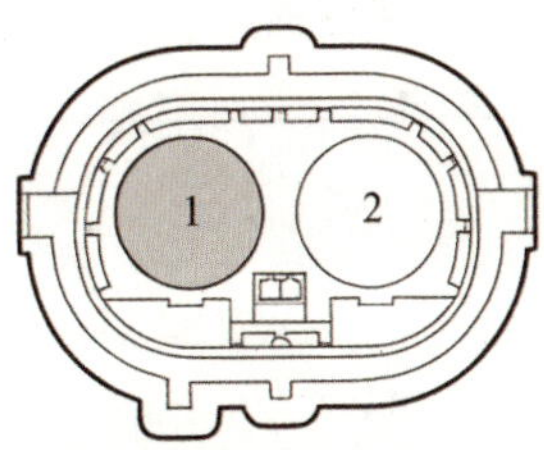

图 3-3-14　BV17 接车载充电机线束连接器端子图

> **小贴士**
>
> 实现中国梦，青年正当其时。今天，我们比历史上任何时期都更有信心、有能力实现中国梦的目标。青年大学生作为生力军，必须接过实现中华民族伟大复兴的接力棒，以担当和使命为己任，踏实前行、奋力而为。我们身处汽车行业，要相信：只有通过自主研发，才能在未来走向世界！

任务实施

<table>
<tr>
<td>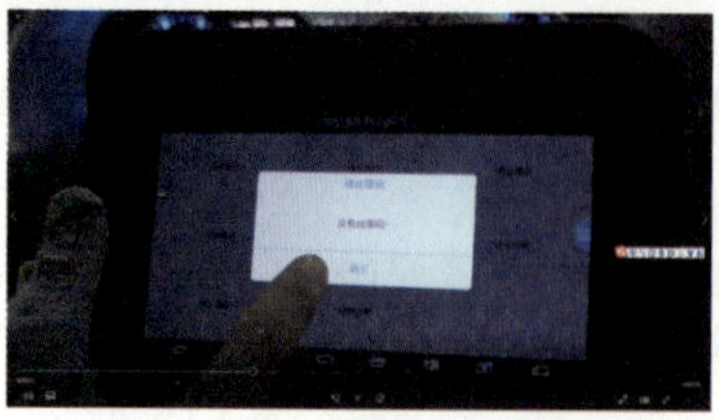
图 3-3-15 读取故障码</td>
<td>Step01 使用专业诊断仪读取故障码。
故障码：________________
完成情况：□无故障码，进行下一步
□有故障码，优先排除其他系统故障码指示故障</td>
</tr>
<tr>
<td>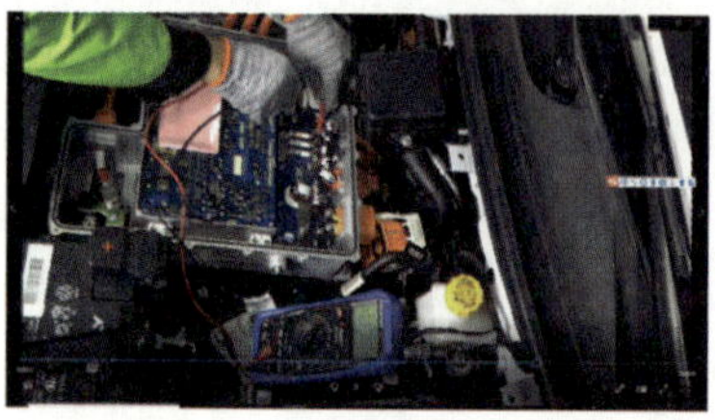
图 3-3-16 检查分线盒熔断器</td>
<td>Step02 检查分线盒熔断器是否熔断。
（1）关闭点火开关，断开蓄电池负极；
（2）拆卸维修开关（如有）；
（3）拆卸分线盒上盖，用万用表测量分线盒熔断器两端的电阻。
标准值：小于 1 Ω。
测量情况：□正常，进行下一步
□异常，检修保险丝线路，更换额定容量熔断器</td>
</tr>
<tr>
<td>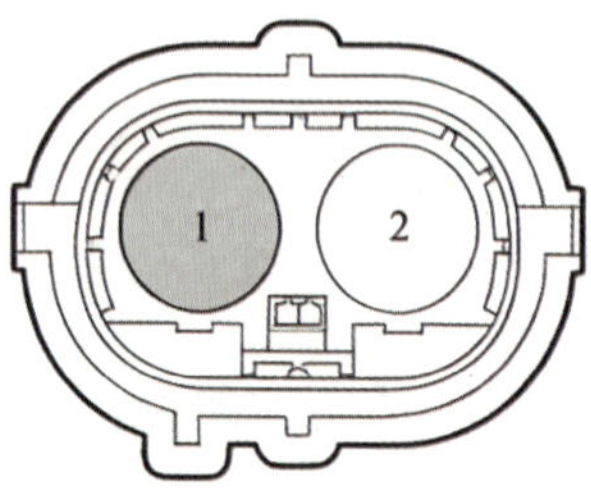
图 3-3-17 检查 BV16 车载充电机正极高压线束</td>
<td>Step03 检查车载充电机正极高压线束。
（1）操作启动开关使电源模式至 OFF 状态；
（2）断开直流母线（动力电池侧）线束连接器 BV16；
（3）用绝缘电阻测试仪测试 BV16 的 1 号端子与车身接地之间的绝缘电阻；
标准电阻：大于或等于 20 MΩ
（4）确认测量值是否符合标准。
测量值：__________MΩ。
测量情况：□正常，则进行 Step05
□异常，则进行下一步</td>
</tr>
<tr>
<td></td>
<td>Step04 依次检查电机控制器、车载充电机、PTC 加热器、空调压缩机、充电口正极对地的电阻。
（1）操作启动开关使电源模式至 OFF 状态；
（2）按照上述方法，用绝缘电阻测试仪依次检查电机控制器、车载充电机、PTC 加热器、电动压缩机、充电接口正极与车身接地之间的绝缘电阻（标准电阻：不小于 20 MΩ）。
注：测试时其他零部件断开高压接插件。
（3）确认测量值是否符合标准。
测量值：__________MΩ。
测量情况：□正常，则进行下一步
□异常，则修理或更换部件</td>
</tr>
</table>

<table>
<tr>
<td>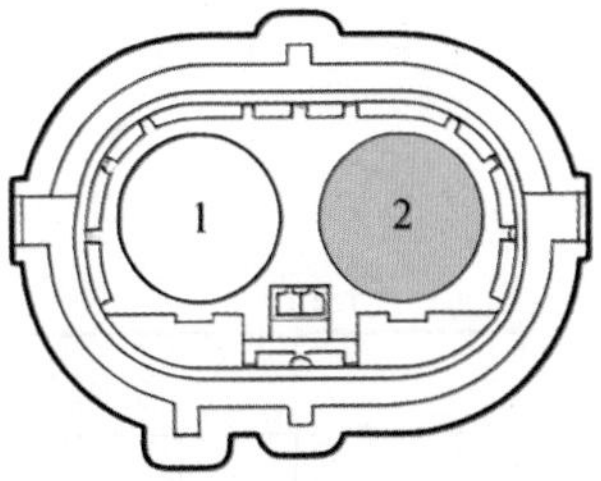

图 3-3-18 检查车载 BV16 充电机负极高压线束</td>
<td>Step05 检查车载充电机负极高压线束。
（1）操作启动开关使电源模式至 OFF 状态；
（2）断开直流母线（动力电池侧）线束连接器 BV16；
（3）用绝缘电阻测试仪测试 BV16 的 2 号端子与车身接地之间的绝缘电阻（标准电阻：不小于 20 MΩ）；
（4）确认测量值是否符合标准。
测量值：__________MΩ。
测量情况：□正常，则进行 Step07
□异常，则进行下一步</td>
</tr>
<tr>
<td></td>
<td>Step06 依次检查电机控制器、车载充电机、PTC 加热器、空调压缩机、充电口正极对地的电阻。
（1）操作启动开关使电源模式至 OFF 状态；
（2）按照上述方法，用绝缘电阻测试仪依次检查电机控制器、车载充电机、PTC 加热器、电动压缩机、充电接口负极与车身接地之间的绝缘电阻(标准电阻:不小于 20 MΩ)。
注：测试时其他零部件断开高压接插件。
（3）确认测量值是否符合标准。
测量值：__________MΩ。
测量情况：□正常，则进行 Step07
□异常，则修理或更换部件</td>
</tr>
<tr>
<td>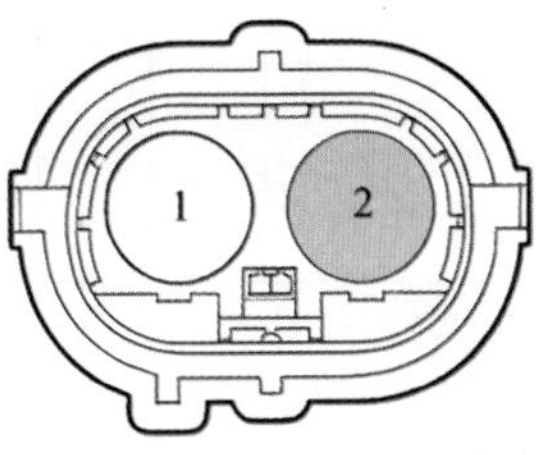

图 3-3-19 检查 BV17 动力电池负极高压线束</td>
<td>Step07 检查动力电池负极高压线束。
（1）操作启动开关使电源模式至 OFF 状态；
（2）断开直流母线（车载充电机侧）线束连接器 BV17；
（3）用绝缘电阻测试仪测试 BV17 的 2 号端子与车身接地之间的绝缘电阻（标准电阻：不小于 20MΩ）；
（4）确认测量值是否符合标准。
测量值：__________MΩ。
测量情况：□正常，则进行下一步
□异常，则修理或更换部件</td>
</tr>
<tr>
<td>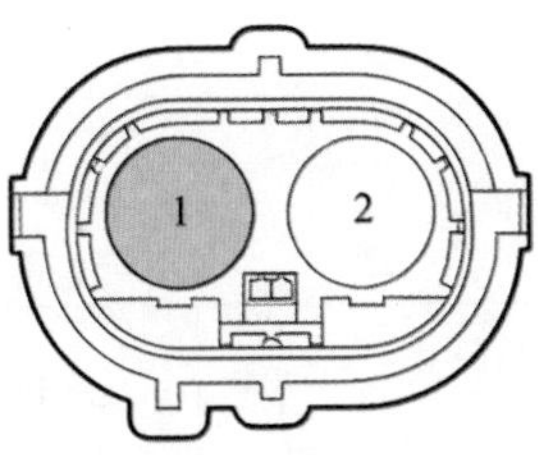

图 3-3-20 检查 BV17 动力电池正极高压线束</td>
<td>Step08 检查动力电池正极高压线束。
（1）操作启动开关使电源模式至 OFF 状态；
（2）断开直流母线（车载充电机侧）线束连接器 BV17；
（3）用绝缘电阻测试仪测试 BV17 的 1 号端子与车身接地之间的绝缘电阻（标准电阻：不小于 20 MΩ）；
（4）确认测量值是否符合标准。
测量值：__________MΩ。
测量情况：□正常，则进行下一步
□异常，则修理或更换部件</td>
</tr>
<tr>
<td></td>
<td>Step09 更换动力电池，确认故障排除。</td>
</tr>
</table>

总结评价

学习任务总结评价表

班级______________小组______________学号________________姓名________________

<table>
<tr><td colspan="2" rowspan="2">主要测评项目</td><td colspan="4">学生自评</td></tr>
<tr><td>A</td><td>B</td><td>C</td><td>D</td></tr>
<tr><td>关键能力总结</td><td>1. 遵守纪律，遵守学习场所管理规定，服从安排；
2. 具有安全意识、责任意识、6S 管理意识，注重节约、节能与环保；
3. 学习态度积极主动，能按时参加安排的实习活动；
4. 具有团队合作意识，注重沟通，能自主学习及相互协作；
5. 仪容仪表符合学习活动要求。</td><td></td><td></td><td></td><td></td></tr>
<tr><td>专业知识与能力总结</td><td>1. 能够描述高压配电系统的组成、作用及工作原理；
2. 能够正确诊断及排除高压配电系统常见故障。</td><td></td><td></td><td></td><td></td></tr>
<tr><td>个人自评总结与建议</td><td colspan="5"></td></tr>
<tr><td>小组评价</td><td colspan="5"></td></tr>
<tr><td rowspan="2">教师评价</td><td rowspan="2"></td><td colspan="4">总评成绩</td></tr>
<tr><td colspan="4"></td></tr>
</table>

教师签字：　　　　　　　　　　　　日期：

项目四

新能源电动汽车电机及控制系统检修

学习目标

1. 知识目标

（1）驱动电机的结构及工作原理；
（2）驱动电机控制系统的结构及工作原理；
（3）驱动电机的控制逻辑；
（4）纯电动汽车低压充电原理。

2. 技能目标

（1）能叙述驱动电机系统的构成和工作条件；
（2）能了解电机的类型及其特点，掌握其工作原理；
（3）能了解电机控制器的功能和结构，理解其工作原理；
（4）能掌握检修驱动电机控制系统故障的方法。

3. 素质目标

（1）能够自主查阅相关资源获取信息；
（2）能够团队合作，解决问题；
（3）能够精益求精地磨炼技艺，树立技能报国的理想，发扬大国工匠精神，具备爱岗敬业的职业素养。

学习任务一　认识驱动电机

任务导入

一辆2018款吉利帝豪EV450轿车在正常行驶过程中，忽然听到汽车底部零部件松动的声音，在车辆低速滑行或过减速带时声音明显；在急加速或急减速时异响更明显。维修人员初步判断是吉利帝豪 EV450 驱动电机及其动力输出相关部件问题。这个判断准确吗？

工作任务

完成对 2018 款吉利帝豪 EV450 轿车动力总成拆装，并对分解部件进行指认和结果认识，分析行驶中出现异响的原因。

任务分组

将学生按 4 ~ 6 人为一组进行分组，明确每组的工作任务，并填写表 4-1-1。

表 4-1-1　学生分组表

组　别	小组成员	任务分工
1		
2		
3		
4		
5		
6		

工作准备

1. 根据工作任务，进行任务分组，并完成任务分工。

2. 查阅维修手册，收集吉利帝豪 EV450 纯电动汽车动力总成拆装的操作流程和操作注意事项。

3. 根据工作任务，分析实施过程中的难点或可能出现的质量问题。

4. 查阅维修手册，分析行驶中加速和减速时也会频繁出现异响的原因，并记录制订操作步骤。

收集信息

1. 驱动电机系统主要由____________（DM）、电机控制器、____________、机械传动装置等构成，通过____________、冷却管路与整车其他系统作电气和散热连接。

2. 下列属于驱动电机系统工作条件的是（　　）（多选）。

A. 低压 12 V 电源供电正常　　　　　　　　　　B. 三相交流输出电路正常

C. 电容放电正常　　　　　　　　　　　　　　　D. 旋变传感器信号正常

3. 驱动电机系统的工作模式主要分为__________和__________两种。请区分下图中两种工作模式，并在横线上补充完整。

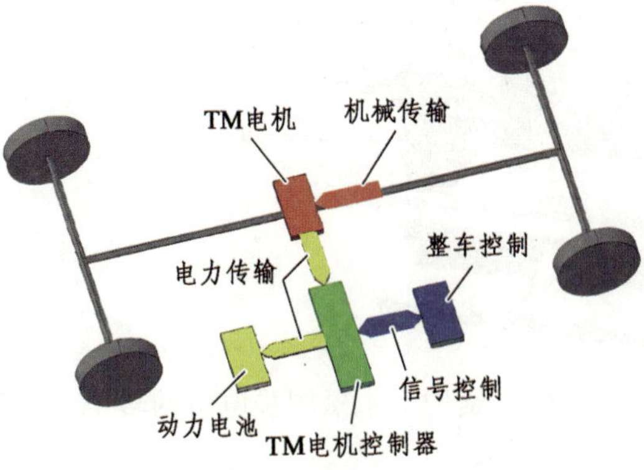

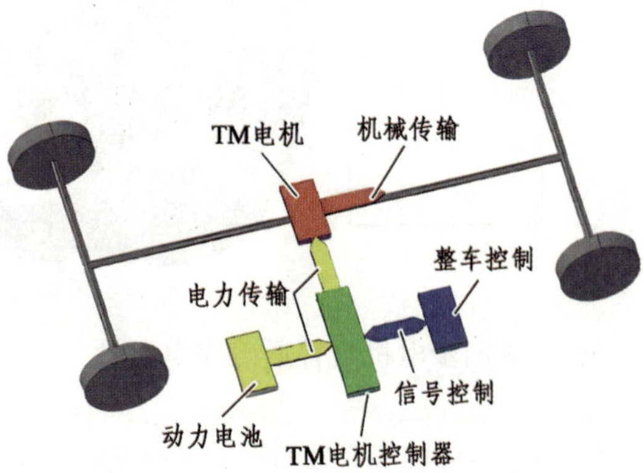

____________________________　　　　____________________________

4. 写出下图中各个部件的名称。

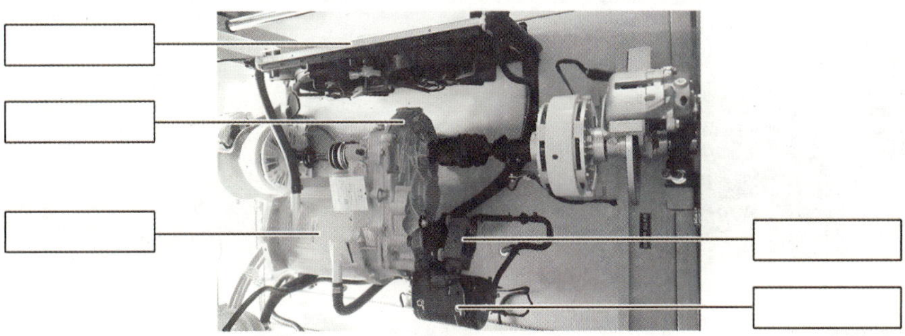

5. 纯电动汽车常用的驱动电机主要有直流电机、____________电机、____________电机、开关磁阻电机等 4 种。吉利帝豪 EV450 汽车使用的是____________电机，电机型号是____________，额定功率为______________，额定扭矩为________________。

6. 将下列驱动电机的类型与其特点连接起来。

开关磁阻电机•	•控制方法简单，只需要用电压控制，不需要检测磁极位置
直流电机•	•功率因数低，运行时必须从电网吸收无功电流来建立磁场
三相交流异步电机•	•具有良好的瞬时特性，转动惯量低，响应速度快
永磁同步电机•	•具有直流调速系统的可控性好的优良特性，同时适用于恶劣环境

7. 查阅教材，对照永磁同步电机结构图，将其零件信息补充完整。

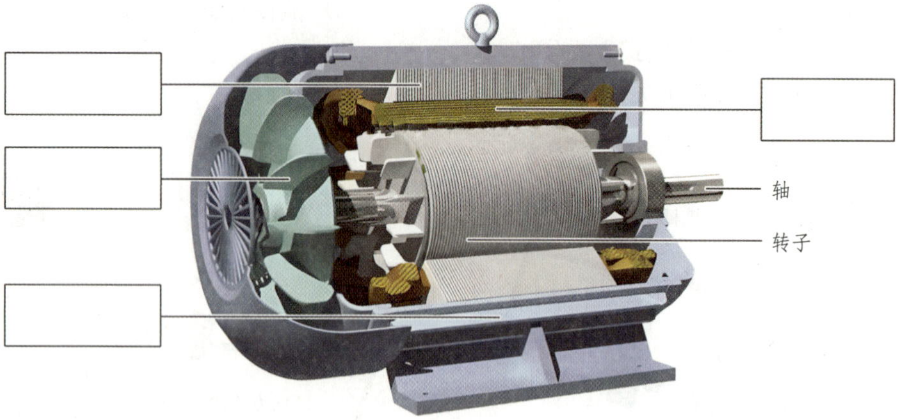

8. 永磁同步电机与普通感应电机的不同之处在于转子结构，永磁同步电机的转子上安装有________________。

9. 对照永磁同步电机的转子结构图，将图示零件与名称用实线连接起来。

1·	·永磁体
2·	·轴
3·	·转子压圈
4·	·轴承
5·	·转子铁芯

制订方案

为了更好学习驱动电机的结构及工作原理，请小组团队合作，查阅维修手册，制订驱动电机拆装的任务实施方案。

1. 任务分工

____

____。

2. 任务实施步骤

____

____。

3. 异常情况处理措施

____

____。

知识学习

一、认识驱动电机系统

驱动电机系统一般由驱动电机、功率变换器（IGBT）和电子控制单元组成。驱动电机是指一种将电能转化成机械能，并可以再使机械能产生动能驱动其他装置的电气设备。驱动电机是纯电动汽车的唯一动力源，既可以对外输出扭矩，驱动汽车行驶；又可以作为发电机发电，在行驶滑行及制动过程中把动能转化为电能。功率变换器（IGBT）在电子控制单元的控制下输出特定的电压和电流，调节电机运行，以产生所需的转矩和转速。

在电驱动控制系统中，电机本体的多样化趋势已日趋明显。在各种电机类型中，适用于纯电动汽车电驱动系统的主要有直流电机、感应电机、永磁同步电机以及开关磁阻电机 4 大类。

二、认识驱动电机

（一）驱动电机的功能及特点

驱动电机在纯电动汽车中承担着驱动车辆和发电的双重功能，即在正常行驶时发挥其主要的电机功能，将电能转化为机械能；而在减速或下坡滑行时驱动电机转变为发电机，将车轮的惯性动能转换为电能。纯电动汽车的驱动电机通常要求能够适应频繁地启动/停车、加速/减速；低速或爬坡时保持高转矩、低转速；高速行驶时保持低转矩、恒功率，且变速范围大，因此，驱动电机必须具有良好的“转矩-转速”特性。在纯电动汽车、太阳能电动汽车和燃料电池电动汽车中，电机为纯驱动装置；在串联式混合动力汽车中，电机为主要动力装置；在并联式混合动力汽车中，电机为辅助动力装置。

为了适应纯电动汽车在各种行驶工况中的负载特性匹配要求，纯电动汽车的驱动电机应满足以下条件：

（1）启动力矩大且过载能力强。在运行时，满足带负载起步要求；在汽车加速时，有较强的短时过载能力。

（2）峰值电流小于动力电池最大允许放电电流。

（3）调速范围宽。当电机有较宽的调速范围时，高、低速各工况能高效运行，并保持理想调速特性。

（4）调速响应快。电机的动态响应性高，既可改善行驶中可控制性能，又能促使车辆操作更加顺畅、行驶更加稳定。

（5）可靠性高。

（二）驱动电机的分类

纯电动汽车常用的驱动电机主要有直流电机、三相交流异步电机、永磁同步电机、开关磁阻电机等，这 4 种电机的性能比较见表 4-1-2。

表 4-1-2　4 种电机的性能比较

性能类型	直流电机	三相交流异步电机	永磁同步电机	开关磁阻电机
转速范围/（r/min）	4 000 ~ 6 000	12 000 ~ 20 000	4 000 ~ 10 000	>15 000
功率密度	低	中	高	较高
过载能力（%）	200	300 ~ 500	300	300 ~ 500
峰值效率（%）	85 ~ 89	94 ~ 95	95 ~ 97	90
负荷功率（%）	80 ~ 87	90 ~ 92	85 ~ 87	78 ~ 86
功率因数（%）	—	82 ~ 85	90 ~ 93	60 ~ 65
恒功率区	—	1:5	1:2.25	1:3
功率范围	小	宽	小	很宽
过载能力	较好	好	较好	好
效率	高	较高	高	中
转矩电流比	高	一般	高	高
控制器成本	低	高	高	一般

1. 直流电机

早期的纯电动汽车大多采用直流电机如图 4-1-1 所示。由于直流电机转速范围不大，在行驶时如果不辅以二级减速器或变速器，车辆的最高时速会比较低，因此，这种电机更适合小型车或微型车。

图 4-1-1　直流电机

直流电机的优点：结构简单；具有优良的电磁转矩控制特性，可实现基速以下恒转矩、基速以上恒功率，可满足汽车对动力源低速高转矩、高速低转矩的要求；可频繁快速启动、制动和反转；调速平滑、无级、精确、方便、范围广；抗过载能力强，能够承受频繁的冲击负载；控制方法简单，只需用电压控制，不需要检测磁极位置。

直流电机的缺点：设有电刷和换向器，高速和大负荷运行时换向器表面易产生电火花，电火花会产生电磁干扰，另外换向器维护困难，很难向大容量、高速度发展；不宜在多尘、潮湿、易燃易爆的环境中使用；价格高、体积大、质量重。

2. 三相交流异步电机

三相交流异步电机又称感应电机，其结构如图 4-1-2 所示。

三相交流异步电机的优点为：结构简单，维修方便；运行可靠耐用，与同功率的直流电机相比效率更高，质量约轻了 1/2；工作状态稳定。

三相交流异步电机的缺点为：功率因数低，运行时必须从电网吸收无功电流来建立磁场；控制复杂，易受电机参数及负载变化的影响；转子不易散热；调速性能差，调速范围窄。

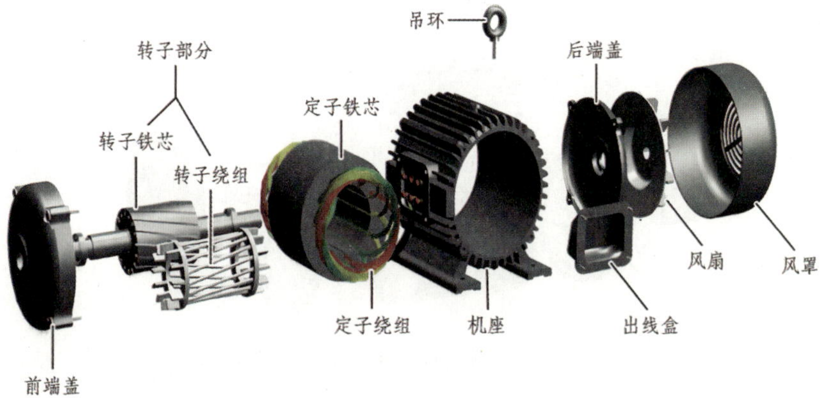

图 4-1-2　三相交流异步电机的结构

3. 永磁同步电机

（1）永磁同步电机的结构。

永磁同步电机主要是由定子、转子、机座等部件组成，如图 4-1-3 所示。

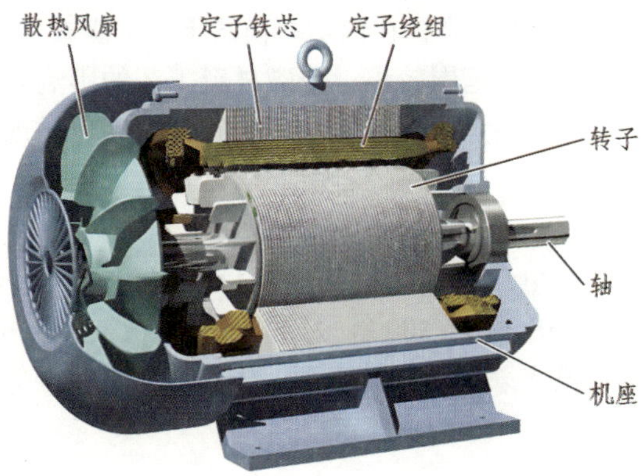

图 4-1-3　永磁同步电机的结构

永磁同步电机的定子结构与工作原理与交流异步电机结构非常相似，如图 4-1-4 所示。

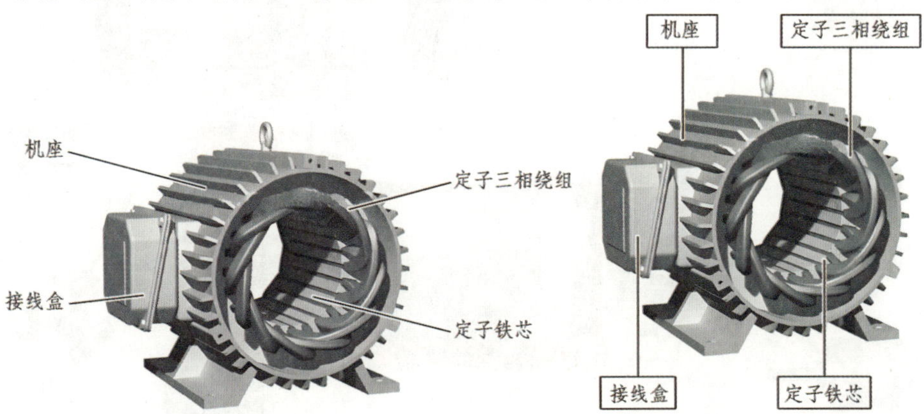

图 4-1-4　永磁同步电机的定子结构

永磁同步电机与普通异步电机的不同之处在于转子结构，永磁同步电机的转子上安装有永磁体磁极，其结构如图 4-1-5 所示。

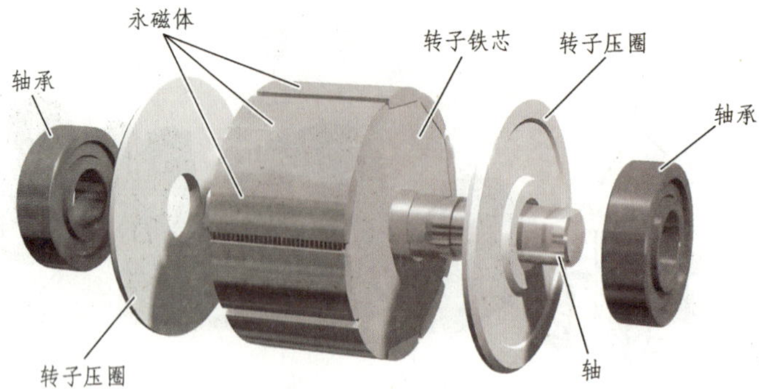

图 4-1-5　永磁同步电机的转子结构

（2）永磁同步电机的优缺点。

永磁同步电机的优点为：功率因数大，效率高，功率密度大；结构简单，便于维护，使用寿命较长，可靠性高；调速性能好，精度高；具有良好的瞬时特性，转动惯量低，响应速度快；频率高，输出转矩大，极限转速和制动性能优于其他类型的电机；采用电子功率器件作为换向装置，驱动灵活，可控性强；形状和尺寸灵活多样，便于进行外形设计；体积小、质量轻。

永磁同步电机的缺点为：造价较高；在恒功率模式下，操纵较为复杂，控制系统成本较高；弱磁能力差，调速范围有限；功率范围较小，受磁材料工艺的影响和限制，最大功率仅为几十千瓦；低速时额定电流较大，损耗大，效率较低；永磁材料有退磁现象，且磁场不可变；抗腐蚀性差；不易装配。

（3）永磁同步电机的应用。

目前，永磁同步电机在纯电动汽车中得到了广泛的应用，大部分纯电动汽车如吉利帝豪 EV450、北汽 EV160、荣威 E50、腾势 500 等采用的都是永磁同步电机。

吉利帝豪 EV450 纯电动汽车采用具有效率高、体积小、重量轻等优点的永磁同步电机，其剖面结构如图 4-1-6 所示。

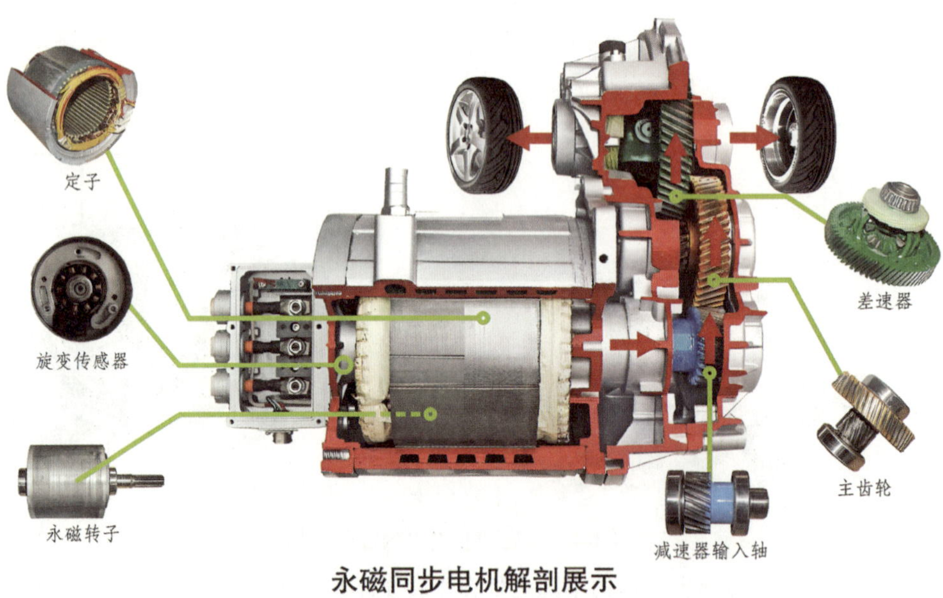

图 4-1-6　吉利帝豪 EV450 纯电动汽车永磁同步电机剖面结构图

> **知识拓展** 交流异步电机与永磁同步电机优势互补
>
> 交流异步电机和永磁同步电机有各自的优缺点。当汽车处于高速行驶时，交流异步电机能够保持高速运转和高效的电能使用效率；而在面对反复启停、加减速时，调速性能好的永磁同步电机仍能够保持较高效率。而关于电机的选择，取决于主机厂最终的车型的定位以及能耗的策略。
>
> 2019 款特斯拉 Model S 长续航版前轴搭载的是经过优化的偏向于低速高效率的永磁同步电机，最大输出功率为 202 kW（275Ps），最大扭矩为 404 N·m，当车速处于中低速时，计算机输出指令，永磁同步电机进行工作。后轴搭载的是偏向于高速性能的交流异步电机，最大输出功率为 285 kW（387Ps），最大扭矩为 440 N·m，需要高速工况时，双电机同时进行工作，提供强大的加速性能，当减速时智能根据制动需求进行电机调配。普通制动由永磁同步电机进行制动能量回收，急减速则由双电机同时提供制动扭矩时回收能量。

4. 开关磁阻电机

开关磁阻电机作为一种新型电机，相比其他类型的驱动电机而言，其结构最为简单，主要由定子绕组、转子等组成，如图 4-1-7 所示。开关磁阻电机由于在技术上还存在着局限性，其控制系统的设计相对复杂，特别是在研发阶段，现有技术很难为其建立准确的数学模型，还未能广泛地应用于纯电动汽车领域。

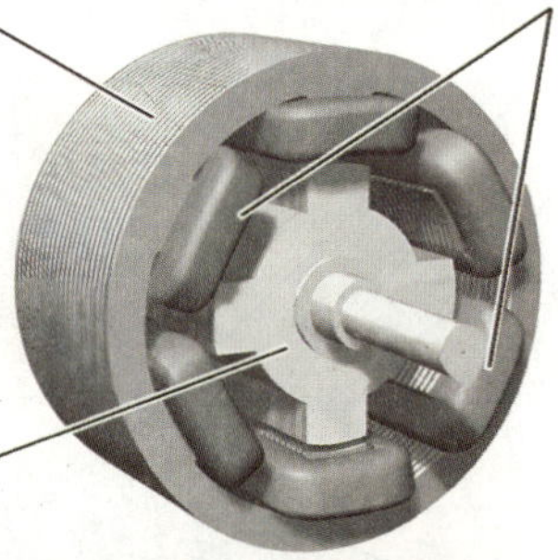

图 4-1-7　开关磁阻电机的结构

开关磁阻电机的优点为：结构简单坚固、可靠性高、质量轻、成本低、效率高、温升低、易于维修；具有直流调速系统的可控性好的优良特性，同时适用于恶劣环境。

开关磁阻电机的缺点为：控制系统的设计相对复杂；对直流电源会产生很大的脉冲电流；电机振动发出的噪声大。

三、机械传动装置—减速器

机械传动装置的主要功能是将驱动电机的转速降低、转矩升高，以实现整车对驱动电机的转矩、转速需求。

（一）减速器的构成

纯电动汽车较多采用固定速比的减速装置来与驱动电机搭配，从而省去了变速器、离合器等部件。如图 4-1-8 所示，吉利帝豪 EV450 减速器是一款前置前驱型减速器，采用左右分箱、两级传动结构，具有体积小、结构紧凑等特点。如图 4-1-9 所示，启辰 E30 纯电动汽车的减速器采用了前进挡和倒进挡共用结构进行设计，整车倒挡通过驱动电机反转来实现。该减速器由壳体、输入轴组件、中间轴组件、差速器等构成。

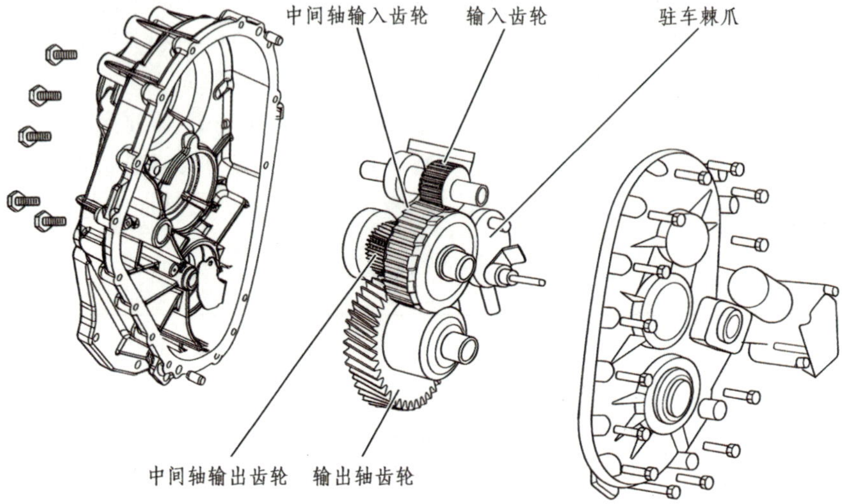

图 4-1-8　吉利帝豪 EV450 减速器

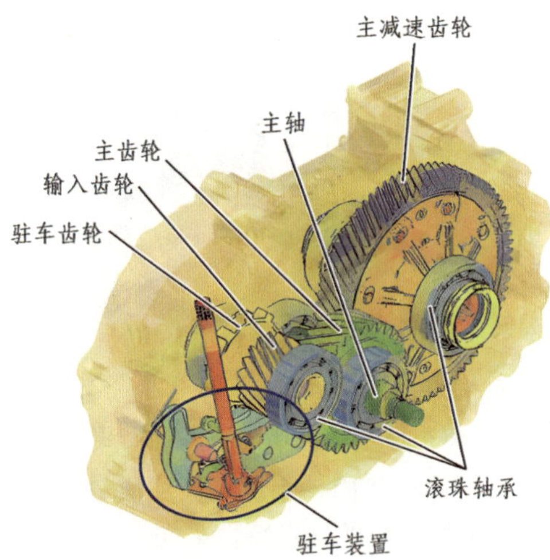

图 4-1-9　启辰 E30 纯电动汽车减速器

（二）减速器的工作原理

减速器及其工作原理如图 4-1-10、4-1-11 所示。

图 4-1-10　减速器实物图

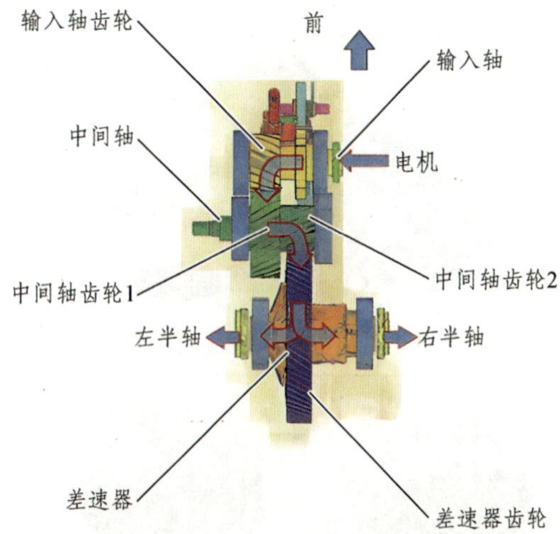

图 4-1-11　减速器的工作原理

减速器动力传动机械部分是依靠两级齿轮副来实现减速增扭，动力传递路线为驱动电机→输入轴→输入轴齿轮→中间轴齿轮 1→中间轴轴齿轮 2→差速器齿轮→差速器→左右半轴→左右车轮。

任务实施

一、拆装动力总成

特别提示

在拆分过程中，请注意保护好所有零部件，做好部件收纳，防止零部件被意外损坏。

<table>
<tr>
<td>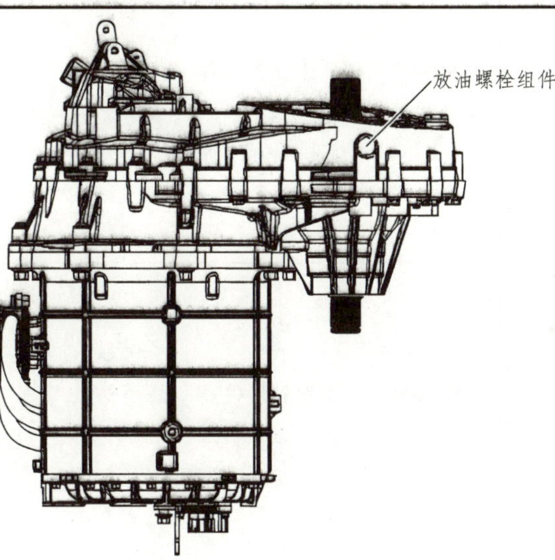

图 4-1-12　打开放油螺栓</td>
<td>Step01　打开放油螺栓，将变速箱内的润滑油排放干净，拧紧放油螺栓在壳体上，防止拆卸过程中异物掉入变速箱壳体内。
完成情况：□完成
□未完成，原因：________</td>
</tr>
</table>

续表

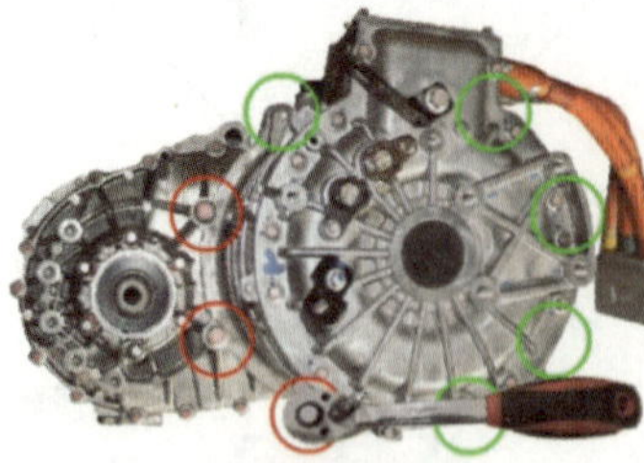 图 4-1-13　交错拧开六角法兰面螺栓	Step02　交错拧开用于固定变速箱箱体与电动机的六角法兰面螺栓（紧固力矩 79 N·m），将变速箱与电动机分离。 完成情况：□完成 □未完成，原因：________
 图 4-1-14　将变速箱与电动机分离	Step03　将变速箱与电动机分离。 完成情况：□完成 □未完成，原因：________
 图 4-1-15　交错拧开螺栓	Step04　交错拧开用于连接固定变速器前后箱体的螺栓，将后箱体与前箱体分离；拆分箱体时，前箱体上的磁铁会从磁铁槽中掉出，并注意保管，副轴轴承外圈可能从差速器轴承孔和副轴轴承孔脱出，属于正常现象。 完成情况：□完成 □未完成，原因：________
 图 4-1-16　拆下差速器组件	Step05　拆下差速器组件。 完成情况：□完成 □未完成，原因：________
 图 4-1-17　拆下副轴组件	Step06　拆下副轴组件。 完成情况：□完成 □未完成，原因：________

 图 4-1-18　拆下主轴组件	Step07　拆下主轴组件。 完成情况：□完成 □未完成，原因：__________
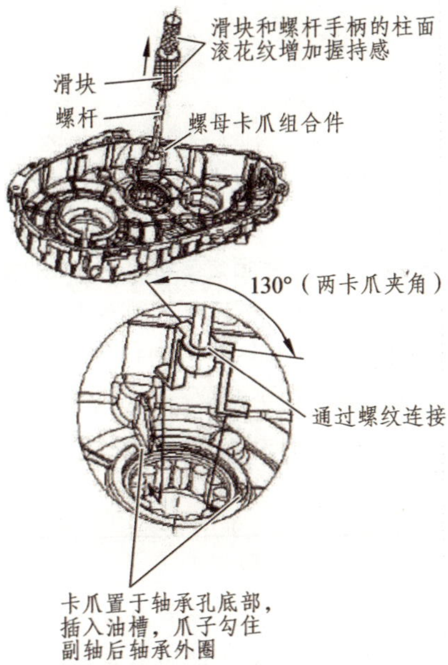 图 4-1-19　拆下后箱体附件	Step08　拆下后箱体附件。 完成情况：□完成 □未完成，原因：__________

二、拆装电机

 图 4-1-20　清理现场工具	Step01　电机拆卸前，要熟悉电机结构特点和检修技术要领，准备好拆卸所需工具和设备。另外，要清理现场工具，电机外表要清扫干净。 完成情况：□完成 □未完成，原因：__________

续表

<table>
<tr>
<td>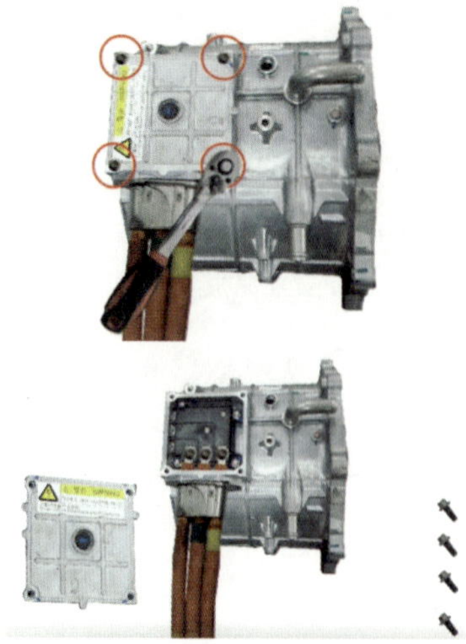
图 4-1-21　取下通气阀</td>
<td>Step02　将固定接线盒盖的 M6×16 六角头螺栓拧下，去除接线盒盖，通气阀就在接线盒盖上。用工具夹住通气阀的卡环将通气阀取下来。
完成情况：☐完成
☐未完成，原因：__________</td>
</tr>
<tr>
<td>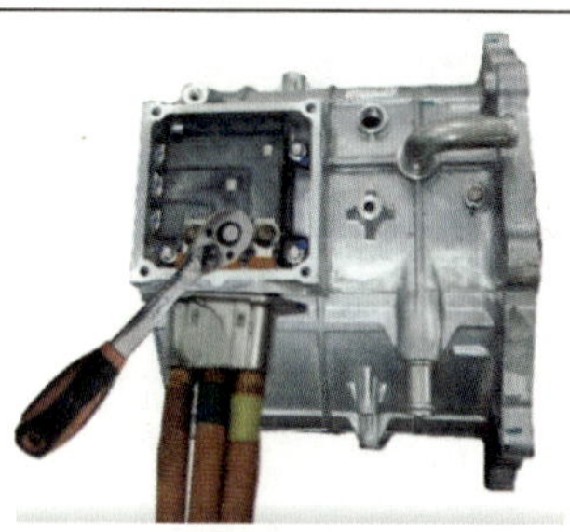
图 4-1-22　拔出三相动力线束</td>
<td>Step03　用扳手固定三相动力线束和接线座，拧下铜排螺栓。将固定三相动力线束法兰的 M6×16 六角头螺栓拧下拔出三相动力线束。
完成情况：☐完成
☐未完成，原因：__________</td>
</tr>
<tr>
<td>
图 4-1-23　取下旋变接插件中间部分</td>
<td>Step04　拆下旋变传感器接插件（棕色）和温控接插件，用扳手将 M6*10 六角头螺栓扭下来。取出旋变接插件，斜口钳再将旋变接插件中间部分取下。
完成情况：☐完成
☐未完成，原因：__________</td>
</tr>
<tr>
<td>
图 4-1-24　拆下电机端盖</td>
<td>Step05　用扳手将法兰面螺栓 M8*30 扭下，拆下电机端盖。
完成情况：☐完成
☐未完成，原因：__________</td>
</tr>
</table>

续表

 图 4-1-25　取出电机转子	Step06　利用转子工具取出电机转子，为了一次抽出，在检修现场往是在短轴端塞入一个“假轴”，将轴接长，便可一次抽出转子。 注：直接用手抽出转子，较重的转子要考虑起重工具和起重设备。 完成情况：□完成 □未完成，原因：＿＿＿＿＿＿
 图 4-1-26　倒序安装	Step07　以倒序进行安装。 完成情况：□完成 □未完成，原因：＿＿＿＿＿＿

三、检测旋变传感器

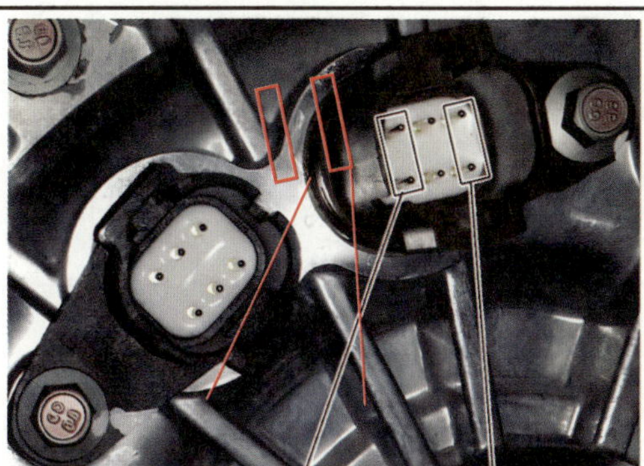 图 4-1-27　测量旋变传感器电阻值	测量旋变传感器电阻值。 励磁：＿＿＿＿＿ Ω； 正弦：＿＿＿＿＿ Ω； 余弦：＿＿＿＿＿ Ω。 完成情况：□完成 □未完成，原因：＿＿＿＿＿＿

四、检测驱动电机

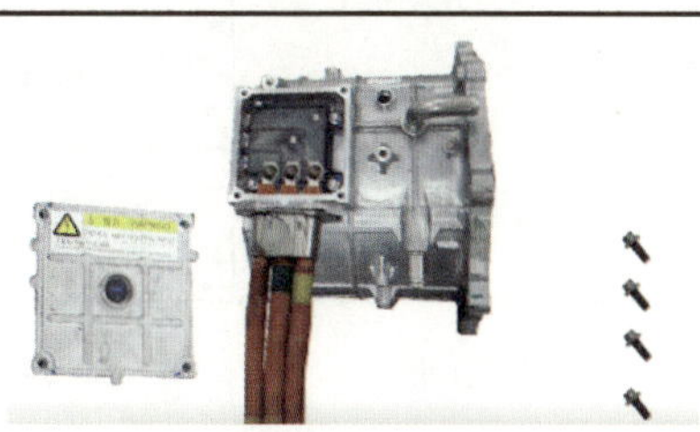 图 4-1-28　测量驱动电机部件	测量驱动电机部件。 定子绕组—U\V\W：＿＿＿＿＿Ω； 定子绕组—壳体：＿＿＿＿＿ MΩ。 完成情况：□完成 □未完成，原因：＿＿＿＿＿＿

总结评价

学习任务总结评价表

班级__________小组__________学号__________姓名__________

<table>
<tr><td colspan="2" rowspan="2">主要测评项目</td><td colspan="4">学生自评</td></tr>
<tr><td>A</td><td>B</td><td>C</td><td>D</td></tr>
<tr><td>关键能力总结</td><td>1. 遵守纪律，遵守学习场所管理规定，服从安排；
2. 具有安全意识、责任意识、6S管理意识，注重节约、节能与环保；
3. 学习态度积极主动，能按时参加安排的实习活动；
4. 具有团队合作意识，注重沟通，能自主学习及相互协作；
5. 仪容仪表符合学习活动要求。</td><td></td><td></td><td></td><td></td></tr>
<tr><td>专业知识与能力总结</td><td>1. 能叙述驱动电机系统的结构及工作模式；
2. 能认识各种类型的驱动电机及其特点；
3. 能对减速器进行维护保养；
4. 能检修驱动电机和减速器故障。</td><td></td><td></td><td></td><td></td></tr>
<tr><td>个人自评总结与建议</td><td colspan="5"></td></tr>
<tr><td>小组评价</td><td colspan="5"></td></tr>
<tr><td rowspan="2">教师评价</td><td rowspan="2" colspan="3"></td><td colspan="2">总评成绩</td></tr>
<tr><td colspan="2"></td></tr>
</table>

教师签字：　　　　　　　　日期：

学习任务二　驱动电机控制系统故障检修

任务导入

汽车维修工小王接到一张任务工作单：一辆吉利帝豪 EV450 纯电动汽车，车主报修无法行驶，仪表系统故障报警灯常亮，将车拖到 4S 店，使用诊断仪读出 P0C5300 故障码，查阅维修手册故障名称为：Sine/Cosine 输入信号消波故障，需进一步检修以确认故障原因。如果你是小王，应该如何检修该故障?

工作任务

完成对 2018 款吉利帝豪 EV450 轿车驱动电机旋变信号检修，并分析驱动电机旋变信号失效可能引起哪些故障，以及驱动电机旋变信号发生异常的原因。

任务分组

将学生按 4 ~ 6 人为一组进行分组，明确每组的工作任务，并填写表 4-2-1。

表 4-2-1　学生分组表

组　别	小组成员	任务分工
1		
2		
3		
4		
5		
6		

工作准备

1. 根据工作任务，进行任务分组，并完成任务分工。

2. 查阅维修手册，收集吉利帝豪 EV450 纯电动汽车驱动电机旋变信号检测操作流程和操作注意事项。

3. 根据工作任务，分析实施过程中的难点或可能出现的质量问题。

4. 查阅维修手册，分析驱动电机旋变信号失效可能引起哪些故障，驱动电机旋变信号异常的原因，并记录制订操作步骤。

收集信息

1. 根据教材，找出电机控制器（PEU）在实车上的位置，并用实线连接。

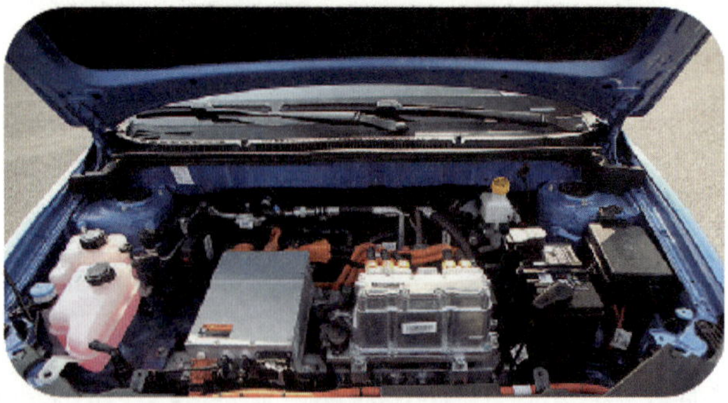

电机控制器
（PEU）

2. 电机控制器控制动力电池组到电机之间能量的传输，同时采集______________信号和_________________信号，精确地控制驱动电机的运行。

3. 车辆滑行或制动阶段，电机可以作为____________，完成车轮旋转的动能到电能的转换，实现能量回收。

4. 电机控制器 MCU 内部由一个逆变器和__________两部分组成。逆变器负责将电池输送的直流电电能，逆变成______________电给汽车驱动电机提供电源；________接受驱动电机和其他部件的信号反馈到仪表，当发生制动或者加速行为时，它能控制变频器频率的升降，从而达到加速或减速的目的，它的核心部件是____________。

5. 电机控制器主要采集电机的信息有温度信号和____________信号。

6. 查阅维修手册，补全电机控制原理图。

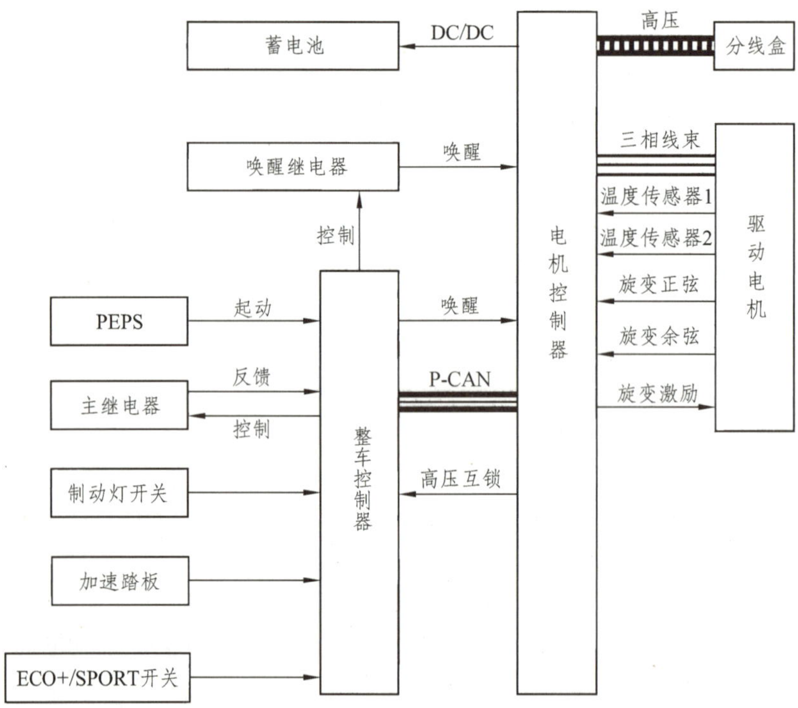

（1）电机控制器工作时由________唤醒，唤醒信号在控制插头中是____________线。

（2）PEU 的通信是_______CAN，分别是_______________线。

（3）PEU 电源线还有____________线，搭铁线有______________ 线。

（4）电机温度检测有__________组信号，分别是________________________线；电机旋变检测有__________组信号，分别是________________________线。

制订方案

分组查阅维修手册，学习驱动电机控制系统方面的知识，制订检修驱动电机旋变信号故障的任务实施方案。

1. 任务分工

____

____。

2. 任务实施步骤

____

____。

3. 异常情况处理措施

____

____。

知识学习

一、电机控制器（MCU）概述

（一）电机控制器的功能

电机控制器作为整个制动系统的控制中心，它由逆变器和控制器两部分组成。逆变器接收电池输送的直流电电能，逆变成三相交流电给汽车电机提供电源。控制器接收电机等信号反馈到仪表，当发生制动或者加速行为时，控制器控制变频器频率的升降，从而达到加速或减速的目的。电机控制器的主要功能包括控制车辆的怠速（爬行）、控制电机正转（前进）、控制电机反转（倒车）、控制能量回收（交流转换直流）和驻坡（防溜车）。吉利帝豪 EV450 纯电动汽车 MCU 的安装位置如图 4-2-1 所示。

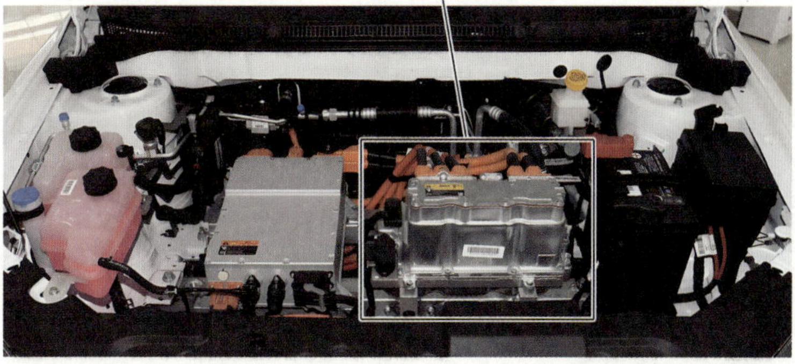

图 4-2-1 吉利帝豪 EV450 纯电动汽车 MCU 的安装位置

（二）电机控制器的结构

MCU 的结构如图 4-2-2 所示，主要由接口电路、控制主板、IGBT（绝缘栅双极型晶体管）模块、超级电容、放电电阻、电流感应器和壳体水道等组成。它的内部采用三相两电平电压源型逆变器，是驱动电机系统的控制核心，称为智能功率模块，它以 IGBT 为核心，辅以驱动集成电路、主控集成电路。

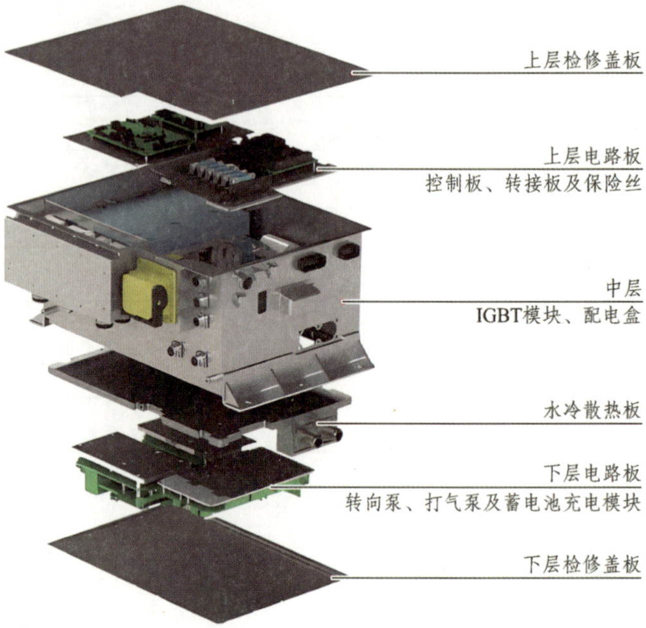

图 4-2-2　电机控制器的结构

（三）电机控制器的接口

驱动电机系统状态和故障信息通过整车 CAN 网络上传给整车控制器（VCU），传输通道是 28PIN 低压插件，其插件针脚定义见表 4-2-2。

二、电机控制器的工作原理

电机控制器安装在前舱内，接受 VCU 的指令，将动力电池的高压直流电压逆变成电压、频率、相序可调的三相交流电，控制电机的电压或电流，实现对驱动电机的转速、转矩和旋转方向的控制，同时采集电机位置信号和三相电流检测信号，精确地控制驱动电机运行。MCU 对所有的输入信号进行处理，并将驱动电机控制系统运行状态信息通过网络发送给 VCU。MCU 内含故障诊断电路，当电机出现异常时，它将会激活一个错误代码并发送给 VCU，同时也会储存该故障码和相关数据。

表 4-2-2　EV450 低压插件针脚定义

型　号	编　号	针脚定义	颜　色
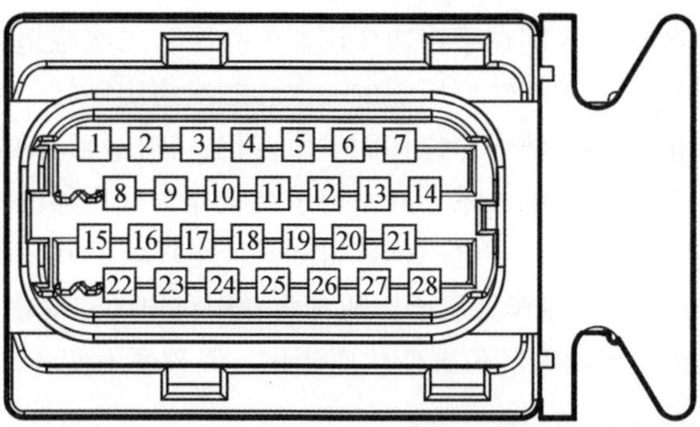 图 4-2-3　BV11 电机控制模块线束连接器	1	互锁输入	Br
	2	—	—
	3	—	—
	4	互锁输出	W
	5	温度传感器 1+	Br/W
	6	温度传感器 1-	R
	7	温度传感器 2+	L/R
	8	—	—
	9	—	—
	10	屏蔽线	B
	11	—	B
	12	—	—
	13	温度传感器 2-	W/G
	14	唤醒输入	L/W
	15	励磁-	G
	16	余弦-	P
	17	正弦-	W
	18	—	—
	19	—	—
	20	CAN-H	Gr/O
	21	CAN-L	L/B
	22	励磁+	O
	23	余弦+	L
	24	正弦+	Y
	25	KL15	G/Y
	26	KL30	R/L
	27	诊断 CAN-H	P/W
	28	诊断 CAN-L	B/W

（一）电机控制器的控制原理

驱动电机控制器是依靠内置旋转变压器和温度传感器来提供电机的工作状态信息，并将电机运行状态信息实时发送给 MCU。

1. 旋转变压器的工作原理

旋转变压器又称同步分解器，安装在驱动电机上，用来测量旋转物体的转轴角位移和角速度。旋转变压器从结构上分为传感器线圈和信号齿圈两部分，传感器线圈固定在壳体上，信号齿圈固定在转子上，如图 4-2-4 所示。传感器线圈由励磁、正弦和余弦 3 组线圈组成。

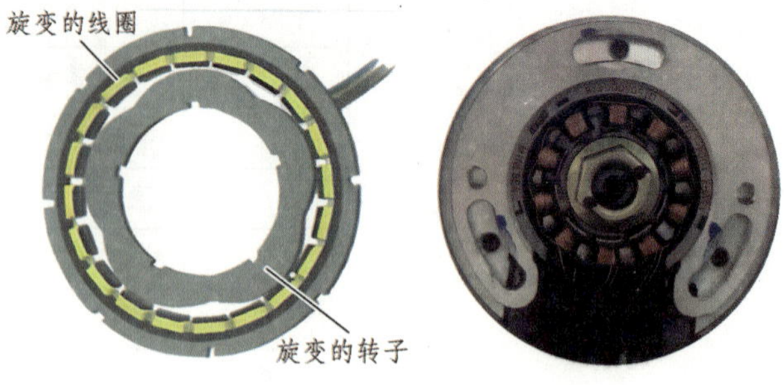

图 4-2-4　旋转变压器的构成

旋转变压器的工作原理和普通变压器基本相似，区别在于普通变压器的一次、二次绕组是相对固定的，所以输出电压和输入电压之比是常数。而旋转变压器的一次、二次绕组随转子的角位移发生相对位置的改变，因此其输出电压的大小随转子角位移而发生变化，输出绕组的电压幅值与转子转角成正弦、余弦函数关系或保持某一比例关系。其中定子绕组作为变压器的一次侧，接受励磁电压。转子绕组作为变压器的二次侧，通过电磁耦合得到感应电压。旋转变压器的原理简图如图 4-2-5 所示。一次侧作为转子，二次侧作为定子。随着两者相对角度的变化，在输出侧就可以得到幅值变化的波形。旋变输出信号幅值随位置变化而变化，但频率不变。

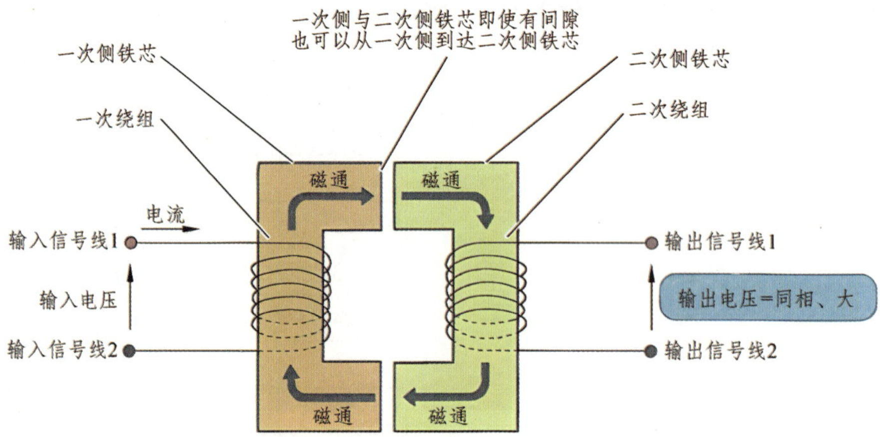

图 4-2-5　旋转变压器的原理简图

绕组的转动位置与其输出电压的关系如图 4-2-6 所示。

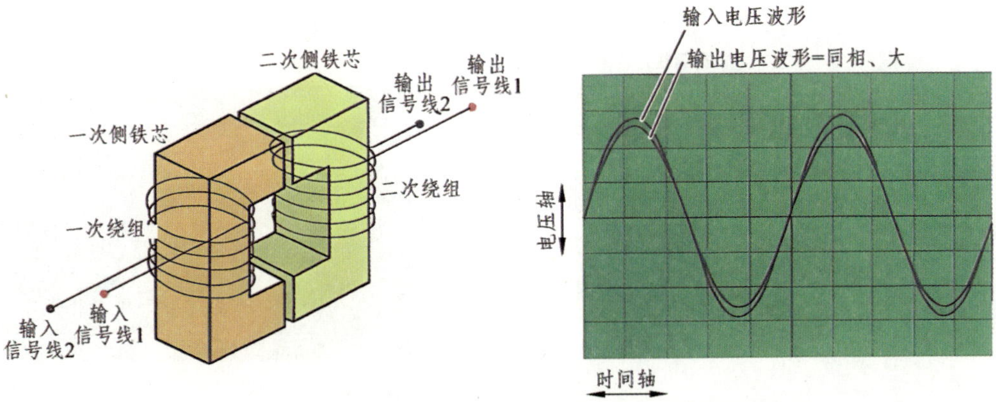

两线圈夹角为0°时，输出电压与输入电压相差最大，频率也相同。

（a）在两线圈夹角为0°时，输出电压与输入电压的关系

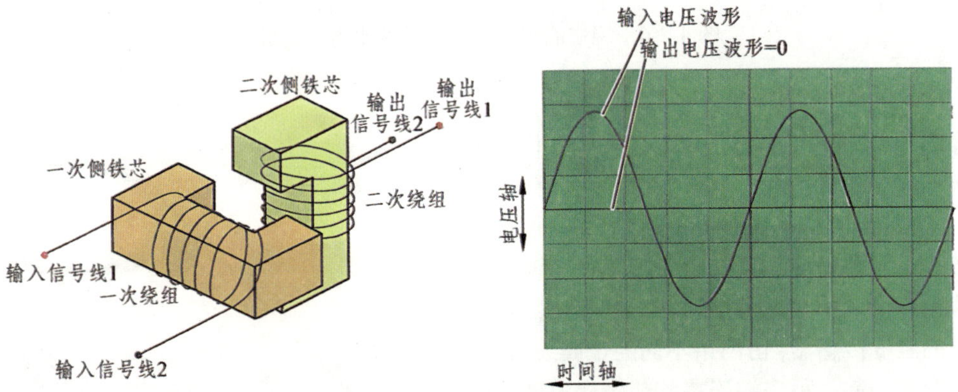

两线圈夹角为90°时，输出电压与输入电压相差最大，输出电压为0V。

（b）在两线圈夹角为90°时，输出电压与输入电压的关系

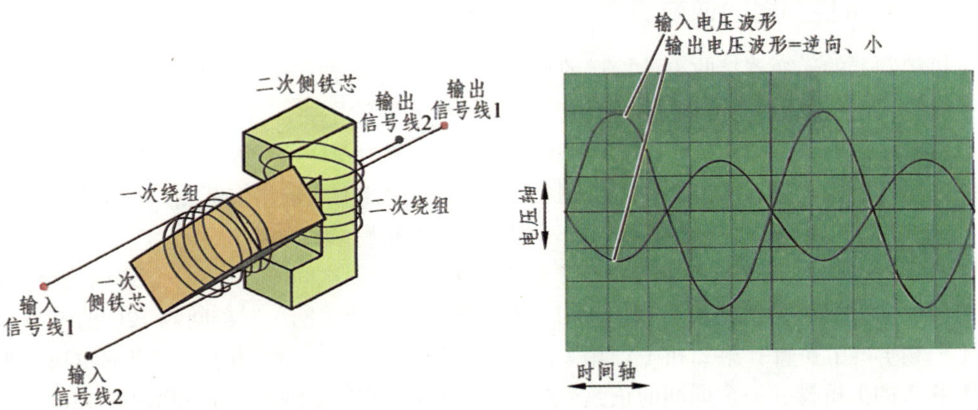

两线圈夹角为0° ~90° 时，输出电压小于输入电压但大于0 V。

（c）在两线圈夹角为0°~90°时，输出电压与输入电压的关系

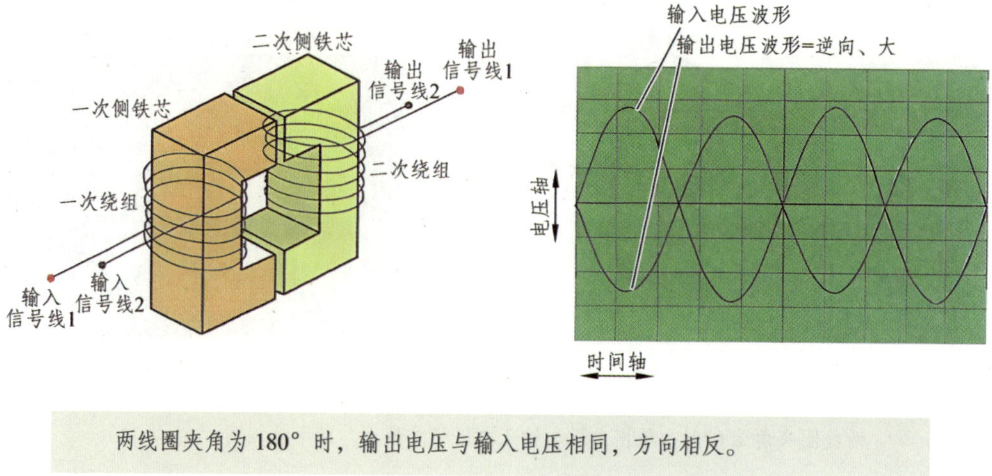

（d）在两线圈相位差为 180°时，输出电压与输入电压的关系

图 4-2-6　绕组的转动位置与其输出电压的关系

2. 温度传感器的作用

如图 4-2-7 所示，温度传感器的作用是检测电机绕组温度，并将信息提供给 MCU，再由 MCU 通过 CAN 线传给整车控制器（VCU），从而控制水泵工作、水路循环、冷却电子扇工作，调节电机工作温度。其中热电偶是一种温度传感器是一种常见的温度传感器，由两条不同的金属线组成，一端结合在一起，另一端连接到热电偶温度计或其他支持热电偶的设备上。热电偶的输出电压与热接点和导线冷接点之间的温差成比例

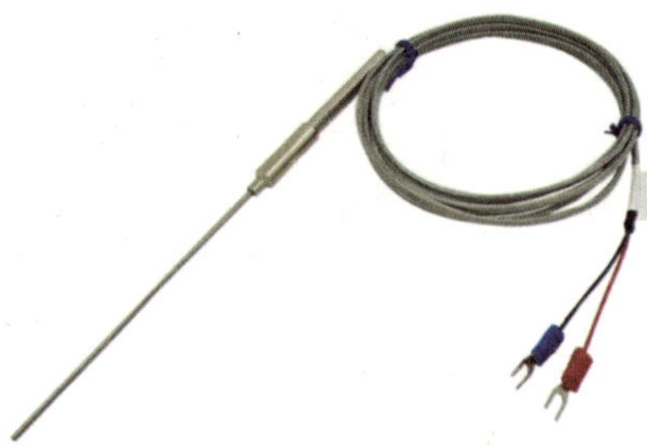

图 4-2-7　温度传感器（热电偶型）

（二）电机控制器的逆变原理

电机控制器的逆变器接收电池输送的直流电电能，逆变成三相交流电给汽车电机提供电源，它由逆变桥、控制逻辑和滤波电路等组成，是电机控制器的主要部件之一。如图 4-2-8 所示，逆变器内部电路由 6 个 IGBT 组成，6 个 IGBT 的序号一般为 $VD_1 \sim VD_6$。每一相输出线和正负直流母线之间各连接一只 IGBT 功率管，连接正极母线的 IGBT 与输出端节点为上桥臂，连接负极母线的 IGBT 与输出端节点为下桥臂，每一相的上、下桥臂统称为半桥。

如图 4-2-9 所示，逆变器的 6 个 IGBT 会从 $VD_1 \sim VD_6$ 依次间隔 60°顺序导通或关断，U/V/W 三相的相位差为 120°，因此第一相（U 相）上桥臂导通（或关断）时刻间隔 120°的 IGBT 为第二相（V 相）的上桥臂，第二相（V 相）上桥臂导通（或关断）时刻间隔 120°的 IGBT 为第三相（W 相）的上桥臂，一个周期的正弦交流电所经过的角度是 360°，每一相间隔 120°的循环输出产生交流电，连接永磁同步电机后就会建立旋转磁场，电机转子就会旋转并对外做功，实现将电机输入的直流电变成交流电的目的。

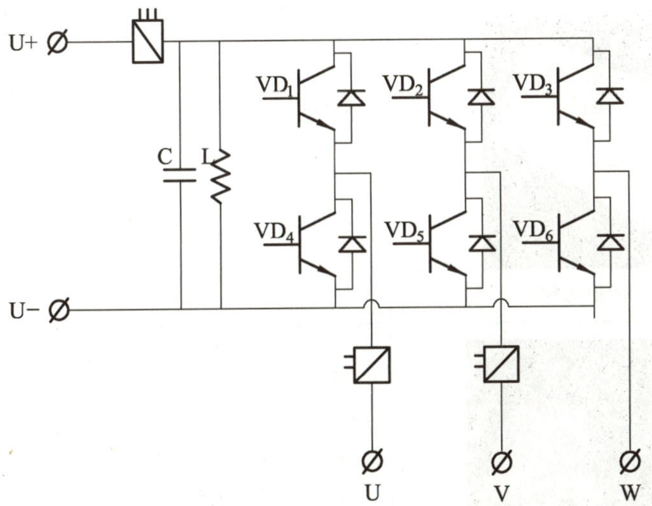

图 4-2-8　逆变器内部电路图

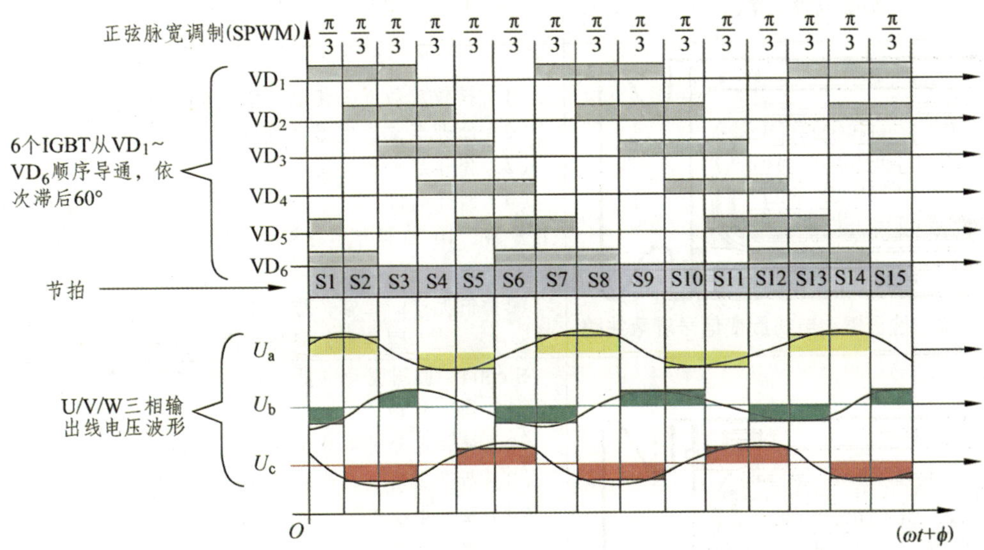

图 4-2-9　逆变器中 IGBT 工作时序图

任务实施

视频：帝豪新能源汽车旋变故障检修

图 4-2-10　读取故障码

Step01　连接解码仪，读取故障码。

故障码：__________

完成情况：□完成

□未完成，原因：__________

图 4-2-11　检测电机旋变的正弦、余弦、励磁电阻正常值

Step02　检测电机旋变的正弦、余弦、励磁电阻正常值。

余弦：（14.5±1.5）Ω；

正弦：（13.5±1.5）Ω；

励磁：（9.5±1.5）Ω；

测量情况：□正常

□异常，原因：__________

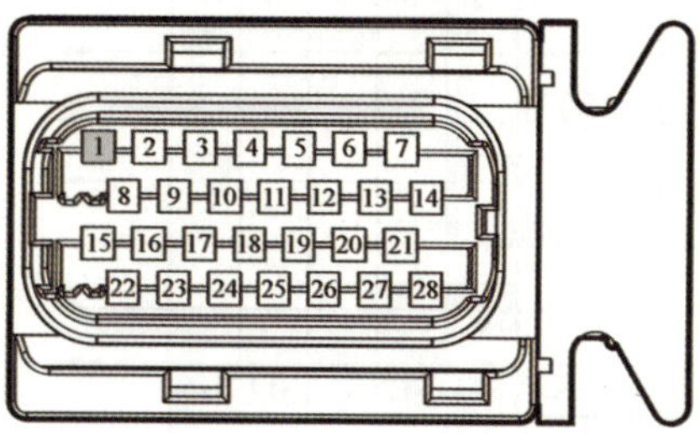

图 4-2-12　检测驱动电机旋变信号屏蔽线路

Step03　检测驱动电机旋变信号屏蔽线路。

（1）操作启动开关使电源模式至 OFF 状态。

（2）断开车载充电器直流母线。

（3）操作启动开关使电源模式至 ON 状态。

（4）断开电机控制器线束连接器 BV11。测量 BV11 的 1 号脚、10 号脚与车身接地之间的电阻，正常值应小于 1 Ω。

测量情况：□正常，进行下一步

□异常，修理或更换线束

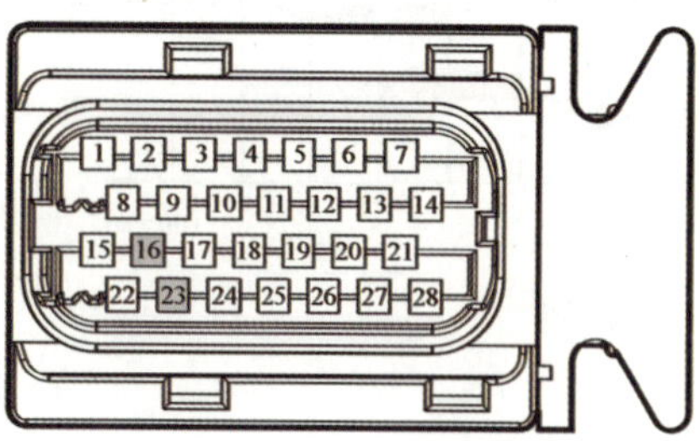

（a）BV11 电机控制器线束连接器

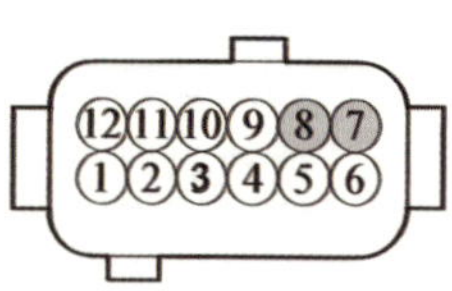

（b）BV13 电机线束连接器

图 4-2-13　检测驱动电机余弦旋变信号线路

Step04　检测驱动电机余弦旋变信号线路。

（1）操作启动开关使电源模式至 OFF 状态。

（2）操作启动开关使电源模式至 ON 状态。

（3）断开驱动电机线束连接器 BV13。

（4）断开电机控制器线束连接器 BV11。

（5）用万用表按下表进行测量：

测量位置 A	测量位置 B	测量标准值
BV13-7	BV11-16	标准电阻：小于 1 Ω
BV13-8	BV11-23	
BV13-7	BV13-8	标准电阻：10 kΩ 或更高
BV13-7	车身接地	
BV13-8	车身接地	
BV13-7	车身接地	标准电压：0 V
BV13-8	车身接地	

（6）确认测量值是否符合标准

测量情况：□正常，进行下一步

□异常，修理或更换线束

续表

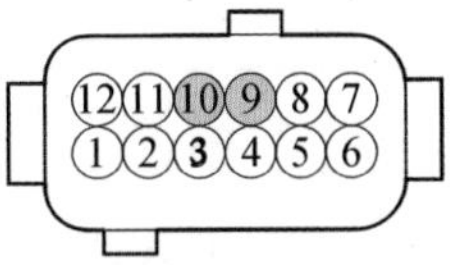

（a）BV13 电机线束连接器

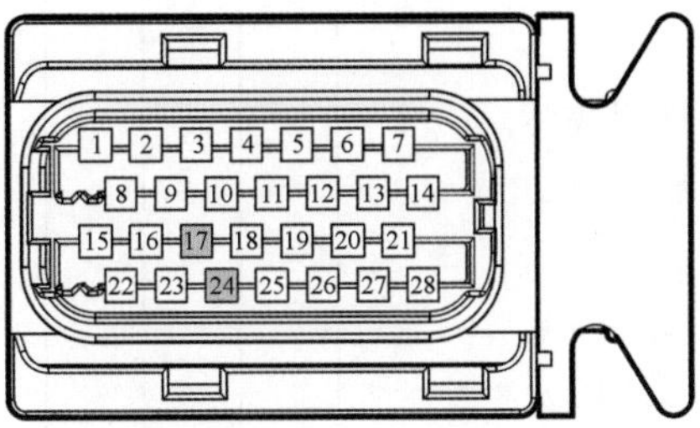

（b）BV11 电机控制器线束连接器

图 4-2-14　检测正弦旋变信号线路

Step05　检测正弦旋变信号线路，用万用表按照下表进行测量。

（1）操作启动开关使电源模式至 OFF 状态。

（2）断开蓄电池负极电缆。

（3）操作启动开关使电源模式至 ON 状态。

（4）断开驱动电机线束连接器 BV13。

（5）断开电机控制器线束连接器 BV11。

（6）用万用表按下表进行测量：

测量位置 A	测量位置 B	测量标准值
BV13-9	BV11-17	标准电阻：小于 1 Ω
BV13-10	BV11-24	
BV13-9	BV13-10	标准电阻：10 kΩ 或更高
BV13-9	车身接地	
BV13-10	车身接地	
BV13-9	车身接地	标准电压：0 V
BV13-10	车身接地	

（7）确认测量值是否符合标准。

测量情况：□正常，进行下一步

□异常，修理或更换线束

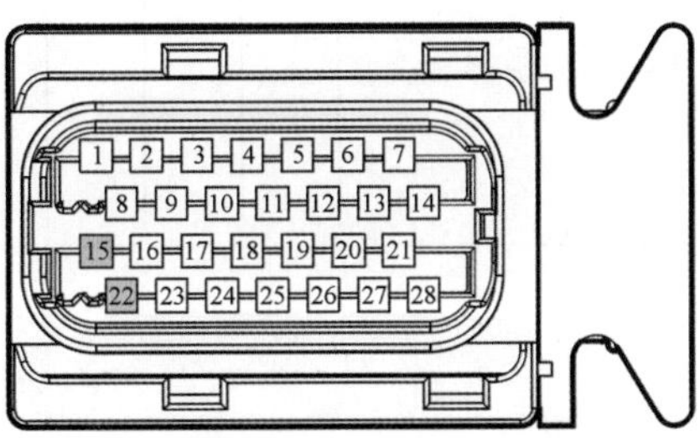

（a）BV11 电机控制器线束连接器

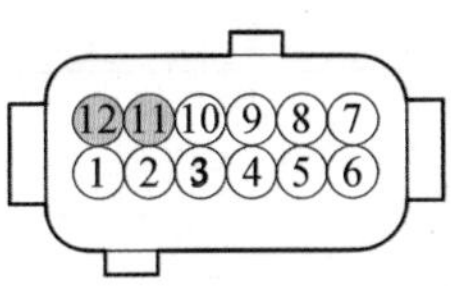

（b）BV13 电机线束连接器

图 4-2-15　检测励磁旋变信号线路

Step06　检测励磁旋变信号线路，用万用表按照下表进行测量。

（1）操作启动开关使电源模式至 OFF 状态。

（2）断开蓄电池负极电缆。

（3）操作启动开关使电源模式至 ON 状态。

（4）断开驱动电机线束连接器 BV13。

（5）断开电机控制器线束连接器 BV11F。

（6）用万用表按下表进行测量：

测量位置 A	测量位置 B	测量标准值
BV13-11	BV11-22	标准电阻：小于 1 Ω
BV13-12	BV11-15	
BV13-11	BV13-12	标准电阻：10 kΩ 或更高
BV13-11	车身接地	
BV13-12	车身接地	
BV13-11	车身接地	标准电压：0 V
BV13-12	车身接地	

测量情况：□正常，进行下一步

□异常，修理或更换线束

Step07　更换电机控制器。

（1）更换电机控制器。

（2）确认故障是否排除。

排除情况：□否，更换驱动电机

□是，诊断结束

总结评价

学习任务总结评价表

班级____________小组____________学号____________ 姓名____________

<table>
<tr><td colspan="2" rowspan="2">主要测评项目</td><td colspan="4">学生自评</td></tr>
<tr><td>A</td><td>B</td><td>C</td><td>D</td></tr>
<tr><td>关键能力总结</td><td>1. 遵守纪律，遵守学习场所管理规定，服从安排；
2. 具有安全意识、责任意识、6S 管理意识，注重节约、节能与环保；
3. 学习态度积极主动，能按时参加安排的实习活动；
4. 具有团队合作意识，注重沟通，能自主学习及相互协作；
5. 仪容仪表符合学习活动要求。</td><td></td><td></td><td></td><td></td></tr>
<tr><td>专业知识与能力总结</td><td>1. 能认识电机控制器的结构，根据其结构分析电机控制器的工作原理；
2. 能小组合作，执行维修手册标准，检修电机控制器旋变信号故障。</td><td></td><td></td><td></td><td></td></tr>
<tr><td>个人自评总结与建议</td><td colspan="5"></td></tr>
<tr><td>小组评价</td><td colspan="5"></td></tr>
<tr><td rowspan="2">教师评价</td><td rowspan="2"></td><td colspan="4">总评成绩</td></tr>
<tr><td colspan="4"></td></tr>
</table>

教师签字： 日期：

学习任务三 低压蓄电池不能充电故障检修

任务导入

车主黄先生在自行清洗吉利帝豪 EV450 纯电动汽车时，因操作不当，洗车后出现仪表充电指示灯常亮，经多次重启后故障依旧存在。维修技师诊断后确认低压蓄电池不充电，初步确认是 DC/DC 系统故障，如果你是该品牌售后服务中心的维修技师，应该如何检修？

工作任务

完成对 2018 款吉利帝豪 EV450 轿车 DC/DC 故障检修，并分析 DC/DC 故障为什么会引起低压蓄电池不能充电。

任务分组

将学生按 4 ~ 6 人为一组进行分组，明确每组的工作任务，并填写表 4-3-1。

表 4-3-1　学生分组表

组　别	小组成员	任务分工
1		
2		
3		
4		
5		
6		

工作准备

1. 根据工作任务，进行任务分组，并完成任务分工。

2. 查阅维修手册，收集吉利帝豪 EV450 纯电动汽车 DC/DC 故障检测操作流程和操作注意事项。

3. 根据工作任务，分析实施过程中的难点或可能出现的质量问题。

4. 查阅维修手册，分析 DC/DC 失效可能引起哪些故障，引起 DC/DC 故障异常的原因，并记录制订操作步骤。

收集信息

1. DC/DC 转换器的位置在__________________。

2. DC/DC 转换器的作用是将动力电池的______~______ V 高压直流电转换为______ V 低压直流电，给动力电池及整车低压系统供电。

3. 吉利帝豪 EV450 低压设定值来自____________指令。

4. 查阅教材和维修手册，理解 DC/DC 转换器的工作过程，并将下图信息补充完整。

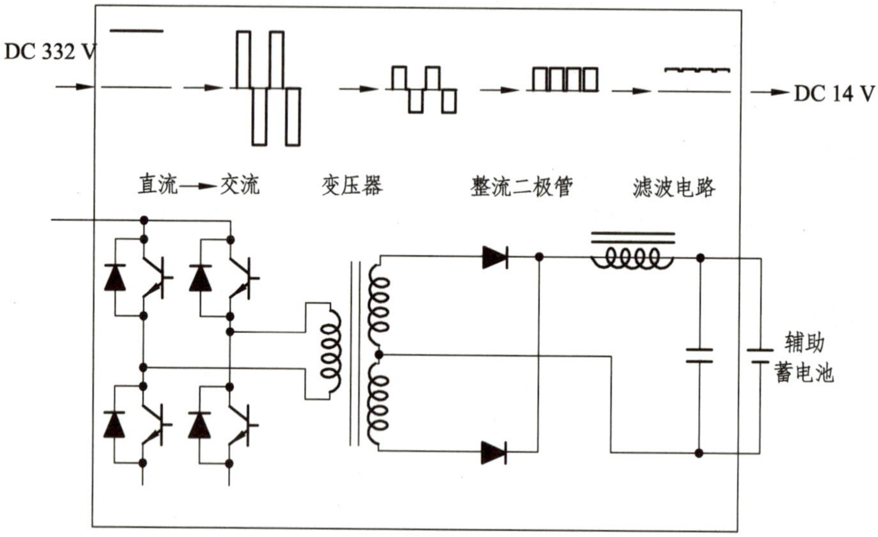

工作时，DC/DC 转换器先将高压直流电转换成____________电，然后经过___________转换成低压交流电，再经过整流器整流成直流电，最后经过_____________将低压直流电输出。

5. 查阅维修手册，标出与 DC/DC 转换器有关的线路，并写出其作用。

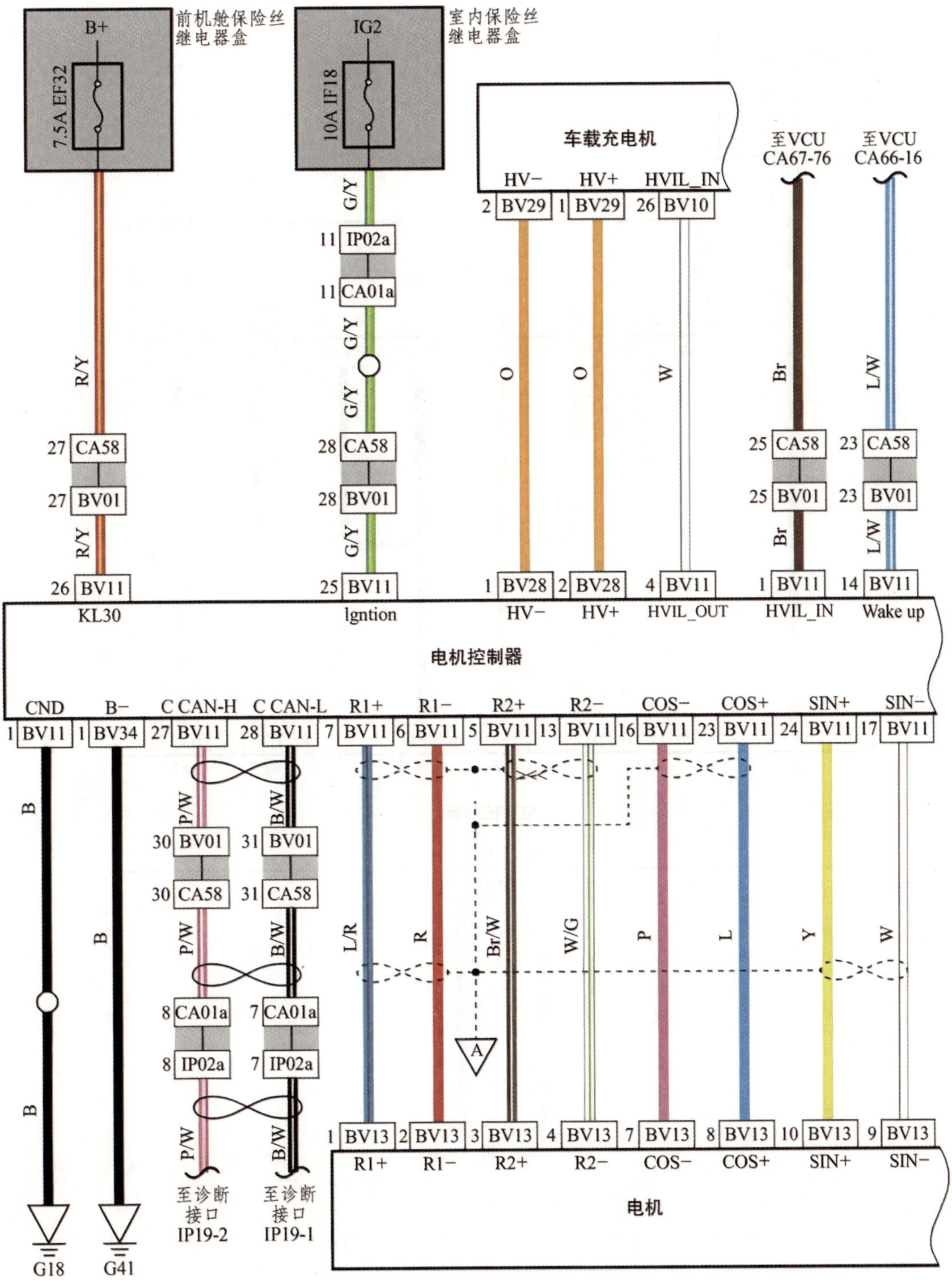
前机舱保险丝继电器盒
B+
7.5A EF32
室内保险丝继电器盒
IG2
10A IF18
车载充电机
HV− HV+ HVIL_IN
至VCU CA67-76
至VCU CA66-16
电机控制器
KL30
Igntion
HV− HV+ HVIL_OUT HVIL_IN Wake up
CND B− C CAN-H C CAN-L R1+ R1− R2+ R2− COS− COS+ SIN+ SIN−
至诊断接口 IP19-2
至诊断接口 IP19-1
G18 G41
电机
R1+ R1− R2+ R2− COS− COS+ SIN+ SIN−

作用：____

____

____

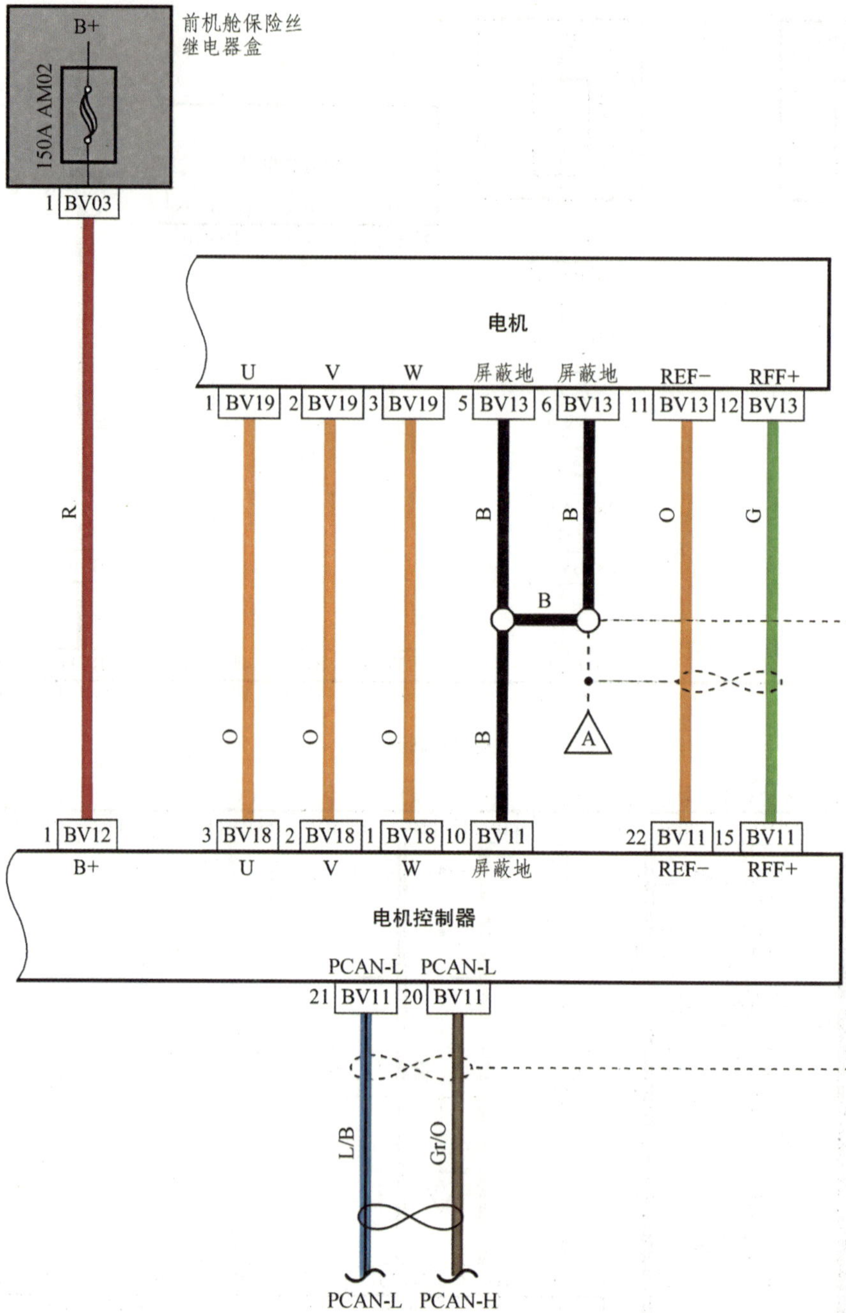

B+
150A AM02
前机舱保险丝
继电器盒
1 BV03
R
电机
U
V
W
屏蔽地
屏蔽地
REF−
RFF+
1 BV19
2 BV19
3 BV19
5 BV13
6 BV13
11 BV13
12 BV13
O
B
G
A
1 BV12
3 BV18
2 BV18
1 BV18
10 BV11
22 BV11
15 BV11
电机控制器
PCAN-L
PCAN-L
21 BV11
20 BV11
L/B
Gr/O
PCAN-L
PCAN-H

作用：

制订方案

分组查阅维修手册，学习汽车 DC/DC 系统方面的知识，制订检修车辆 DC/DC 故障的任务实施方案。

1. 任务分工

____

____。

2. 任务实施步骤

____

____。

3. 异常情况处理措施

____

____。

知识学习

一、认识低压充电系统

与传统车不同，纯电动汽车有高压和低压两套电气系统，高压电气系统主要用以驱动电机、IGBT 等高压用电设备供电，而低压电气系统通常用于汽车的低功率子系统，如车门开关、启动、灯光、多媒体、BCM（车身控制单元）等。

传统燃油车是以发动机在正常运转（怠速以上）时，带动发电机发电，从而完成给蓄电池充电，如图 4-3-1 所示。

纯电动汽车低压蓄电池亏电时，是由高压电气系统 DC/DC 转换器给低压蓄电池进行充电，如图 4-3-2 所示。

图 4-3-1　传统燃油车充电

图 4-3-2　纯电动汽车充电

二、低压充电原理

1. DC/DC 转换器

纯电动汽车配置了两种电池，一种是作为行驶用电机电源的高电压主机电池（动力电池），另一种是作为车辆附件类及控制 ECU 电源的 12 V 辅助电池。由于纯电动汽车无法利用发动机的动力进行发电，因此一般搭载 DC/DC 转换器，进行主机电池向辅助电池的降压式直流电力转换。

在 DC/DC 转换器的冷却方式上，有的在发动机舱内与逆变器整体化配置上，通过冷却系统进行水冷冷却，有的搭载在行李舱内主机电池的电池盒上，通过风扇进行风冷。冷却方式根据配置位置的环境温度与 DC/DC 转换器自身的损耗来决定，无论哪种，提高效率是共同的目标。

与一般所使用的 DC/DC 转换器不同，车辆使用的转换器要求输入电压范围广泛、温度范围广泛等。由于搭载在行李舱内，冷却方式一般采用风冷方式。

2. 低压充电

吉利帝豪 EV450 的 DC/DC 转换器集成在电机控制器内部，其功能是将电池的高压电转换成低压电，为整车低压系统供电。在高压上电前，低压电路系统依赖 12 V 铅酸蓄电池供电；当高压上电后，电机控制器将动力电池的高压直流电转换成低压直流电为 12 V 铅酸蓄电池充电，如图 4-3-3 所示。

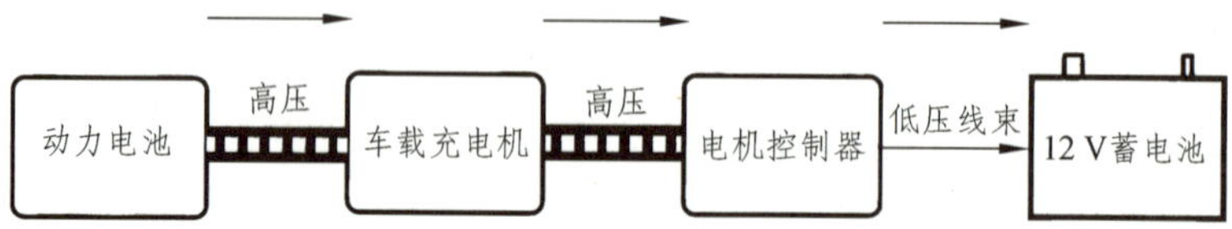

图 4-3-3　低压充电原理

3. 智能充电

长期停放的车辆容易造成低压蓄电池亏电，当低压蓄电池严重亏电时将会导致车辆无法启动上电。为避免这一问题，在具有智能充电功能的车辆停放过程中，VCU 将持续对电源蓄电池电压进行监控，当电压低于设定值时，VCU 将唤醒 BMS，同时 VCU 也将控制电机控制器通过 DC/DC 对低压蓄电池进行充电，防止低压蓄电池亏电，如图 4-3-4 所示。

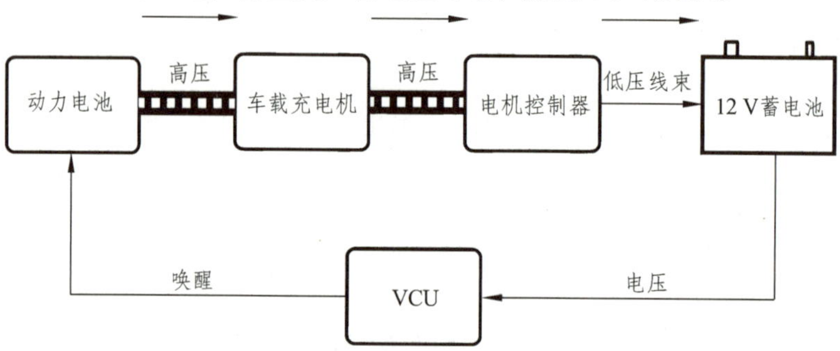

图 4-3-4　智能充电原理

三、低压蓄电池不能充电故障检修

以吉利帝豪 EV450 为例介绍低压蓄电池不能充电故障的检修。

1. DC/DC 直流转换

电机控制器（PEU）中的 DC/DC 转换器将高压直流端的高压转换成指定的直流低压（12 V 低压系统），低压设定值来自整车控制器指令，其控制原理如图 4-3-5 所示。

视频：帝豪新能源汽车低压蓄电池不充电故障检修

2. 车载充电机低压线束连接器

BV10 车载充电机低压线束连接器端子信息见表 4-3-2。

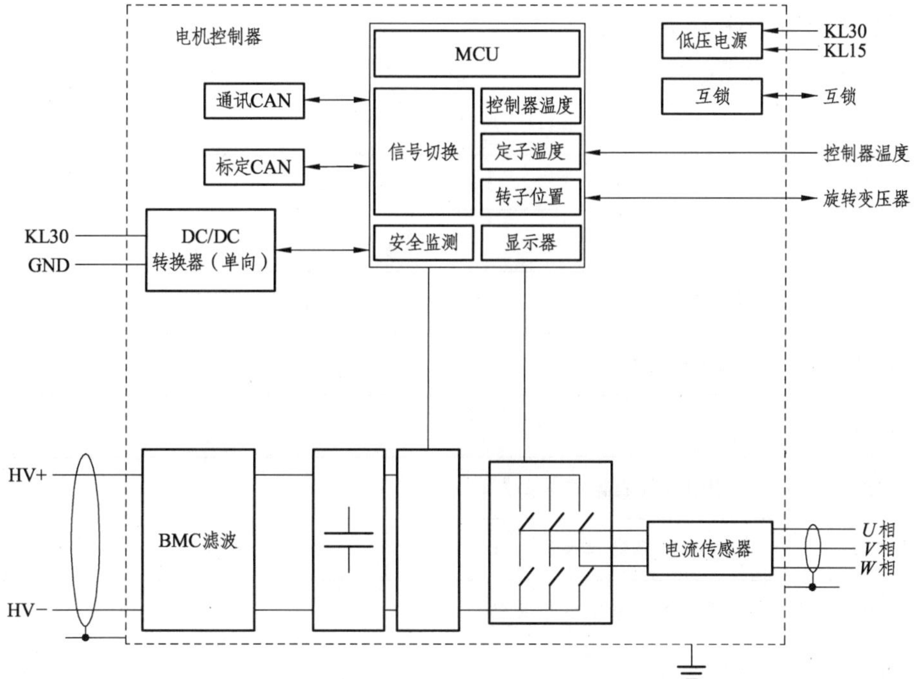

图 4-3-5　EV45O 的 DC/DC 控制原理图

表 4-3-2　BV10 车载充电机低压线束连接器端子信息表

型号	端子号	端子定义	颜色	端子状态
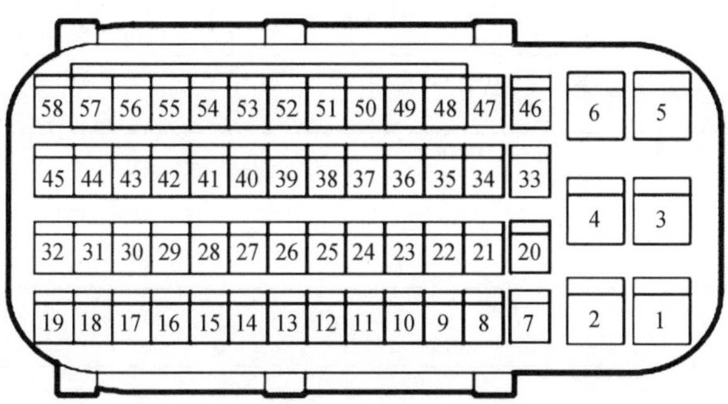 图 4-3-6　BV10 车载充电机低压线束连接器	4	KL30	R	
	6	接地	B	
	17	充电口温度检测 1 地	B/W	
	19	唤醒	0.5Y/B	慢充唤醒信号
	26	高压互锁入	W	
	27	高压互锁出	BR/B	
	30	电子锁状态	W/R	
	34	充电口温度检测 1	B/Y	
	39	CC 信号检测	O	
	41	对应灯具 2 脚	P/B	
	44	电子锁正极	W/L	
	47	对应灯具 3 脚	L	
	49	对应灯具 4 脚	O/G	
	50	CP 信号检测	V/B	
	54	CAN-L	L/B	
	55	CAN-H	GR/O	
	57	电子锁负极	W/B	

3. 故障诊断代码（DTC）列表

故障诊断代码及说明见表 4-3-3。

表 4-3-3　故障诊断代码列表

故障诊断代码	说　明
U300616	控制器供电电压低
U300617	控制器供电电压高
U007300	CAN 总线关闭
U011287	与高压电池控制器通信丢失
U021487	与 PEPS 控制器通信丢失
U015587	与组合仪表通信丢失
U012287	与车身稳定系统通信丢失
U014687	与网关通信丢失
P1A8019	直流输出电流过高
P1A8017	OBC 关闭由于输入电压过高
P1A8016	OBC 关闭由于输入电压过低
P1A8403	CP 在充电机的内部测试点占空比异常
P1A841C	CP 在充电机的内部 6 V 测试点电压异常（S_2 关闭以后）
P1A851C	CP 在充电机的内部 9 V 测试点电压异常（S_2 关闭以前）
P1A8538	CP 在充电机的内部测试点频率异常（S_2 关闭以前）
P1A8617	输出电压过高关机
P1A8616	输出电压过低关机
P1A8698	温度过高关机
P1A8719	输入过载
P1A8806	自检故障
P1A8898	交流插座过温关机

任务实施

 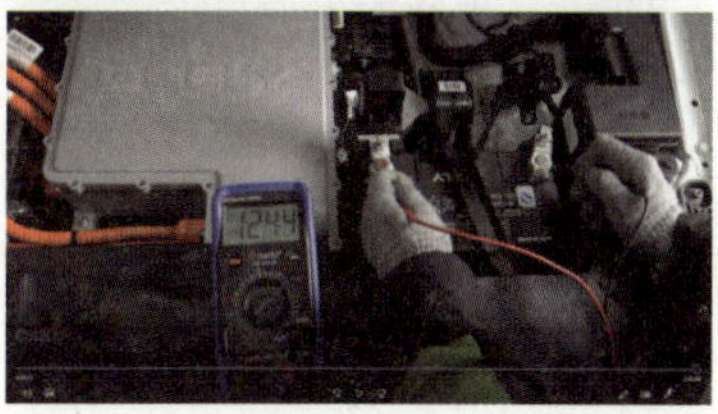 图 4-3-7　确认故障	Step01　故障确认。REDAY 模式下再次测量蓄电池电压，正常应为 13～14 V。 测量值：________ 测量情况：□正常，进行下一步 □不正常，则说明低压蓄电池没有充电
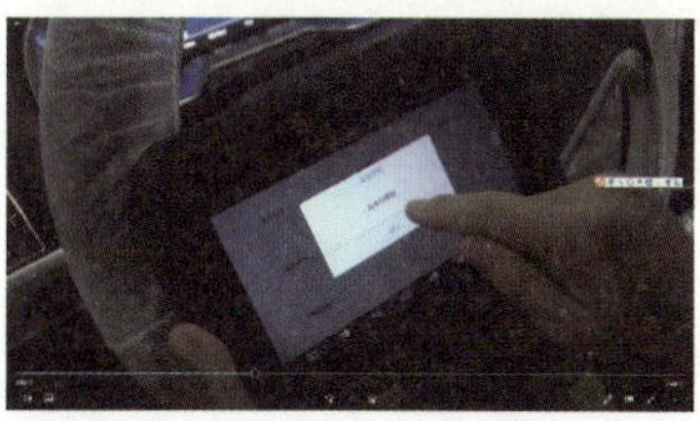 图 4-3-8　读取故障码和蓄电池电压数据流	Step02　连接故障诊断仪，用故障诊断仪读取故障码和蓄电池电压数据流。 故障码：__________ 蓄电池电压：________ 完成情况：□完成 □未完成，原因：__________
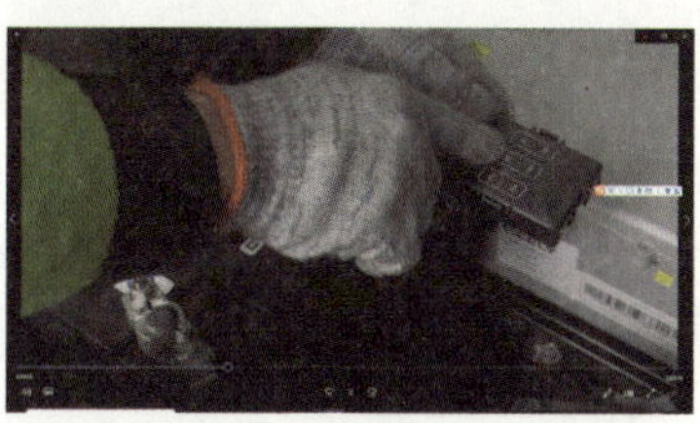 图 4-3-9　测量 150 A 保险	Step03　测量 150A 保险（电阻应小于 1 Ω）。 测量值：________ 测量情况：□正常 □不正常 备注：电阻不正常则需更换。
 图 4-3-10　检查电机控制器保险丝 EF32、IF18	Step04　检查电机控制器保险丝 EF32、IF18。 方法：关闭点火开关，拔下保险丝，检查是否熔断。 保险丝额定容量：EF32：7.5 A；IF18：10 A。 测量情况：□正常，进行下一步 □异常，检查线路更换保险丝

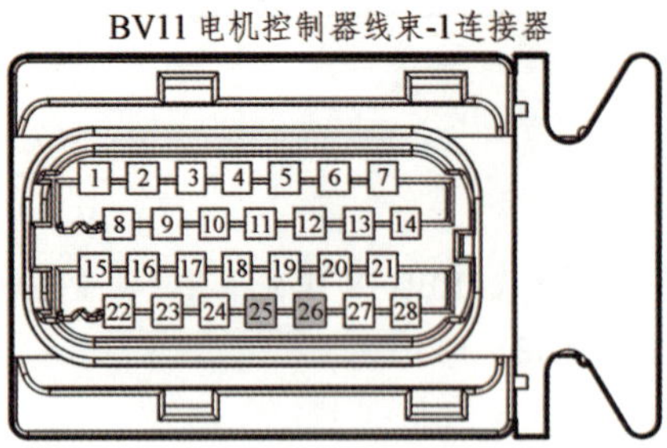 图 4-3-11　检查电机控制器低压电源	Step05　检查电机控制器低压电源。 方法：断开电机控制器插头 BV11，打开点火开关，测量 BV11 端子 25 和 26 脚与车身接地之间的电压。 标准电压：11 ~ 14 V； 测量结果：________V； 测量情况：□正常，进行下一步 □异常，修理或更换线束
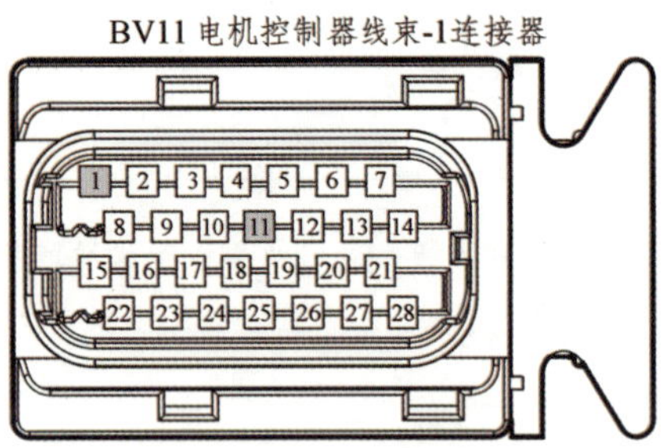 图 4-3-12　检查电机控制器接地电阻	Step06　检查电机控制器接地电阻。 方法：关闭点火开关，测量 1 号脚、11 号脚与搭铁之间的电阻值，正常应小于 1 Ω。 测量结果：________Ω； 测量情况：□正常 □异常，修理或更换线束
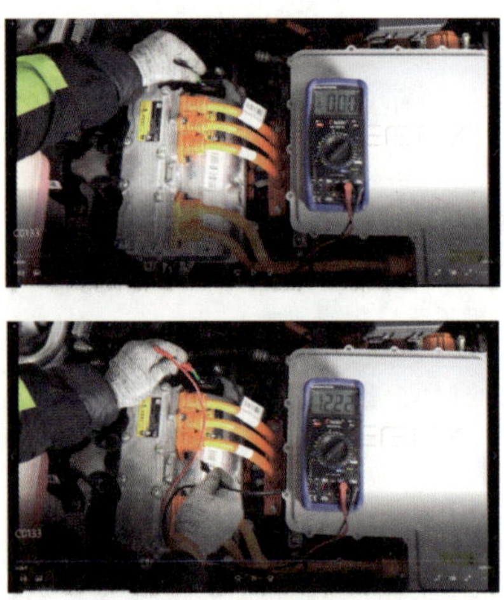 图 4-3-13　检查唤醒信号	Step07　检查唤醒信号。插上 PEU 低压插头，打开点火开关，用探针测量 BV11 ~ BV14 号脚电压值。 标准电压：11 ~ 14 V。 测量结果：________V； 测量情况：□正常，进行下一步 □异常，检查唤醒电路

<table>
<tr>
<td>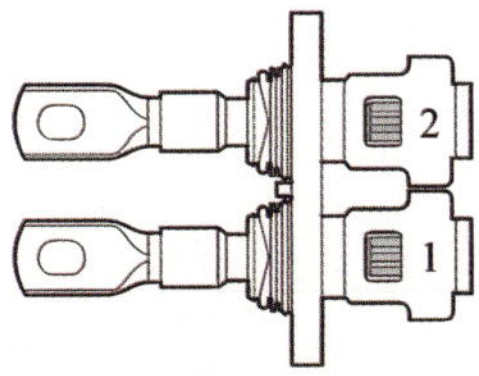
（a）BV28 接 PEU 线束连接器
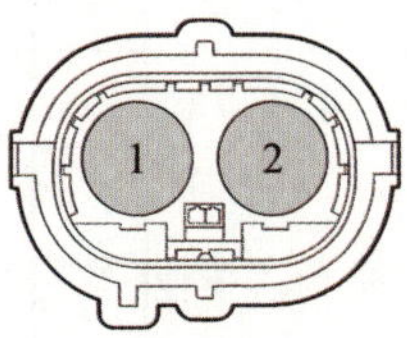
（b）BV29 接分线盒线束连接器
图 4-3-14　检查分线盒线束</td>
<td>Step08　检查分线盒线束。
方法：断开蓄电池负极，拆卸维修开关，拆卸电机控制器高压线束连接器 BV28 和直流母线 BV29(分线盒侧)，测量高压直流母线两端之间的电阻。
标准电阻：小于 1 Ω；测量结果：________Ω。
测量情况：□正常，进行下一步
□异常，更换分线盒总成
注意：拆卸高压母线时必须佩戴绝缘手套和使用绝缘工具。</td>
</tr>
<tr>
<td>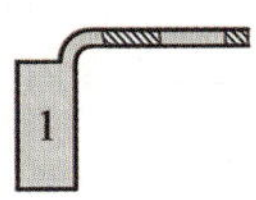
图 4-3-15　检查 DC/DC 与蓄电池之间的线路</td>
<td>Step09　检查 DC/DC 与蓄电池之间的线路。
方法：断开蓄电池负极，拆卸电机控制器高压线束连接器 BV12 和蓄电池正极，测量 EP12 端子 1 与蓄电池正极两端之间的电阻。
标准电阻：小于 1 Ω；
测量结果：________Ω；
测量情况：□正常，电机控制器故障，更换
□异常，修理或更换线束</td>
</tr>
<tr>
<td>
图 4-3-16　确认故障排除</td>
<td>Step10　修复后确认故障排除。
方法：连接解码仪读取故障码，检查确认无故障码。
完成情况：□完成
□未完成，原因：______________</td>
</tr>
</table>

总结评价

学习任务总结评价表

班级____________小组____________学号____________姓名____________

<table>
<tr><td colspan="2" rowspan="2">主要测评项目</td><td colspan="4">学生自评</td></tr>
<tr><td>A</td><td>B</td><td>C</td><td>D</td></tr>
<tr><td>关键能力总结</td><td>1. 遵守纪律，遵守学习场所管理规定，服从安排；
2. 具有安全意识、责任意识、6S 管理意识，注重节约、节能与环保；
3. 学习态度积极主动，能按时参加安排的实习活动；
4. 具有团队合作意识，注重沟通，能自主学习及相互协作；
5. 仪容仪表符合学习活动要求。</td><td></td><td></td><td></td><td></td></tr>
<tr><td>专业知识与能力总结</td><td>1. 能够叙述 DC/DC 转换器的功能和工作条件；
2. 能够叙述 DC/DC 转换器的工作过程；
3. 能够正确诊断及排除 DC/DC 转换器的故障。</td><td></td><td></td><td></td><td></td></tr>
<tr><td>个人自评总结与建议</td><td colspan="5"></td></tr>
<tr><td>小组评价</td><td colspan="5"></td></tr>
<tr><td rowspan="2">教师评价</td><td rowspan="2"></td><td colspan="4">总评成绩</td></tr>
<tr><td colspan="4"></td></tr>
</table>

教师签字：　　　　　　　　　日期：

项目五

新能源电动汽车整车控制系统故障检修

学习目标

1. 知识目标

（1）纯电动汽车网络架构及 CAN 通信原理；

（2）纯电动汽车驱动控制原理；

（3）纯电动汽车驻车控制原理；

（4）纯电动汽车低压供电控制逻辑及电路原理。

2. 技能目标

（1）熟悉整车网络控制系统的组成和功用；

（2）能够进行典型故障的诊断与排除；

（3）能准确描述整车控制器与各系统控制的逻辑关系。

3. 素质目标

（1）能够自主查阅相关资源获取信息；

（2）能够团队合作，解决问题；

（3）能够精益求精地磨炼技艺，树立技能报国的理想，发扬大国工匠精神，具备爱岗敬业的职业素养。

学习任务一 新能源电动汽车故障诊断仪无法与车辆通信故障检修

任务导入

某吉利4S店的高级汽车维修工小王接到一张任务工单：一辆2018年款吉利帝豪EV450纯电动汽车出现了解码仪无法与车辆通信、不能进入VCU等系统的问题。如果你是小王，应该如何检修并排除该故障？

工作任务

完成对2018年款吉利帝豪EV450轿车故障诊断仪无法与车辆通信故障的检修，并分析其无法与车辆通信故障的原因。

任务分组

将学生按4～6人为一组进行分组，明确每组的工作任务，并填写表5-1-1。

表 5-1-1 学生分组表

组　别	小组成员	任务分工
1		
2		
3		
4		
5		
6		

工作准备

1. 根据工作任务，进行任务分组，并完成任务分工。

2. 查阅维修手册，收集吉利帝豪EV450纯电动汽车故障诊断仪无法与车辆通信故障的检修操作流程和操作注意事项。

3. 根据工作任务，分析实施过程中的难点或可能出现的质量问题。

4. 查阅维修手册，分析可能引起故障诊断仪无法与车辆通信故障的原因，并记录制订操作步骤。

收集信息

1. 纯电动汽车的整车控制系统通常包含低压电器控制系统、高压电器控制系统和_______系统 3 部分。

2. 低压电器控制系统主要由____________和若干____________组成，低压电器控制系统采用直流____V 或____V 电源。

3. 高压电气控制系统主要由__________、驱动电机和功率转换器等大功率、高压的电器设备组成，根据车辆行驶的功率需求完成从动力电池到__________的能量变换与传输过程。

4. 整车控制器是整个控制系统的核心，主要通过_______________连接来控制其他系统。

5. 整车控制器的控制逻辑如下，请补全还需采集的信号和最终控制输出端。

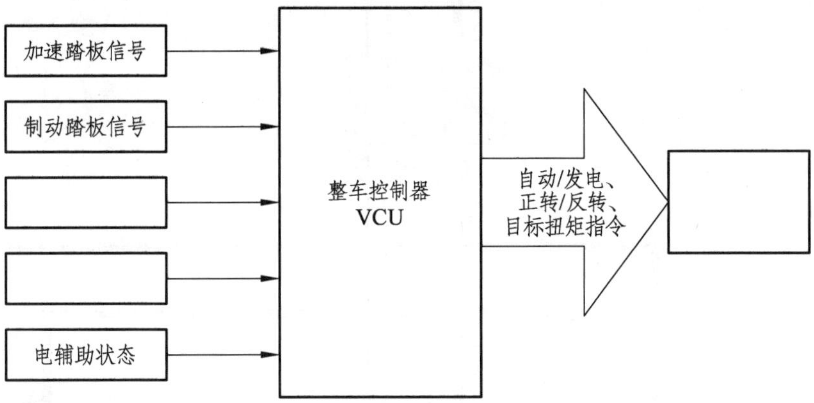

6. 属于整车控制的控制逻辑有：_______________（多选）。

   A. 分层控制
   B. 局域网络控制
   C. 整车控制模式判断和驱动控制
   D. 电源控制
   E. 主继电器控制
   F. 制动能量回馈和优化控制
   G. 辅助系统控制
   H. DC/DC 转换控制
   I. 保护控制

7. 查阅吉利帝豪 EV450 整车网络系统图，完成以下信息收集。

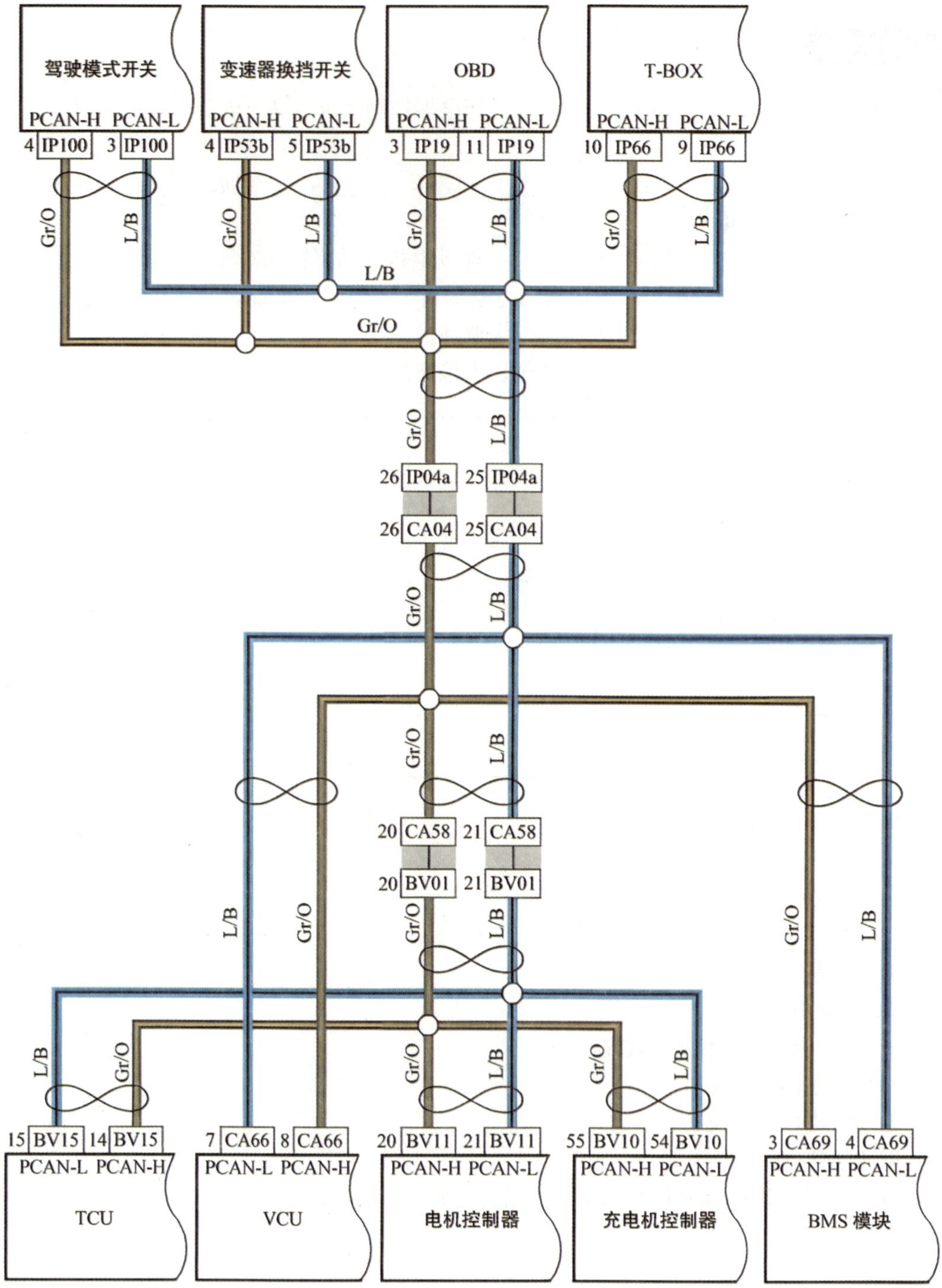
驾驶模式开关
变速器换挡开关
OBD
T-BOX
PCAN-H PCAN-L
4 IP100 3 IP100
4 IP53b 5 IP53b
3 IP19 11 IP19
10 IP66 9 IP66
Gr/O
L/B
26 IP04a 25 IP04a
26 CA04 25 CA04
20 CA58 21 CA58
20 BV01 21 BV01
15 BV15 14 BV15
7 CA66 8 CA66
20 BV11 21 BV11
55 BV10 54 BV10
3 CA69 4 CA69
PCAN-L PCAN-H
PCAN-H PCAN-L
TCU
VCU
电机控制器
充电机控制器
BMS 模块

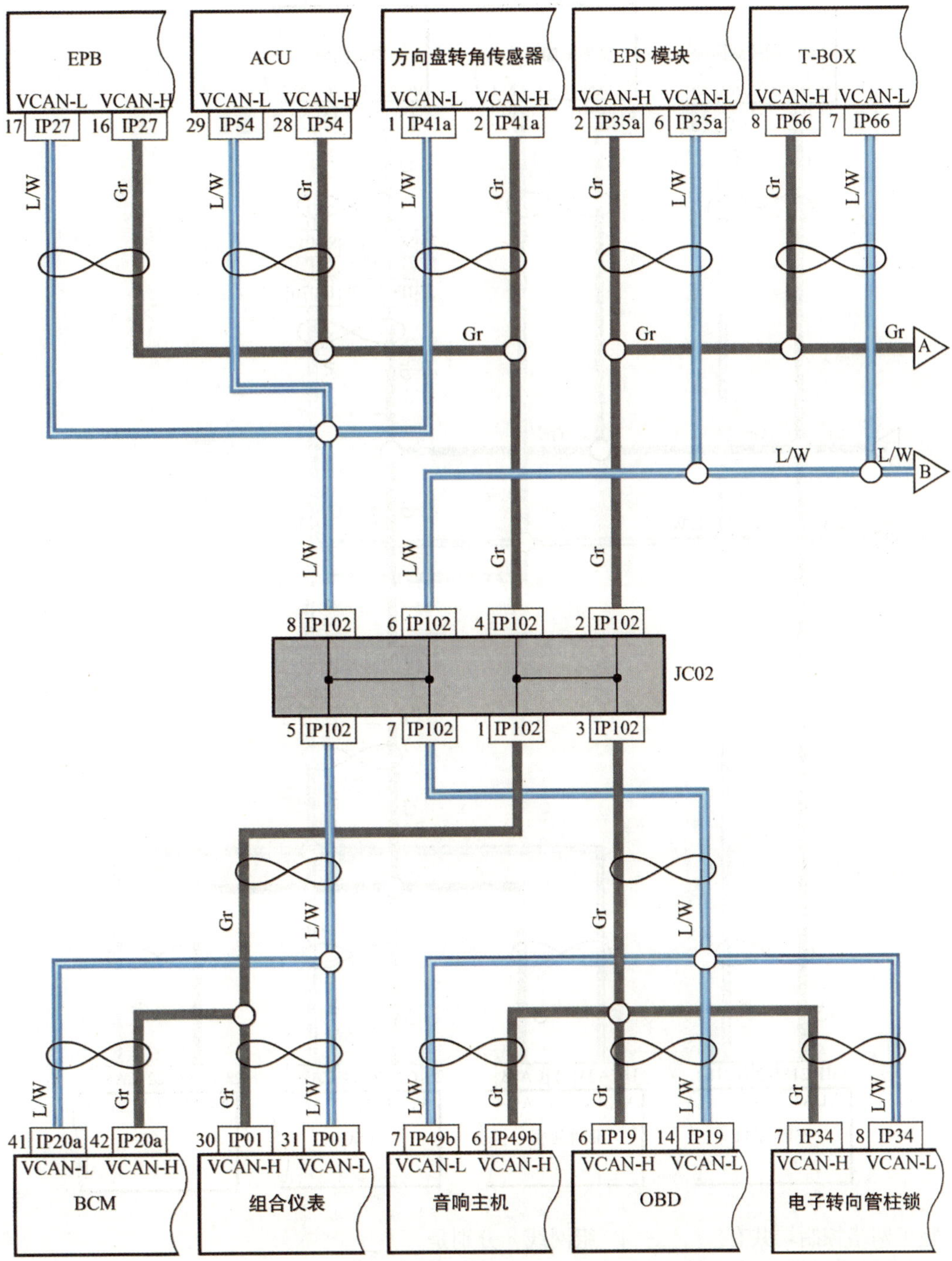
EPB
VCAN-L VCAN-H
17 IP27 16 IP27
ACU
VCAN-L VCAN-H
29 IP54 28 IP54
方向盘转角传感器
VCAN-L VCAN-H
1 IP41a 2 IP41a
EPS 模块
VCAN-H VCAN-L
2 IP35a 6 IP35a
T-BOX
VCAN-H VCAN-L
8 IP66 7 IP66
L/W
Gr
A
B
8 IP102 6 IP102 4 IP102 2 IP102
JC02
5 IP102 7 IP102 1 IP102 3 IP102
41 IP20a 42 IP20a
VCAN-L VCAN-H
BCM
30 IP01 31 IP01
VCAN-H VCAN-L
组合仪表
7 IP49b 6 IP49b
VCAN-L VCAN-H
音响主机
6 IP19 14 IP19
VCAN-H VCAN-L
OBD
7 IP34 8 IP34
VCAN-H VCAN-L
电子转向管柱锁

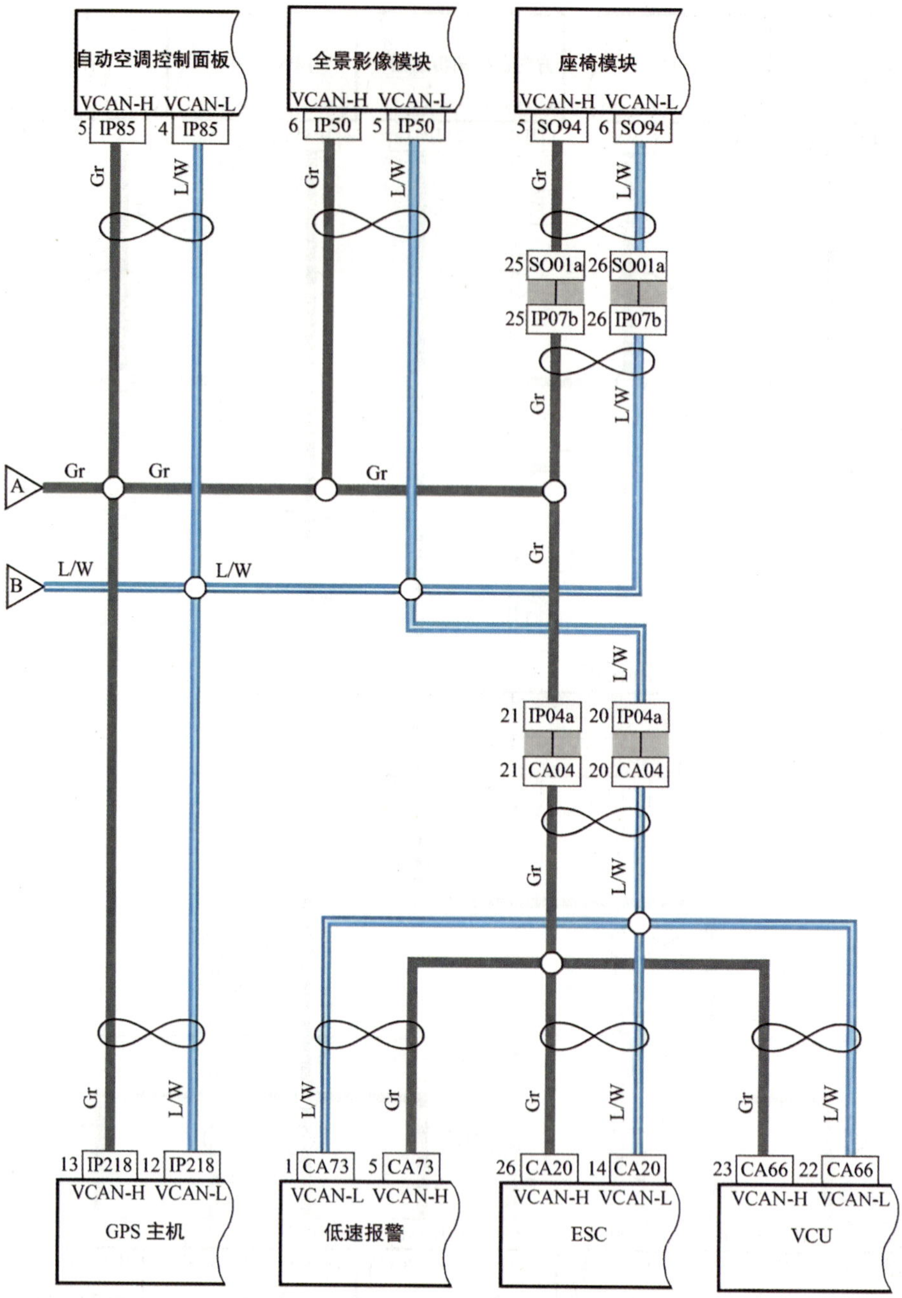

整车网络控制端共有__________组网线，分别是____________________。

高压系统通信传输是________ CAN，系统主要部件有______________________。

整车低压系统的通信传输是________ CAN，系统主要部件有___________________。

8. OBD 即______________，当系统出现故障时，故障警告灯点亮，同时 OBD 系统会将故障信息存入_______，运用标准的诊断仪器连接诊断接口可以以_______的形式读取相关信息。诊断接口及各端子是标准布置，下图中电源线是_________，搭铁线是________，诊断口还预留有两组内部网络线，分别是__________________。

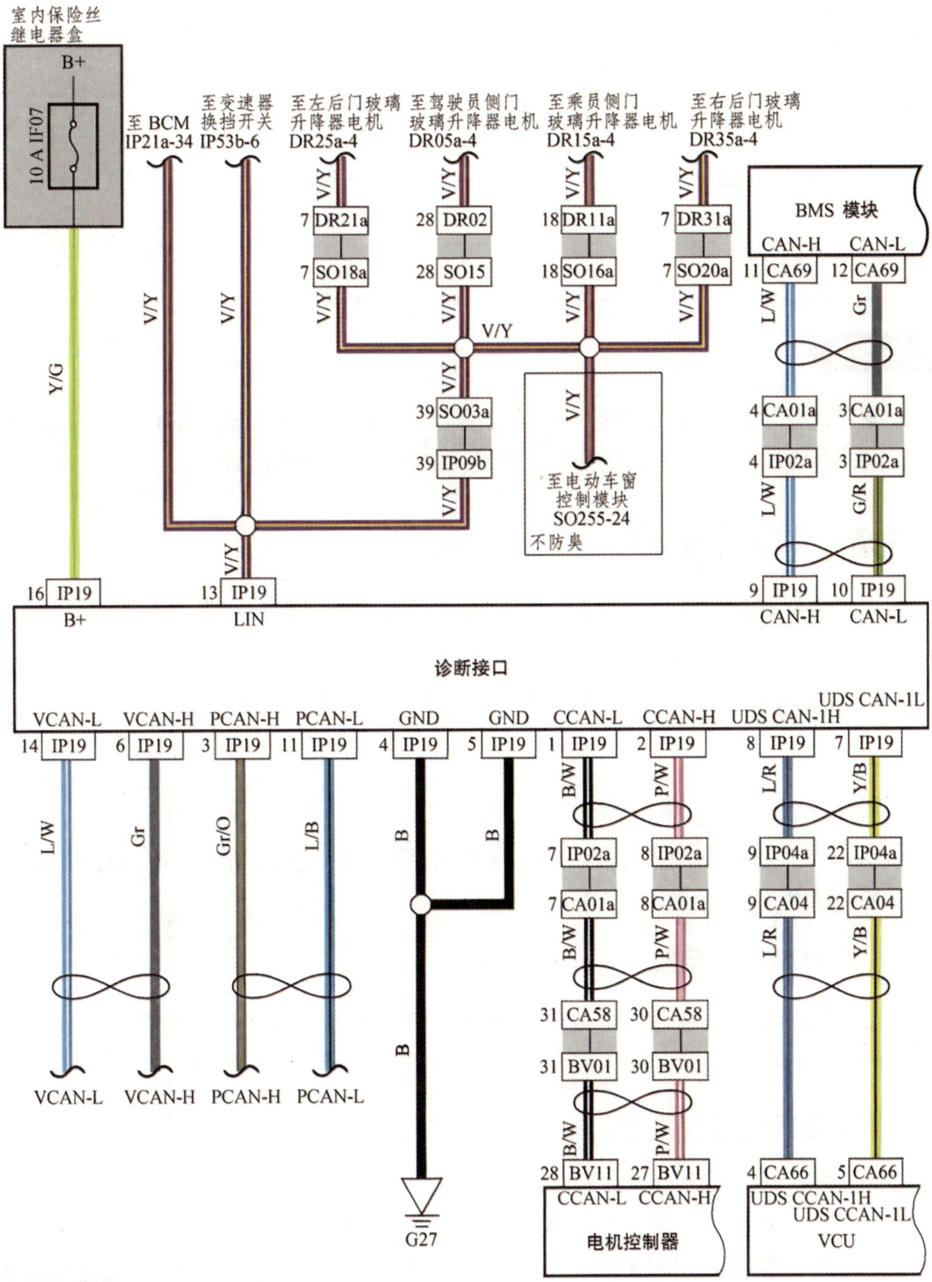

制订方案

分组查阅维修手册，学习整车控制系统方面的知识，制订诊断仪无法与车辆通信故障的任务实施方案。

1. 任务分工

____

____。

2. 任务实施步骤

____

____。

3. 异常情况处理措施

____

____。

知识学习

整车控制系统是电动汽车的神经，承担着能量与信息传递的功能，对电动汽车的动力性、经济性、安全性和舒适性等有很大的影响，是电动汽车的重要组成部分。

一、整车控制系统的组成

纯电动汽车的整车控制系统通常包含低压电器控制系统、高压电器控制系统和整车网络化控制系统 3 部分。

（一）低压电器控制系统

低压电器控制系统主要由辅助蓄电池和若干低压电器设备组成，低压电器控制系统采用直流 12 V 或 24 V 电源，一方面为灯光、雨刮器等车辆的常规低压电器供电，另一方面为整车控制器、高压电器设备的控制电路和辅助部件供电。纯电动汽车的辅助蓄电池由动力电池通过 DC/DC 转换器来充电。

（二）高压电器控制系统

高压电器控制系统主要由动力电池、驱动电机和功率转换器等大功率、高压的电器设备组成，根据车辆行驶的功率需求完成从动力电池到驱动电机的能量变换与传输过程。

（三）整车网络化控制系统

整车网络化控制系统主要包括整车控制器（VCU）、电机控制器、BMS、车身控制管理系统、信息显示系统和通信系统等。整车控制器是整车控制系统的核心，承担了数据交换与管理、故障诊断、安全监控、驾驶人意图解析等功能。各子系统之间的信息传递通过网络通信系统实现。

二、整车控制系统的控制原理

如图 5-1-1 所示，整车控制系统对整车的控制主要通过整车控制器与 CAN 总线的连接来控制其他系统。整车控制器是整车控制系统的核心部件，被称为动力总成控制器，整车控制器通过 CAN 总线来采集加速踏板信号、制动信号以及其他各部件的信号，根据控制逻辑做出判断后，控制其他各部件所对应的控制器运行，来促使汽车整车的行驶。

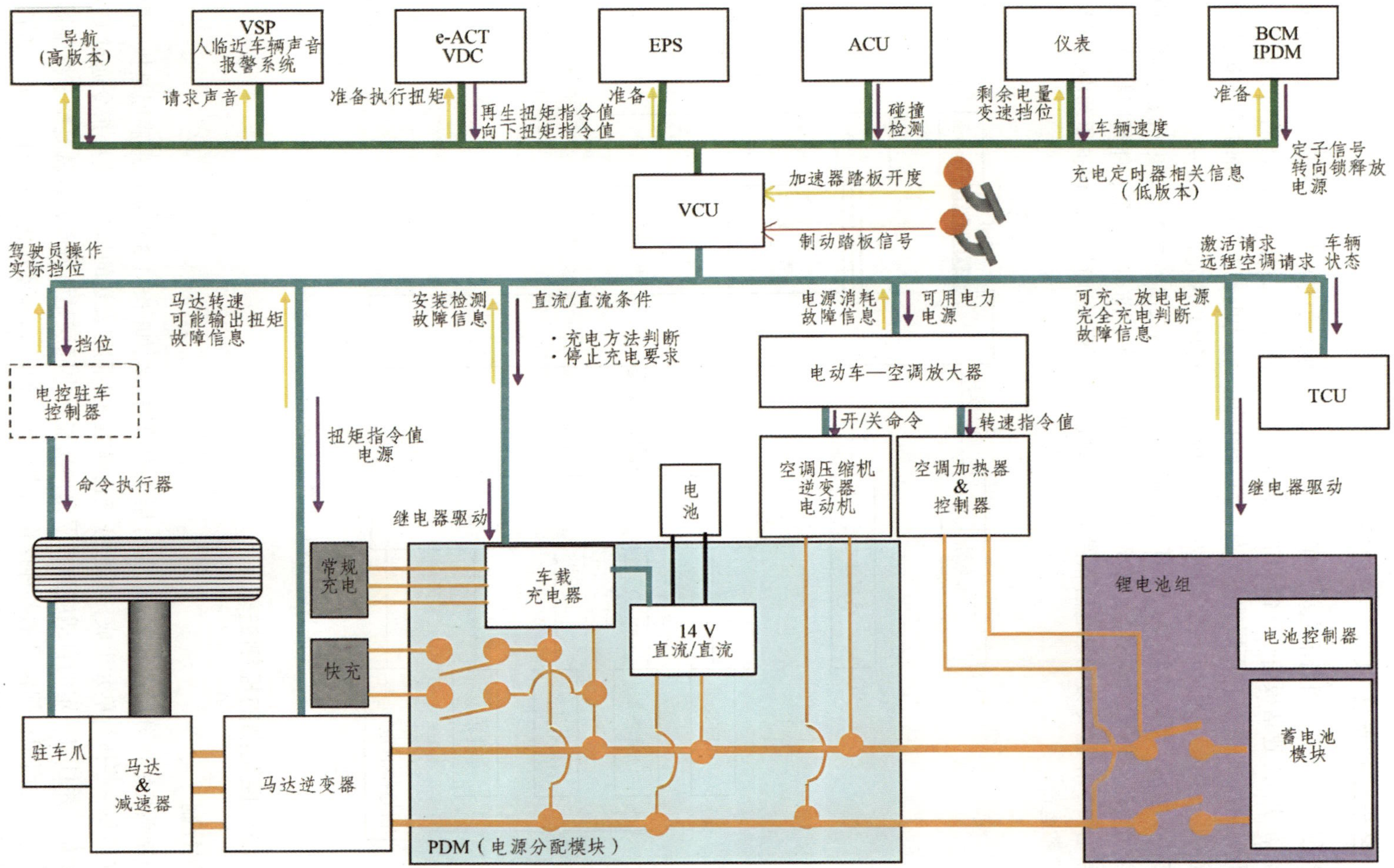

图 5-1-1　整车控制系统原理

（一）整车控制器（VCU）的功能

整车控制器（VCU）相当于电动汽车的“大脑”，控制电动汽车的所有部件，它通过采集电机控制系统信号、加速踏板信号、制动踏板信号及其他部件信号，根据驾驶员的驾驶意图综合分析并作出响应判断后，监控下层的各部件控制器的动作。作为电动汽车上全部电气的运行平台，它的性能优劣，直接影响其他电气性能的发挥，是整车性能好坏的决定性因素之一。

如图 5-1-2 所示，整车控制器（VCU）根据驾驶员的意图发出各种指令，电机控制器响应并反馈，实时调整驱动电机的输出，以实现整车的怠速、倒车、前行、停车、能量回收等功能。电机控制器的另一个重要功能是通信和保护，实时进行状态和故障检测，保护驱动电机系统和整车安全可靠运行。

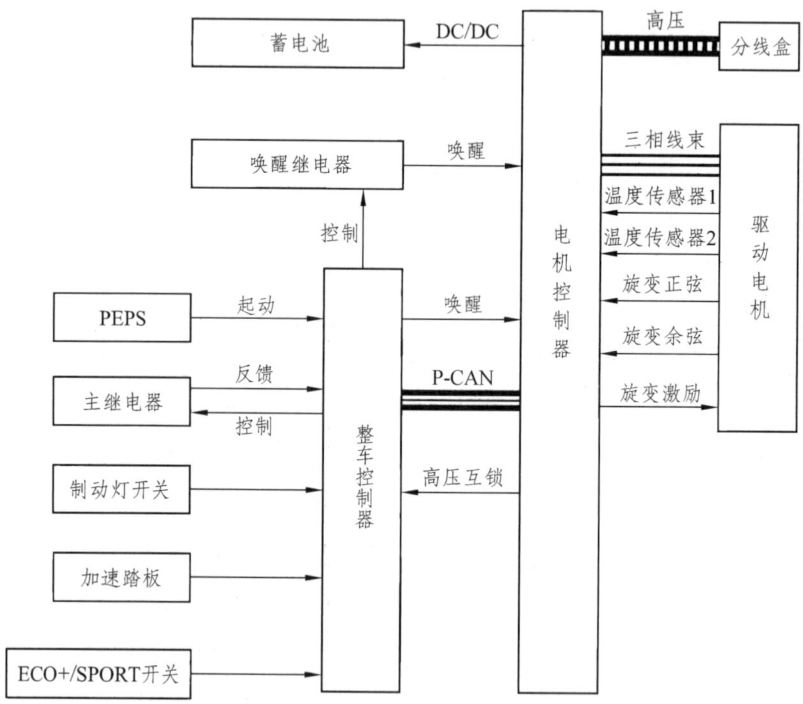

图 5-1-2　EV450 整车控制器的工作原理

（二）整车控制器的控制逻辑

1. 分层控制

整车控制系统采用分层控制方式，其分层结构控制系统如图 5-1-3 所示。最底层是执行层，由部件控制器和一些执行单元组成，其任务是正确执行中间层发送的指令，这些指令通过 CAN 总线进行交互，并且有一定的自适应和极限保护功能；中间层是协调层，也就是整车控制器，它的主要任务一方面根据驾驶员的各种操作和汽车当前的状态解释驾驶员的意图，另一方面根据执行层的当前状态，做出最优的协调控制；最高层是组织层，由驾驶员或者自动驾驶仪来实现车辆控制的闭环。各控制器之间通过 CAN 网络进行信息交互，共同实现整车的功能控制。

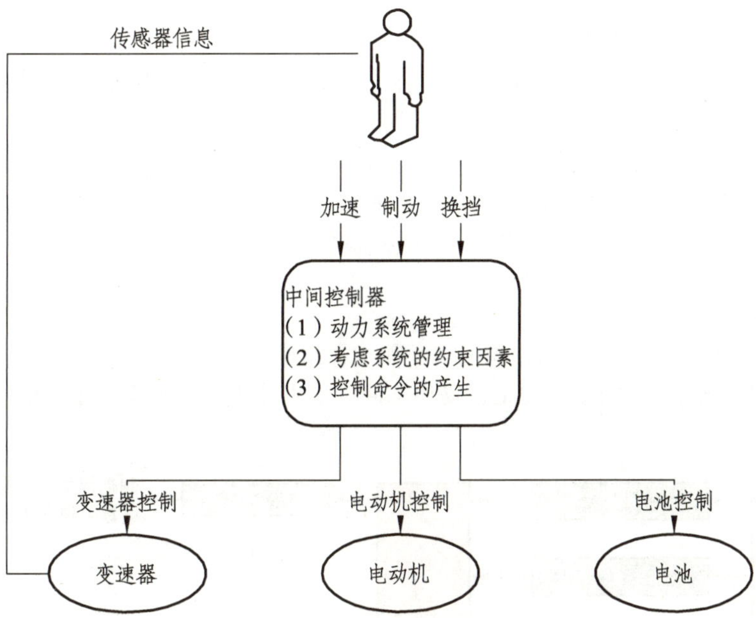

图 5-1-3　分层结构控制系统

2. 局域网络控制

整车控制器内置车辆网关。CAN 系统分为 EV-CAN 和 V-CAN 两种。EV-CAN 为电动车驱动系统网络通信控制。V-CAN 则为车身、底盘系统网络。VCU 的网关起到翻译及传递各系统信息作用。局域网络控制如图 5-1-4 所示。

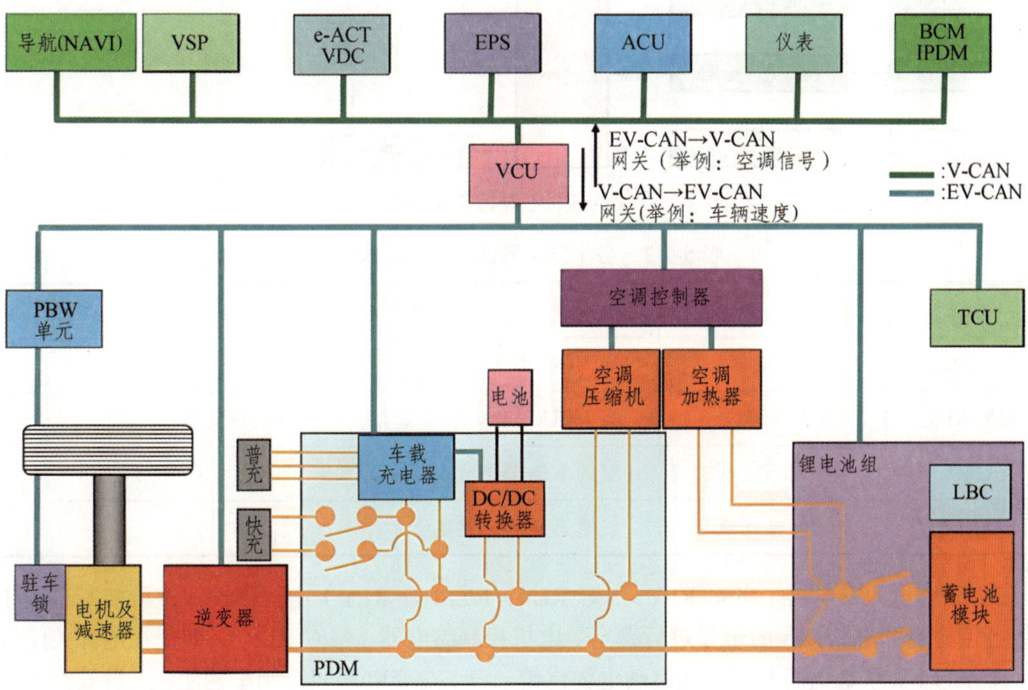

图 5-1-4　局域网络控制

3. 整车控制模式判断和驱动控制

整车控制器通过各种状态信息如：充电信号、启动开关信号、加速/制动踏板位置、当前车速和整车是否有故障信息等，来判断当前需要的整车工作模式是处于充电模式还是行驶模式，然后根据当前的参数和状态及前一段时间的参数及状态，计算出当前车辆的转矩能力，按当前车辆需要的转矩，计算出合理的最终实际输出的转矩。例如，当踩下加速踏板时，整车控制器向电机控制单元发送电机输出转矩信号，电机控制系统控制电机按照驾驶人的意图输出转矩。

4. 电源控制

如图 5-1-5 所示，电源控制系统主要由 4 个继电器组成，分别为 F/S RLY、M/C RLY、A/C RLY 和 F/SSHG RLY，根据不同模式，VCU 操作不同的继电器吸合。各个继电器的工作条件及作用见表 5-1-2。

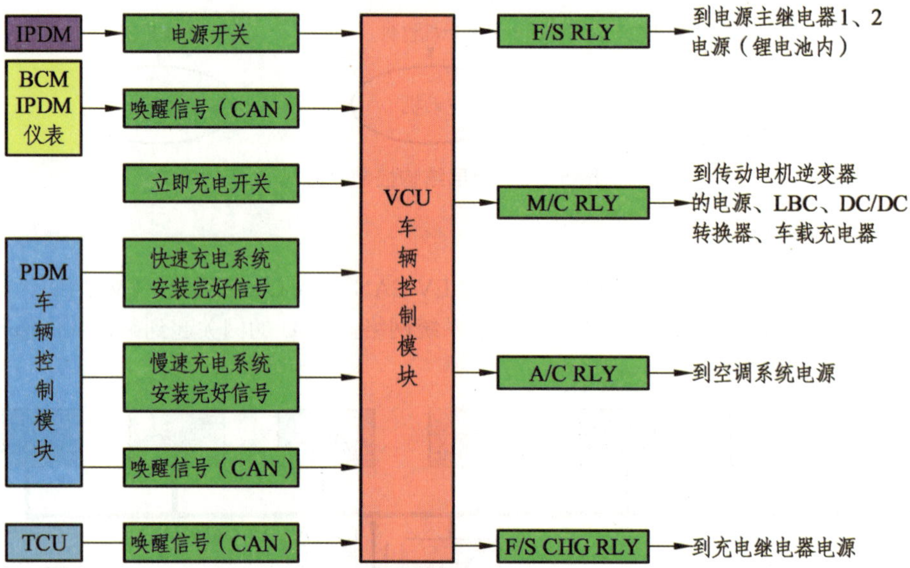

图 5-1-5　电源控制结构图

表 5-1-2　各个继电器的工作条件及作用

名　称	定　义	工作条件及作用
F/S RLY	主继电器	当 VCU 工作时便会工作，用于启动电动车系统
M/C RLY	电机继电器	当 VCU 工作时便会工作，用于启动逆变器
A/C RLY	空调继电器	空调系统工作时，继电器工作
F/SSHG RLY	快速充电继电器	快速充电时，继电器工作

EV 系统电源继电器（M/C RLY，S/C RLY，F/SSHG_RLY）由操作模式进行控制，操作模式由各传感器和电脑接收的信号进行确定。电机控制继电器（M/C-RLY），即使在电源关闭的情况，部分的 EV 系统仍需要用它来启动电源供给。为了在充电期间控制车辆能耗，设置空调继电器（A/C RLY），便于不使用空调系统的时候，关闭空调电源。F/SSHG_RLY 的设置目的是可实

现除车载充电器进行充电控制的情况下，还可由 VCU 进行充电切断控制。

5. 主继电器控制

如图 5-1-6 所示，车辆控制模块会因驾驶员的操作而启动，如推动开关和接上充电插头或从车辆控制模块内部时钟接到启动信号，然后车辆控制模块将打开/关闭锂电池组中的系统主继电器以及充电电阻继电器。

当系统主继电器“ON”时，从锂电池处向直流/直流转换器、空调系统以及动力电机逆变器提供电源；当系统主继电器“ON”时，车载充电器打开充电继电器，从车载继电器向锂电池直流/直流转换器、空调系统提供电源。

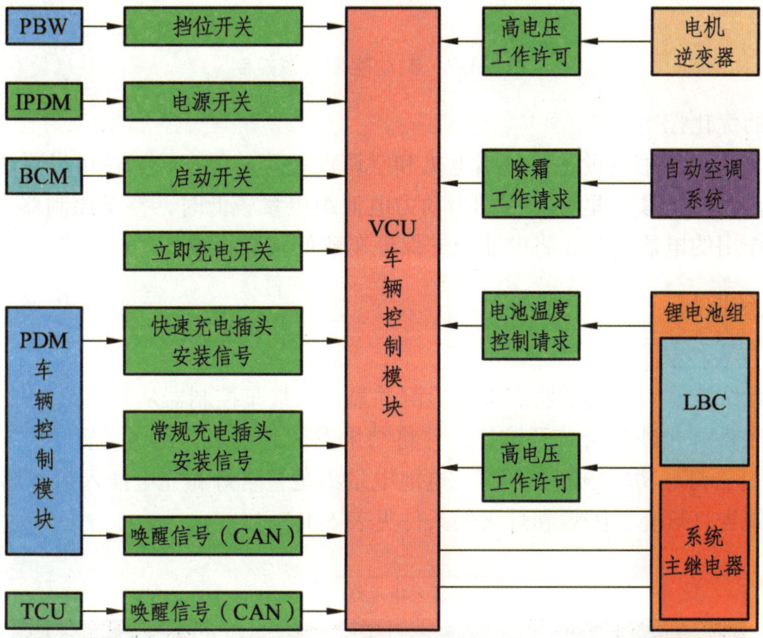

图 5-1-6　主继电器控制系统

6. 制动能量回馈和优化控制

（1）制动能量回馈的原理

整车控制器根据行驶速度、驾驶人制动意图和动力电池组状态（如电池荷电状态 SOC 值）进行综合判断后，对制动能量回馈进行控制，如图 5-1-7 所示。如果达到回收制动能量的条件，整车控制器向电机控制器发送控制指令，使电机工作在发电状态，将部分制动能量储存在动力电池组中，提高车辆能量利用效率。

（2）制动能量回馈的原则

能量回收制动不应该干预 ABS 的工作；当 ABS 进行制动力调节时，制动能量回收不应该工作；当 ABS 报警时，制动能量回收不应该工作；当电驱动系统具有故障时，制动能量回收不应该工作。

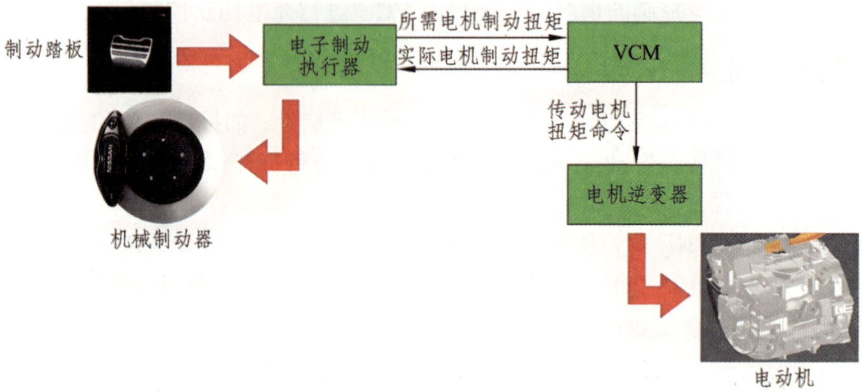

图 5-1-7　制动能量回馈控制

（3）能量的优化控制

纯电动汽车有很多用电设备，包括电机和空调设备等。整车控制器可以对能量进行合理优化来提高纯电动汽车的续航里程。例如当动力电池组电量较低时，整车控制器发送控制指令关闭部分起辅助作用的电器设备，将电能优先保证车辆的安全行驶。

7. 辅助系统控制

（1）HMI 仪表控制

整车控制系统能够对车辆的状态进行检测并显示，整车控制器从其他系统控制器获取信息，然后判断灯灭条件并判断是否打开该灯，并将结果发送到仪表，具体设置了"准备"指示灯、12 V 电池充电警告灯、功率限制指示灯、电池电量不足警告灯和充电插入指示灯等，如图 5-1-8 所示，指示和警告灯灯亮、闪烁和灯灭的条件见表 5-1-3。

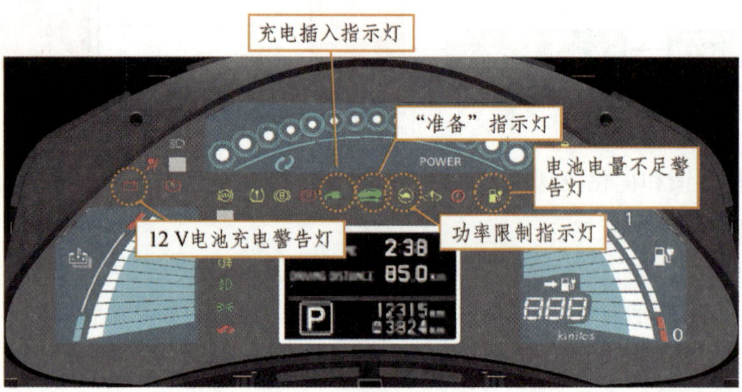

图 5-1-8　车辆状态监测与显示（仪表）

表 5-1-3　灯亮、闪烁、灯灭的条件

仪表灯状态 / 仪表灯分类	灯亮条件	闪烁条件	灯灭条件
“准备”指示灯	车辆可以驾驶的情况下	当点火开关打开状态变到“准备”状态时，灯就会闪烁；实际时间大约为 1 ~ 2 s	行驶时、关闭点火开关、系统故障
12V 电池充电警告灯	“准备”期间，当蓄电池电压降到 10 V 或以下时，“准备”指示灯也将关闭；换挡杆处于非 P 挡，当电池降到 12 V（高转速时）或 10.5 V（停车时）以下时，蜂鸣器同时响起；当直流/直流转换器不能工作时。当检查灯泡（点火开关打开后 2 s）		除了上面提到的情况外，灯将关闭
功率限制指示灯	当车辆能够输出的功率持续 1.5 s 或更长时间低于 40 kW 时（即使实际使用功率小于 40 kW，当最大输出受限时，灯将亮起）。当检查灯泡（点火开关打开后 2 s）		除了上面提到的情况外，灯将关闭
电池电量不足警告灯	当蓄电池电量下降低于 4 kWh（全部电量为 24 kWh）时		当蓄电池电量超过 4.5 kWh 或电量信息不能通过 CAN 从 LBC 上接到时
充电插入指示灯	当插入充电插头时，当检查灯泡（电源开关打开后 2 s）	充电时（常规充电和快速充电）	除了上面提到的情况外或者 VCU 在休眠时处于 OFF 状态，灯将关闭

（2）DC/DC 转换控制

如图 5-1-9 所示，为了能够为辅助设备如灯具、音响等提供电源且给普通蓄电池充电，直流 360 V 降为直流 13 ~ 14 V。另外，为了防止普通蓄电池因为长期不使用而出现功能下降，当驱动和充电在一定时间不工作的情况下，电动机系统将自动启动，普通蓄电池得以充电。再者，当普通蓄电池电压降到电源开关可开启时，EV 系统会自动启动充电系统，普通蓄电池得以充电。

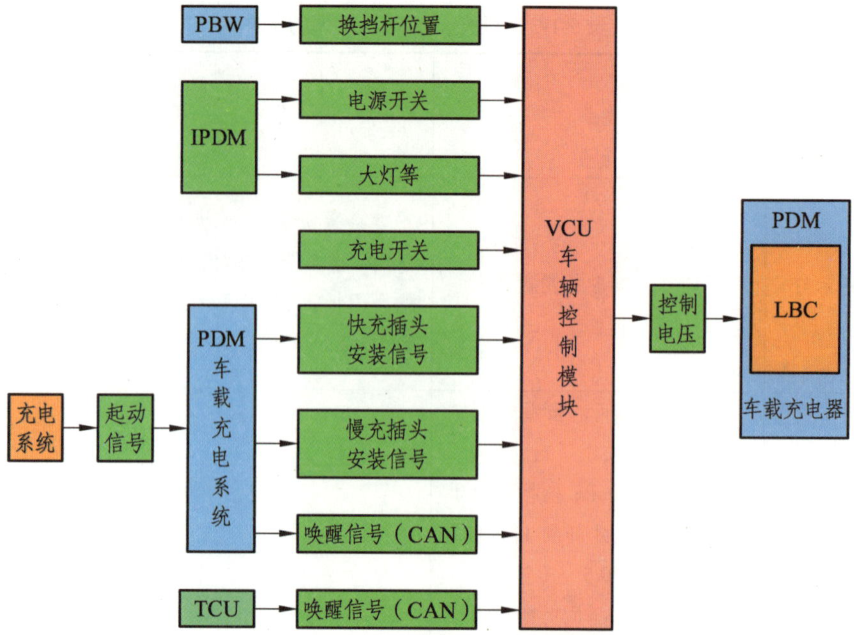

图 5-1-9　DC/DC 转换控制

8. 保护控制

（1）故障诊断和处理

连续监视整车电控系统，进行故障诊断，并及时进行相应安全保护处理。根据传感器的输入及其他通过 CAN 总线通信得到的电机、电池、充电机等信息，对各种故障进行判断、等级分类、报警显示，储存故障码供维修时查看。故障指示灯指示出故障类型和部分故障码。在行车过程中，根据故障内容，进行故障诊断与处理、等级分类、报警显示，存储故障码，供维修时查看。

（2）失效保护控制

如图 5-1-10 所示，当整车控制器探测到故障时，根据故障的内容继续进行控制或者停止电动车辆系统。故障安全措施包括驱动力限制，驱动力为 0，充电停止，系统主继电器关闭。当采取故障安全措施时，“电动车辆系统故障警告”在仪表内亮起。

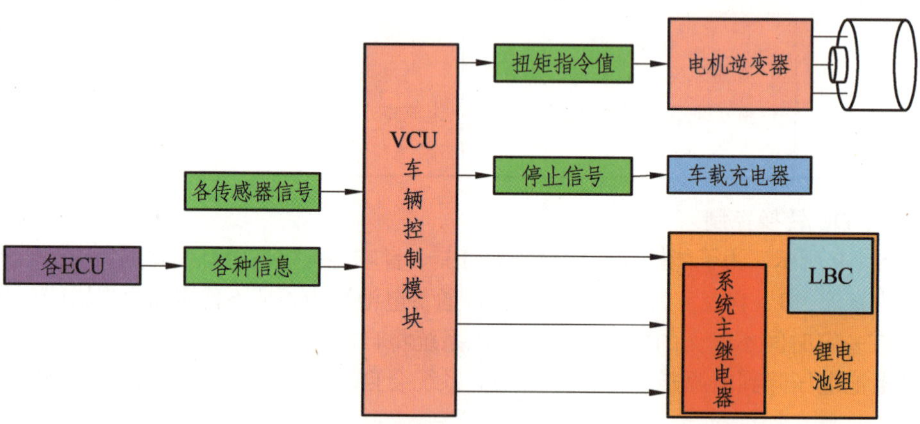

图 5-1-10　失效保护控制

（3）碰撞切断控制

如图 5-1-11 所示，当 VCU 从安全气囊电脑探测到安全气囊展开信号时，会控制系统主继电器 1、2（锂电池内）断开，目的是关闭高压电路。

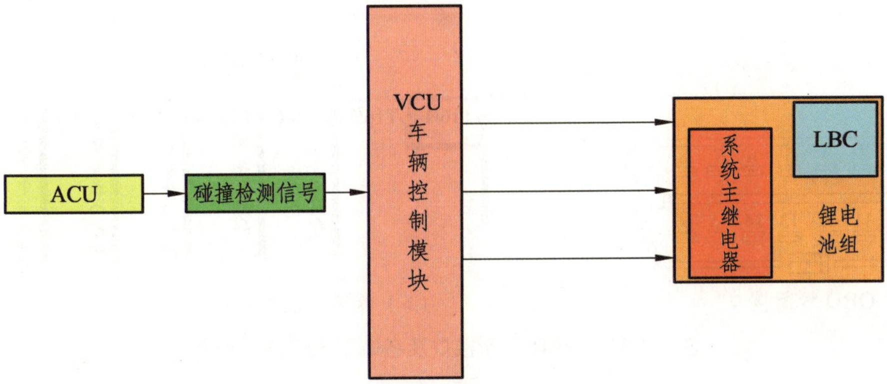

图 5-1-11　碰撞切断控制

三、纯电动汽车整车控制系统故障诊断

（一）故障分级

当驱动电机系统出现故障时，驱动电机控制器将故障信息发送给整车控制器。整车控制器根据电机、动力电池、DC/DC 等零部件故障和整车 CAN 网络故障及整车控制器硬件故障进行综合判断，确定整车的故障等级，并进行相应的控制处理。整车的故障等级分为四级，见表 5-1-4。

表 5-1-4　整车控制系统的故障等级

等　级	名　称	故障后处理	故障列表
一级	致命故障	紧急断开高压	MCU 直流母线过压故障、BMS 一级故障
二级	严重故障	零扭矩	（1）MCU 相电流过流、IGBT、旋变等故障； （2）电机节点丢失故障； （3）挡位信号故障
三级	一般故障	跛行	加速踏板信号故障
		降功率	MCU 电机超速保护
		限功率<7 kW	跛行故障、SOC 小于 1%、BMS 单体欠压、内部通信、硬件等二级故障
		限速<15 km/h	低压欠压故障、制动故障
四级	轻微故障	只仪表显示（维修提示）能量回收故障，仅停止能量回收	（1）MCU 电机系统温度传感器、直流欠压故障； （2）VCU 硬件、DC/DC 异常等故障

（二）车载诊断系统（OBD）接口定义

OBD 是英文 On-Board Diagnostic 的缩写，中文翻译为“车载诊断系统”。当系统出现故障时，故障警告灯亮，同时 OBD 系统会将故障信息存入存储器，通过标准的诊断仪器和诊断接口可以以故障码的形式读取相关信息。根据故障码的提示，维修人员能迅速准确地确定故障的性质和部位。OBD 诊断接口及各端子电气连接说明如图 5-1-12 所示。

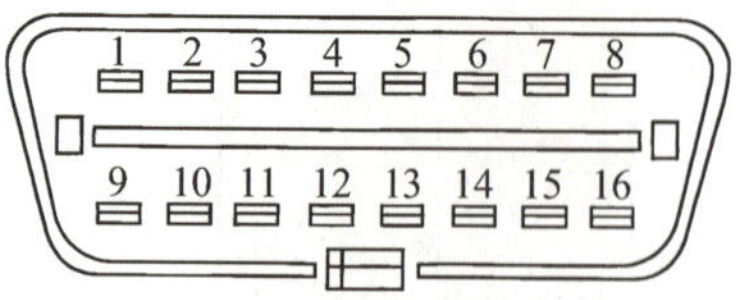

（a）OBD 诊断接口

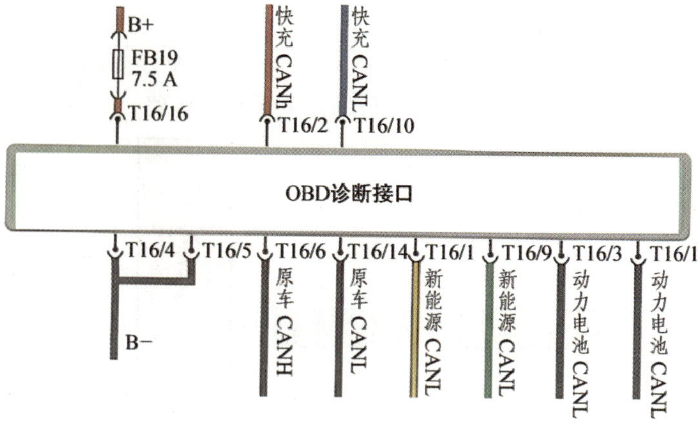

（b）各端子电气连接说明

图 5-1-12 OBD 诊断接口及各端子电气连接说明

（三）纯电动汽车故障诊断仪的使用

纯电动汽车故障诊断仪与其他传统能源汽车故障诊断仪结构与功能基本相同，但也有其不同点，下面以北汽新能源电动车专用故障诊断仪为例介绍其使用方法。北汽新能源电动车专用故障诊断仪能与多种车型匹配，能对多个子系统进行诊断，具有多种诊断能力，能对主要功能部件进行测试，且能对系统进行标定和烧录程序。北汽新能源电动车专用故障诊断仪的主要功能如图 5-1-13 所示。

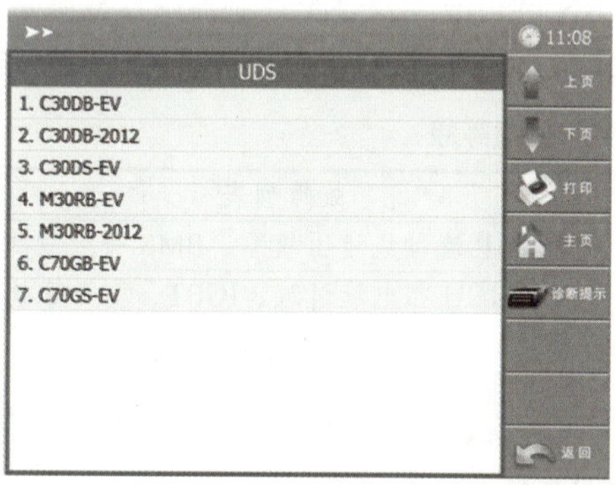

（a）匹配多个车型

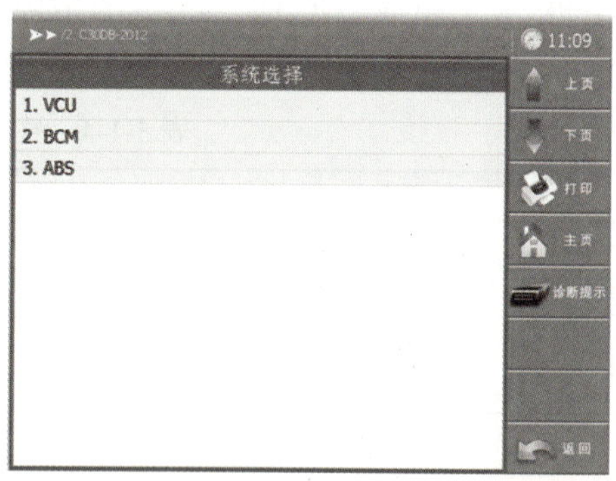

（b）诊断多个 ECU

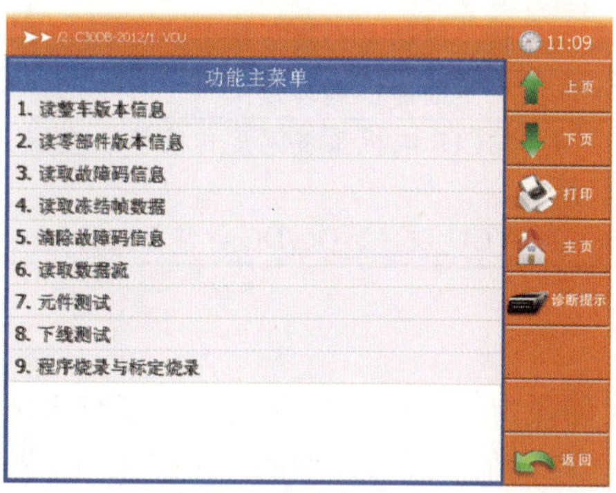

（c）多种诊断能力

（d）下线测试能力

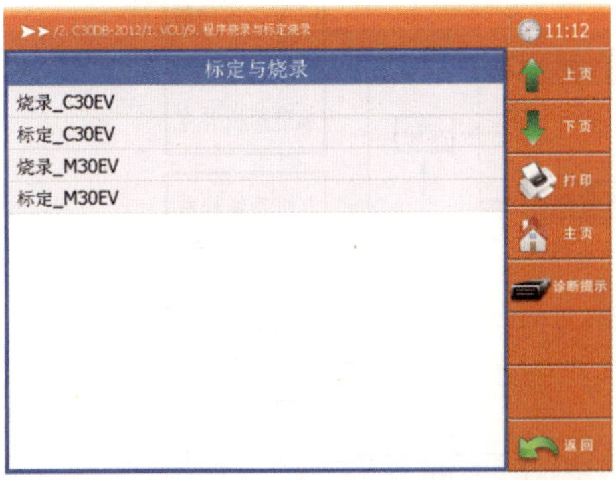

(e) ECU 程序灌装能力

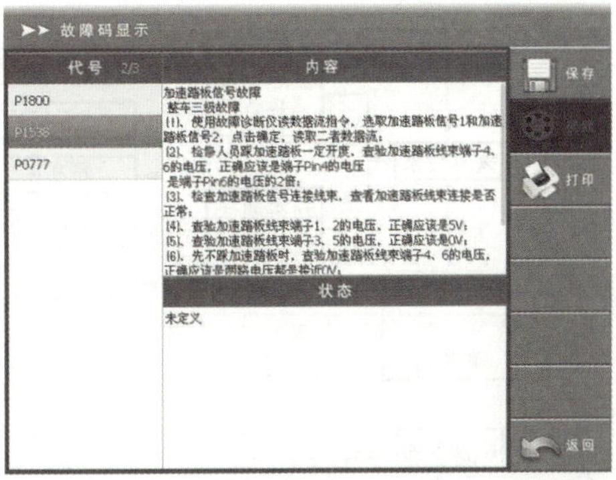

(f) 读取故障码

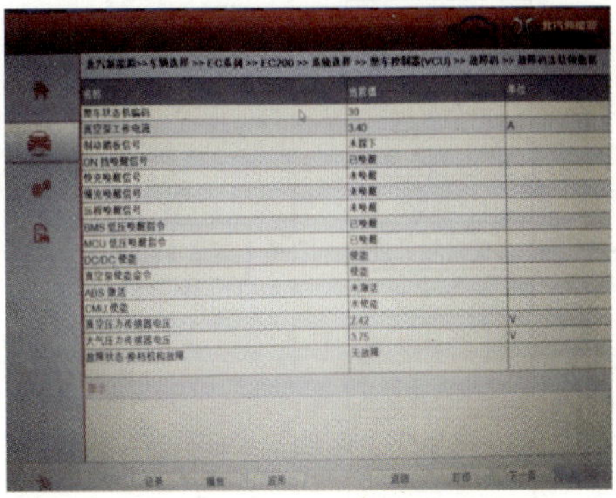

(g) 读冻结帧

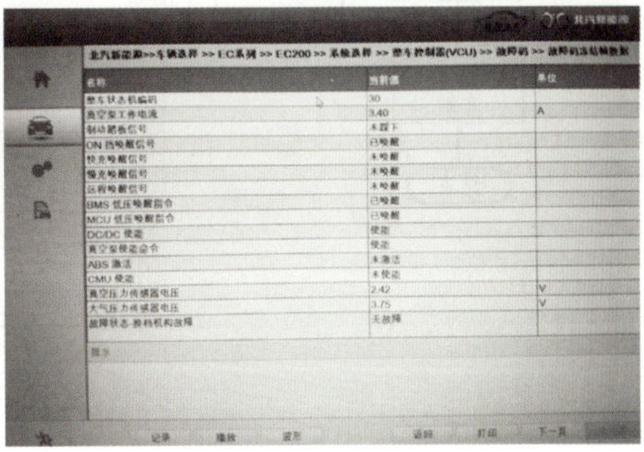

(h) 读数据流

图 5-1-13　专用故障诊断仪的主要功能

诊断仪数据流的具体说明见表 5-1-5。

表 5-1-5　诊断仪数据流的具体说明

数据流名称	说　明
12V 低压铅酸电池电压	可以根据电池是否亏电、DC/DC 是否正在充电等，分析低压铅酸电池是否亏电、DC/DC 是否正常
加速踏板开度	可以根据当前加速踏板的开度，分析加速油门踏板是否正常
电机系统状态	可以根据电机初始化、预充电状态、电机扭矩、电机本体温度、电机控制器温度、电机转速、电机生命信号等，分析电机是否正常
电池系统状态	可以检测电池总电压、电池当前放电电流、电池电量 SOC、单体电池最低电压、单体电池最高电压、单体电池最高温度、单体电池最低温度、电池系统生命信号、电池继电器闭合与断开状态等，分析电池是否正常
整车信息	根据挡位状态、加速踏板电压值、低速和高速冷却风扇开启与闭合状态分析挡位、加速油门踏板、高速风扇、低速风扇是否正常

(四)故障诊断流程

纯电动汽车整车控制系统的故障诊断流程如图 5-1-14 所示。

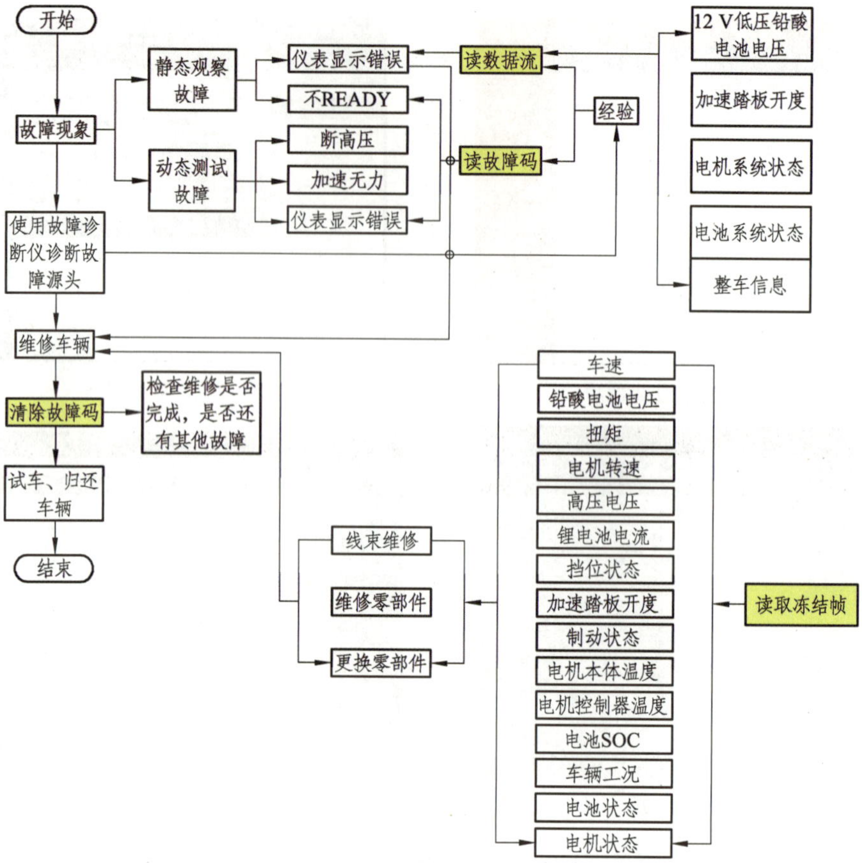

图 5-1-14　整车控制系统的故障诊断流程

视频：帝豪新能源汽车解码仪无法连接故障检修

任务实施

一、故障诊断仪无法与车辆通信故障检修

<table>
<tr>
<td>

图 5-1-15　检查诊断仪连接线束连接是否可靠

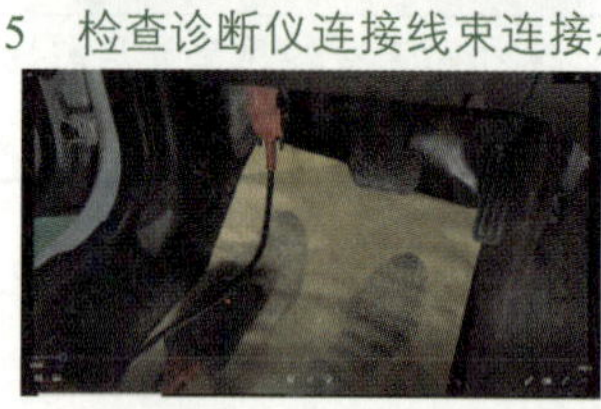

图 5-1-16　检查诊断仪上连接灯是否点亮

</td>
<td>

Step01　检查诊断仪连接线束连接是否可靠，检查诊断仪上连接灯是否点亮。

完成情况：□完成

□未完成，原因：______________

</td>
</tr>
</table>

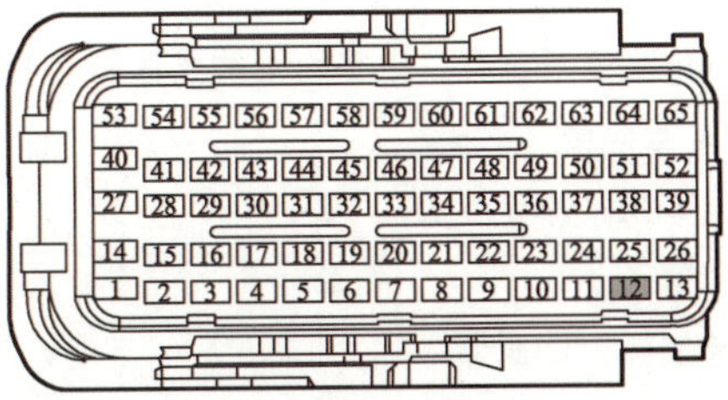 （a）CA66 VCU 模块线束连接器 A 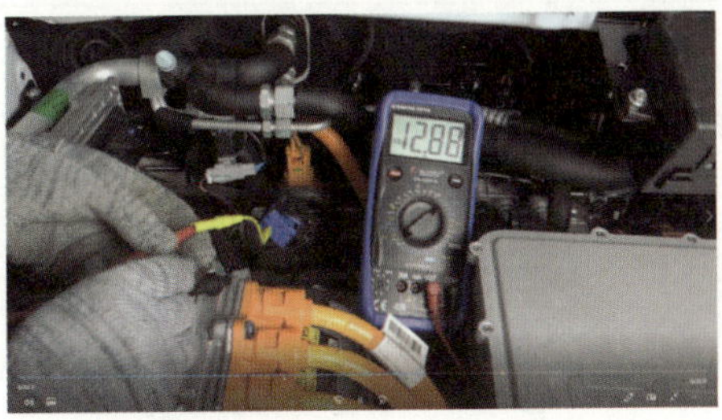 （b）测量 12 号脚与搭铁之间的电压 图 5-1-17　测量 VCU 电源电压	Step02　测量 VCU 常电电源电压。 方法：断开蓄电池负极，拔掉 VCU CA66 插头，用专用接线脚插入 12 号脚，装回蓄电池负极，测量 12 号脚与搭铁之间的电压，正常电压为 11～14 V。 测量 12 号脚电压：__________V； 测量情况：□正常 □异常，原因：__________
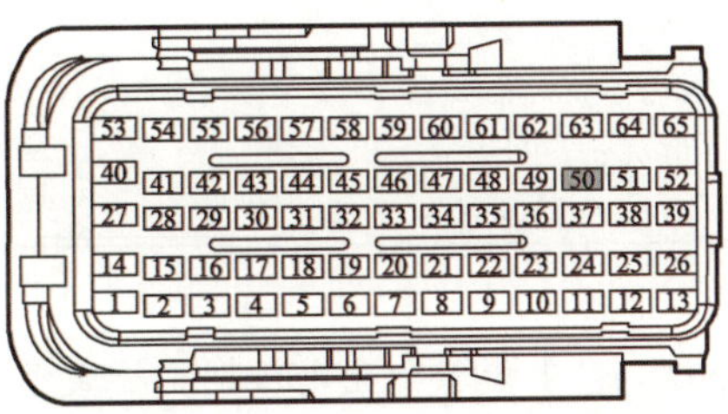 （a）CA66 VCU 模块线束连接器 A 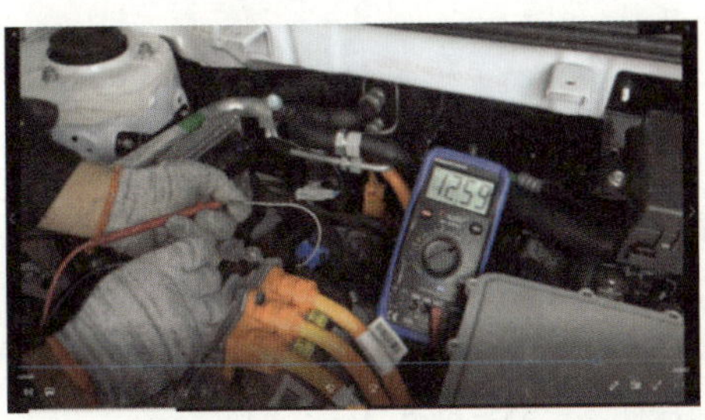 （b）测量 50 号脚与搭铁之间的电压 图 5-1-18　测量 VCU ON 挡电源电压	Step03　测量 VCU ON 挡电源电压。 方法：用专用接线脚插入 CA55—50 脚，打开点火开关，测量 50 号脚与车搭铁之间电压，正常电压为 11～14 V。 测量值：__________V。 测量情况：□正常 □异常，原因：__________

<table>
<tr><td>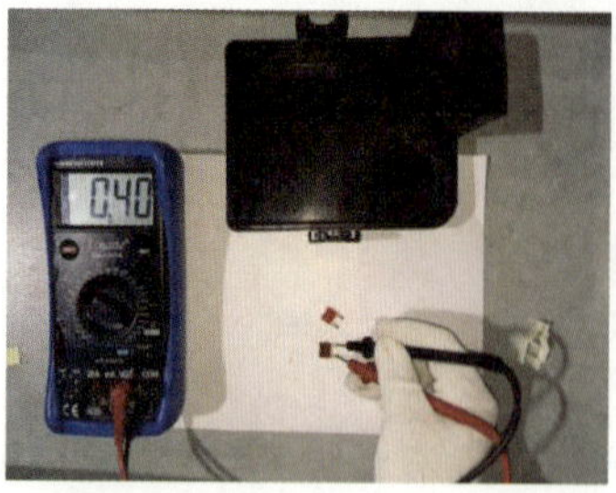
图 5-1-19　检查前舱保险丝 EF19、EF29 是否烧毁</td><td>Step04　如不正常，则需检查前舱保险丝 EF19、EF29 是否烧毁。
标准电阻：小于 1 Ω；
测量值：______________Ω。
测量情况：□正常
□异常，更换保险丝</td></tr>
<tr><td>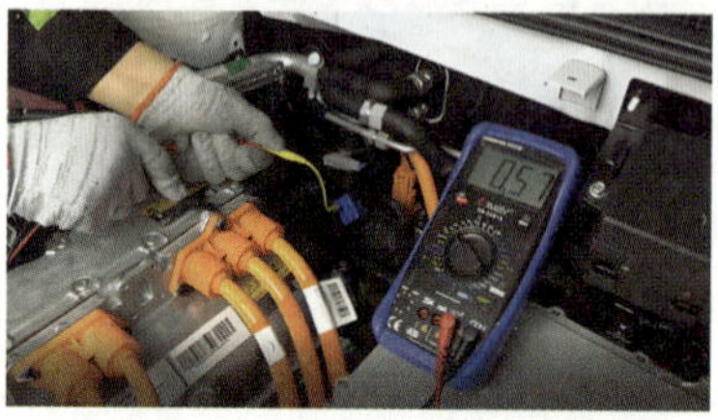
图 5-1-20　检查 VCU 搭铁情况</td><td>Step05　检查 VCU 搭铁情况。
方法：测量 VCU CA66—1、2、26、54 脚与搭铁之间的电阻值，正常值应小于 1 Ω。
测量值：______________Ω。
测量情况：□正常
□异常，需检查搭铁线路</td></tr>
<tr><td>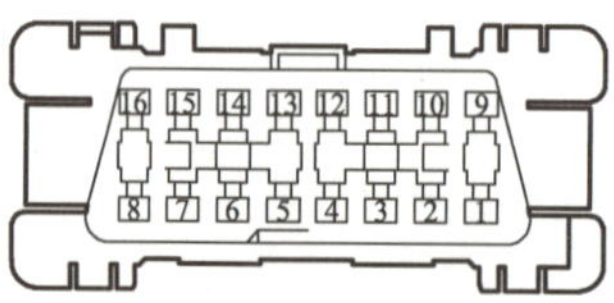
图 5-1-21　检查 OBD 诊断接口电源电压</td><td>Step06　检查 OBD 诊断接口电源电压。
方法：测量 OBD 端子 Pinl 16 与端子 Pin 4 之间的电压。
测量值：______________V；
正常值：正常电压应为 12 V 左右。
测量情况：□正常
□异常，原因：________________</td></tr>
<tr><td>
图 5-1-22　检查保险丝 IF07 是否熔断</td><td>Step07　以上步骤如无电压则需检查保险丝 IF07 是否熔断。
方法：测量保险丝电阻，正常小于 1 Ω。
完成情况：□完成
□未完成，原因：______________</td></tr>
<tr><td>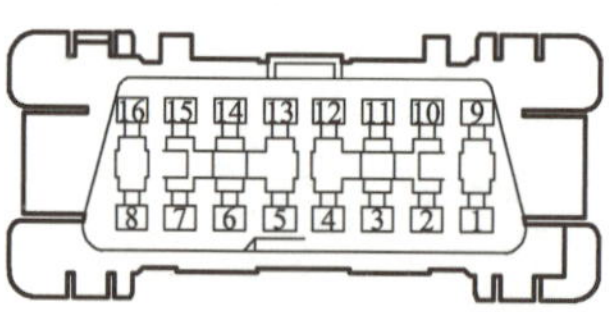
图 5-1-23　检查网络的完整性</td><td>Step08　检查网络的完整性。
方法：分别测量 P-CAN、B-CAN 两组网线的电阻值。P-CAN：3—11 号脚；V-CAN：6—14 号脚。
标准电阻：55 ~ 67.5 Ω；
测量值：______________Ω。
测量情况：□正常
□异常，原因：________________
注：若以上步骤都正常，则需更换整车控制器。</td></tr>
</table>

二、更换整车控制器

<table>
<tr><td>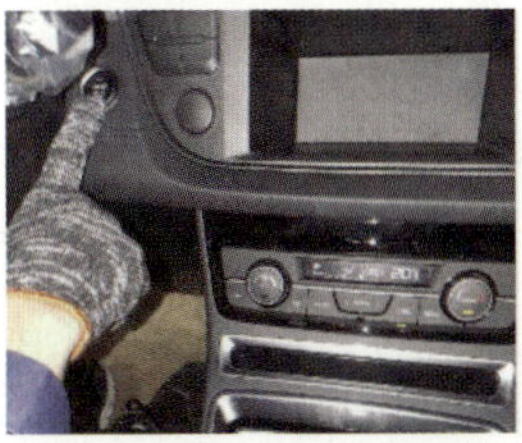
图 5-1-24　将点火开关置于 OFF 挡</td><td>Step01　将点火开关置于 OFF 挡。
完成情况：□完成
□未完成，原因：______</td></tr>
<tr><td>
图 5-1-25　断开蓄电池低压负极电缆</td><td>Step02　断开蓄电池低压负极电缆。
完成情况：□完成
□未完成，原因：______
注：由于是带电作业，操作人员须持证上岗。</td></tr>
<tr><td>
图 5-1-26　拔下整车控制器连接线束插头 A 和 B</td><td>Step03　拔下整车控制器连接线束插头 A 和 B。
完成情况：□完成
□未完成，原因：______</td></tr>
<tr><td>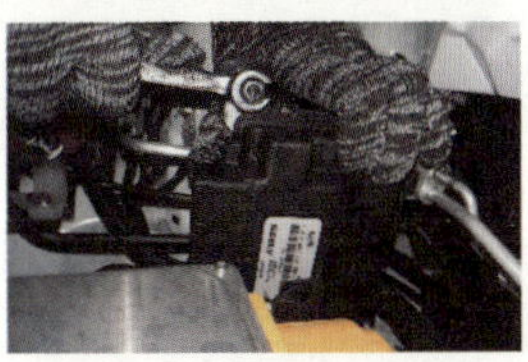
图 5-1-27　拆下整车控制器</td><td>Step04　拧下固定整车控制器的 4 个螺钉，即可拆下整车控制器。
完成情况：□完成
□未完成，原因：______</td></tr>
<tr><td>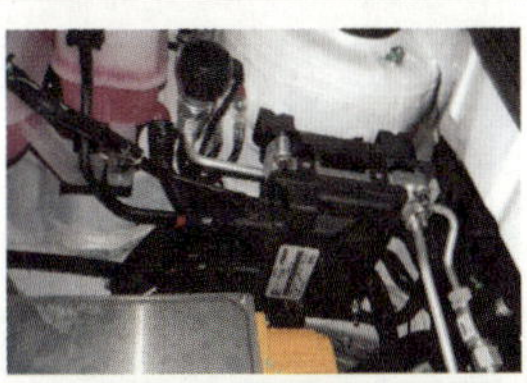
图 5-1-28　安装整车控制器</td><td>Step05　按相反的顺序安装整车控制器，插接器应连接可靠。
完成情况：□完成
□未完成，原因：______</td></tr>
<tr><td>
图 5-1-29　确认故障排除</td><td>Step06　修复后确认故障排除。
方法：连接解码仪读取故障码，检查确认无故障码。
完成情况：□完成
□未完成，原因______</td></tr>
</table>

总结评价

学习任务总结评价表

班级______________小组______________学号______________ 姓名______________

<table>
<tr><td colspan="2" rowspan="2">主要测评项目</td><td colspan="4">学生自评</td></tr>
<tr><td>A</td><td>B</td><td>C</td><td>D</td></tr>
<tr><td>关键能力总结</td><td>1. 遵守纪律，遵守学习场所管理规定，服从安排；
2. 具有安全意识、责任意识、6S 管理意识，注重节约、节能与环保；
3. 学习态度积极主动，能按时参加安排的实习活动；
4. 具有团队合作意识，注重沟通，能自主学习及相互协作；
5. 仪容仪表符合学习活动要求。</td><td></td><td></td><td></td><td></td></tr>
<tr><td>专业知识与能力总结</td><td>1. 能读懂吉利帝豪 EV450 车载诊断网络系统；
2. 能检修解码仪不能连接故障；
3. 能正确更换整车控制器。</td><td></td><td></td><td></td><td></td></tr>
<tr><td>个人自评总结与建议</td><td colspan="5"></td></tr>
<tr><td>小组评价</td><td colspan="5"></td></tr>
<tr><td rowspan="2">教师评价</td><td rowspan="2"></td><td colspan="4">总评成绩</td></tr>
<tr><td colspan="4"></td></tr>
</table>

教师签字： 日期：

学习任务二 无法加速故障检修

任务导入

一辆吉利帝豪 EV450 纯电动汽车行驶了 10 000 km 后，车主发现其在行驶过程中车辆加速无力，且仪表乌龟灯点亮，最高车速只能 40 km/h。如果你是该品牌售后服务中心的维修技工，应该如何检修该故障呢？

工作任务

分析车辆无法加速的原因，并完成对 2018 年款吉利帝豪 EV450 轿车故障的诊断与检修。

任务分组

将学生按 4 ~ 6 人为一组进行分组，明确每组的工作任务，并填写表 5-2-1。

表 5-2-1 学生分组表

组　别	小组成员	任务分工
1		
2		
3		
4		
5		
6		

工作准备

1. 根据工作任务，进行任务分组，并完成任务分工。
2. 查阅维修手册，收集吉利帝豪 EV450 纯电动汽车无法加速检修操作流程和操作注意事项。
3. 根据工作任务，分析实施过程中的难点或可能出现的质量问题。
4. 查阅维修手册，分析可能引起无法加速的故障原因，并记录制订操作步骤。

收集信息

1. 查阅教材，车辆无法加速的原因主要包括______________和____________________等。

2. 加速踏板位置传感器传送加速踏板的深浅和快慢的信号，这个信号会被__________接收和解读，然后再发出控制指令至__________，__________根据该指令控制__________的转速提升。将下图部件补充完整。

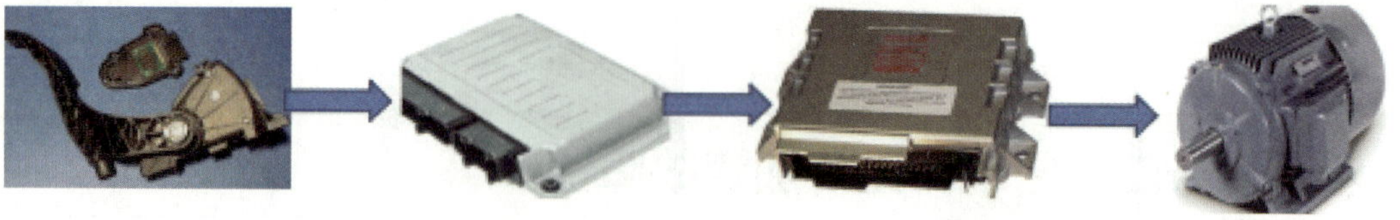

加速踏板位置传感器 ________________ ________________ ________________

3. 查阅教材，认识加速踏板位置传感器的端口，并将其端子的针脚定义补充完整。

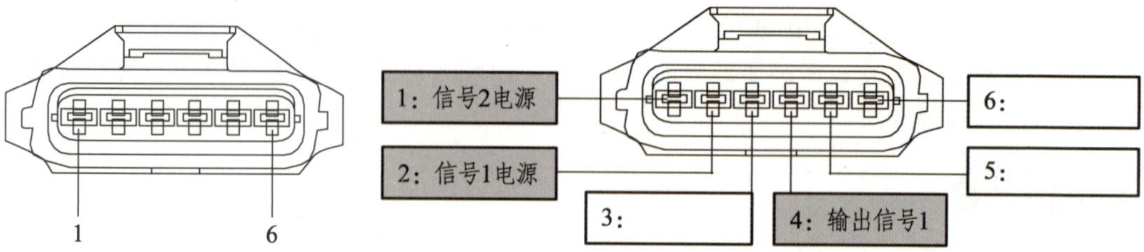

4. 整车控制器根据加速踏板位置传感器来获得加速或减速信息，从而改变__________转矩，控制__________转速，进而改变车速。如下图所示，加速踏板位置传感器内部产生_____组位置信号，信号线分别是_____、_____；VCC1、VCC2 是电源线；搭铁脚是_____、_____。

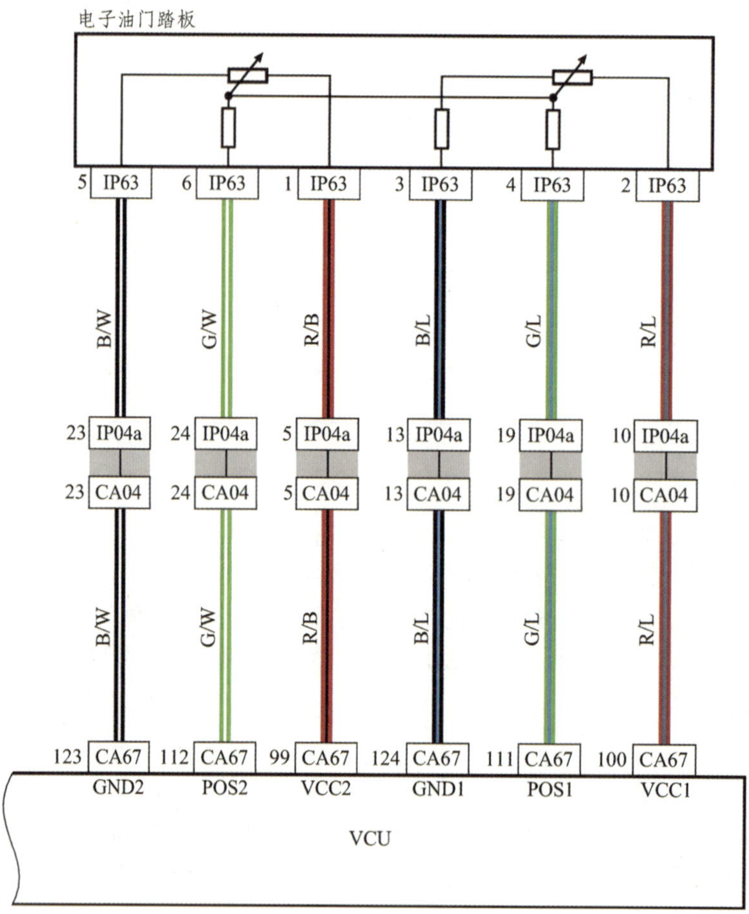

整车控制器与加速踏板位置传感器的连接

制订方案

分组查阅维修手册，学习整车控制系统方面的知识，制订检修加速踏板故障的任务实施方案。

1. 任务分工

____

____。

2. 任务实施步骤

____

____。

3. 异常情况处理措施

____

____。

知识学习

一、加速踏板

纯电动汽车的加速踏板由霍尔芯片、磁铁、加速踏板组件等构成，如图 5-2-1 所示。纯电动汽车的加速踏板本质上是一种输出模拟量信号的传感器，车辆行驶过程中，它通过内置的加速踏板位置传感器输出与踏板相关的模拟量信号，从而将司机的扭矩需求意图传递给传感器。

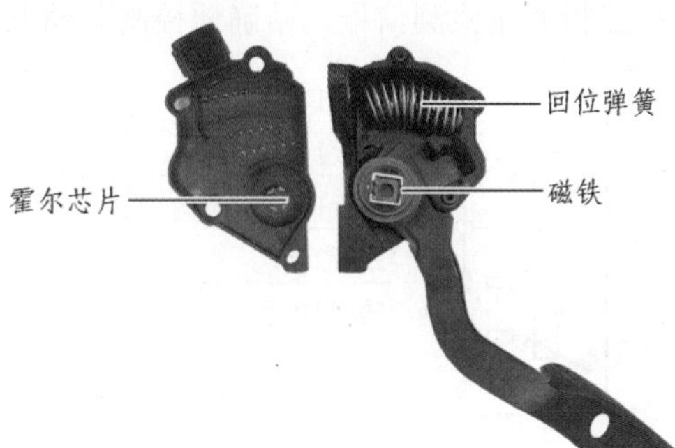

图 5-2-1　加速踏板的结构

纯电动汽车加速踏板系统一般由加速踏板、加速踏板位置传感器、ECU、数据总线等组成。当驾驶员踩下加速踏板，表现加速或减速意图时，加速踏板位置传感器将信号转换成电压信号传递给 VCU。MCU 通过数据 CAN 总线 VCU 进行通信，控制大功率晶体管实现电机控制，如图 5-2-2 所示。

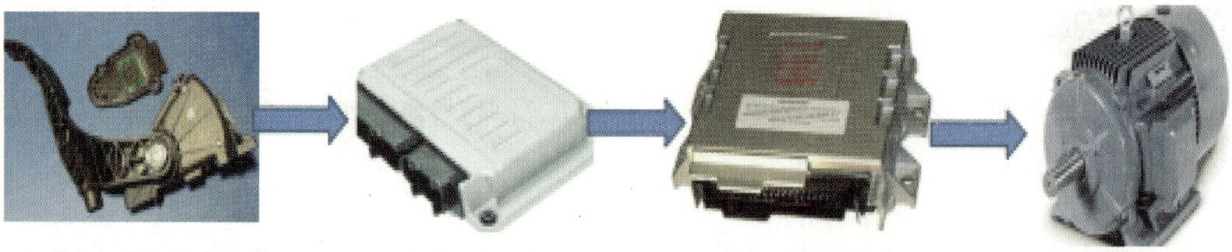

（a）加速踏板位置传感器　（b）整车控制器　（c）电机控制器　（d）驱动电机

图 5-2-2　加速踏板位置传感器

二、加速踏板位置传感器

1. 作　用

加速踏板位置传感器是加速踏板的主要组成部分，加速踏板通过加速踏板位置传感器传送加速踏板深浅和快慢的信号，这个信号会被 ECU 接收和解读，然后再发出控制指令，节气门依指令快速或缓和开启它应当张开的角度。

2. 工作原理

加速踏板位置传感器将感知的信号通过电缆传递给 ECU，ECU 经过分析、判断，并发出指令给驱动电机。加速踏板位置传感器是一个无触点的双电位器传感器，其电位器电路图如图 5-2-3 所示，由 ECU 供给 5 V 电压，由于两个电位器是同相安装的，当电子加速踏板位置发生变化时，其电阻值同时线性增加或减小。两个内置加速踏板位置传感器向 ECU 发出 2 路反映加速踏板位置的电压信号，传感器 1 的电压信号是传感器 2 的电压信号的 2 倍。ECU 根据此信号，可对驾驶员期望的扭矩需求进行计算，经 ECU 内部统一协调后，控制着动力电池组到电机之间能量的传输，同时采集电机位置信号和三相电流检测信号，精确地控制驱动电机运行。

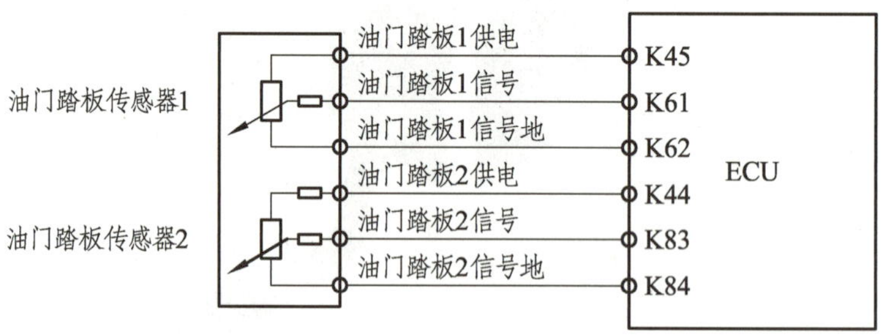

图 5-2-3　加速踏板位置传感器的电位器电路图

三、整车控制器与加速踏板位置传感器的连接

1. 连接电路

整车控制器根据加速踏板位置传感器来获得加减速信息，从而改变电机转矩，控制电机转速，进而改变车速。加速踏板位置传感器提供 2 组信号，让整车控制器进行对比。整车控制器与加速踏板位置传感器的连接电路，如图 5-2-4 所示。

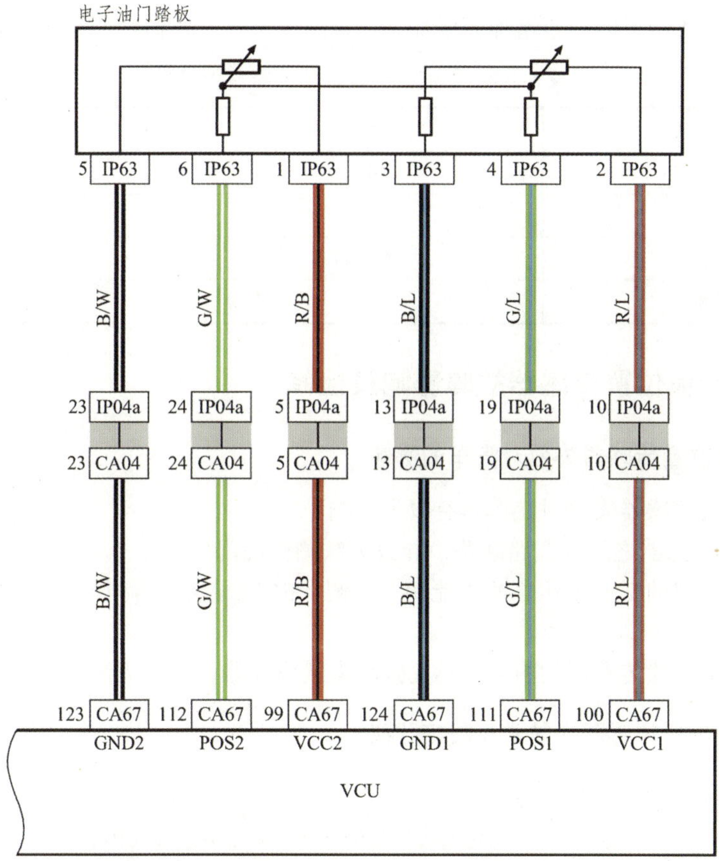

图 5-2-4 整车控制器与加速踏板位置传感器的连接电路（吉利帝豪 EV450）

2. 加速踏板位置传感器的结构及端子信息

以吉利帝豪 EV450 纯电动汽车的加速踏板位置传感器为例，其插接件及各端子的含义如图 5-2-5 所示。

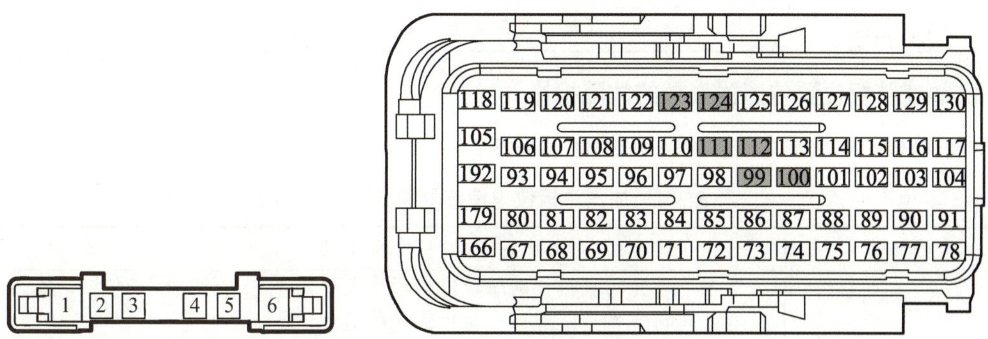

（a）IP63 电子油门踏板线束连接器　　（b）CA67 VCU 模块线束连接器

图 5-2-5 加速踏板位置传感器插接件及 VCU 端连接器

3. 加速踏板位置传感器性能参数

作为系统的安全性保障之一，加速踏板位置传感器设计成双输出传感器。两个传感器的输出电压信号都随加速踏板的位置增加而增加，加速踏板位置传感器性能参数见表 5-2-2。

表 5-2-2　加速踏板位置传感器性能参数

项目	参数	单位
电源电压	（5+0.5）V	V
负载电阻	>300	kΩ
操作力	5 ~ 44	N
踏板臂角度	≤18	°

四、加速踏板位置传感器故障影响及检修

1. 加速踏板位置传感器失效对汽车的影响

加速踏板位置传感器失效对汽车具有以下影响：

（1）ECU 到传感器之间的线路断路，导致无法测得油门位置信号。

（2）传感器内部的 2 套电阻之间不能相互检测，ECU 无法获得当前油门踏板的正确位置，导致加速无力。

（3）加速踏板位置传感器的内电位计失效或者线路断路，导致无法加速。

2. 加速踏板位置传感器失效常见故障代码

加速踏板位置传感器失效常见故障代码见表 5-2-3。

表 5-2-3　加速踏板位置传感器失效常见故障代码

诊断故障码（DTC）	说明
P1C1E04	加速踏板信号 1 短路到电源
P1C1F04	加速踏板信号 1 开路或短路到地
P1C2004	加速踏板信号 2 短路到电源
P1C2104	加速踏板信号 2 开路或短路到地
P1C2204	加速踏板两路信号不一致

3. 加速踏板位置传感器失效的故障检修

加速踏板位置传感器失效的故障检修见表 5-2-4。

表 5-2-4　加速踏板位置传感器失效的故障检修

检修部位	检修步骤
外线路检查	用万用表的电阻挡分别测量传感器的各个端子与 ECU 对应的各个端子的电阻值，来判断外线路是否存在短路或断路故障
传感器电压值测量	测量传感器的供电端电压是否正常
传感器电阻值测量	关闭点火开关，测量供电端与搭铁之间的电阻；信号端与搭铁之间的电阻
数据流检测	用专用故障诊断仪读取数据流，涉及到油门踏板位置传感器的有 3 个项目。加速踏板 1 电位计电压值；加速踏板 2 电位计电压值；滤波前的加速踏板位置开度

任务实施

视频：帝豪新能源汽车无法加速故障检修

 图 5-2-6　读取故障码和加速踏板信号数据流	Step01　首先使用诊断仪读取故障码和加速踏板信号数据流。 故障码：________________ 油门开度数据流：____________ 完成情况：□完成 □未完成，原因：__________
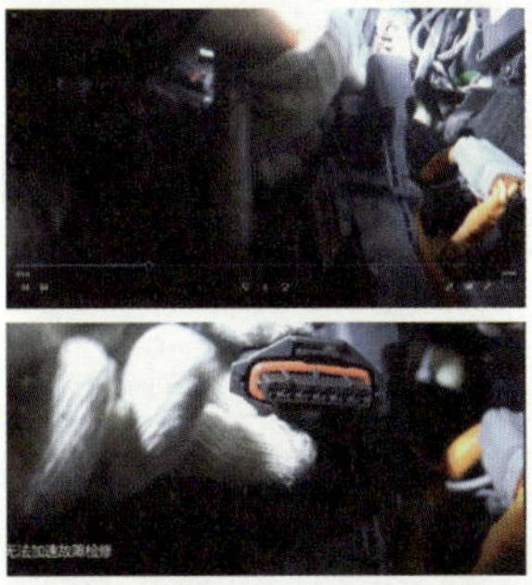 图 5-2-7　初步检查线束连接是否可靠	Step02　初步检查线束连接是否可靠，有无松动或接触不良的情况，插头是否有退针或腐蚀现象。 完成情况：□完成 □未完成，原因：__________
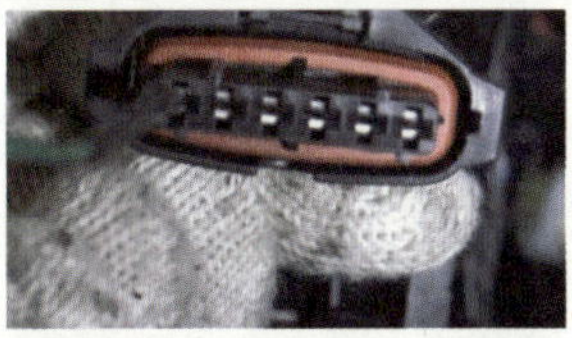 图 5-2-8　断开蓄电池负极  图 5-2-9　拆下 VCU 插头 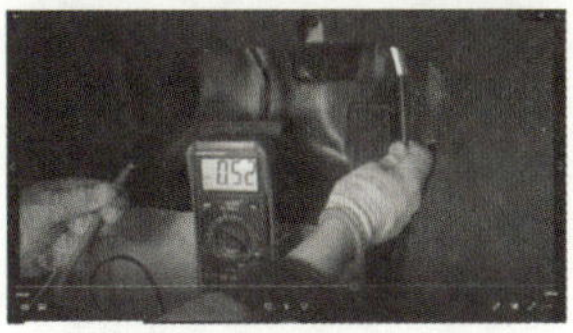 图 5-2-10　检查线束插头到 VCU 端脚的导通性	Step03　断开蓄电池负极，拆下 VCU 插头，检查线束插头到 VCU 端脚的导通性。 方法：测量 6 条线与 VCU 端相应针脚的电阻值，正常值应小于 1 Ω。 测量情况：□正常 □异常，原因：__________

<table>
<tr>
<td>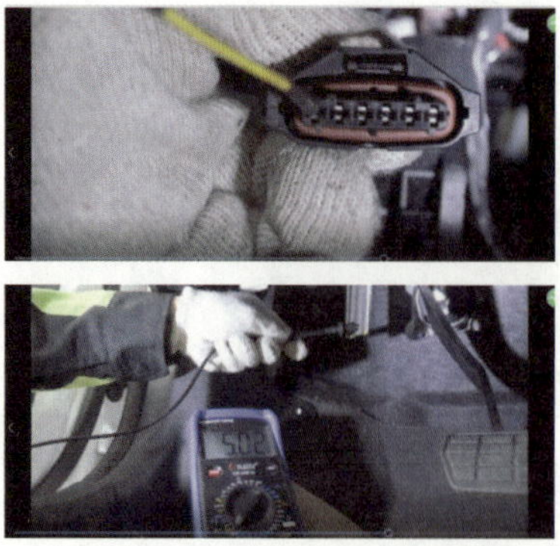
图 5-2-11　检查加速踏板传感器电源情况</td>
<td>Step04　装复 VCU 插头、蓄电池负极，打开点火开关，检查加速踏板传感器电源情况。
方法：测量端子 1 和 2 号脚的电压。
测量结果：Pinl：__________V；Pin2：__________V。
正常值：Pinl、Pin2 为 5 V 左右。
测量情况：□正常
□异常，原因：____________</td>
</tr>
<tr>
<td>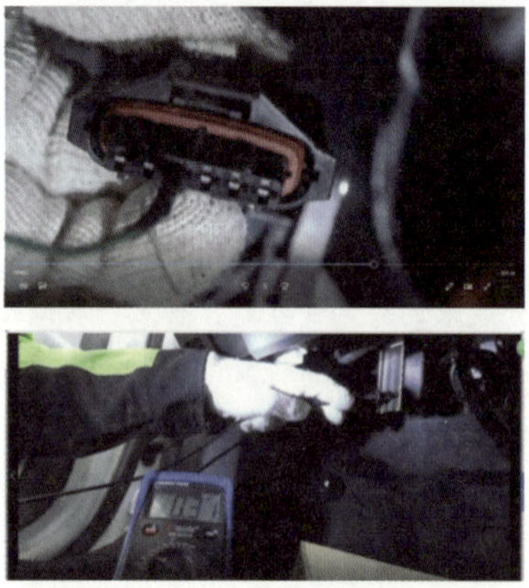
图 5-2-12　测量传感器搭铁情况</td>
<td>Step05　测量传感器搭铁情况
方法：测量 3、5 号脚与搭铁之间的电阻，正常应小于 1 Ω
测量值：____________Ω。
测量情况：□正常
□异常，原因：____________</td>
</tr>
<tr>
<td>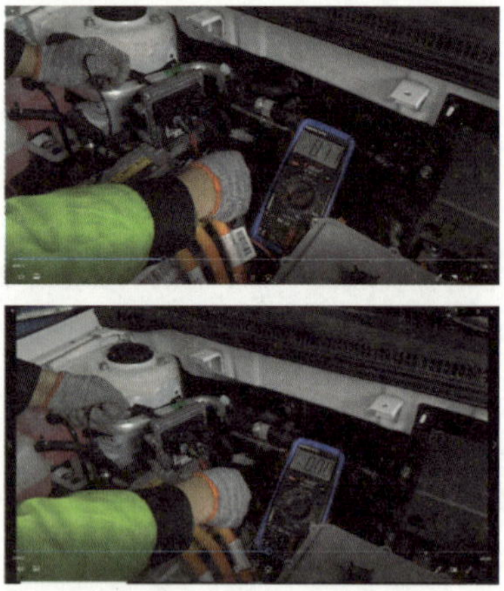
图 5-2-13　检验加速踏板线束端子 Pin4 和 Pin6 的信号电压</td>
<td>Step06　插上插头，当不踩加速踏板时，检验加速踏板线束端子 Pin4 和 Pin6 的信号电压。
正常值：Pin4：0.75 V；Pin6：0.36 V。
测量结果：Pin4：__________V；Pin6：__________V。
测量情况：□正常
□异常，原因：____________</td>
</tr>
</table>

续表

 图 5-2-14　检验加速踏板线束端子 Pin4 和 Pin6 的信号电压	Step07　当踩加速踏板在一定开度时，检验加速踏板线束端子 Pin4 和 Pin6 的信号电压，正确的端子 Pin4 的电压是端子 Pin6 电压的两倍。 测量结果：Pin4：________V；Pin6：________。 测量情况：□正常 □异常，原因：________
	Step08　以上检查确定没问题后，确认传感器本体故障，请更换加速踏板位置传感器。 完成情况：□完成 □未完成，原因：________
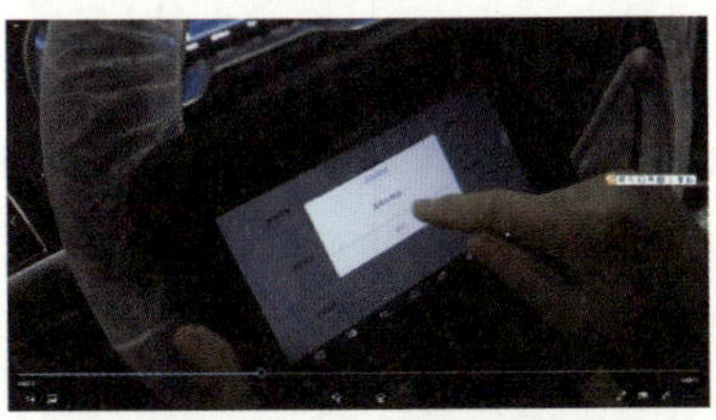 图 5-2-15　确认故障排除	Step09　修复后确认故障排除。 方法：连接解码仪读取故障码，检查确认无故障码。 完成情况：□完成 □未完成，原因：________

总结评价

学习任务总结评价表

班级__________小组__________学号__________ 姓名__________

<table>
<tr><td colspan="2" rowspan="2">主要测评项目</td><td colspan="4">学生自评</td></tr>
<tr><td>A</td><td>B</td><td>C</td><td>D</td></tr>
<tr><td>关键能力总结</td><td>1. 遵守纪律，遵守学习场所管理规定，服从安排；
2. 具有安全意识、责任意识、6S 管理意识，注重节约、节能与环保；
3. 学习态度积极主动，能按时参加安排的实习活动；
4. 具有团队合作意识，注重沟通，能自主学习及相互协作；
5. 仪容仪表符合学习活动要求。</td><td></td><td></td><td></td><td></td></tr>
<tr><td>专业知识与能力总结</td><td>1. 能了解加速踏板位置传感器的结构和作用；
2. 能理解整车控制器与各部件的连接情况；
3. 会进行常见典型故障的分析、诊断与排除。</td><td></td><td></td><td></td><td></td></tr>
<tr><td>个人自评总结与建议</td><td colspan="5"></td></tr>
<tr><td>小组评价</td><td colspan="5"></td></tr>
<tr><td rowspan="2">教师评价</td><td rowspan="2"></td><td colspan="4">总评成绩</td></tr>
<tr><td colspan="4"></td></tr>
</table>

教师签字：　　　　　　　　日期：

学习任务三　驻车挡无法解除故障检修

任务导入

汽车维修工小王接到一张任务工作单：一辆吉利帝豪 EV450 纯电动汽车，行驶里程 20 000 km，现出现整车上电后挡位在驻车挡（P 挡）无法解除、车辆不能行驶的故障。小王使用故障诊断仪初步检测出是挡位电机相关故障。请问挡位电机是如何控制的，又该如何检修该故障？

工作任务

完成对 2018 年款吉利帝豪 EV450 轿车驻车挡（P 挡）无法解除的故障诊断与检修，并分析引起驻车挡（P 挡）无法解除故障的原因。

任务分组

将学生按 4 ~ 6 人为一组进行分组，明确每组的工作任务，并填写表 5-3-1。

表 5-3-1　学生分组表

组　别	小组成员	任务分工
1		
2		
3		
4		
5		
6		

工作准备

1. 根据工作任务，进行任务分组，并完成任务分工。
2. 查阅维修手册，收集吉利帝豪 EV450 纯电动汽车驻车挡（P 挡）无法解除的检修操作流程和操作注意事项。
3. 根据工作任务，分析实施过程中的难点或可能出现的质量问题。
4. 查阅维修手册，分析可能引起驻车挡（P 挡）无法解除故障的原因，并记录制订操作步骤。

收集信息

1. 电动机的速度—转矩特性非常适合汽车驱动的需求，纯电动模式下，汽车的驱动系统（不需要/需要）__________多挡位的变速器，驱动系统结构得以大幅简化。

2. 吉利帝豪 EV450 纯电动汽车采用的是 P 挡电子驻车，当车辆处在驻车挡时，减速器会通过一套锁止装置，锁止________________。

3. 根据下图内容信息填空。

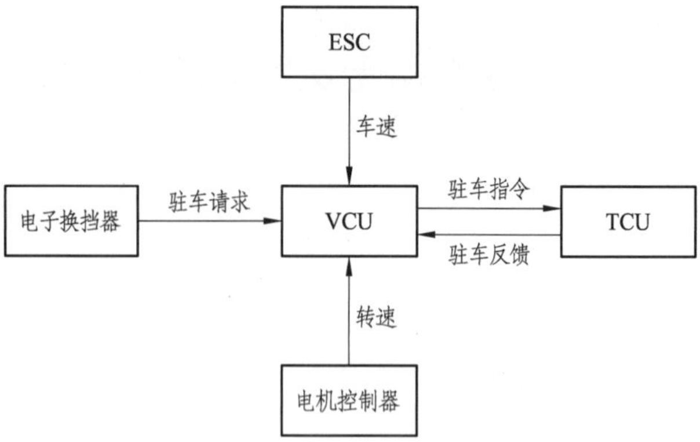

（1）驾驶员换入驻车挡（P 挡），电子换挡器将驻车请求信号发送到__________，VCU 结合当前的__________信号和__________信号，判断是否符合驻车条件。当符合条件时，VCU 发送驻车指令到_____________，TCU 控制驻车电机进入驻车挡（P 挡），锁止减速器。同时将驻车挡（P 挡）位置信号反馈给 VCU，完成换挡过程。

（2）相同的逻辑，驾驶员退出驻车挡（P 挡），____________将解除驻车请求信号发送给 VCU，VCU 结合当前驱动电机转速及轮速情况发送解除驻车指令到 TCU，TCU 控制电机解除驻车挡（P 挡）锁止减速器。解除后将此信号反馈给 VCU，完成换挡过程。

4.（多选）驻车换挡驻车的条件有（　　）。

A. 无普通编码器故障　　B. 无电机开路、对地短路、对电源短路故障

C. 供电电压在 9 ~ 16 V　　D. 上一次换挡过程已完成

E. 接收到 VCU 的锁止请求　　F. 车速小于 5 km/h

5.（多选）驻车换挡解除驻车的条件有（　　）。

A. 无普通编码器故障　　B. 无电机开路、对地短路、对电源短路故障

C. 供电电压在 9 ~ 16 V　　D. 上一次换挡过程已完成

E. 接收到 VCU 的解锁请求　　F. 车轮未发生滑移

6. 查阅维修手册，标记出减速器控制系统的相关部件。

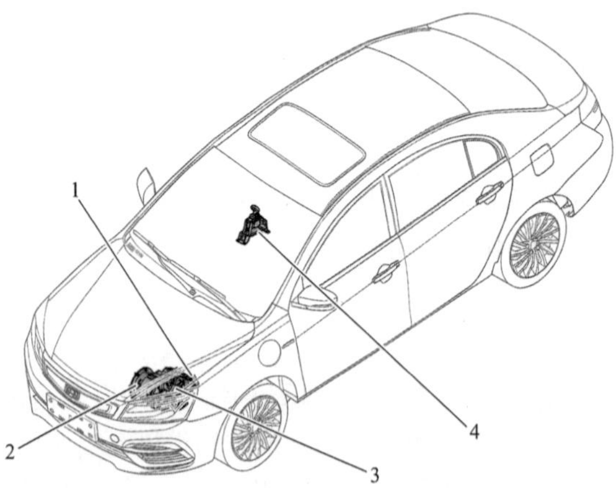

减速器_______；减速器控制器（TCU）_______；驻车电机_______；电子换挡器_______。

7. 查阅维修手册，补全电气原理图。

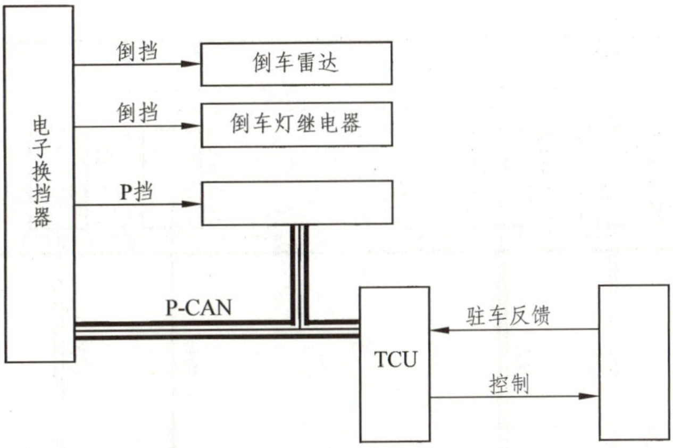

8. 查阅维修手册，分析减速器控制电路原理。

（1）减速器控制器（TCU）有 2 组电源线，分别是常电和控制电源，常电是＿＿＿＿＿线，控制电源是＿＿＿＿＿＿＿线。

（2）TCU 的网络通信线分别是＿＿＿＿＿＿＿线。

（3）减速器的驻车电机受 TCU 控制，除了电机工作电源线束外，还有 1 个位置传感器，分别是＿＿＿＿＿＿＿＿＿线。

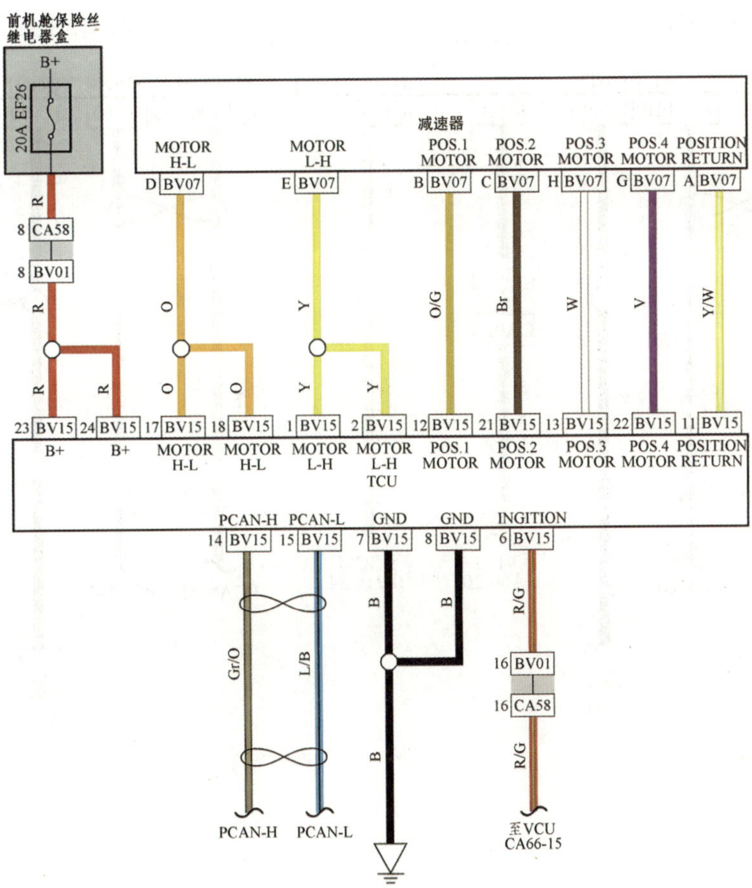

9. 电子换挡器电路控制图：

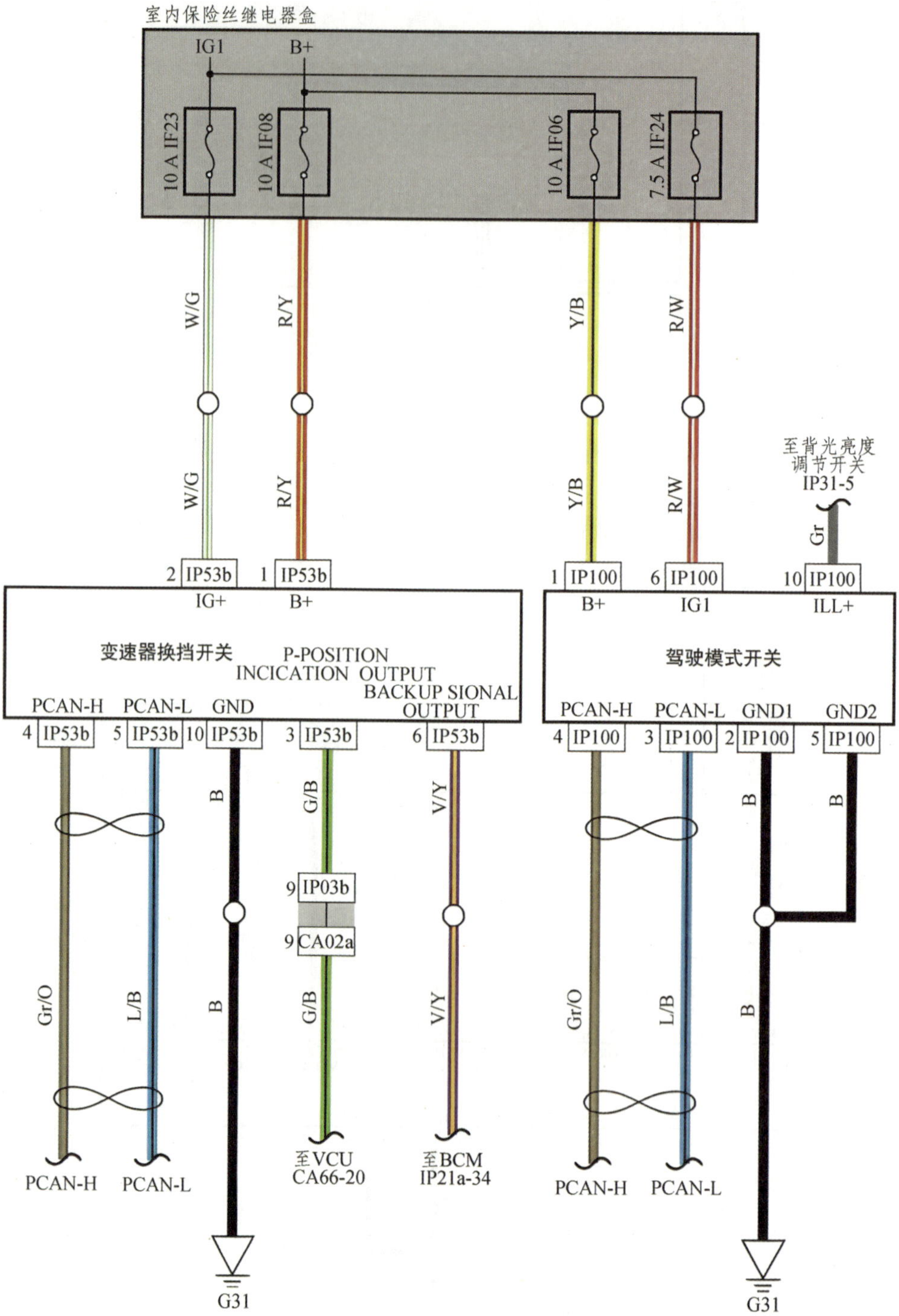

制订方案

分组查阅维修手册，学习减速器控制系统方面的知识，制订驻车挡（P 挡）无法解除故障的任务实施方案。

1. 任务分工

____

____。

2. 任务实施步骤

____

____。

3. 异常情况处理措施

____

____。

知识学习

一、驻车挡（P 挡）电子驻车

吉利帝豪 EV450 采用单速比减速器，只有 1 个前进挡、1 个倒车挡、1 个空挡和 1 个驻车挡（P 挡）。当车辆处在驻车挡时，减速器会通过 1 套锁止装置，锁止减速器。驻车锁止装置安装如图 5-3-1 所示。

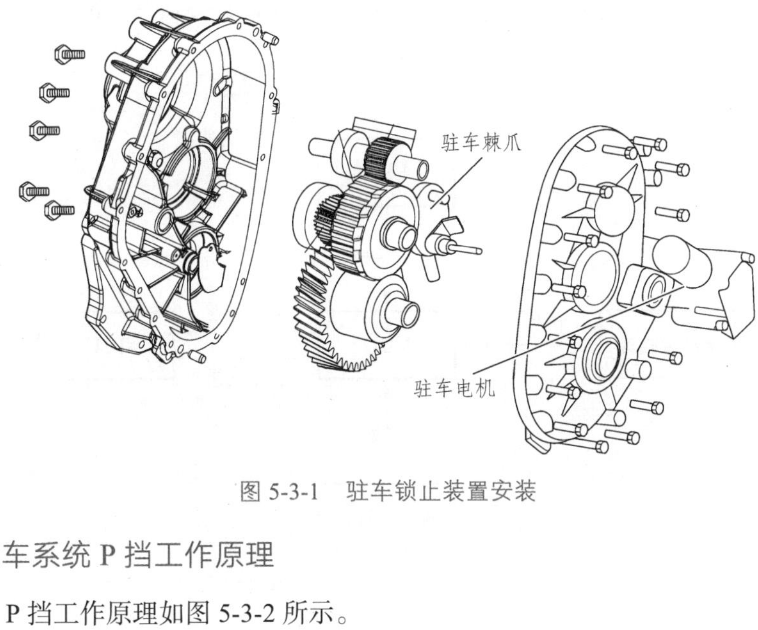

图 5-3-1 驻车锁止装置安装

（一）驻车系统 P 挡工作原理

驻车系统 P 挡工作原理如图 5-3-2 所示。

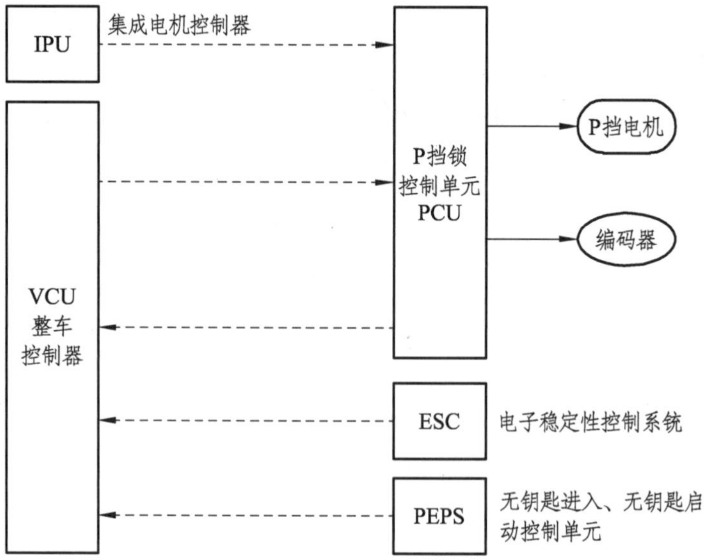

图 5-3-2 驻车系统 P 挡工作原理示意图

驾驶员操作电子换挡器进入驻车挡（P 挡），电子换挡器将驻车请求信号发送到整车控制器（VCU），VCU 结合当前驱动电机转速及轮速情况判断是否符合驻车条件。当符合条件时，VCU 发送驻车指令到动力合成箱控制器（TCU），TCU 根据驻车条件判断是否进行驻车，TCU 控制驻车电机进入驻车挡（P 挡），锁止减速器。驻车完成后 TCU 将收到减速器发出的驻车挡（P 挡）位置信号，并将此信号反馈给 VCU，完成换挡过程。

驾驶员操作电子换挡器退出驻车挡（P 挡），电子换挡器将解除驻车请求信号发送给整车控制器（VCU），VCU 结合当前驱动电机转速及轮速情况判断是否满足解除驻车条件，当符合条件时，VCU 发送解除驻车指令到 TCU，TCU 根据解锁条件判断是否进行解锁，TCU 控制电机解除驻车挡（P 挡）锁止减速器。解除驻车完成后 TCU 将收到减速器发出的挡位位置信号，并将此信号反馈给 VCU，完成换挡过程。

驻车控制流程如图 5-3-3 所示。

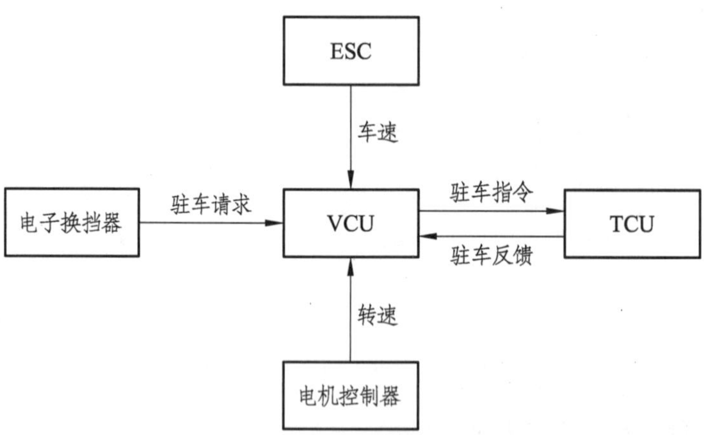

图 5-3-3 驻车控制流程

TCU 控制减速器上的换挡电动机。驻车电机有 1 个编码器，输出 4-bit 代码用来确定驻车电机位置。TCU 接口通过汽车 CAN 总线接收来自其他车辆系统的信息（驱动电机转速、车速、停车请求等）。TCU 接收相关的换挡条件和换挡请求，直接控制驻车电机驱动棘爪扣入或松开棘轮，达到驻车或解除驻车功能。

减速器控制器（TCU）内部结构如图 5-3-4 所示。

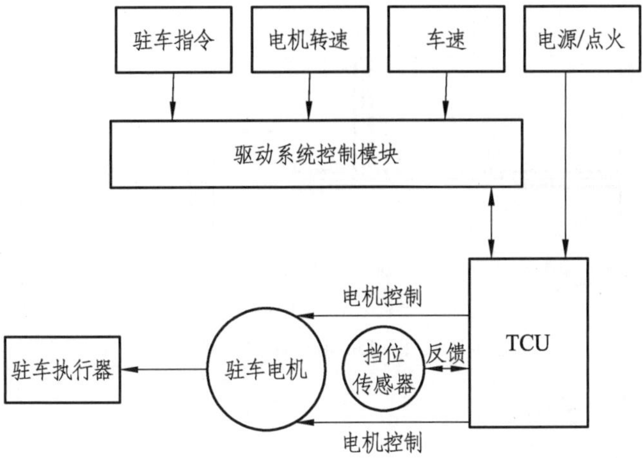

图 5-3-4　减速器控制器（TCU）内部结构

（二）换挡条件

（1）驻车需要同时满足以下条件：

① 接收到驻车请求。

② 上一次的换挡操作已完成。

③ 供电电压处于 9 ~ 16 V。

④ 驻车电机和编码器无故障。

⑤ 电机转速<344 r/min。

⑥ ESC（电子稳定控制系统）车速<5 km/h。

（2）解除驻车换挡需满足以下条件：

① 接收到解锁请求。

② 上一次换挡操作已完成。

③ 供电电压在 9 ~ 16 V。

④ 驻车电机和编码器无故障。

⑤ 电机转速<7 r/min。

⑥ ESC 车速<0.1 km/h。

二、驻车挡（P 挡）无法解除故障检修

以吉利帝豪 EV450 为例检修驻车挡（P 挡）无法解除故障。

（一）EV450 电子换挡器电气原理框图

EV450 电子换挡器电气原理框图如图 5-3-5 所示。

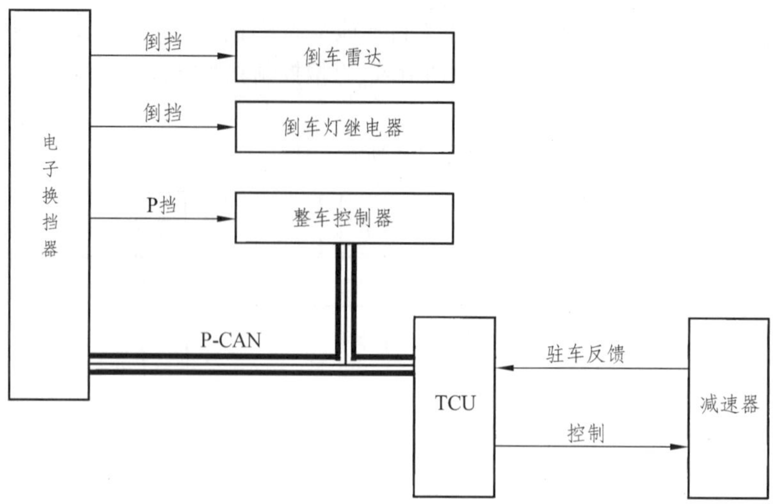

图 5-3-5　EV450 电子换挡器电气原理

（二）换挡相关端子信息

1. 变速器换挡开关线束连接器

变速器换挡开关线束连接器如图 5-3-6 所示。

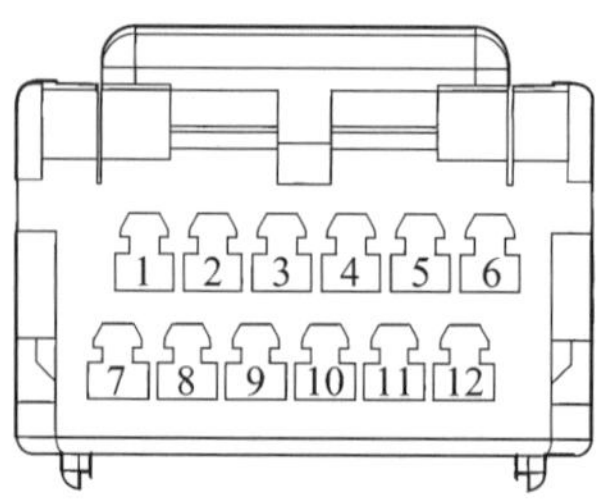

图 5-3-6　IP53 变速器换挡开关线束连接器

变送器换挡开关线束连接器端子信息见表 5-3-2。

表 5-3-2　变速器换挡开关线束连接器端子信息表

端子号	端子定义	颜色	端子状态	规定条件（电压、电流、波形）
1	KL30	R/Y	电源	12 V
2	KL15	W/G	电源	12 V
3	P 位置指示输出	G/B	—	—
4	CAN-H	GR/O	总线高	—
5	CAN-L	BL/B	总线低	—
10	GND	B	接地	负极

2. 动力合成箱控制器 TCU 端子列表

TCU 控制模块线束连接器如图 5-3-7 所示。

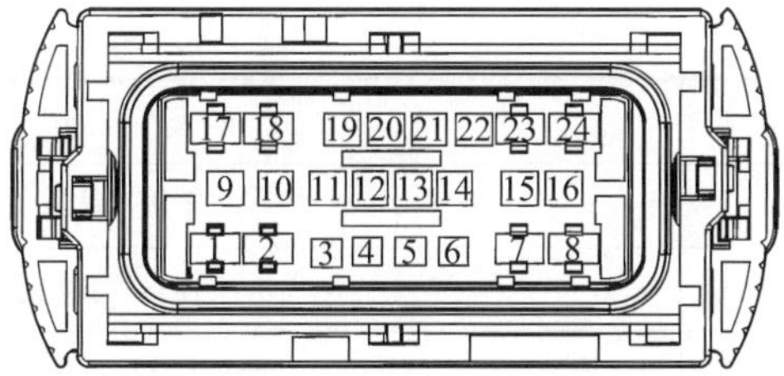

图 5-3-7　BV15 TCU 控制模块线束连接器

TCU 端子信息见表 5-3-3。

表 5-3-3　TCU 端子列表

端子号	端子定义	颜色	端子状态	规定条件（电压、电流、波形）
1	MOTOR CNTRL PARK-UNPARK	O	电机控制驻车换到解除驻车	—
2	MOTOR CNTRL PARK-UNPARK	O	电机控制驻车换到解除驻车	—
7	GND	B	接地	负极
8	GND	B	接地	负极
11	MOTOR POSITION COMMON	Y/W	驻车电机公共端	—
12	MOTOR POSITION 1	O/W	电机位置 1	—
13	MOTOR POSITION 3	W	电机位置 3	—
14	P CAN-H	GR/O	总线高	—
15	P CAN-L	L/B	总线低	—
17	MOTOR CNTRL UNPARK-PARK	Y	电机控制解除驻车换到驻车	—
18	MOTOR CNTRL UNPARK-PARK	Y	电机控制解除驻车换到驻车	—
21	MOTOR POSITION 2	BR	电机位置 2	—
22	MOTOR POSITION 4	V	电机位置 4	—
23	B+	R	电源	12 V
24	B+	R	电源	12 V

（三）驻车挡（P 挡）无法解除故障常见故障码

驻车挡（P 挡）无法解除故障常见故障码见表 5-3-4。

表 5-3-4　P 挡无法解除故障常见故障码

序号	故障诊断代码	说明
1	U007300	CAN 总线关闭
2	U011087	IPU 报文丢失
3	U111487	VCU 报文丢失
4	U012287	ESC 车速消息丢失

续表

序号	故障诊断代码	说明
5	U021487	PEPS 消息丢失
6	U041181	IPU 数据无效
7	U140481	VCU 数据无效
8	U051581	PEPS 数据无效
9	U041681	ESC 车速数据无效
10	U249683	IPU 校验位无效
11	U24A883	VCU 校验位无效
12	U241883	PEPS 检验位无效
13	U241283	ESC 车速校验位无效
14	U349682	IPU 信号序列错误
15	U34A882	VCU 信号序列错误
16	U341882	PEPS 信号序列错误
17	U341282	ESC 车速信号序列错误
18	C180001	换挡电机编码器位置无效
19	C180111	换挡电机编码器对地短路
20	C180213	换挡电机电路开路
21	C180312	换挡电机电路对电源短路
22	C180411	换挡电机电路对地短路
23	U300616	系统欠压
24	U300617	系统超压
25	U130055	功能配置

（四）故障检查与排除

1. 目视检查

（1）检查减速器与电机匹配端面清洁无杂物，无明显损坏、瑕疵。
（2）检查减速器油封应无损坏，各部位无漏油和渗油的迹象。
（3）检查连接器是否有松脱、老化等现象。

2. 线路及换挡电机检测

线路及换挡电机检测见表 5-3-5。

表 5-3-5　线路及换挡电机检测

检修部位	检修步骤
外线路检查	（1）检查保险丝 EF26 线路是否有短路故障； （2）用万用表的电阻挡，分别测量各个端子与 ECU 对应的各个端子的电阻值，来判断外线路是否存在短路和断路故障
电压值测量	（1）测量变速器换挡开关线束连接器电源端子的供电端电压应为 11～14 V； （2）测量 TCU 控制模块线束连接器电源端子的供电端电压应为 11～14 V
换挡电机检查	（1）检查换挡电机控制线路； （2）检查换挡电机位置信号线路
数据流检测	用专用故障诊断仪读取数据流，检查 TCU 模块与 VCU 之间线束连接器的数据通信

任务实施

一、检修电子换挡器故障

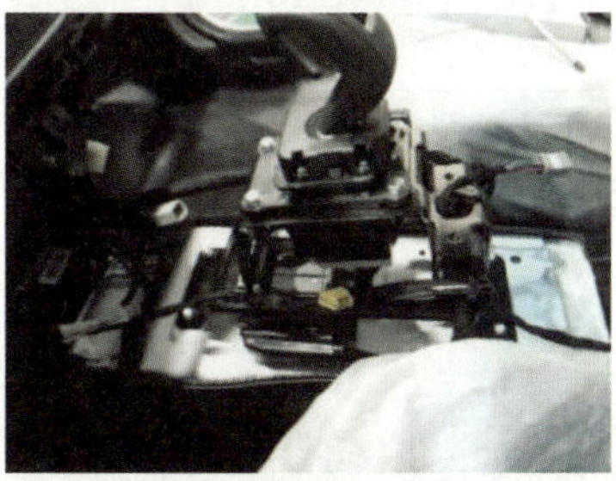

图 5-3-8　拆卸电子换挡器中央饰板

Step01　拆卸电子换挡器中央饰板。

完成情况：□完成

□未完成，原因：________

图 5-3-9　检查电子换挡器保险丝

Step02　检查电子换挡器保险丝。

（1）操作启动开关使电源模式至 OFF 状态。

（2）拔下保险丝，检查保险丝 IF23、IF08 是否熔断。

保险丝额定容量均为：10 A。

检查结果：□正常，进行下一步

□异常，检修保险丝线路，更换额定容量保险丝

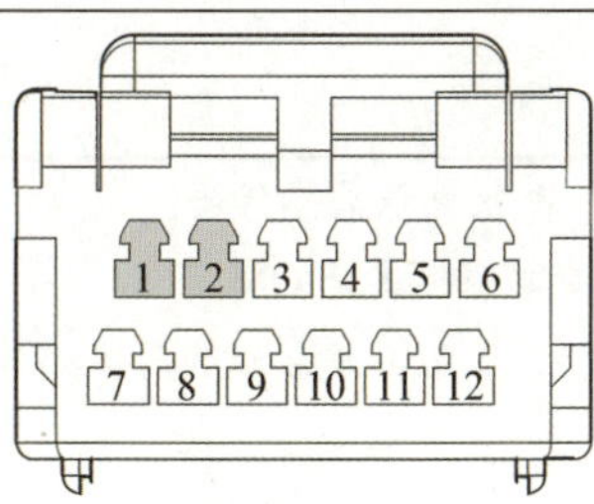

图 5-3-10　测量电子换挡器的电源

Step03　测量电子换挡器的电源。

（1）操作启动开关使电源模式至 ON 状态。

（2）用万用表测量电子换挡器线束连接器 IP53 的 1、2 号端子对地的电压值。

标准电阻：11～14 V；测量结果：______V。

测量情况：□正常，进行下一步

□异常，检测更换线束

<table>
<tr><td>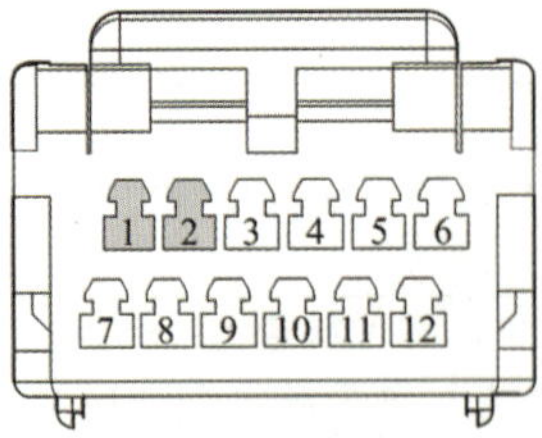

图 5-3-11 检查电子换挡器与车身接地之间的线路</td><td>Step04 检查电子换挡器与车身接地之间的线路。
（1）操作启动开关使电源模式至 OFF 状态。
（2）断开组合仪表线束连接器 IP53。
（3）用万用表测量组合仪表线束连接器 IP53 的 10 号端子与车身接地之间的电阻。
电阻标准值：小于 1 Ω；测量结果：________Ω。
测量情况：□正常，进行下一步
□异常，检测更换线束</td></tr>
<tr><td>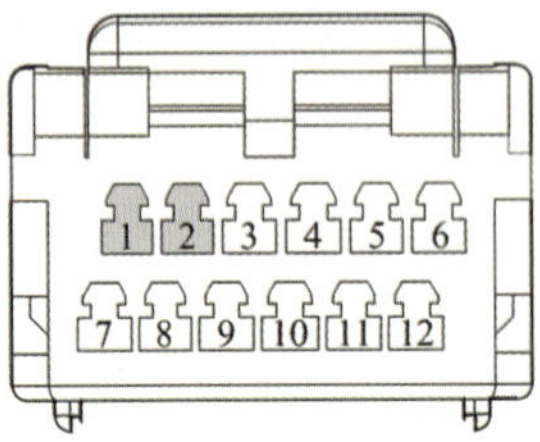

图 5-3-12 测量电子换挡器通信电路</td><td>Step05 测量电子换挡器通信电路。使用万用表测量 IP53 的 4、5 号端子之间的电阻。
电阻标准值：55 ~ 67.5 Ω；测量结果：________Ω。
测量情况：□正常，进行下一步
□异常，优先排除 CAN 网络不完整故障</td></tr>
<tr><td>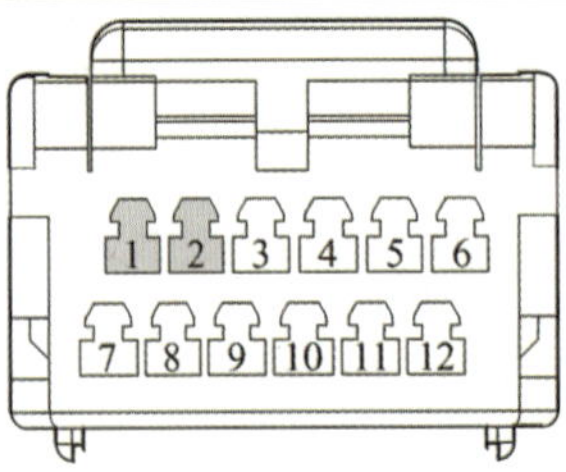

（a）IP53 电子换挡开关线束连接器
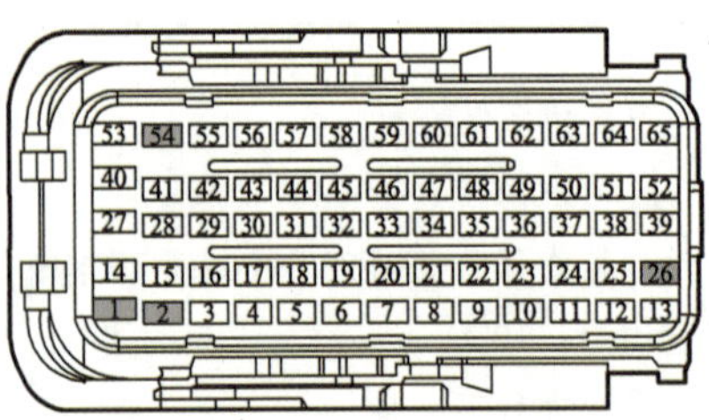

（b）CA66 VCU 线束连接器
图 5-3-13 测量 Park 开关线路</td><td>Step06 测量 Park 开关线路。测量 IP53 的 3 号端子与 CA66 的 20 号端子之间的电阻。
电阻标准值：小于 1 Ω；测量结果：________Ω。
测量情况：□正常，进行下一步
□异常，检测更换线束</td></tr>
</table>

二、检修换挡电机故障

<table>
<tr><td>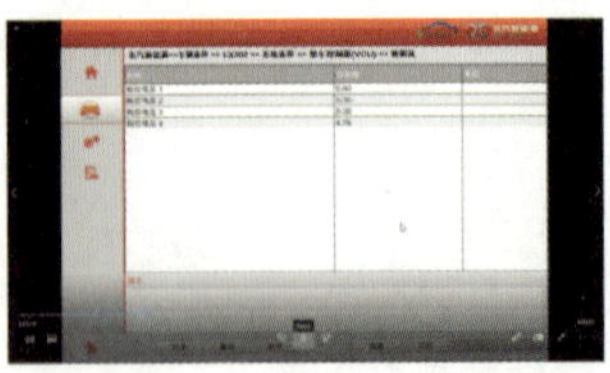
图 5-3-14 读取故障代码</td><td>Step01 使用故障诊断仪读取故障代码。
（1）操作启动开关使电源模式至 ON 状态。
（2）连接故障诊断仪，读取系统故障代码。
故障码：______________
完成情况：□完成
□未完成，原因：______________</td></tr>
</table>

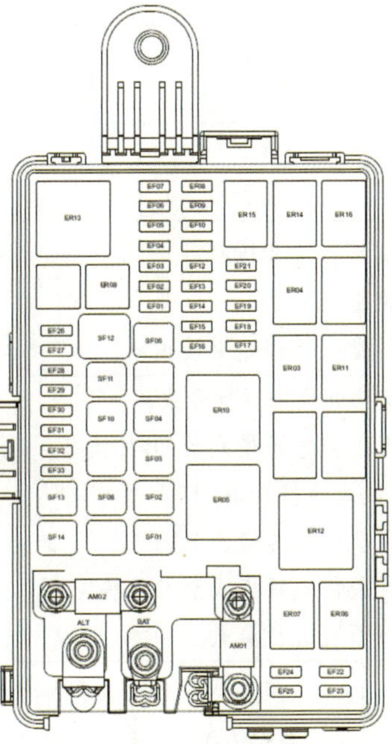

图 5-3-15　检查 TCU 保险丝 EF26

Step02　检查 TCU 保险丝 EF26 是否熔断。

（1）操作启动开关使电源模式至 OFF 状态。

（2）拔下保险丝 EF26，检查保险丝是否熔断。

保险丝额定容量：20 A。

检查结果：□正常

□异常，检修保险丝线路，更换额定容量保险丝

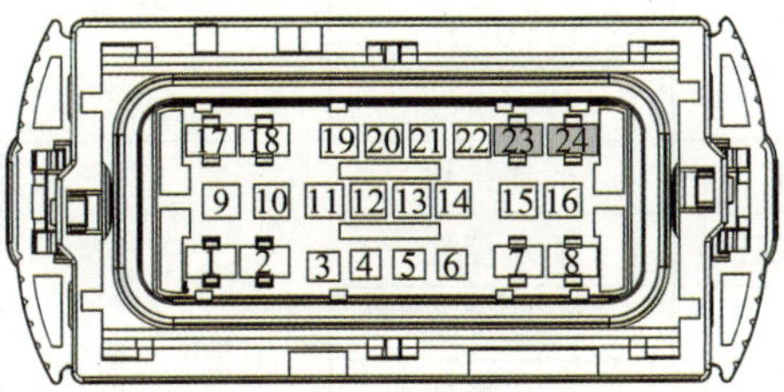

图 5-3-16　检查 TCU 电源、接地之间的电压

Step03　检查 TCU 电源、接地之间的电压。

（1）操作启动开关使电源模式至 OFF 状态。

（2）操作启动开关使电源模式至 ON 状态。

（3）用万用表测量 TCU 线束连接器 BV15 端子 23 和端子 7 之间的电压值。

标准电压：11 ~ 14 V；测量结果：__________V。

（4）用万用表测量 TCU 线束连接器 BV15 端子 24 和端子 8 之间的电压值。

标准电压：11 ~ 14 V；测量结果：____________V。

（5）确认测量值是否符合标准。

测量情况：□正常

□异常，修理或更换线束

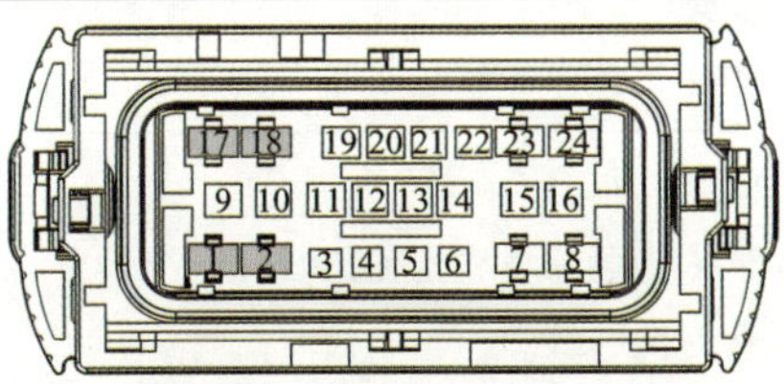

（a）BV15 TCU 线束连接器

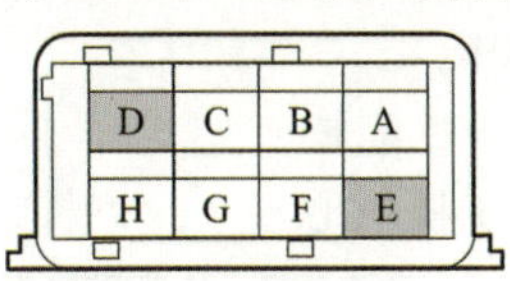

（b）BV07 减速器线束连接器

图 5-3-17　检查换挡电机控制线路

Step04　检查换挡电机控制线路。

（1）操作启动开关使电源模式至 OFF 状态。

（2）断开 TCU 线束连接器 BV15。

（3）断开驻车电机线束连接器 BV07。

（4）操作启动开关使电源模式至 ON 状态

（5）用万用表按下表进行测量。

测量位置 A	测量位置 B	测量标准值
BV15-1	BV07-E	标准电阻：小于 1 Ω
BV15-2	BV07-E	
BV15-17	BV07-D	
BV15-18	BV07-D	

BV15-1	车身接地	标准电阻：10 kΩ或更高
BV15-2	车身接地	
BV15-1	车身接地	标准电压：0 V
BV15-2	车身接地	

（6）确认测量值是否符合标准。

测量情况：□正常

□异常，修理或更换线束

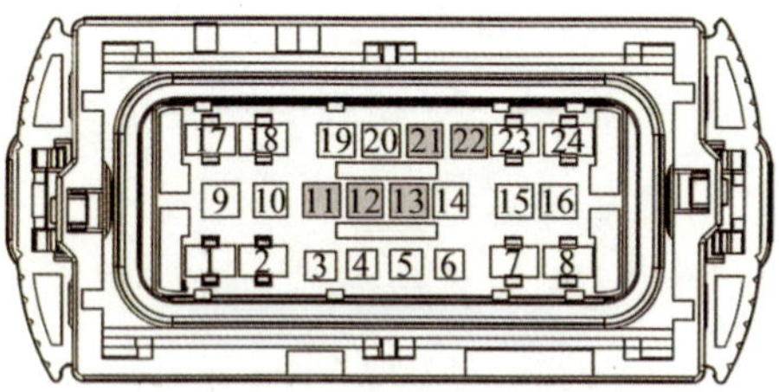

（a）BV15 TCU 线束连接器

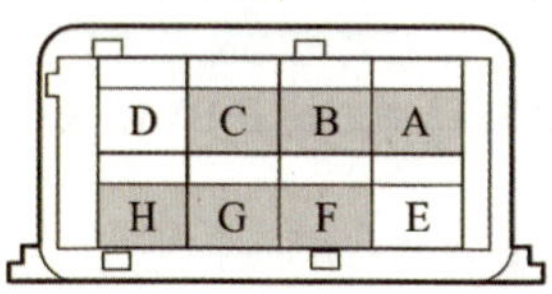

（b）BV07 减速器线束连接器

图 5-3-18　检查换挡电机位置信号线路

Step05　检查换挡电机位置信号线路。

（1）操作启动开关使电源模式至 OFF 状态。

（2）断开 TCU 线束连接器 BV15。

（3）断开驻车电机线束连接器 BV07。

（4）操作启动开关使电源模式至 ON 状态。

（5）用万用表按下表进行测量。

测量位置 A	测量位置 B	测量标准值
BV15-11	BV07-A	标准电阻：小于 1 Ω
BV15-12	BV07-B	
BV15-21	BV07-C	
BV15-13	BV07-H	
BV15-22	BV15-G	
BV15-11	车身接地	标准电阻：10 kΩ 或更高
BV15-12	车身接地	
BV15-21	车身接地	
BV15-13	车身接地	
BV15-22	车身接地	

（6）确认测量值是否符合标准。

测量情况：□正常

□异常，修理或更换线束

Step06　更换换挡电机。

（1）操作启动开关使电源模式至 OFF 状态。

（2）断开蓄电池负极电缆。

（3）更换换挡电机。

（4）确认故障是否排除。

检查情况：□正常，诊断结束

□异常，更换 TCU

总结评价

学习任务总结评价表

班级________小组________学号________姓名________

<table>
<tr><td colspan="2" rowspan="2">主要测评项目</td><td colspan="4">学生自评</td></tr>
<tr><td>A</td><td>B</td><td>C</td><td>D</td></tr>
<tr><td>关键能力总结</td><td>1. 遵守纪律，遵守学习场所管理规定，服从安排；
2. 具有安全意识、责任意识，6S 管理意识、注重节约、节能与环保；
3. 学习态度积极主动，能按时参加安排的实习活动；
4. 具有团队合作意识，注重沟通，能自主学习及相互协作；
5. 仪容仪表符合学习活动要求。</td><td></td><td></td><td></td><td></td></tr>
<tr><td>专业知识与能力总结</td><td>1. 能够叙述驻车挡（P 挡）控制过程；
2. 能看懂驻车挡（P 挡）电机控制电路，分析驻车挡（P 挡）不能解除故障的原因；
3. 能排除驻车挡（P 挡）无法解除故障。</td><td></td><td></td><td></td><td></td></tr>
<tr><td>个人自评总结与建议</td><td colspan="5"></td></tr>
<tr><td>小组评价</td><td colspan="5"></td></tr>
<tr><td rowspan="2">教师评价</td><td rowspan="2"></td><td colspan="4">总评成绩</td></tr>
<tr><td colspan="4"></td></tr>
</table>

教师签字：　　　　　　　　日期：

学习任务四 整车高压系统不能上电故障检修

任务导入

一辆 2018 年款吉利帝豪 EV450 轿车因动力电池断开故障，不能启动进入 READY 模式，以致高压不能上电，出现高压互锁故障，其故障码显示为 U210201。如果你是售后服务中心的维修技工，应该如何检修该故障呢？

工作任务

完成对 2018 年款吉利帝豪 EV450 轿车整车高压系统不能上电的故障诊断与检修，并分析引起整车高压系统不能上电故障的原因。

任务分组

将学生按 4 ~ 6 人为一组进行分组，明确每组的工作任务，并填写表 5-4-1。

表 5-4-1 学生分组表

组　别	小组成员	任务分工
1		
2		
3		
4		
5		
6		

工作准备

1. 根据工作任务，进行任务分组，并完成任务分工。

2. 查阅维修手册，收集吉利帝豪 EV450 纯电动汽车整车高压系统不能上电故障的检修操作流程和注意事项。

3. 根据工作任务，分析实施过程中的难点或可能出现的质量问题。

4. 查阅维修手册，分析可能引起整车高压系统不能上电故障原因，并记录制订操作步骤。

收集信息

1. 查阅资源，完成车辆的上下电概念的连线。

起动功能 •	• 指车辆从 OFF 挡至 ON 挡的过程，该挡位车辆各模块处于高压上电准备阶段
上电功能 •	• 指车辆从其他电源挡位（OFF 挡、ACC 挡、ON 挡）至 READY 挡，点亮仪表指示灯的过程，也可称高压上电
退电功能 •	• 指整车从 ON 挡退电至 OFF 挡的过程
下电功能 •	• 指整车从 READY 挡退电至其他挡位

2. 吉利帝豪 EV450 纯电动汽车高压上电操作：________________。
3. 吉利帝豪 EV450 在高压上下电的控制过程中，最终都是由________断开动力电池。
4. 查阅资料，补全高压供电系统。

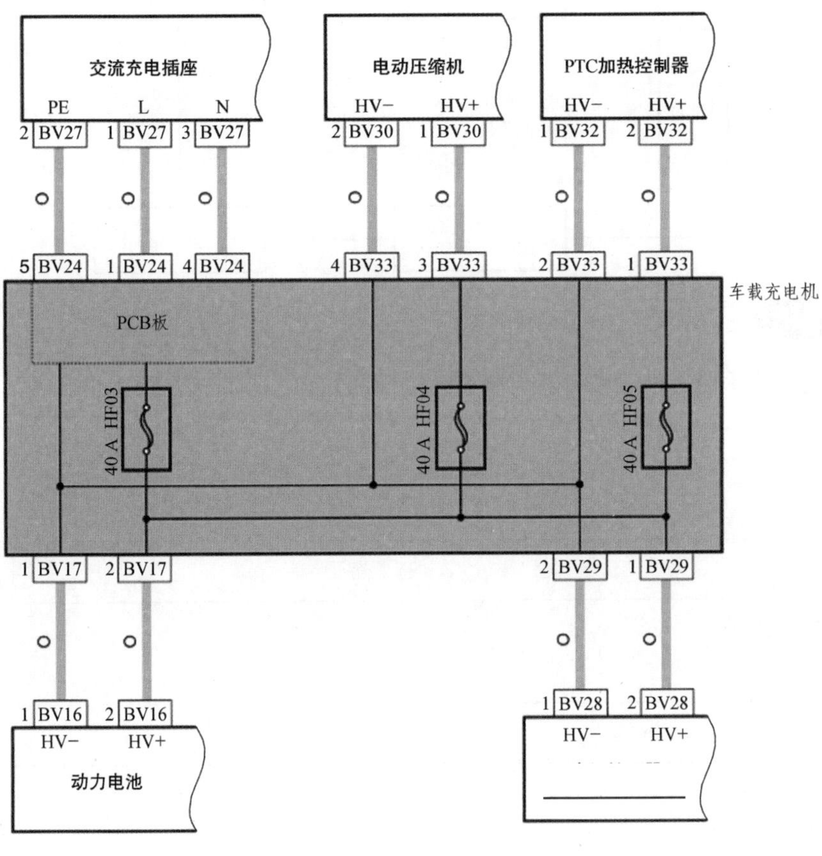

5.（多选）BMS 控制动力电池安全管理过程中，以下哪项是可能触发高压断电（　　）。

A. 过流、过压、欠压、过温故障　　B. 电压差异过大

C. 高压互锁故障　　D. 碰撞安全信号触发

E. SOC 过高、过低、电池内阻异常　　F. 预充电异常、传感器断线、继电器粘连

6. 查阅资料，补全高压互锁控制电路。

BMS 互锁电路：

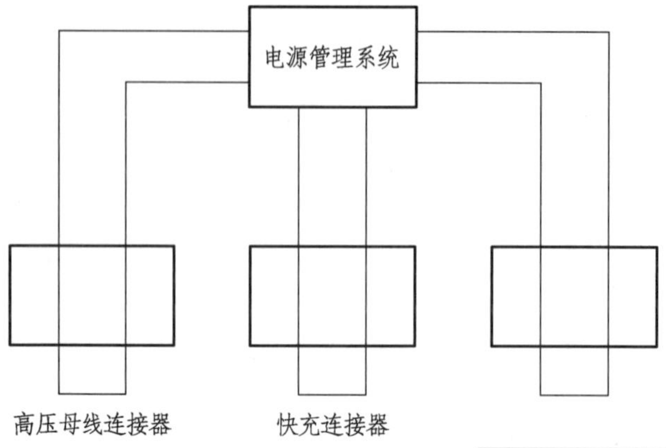

VCU 互锁电路：

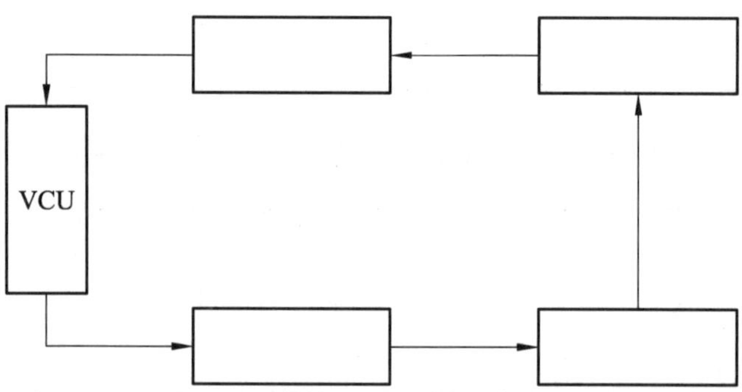

制订方案

分组查阅维修手册，学习减速器控制系统方面的知识，制订高压不上电互锁故障任务实施方案。

1. 任务分工

____

____。

2. 任务实施步骤

____

____。

3. 异常情况处理措施

____

____。

知识学习

一、整车高压系统的认识

纯电动车有 1 套高压供电系统，如图 5-4-1 所示，其由动力电池为电机控制器、驱动电机、电动压缩机、PTC 加热器等高压部件提供能量。动力电池还有 1 套直流快充充电系统和 1 套交流慢充充电系统，而所有的高压部件都由高压配电系统连接输送电能。

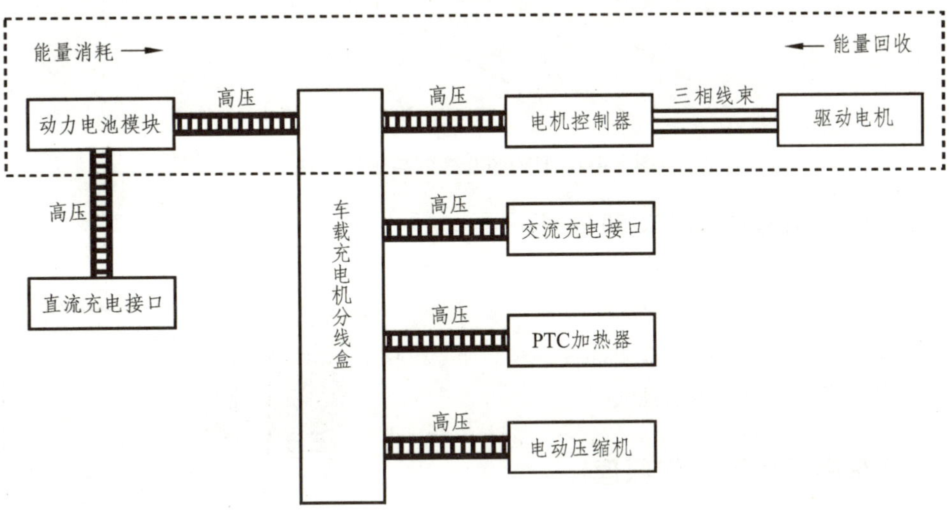

图 5-4-1 电气原理示意图

（一）高压配电系统的组成

高压配电系统主要包括：车载充电器分线盒、直流充电接口、交流充电接口、直流母线、电机三相线等部件。

特别提示

所有高压线缆均为橙色，车辆上电时不要触碰这些线缆和部件，高压线缆接插件拔出后，立即用绝缘胶带包裹。

（二）高压线束连接器的认识

新能源汽车高压连接器是机电一体化产品，主要由接触件、绝缘体、壳体及附件 4 部分构成，主要有以下两种拆装方式：

1. 第一类高压接插件（HVP800 序列）

HVP800 序列高压接插件如图 5-4-2 所示。

（1）用手或起子轻撬助力手柄锁扣。

（2）将助力手柄脱出锁头，然后缓慢向上抬高助力手柄，接插件会慢慢退出。

（3）当助力手柄由水平位置变到垂直位置时，接插件已全部处于拔出状态。

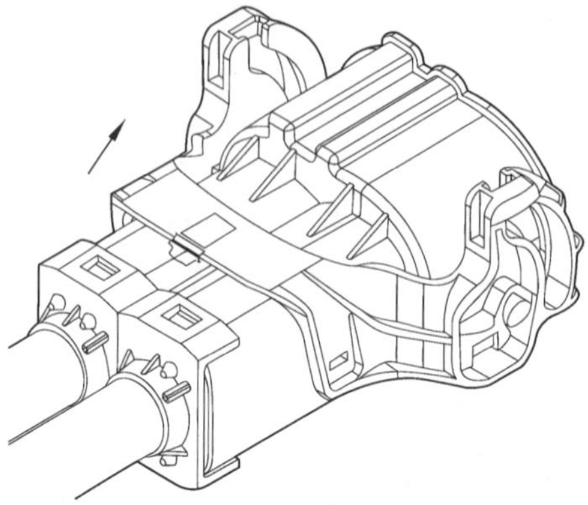

图 5-4-2　HVP800 序列高压接插件

2. 第二类高压接插件（HVA280 序列）

HVA280 序列高压接插件如图 5-4-3 所示。

（1）拔出红色锁扣 1。

（2）按住橙色锁扣 2，向外拔出插头一半。

（3）按压绿色锁扣 3，拔出插头。

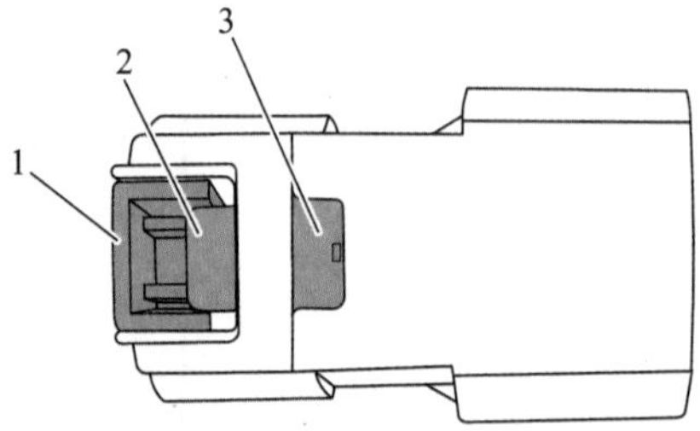

图 5-4-3　HVA280 序列高压接插件

二、整车高压系统工作原理

（一）车载充电器分线盒

车载充电器分线盒的作用类似于低压供电系统中的保险丝盒，高压接线盒功能包括：高压电能的分配、高压回路的过载及短路保护。车载充电器分线盒将动力电池总成输送的电能分配给电机控制器、空调压缩机和 PTC 加热器。此外，交流慢充时，充电电流也会经过分线盒流入动力电池为其充电。

车载充电器分线盒内对电动压缩机回路、PTC 加热器回路、交流慢充回路各设有 1 个 40 A 的熔断器。当上述回路电流超过 90 A 时，熔断器会在 15 s 内熔断；当回路电流超过 150 A 时，熔断器会在 1 s 内熔断，保护相关回路。

车载充电器分线盒电器原理如图 5-4-4 所示。

（二）直流充电接口

直流充电接口能接收直流充电桩的电能，并通过高压线束将电能输送给动力电池总成为其充电。

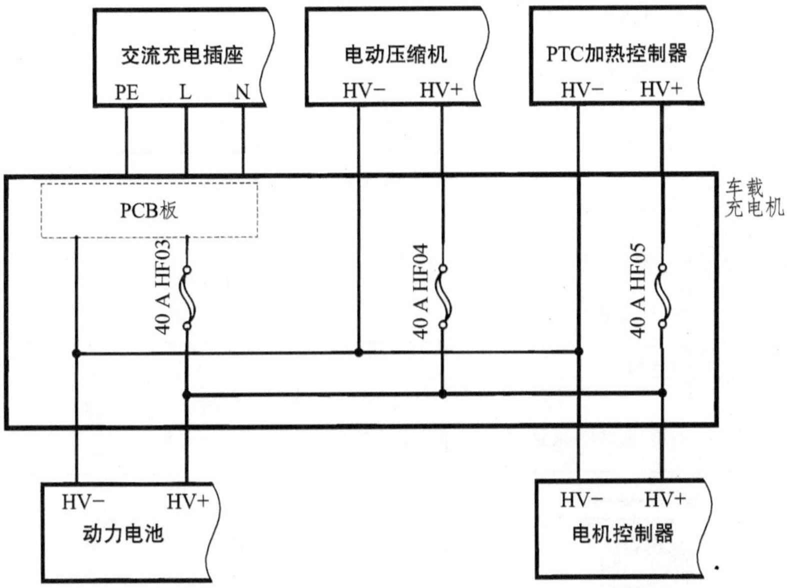

图 5-4-4　车载充电器分线盒电器原理

（三）交流充电接口（如配备）、直流母线

交流充电接口能接收交流充电桩的电能，并通过高压线束将电能输送给车载充电机，车载充电机将交流电转化成直流电经过直流母线将直流电传递到动力电池，为其充电。

能量传递路线如图 5-4-5 所示。

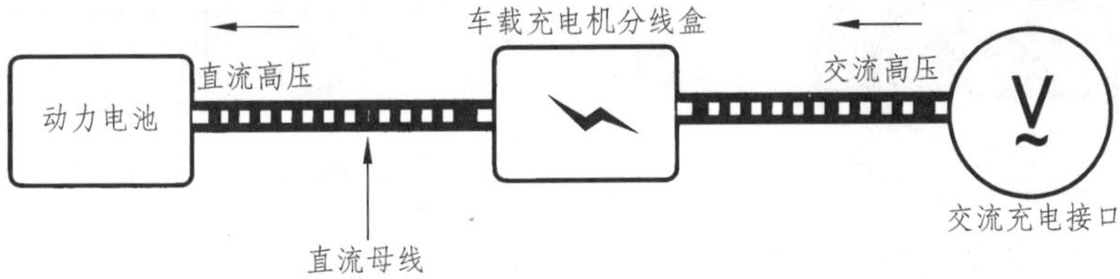

图 5-4-5　能量传递路线图

（四）电机三相线

车辆行驶时，电流从动力电池依次经过直流母线、分线盒、电机控制器高压线、电机控制器、电机三相线到达驱动电机，产生驱动力。

能量传递路线如图 5-4-6 所示（能量回收时传递路线相反）。

图 5-4-6　电机三相线能量传递路线图

（五）高压配电系统端子信息

高压配电系统端子信息见表 5-4-2。

表 5-4-2　高压配电系统端子信息表

<table>
<tr><th>型　号</th><th>端子号</th><th>端子定义</th><th>颜　色</th><th>端子状态</th></tr>
<tr><td rowspan="2">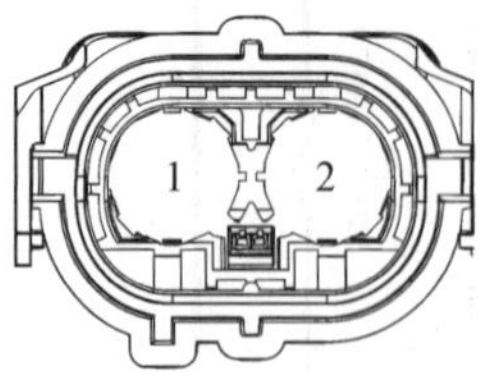

图 5-4-7　BV23 动力电池高压束连接</td><td>1</td><td>FCHV+</td><td>橙色</td><td>快充总正</td></tr>
<tr><td>2</td><td>FCHV−</td><td>橙色</td><td>快充总负</td></tr>
<tr><td rowspan="2">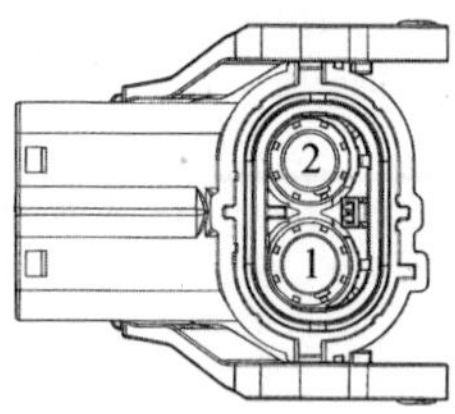

图 5-4-8　BV17 接车充电机线束连接</td><td>1</td><td>HV−</td><td>橙色</td><td>高压总负</td></tr>
<tr><td>2</td><td>HV+</td><td>橙色</td><td>高压总正</td></tr>
<tr><td rowspan="3">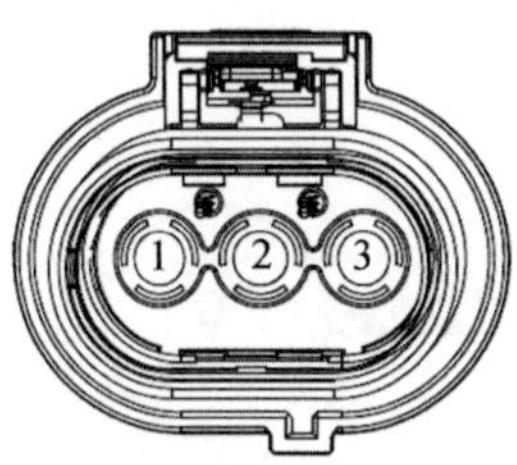

图 5-4-9　BV24 交流充电插座接车充电机</td><td>1</td><td>ACL</td><td>橙色</td><td></td></tr>
<tr><td>2</td><td>PE</td><td>橙色</td><td></td></tr>
<tr><td>3</td><td>ACN</td><td>橙色</td><td></td></tr>
<tr><td rowspan="4">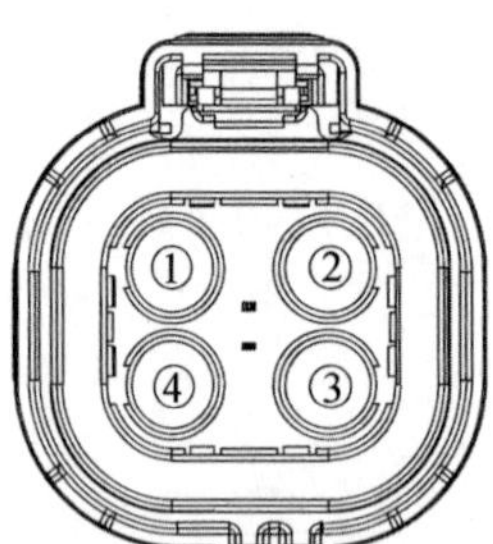

图 5-4-10　BV33 压缩机/PTC 加热器接车充电机</td><td>1</td><td>PTC−</td><td>橙色</td><td></td></tr>
<tr><td>2</td><td>PTC+</td><td>橙色</td><td></td></tr>
<tr><td>3</td><td>ACP+</td><td>橙色</td><td></td></tr>
<tr><td>4</td><td>ACP−</td><td>橙色</td><td></td></tr>
</table>

续表

型　号	端子号	端子定义	颜　色	端子状态
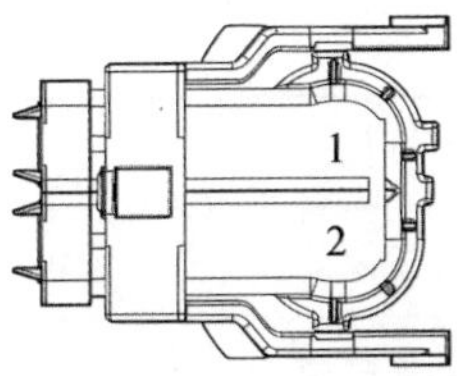 图 5-4-11　BV29 电机控制器接车充电机线束连接	1	HV+	橙色	
	2	HV−	橙色	
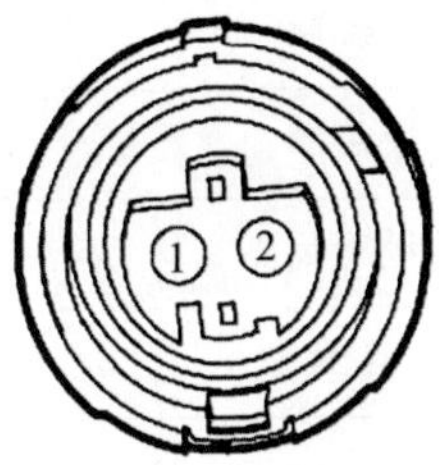 图 5-4-12　BV30 电动压缩机高压束连接器	1	HV+	橙色	
	2	HV−	橙色	
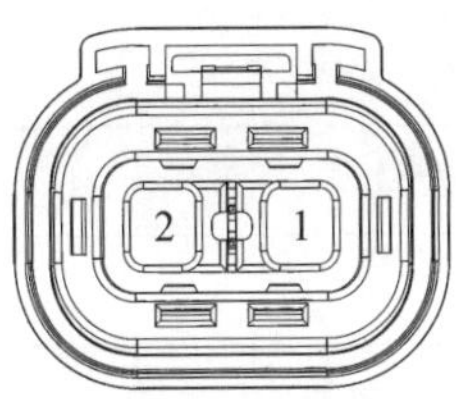 图 5-4-13　BV32 PTC 加热器高压束连接	1	HV+	橙色	
	2	HV−	橙色	
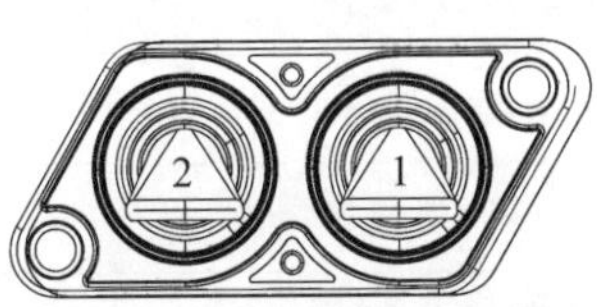 图 5-4-14　BV28 电机控制器接车充电机高压束连接	1	HV+	橙色	
	2	HV−	橙色	

三、整车高压系统不能上电故障诊断与排除

以吉利帝豪 EV450 为例诊断、排除整车高压系统不能上电故障。

（一）引起整车高压系统不能上电的常见故障原因

整车高压系统不能上电的常见故障原因见表 5-4-3。

表 5-4-3　不能上电的常见故障原因

故障症状	故障部位
电机控制器回路故障	回路断路故障
	回路绝缘故障
	回路相互短路故障
	分线盒故障
动力电池回路故障	回路断路故障
	回路绝缘故障
	回路相互短路故障
	分线盒故障
车载充电机回路故障	分线盒熔断器故障
	回路断路故障
	回路绝缘故障
	回路相互短路故障
	分线盒故障
压缩机回路故障	分线盒熔断器故障
	回路断路故障
	回路绝缘故障
	回路相互短路故障
	分线盒故障
PTC 加热器回路故障	分线盒熔断器故障
	回路断路故障
	回路绝缘故障
	回路相互短路故障
	分线盒故障
高压互锁故障	互锁线路故障

（二）整车高压系统不能上电的故障排除

1. 整车高压系统电路简图

整车高压系统电路简图如图 5-4-15 所示。

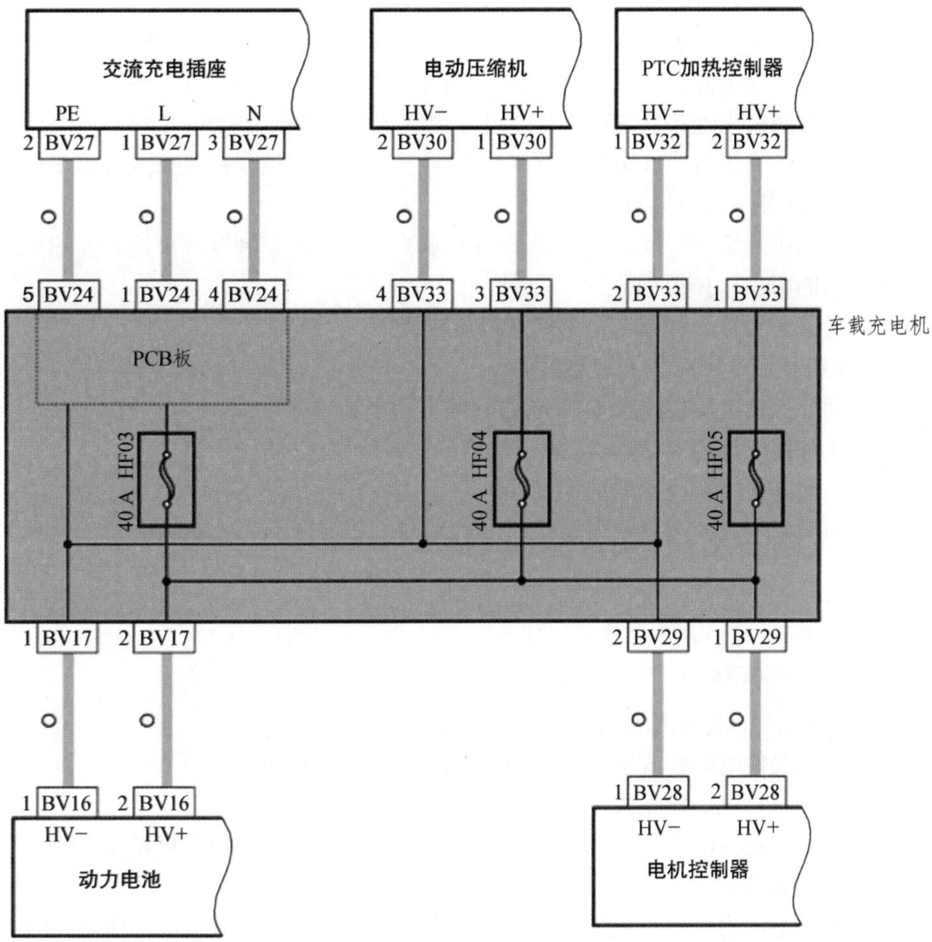

图 5-4-15　整车高压系统电路简图

2. 目视检查

（1）检查易于接触或能够看到的系统部件，以查明其是否有明显损坏或存在可能导致故障的情况。

（2）检查分线盒内部是否有水或者灰尘等异物。

（3）检查分线盒高压线束连接器是否松动，内部是否有锈蚀的迹象。

3. 电机控制器回路故障

（1）检查电机控制器回路绝缘故障。

① 操作启动开关使电源模式至 OFF 状态，断开蓄电池负极电缆。

② 断开直流母线，拔出电机控制器线束连接器 BV28。

③ 用兆欧表测量电机控制器线束连接器 BV28 端子 1 和分线盒壳体之间的电阻。标准电阻：不小于 20 MΩ。

④ 用兆欧表测量电机控制器线束连接器 BV28 端子 2 和分线盒壳体之间的电阻。标准电阻：不小于 20 MΩ。

⑤ 确认测量值是否符合标准，否则修理或更换线束。

（2）检查电机控制器回路断路故障。

① 操作启动开关使电源模式至 OFF 状态，断开蓄电池负极电缆。

② 拔出直流母线线束连接器 BV16 及电机控制器线束连接器 BV28。

③ 用万用表测量直流母线线束连接器 BV16 端子 1 和电机控制器线束连接器 BV28 端子 1 之间的电阻。标准电阻：小于 1 Ω。

④ 用万用表测量直流母线线束连接器 BV16 端子 2 和电机控制器线束连接器 BV28 端子 2 之间的电阻。标准电阻：小于 1 Ω。

⑤ 确认测量值是否符合标准，否则修理或更换线束。

（3）检查电机控制器回路相互短路故障。

① 操作启动开关使电源模式至 OFF 状态，断开蓄电池负极电缆。

② 断开直流母线束连接器 BV16，拔出电机控制器线束连接器 BV28。

③ 断开分线盒其他所有高压线束连接器。

④ 用万用表测量电机控制器线束连接器 BV28 端子 2 与端子 1 之间的电阻。标准电阻：不小于 20 MΩ。

⑤ 确认测量值是否符合标准，否则修理或更换线束。

4. 动力电池回路故障

（1）检查动力电池回路绝缘故障。

① 操作启动开关使电源模式至 OFF 状态，断开蓄电池负极电缆。

② 拔出动力电池直流母线线束连接器 BV16。

③ 用兆欧表测量动力电池直流母线线束连接器 BV16 端子 1 和分线盒壳体之间的电阻。标准电阻：不小于 20 MΩ。

④ 用兆欧表测量动力电池直流母线线束连接器 BV16 端子 2 和分线盒壳体之间的电阻。标准电阻：不小于 20 MΩ。

⑤ 确认测量值是否符合标准，否则修理或更换线束。

（2）检查动力电池回路断路故障，操作步骤同上述电机控制器回路断路故障。

（3）检查动力电池回路相互短路故障。

① 操作启动开关使电源模式至 OFF 状态，断开蓄电池负极电缆。

② 拔出动力电池直流母线线束连接器 BV16。

③ 断开分线盒其他所有高压线束连接器。

④ 用万用表测量动力电池直流母线线束连接器 BV16 端子 2 与端子 1 之间的电阻。标准电阻：不小于 20 MΩ。

⑤ 确认测量值是否符合标准，否则修理或更换线束。

5. 车载充电机回路故障

（1）检查分线盒车载充电机熔断器是否熔断。

① 操作启动开关使电源模式至 OFF 状态，断开蓄电池负极电缆。

② 断开直流母线束连接器 BV16，拆卸分线盒上盖。

③ 用万用表测量分线盒车载充电机熔断器两端的电阻。标准电阻：小于 1 Ω。

④ 确认测量值是否符合标准，否则更换车载充电机熔断器。

（2）检查车载充电机回路绝缘故障，同上述检查动力电池回路绝缘故障。

（3）检查车载充电机回路相互短路故障。

① 操作启动开关使电源模式至 OFF 状态，断开蓄电池负极电缆。

② 拔出直流母线线束连接器 BV16 及车载充电机线束连接器 BV17。

③ 用万用表测量直流母线线束连接器 BV16 端子 1 和车载充电机线束连接器 BV17 端子 1 之间的电阻。标准电阻：小于 1 Ω。

④ 用万用表测量直流母线线束连接器 BV16 端子 2 和车载充电机线束连接器 BV17 端子 2 之间的电阻。标准电阻：小于 1 Ω。

⑤ 确认测量值是否符合标准，否则修理或更换线束。

（4）检查车载充电机回路相互短路故障。

① 操作启动开关使电源模式至 OFF 状态，断开蓄电池负极电缆。

② 拔出动力电池直流母线线束连接器 BV17。

③ 断开分线盒其他所有高压线束连接器。

④ 用万用表测量动力电池直流母线线束连接器 BV17 端子 2 与端子 1 之间的电阻。标准电阻：不小于 20 MΩ。

⑤ 确认测量值是否符合标准，否则修理或更换线束。

6. 压缩机回路故障

视频：帝豪新能源汽车压缩机不工作故障检修

（1）检查分线盒压缩机熔断器是否熔断。

① 操作启动开关使电源模式至 OFF 状态，断开蓄电池负极电缆。

② 断开直流母线线束连接器 BV16 或 BV17，拆卸分线盒上盖。

③ 用万用表测量分线盒压缩机熔断器两端的电阻。标准电阻：小于 1 Ω。

④ 确认测量值是否符合标准，否则更换压缩机熔断器。

（2）检查压缩机回路绝缘故障。

① 操作启动开关使电源模式至 OFF 状态，断开蓄电池负极电缆。

② 拔出电动压缩机线束 BV30。

③ 用兆欧表测量电动压缩机线束 BV30 端子 1 和壳体之间的电阻。标准电阻：不小于 20 MΩ。

④ 用兆欧表测量电动压缩机线束 BV30 端子 2 和壳体之间的电阻。标准电阻：不小于 20 MΩ。

⑤ 用万用表测量压缩机线束连接器 BV30 端子 2 与端子 1 之间的电阻。标准电阻：不小于 20 MΩ。

⑥ 确认测量值是否符合标准，否则修理或更换线束。

（3）检查分线盒内压缩机回路断路故障。

① 操作启动开关使电源模式至 OFF 状态，断开蓄电池负极电缆。

② 拔出直流母线线束连接器 BV16 及压缩机线束连接器 BV30。

③ 用万用表测量直流母线线束连接器 BV16 端子 1 和压缩机线束连接器 BV30 端子 1 之间的电阻。标准电阻：小于 1 Ω。

④ 用万用表测量直流母线线束连接器 BV16 端子 2 和压缩机线束连接器 BV30 端子 2 之间的电阻。标准电阻：小于 1 Ω

⑤ 确认测量值是否符合标准，否则修理或更换线束。

（4）检查压缩机回路相互短路故障。

① 操作启动开关使电源模式至 OFF 状态，断开蓄电池负极电缆。

② 拔出动力电池直流母线线束连接器 BV17。

③ 断开分线盒其他所有高压线束连接器。

④ 用万用表测量动力电池直流母线线束连接器 BV17 端子 2 与端子 1 之间的电阻。标准电阻：不小于 20 MΩ。

⑤ 确认测量值是否符合标准，否则修理或更换线束。

7. PTC 加热器回路故障

视频：帝豪新能源汽车加热器不工作故障检修

（1）检查分线盒内 PTC 加热器熔断器是否熔断。

① 操作启动开关使电源模式至 OFF 状态，断开蓄电池负极电缆。

② 断开直流母线线束连接器 BV16 或 BV17，拆卸分线盒上盖。

③ 用万用表测量分线盒内 PTC 加热器熔断器两端的电阻。标准电阻：小于 1 Ω。

④ 确认测量值是否符合标准，否则更换压缩机熔断器。

（2）检查 PTC 加热器回路绝缘故障。

① 操作启动开关使电源模式至 OFF 状态，断开蓄电池负极电缆。

② 拔出 PTC 加热器线束连接器 BV32。

③ 用兆欧表测量 PTC 加热器线束连接器 BV32 端子 1 和壳体之间的电阻。标准电阻：不小于 20 MΩ。

④ 用兆欧表测量 PTC 加热器线束连接器 BV32 端子 2 和壳体之间的电阻。标准电阻：不小于 20 MΩ。

⑤ 用万用表测量 PTC 加热器线束连接器 BV32 端子 2 与端子 1 之间的电阻。标准电阻：不小于 20 MΩ。

⑥ 确认测量值是否符合标准，否则修理或更换线束。

（3）检查分线盒内压缩机回路断路故障。

① 操作启动开关使电源模式至 OFF 状态，断开蓄电池负极电缆。

② 拔出直流母线线束连接器 BV16 及 PTC 加热器线束连接器 BV32。

③ 用万用表测量直流母线线束连接器 BV16 端子 1 和 PTC 加热器线束连接器 BV32 端子 1 之间的电阻。标准电阻：小于 1 Ω。

④ 用万用表测量直流母线线束连接器 BV16 端子 2 和 PTC 加热器线束连接器 BV32 端子 2

之间的电阻。标准电阻：小于 1 Ω。

⑤ 确认测量值是否符合标准，否则修理或更换线束。

8. 高压互锁

高压互锁故障检查如图 5-4-16 所示。

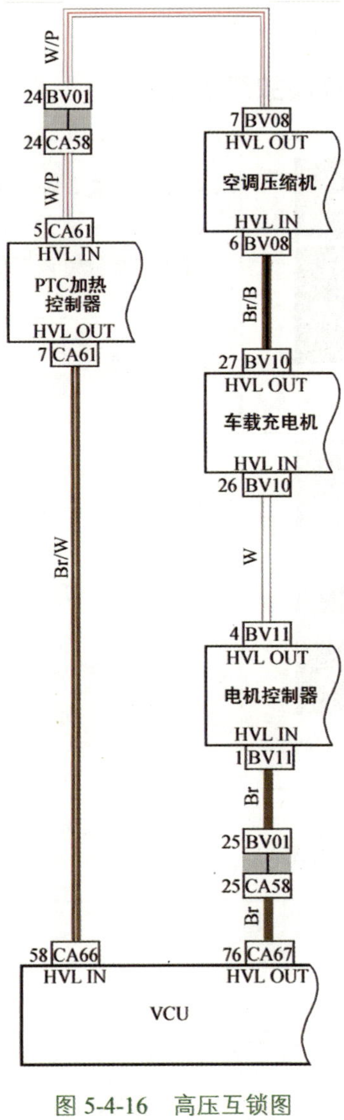

图 5-4-16　高压互锁图

（1）目测检查。

检查动力电池正负极接插件、检查电机控制器、车载充电机、PTC 加热器、空调压缩机等正负极接插件是否松动或互锁线路断路。

（2）电阻检测。

拔下 VCU 整车控制器模块 A CA66 插接器和模块 B CA67 插接器，测量模块 A 插接器 58 端子插接器和模块 B 插接器 76 端子之间的电阻值，标准电阻：小于 1 Ω。

测量 VCU 线束连接器模块 A CA66 端子 1、2、26、54 与车身接地之间的电阻值。标准电阻：小于 1 Ω。

（3）电压检测。

测量 VCU 线束连接器 CA66 端子 12、50 对车身接地的电压。标准电压：11 ~ 14 V。

任务实施

一、高压不上电—高压互锁故障检修

<table>
<tr><td>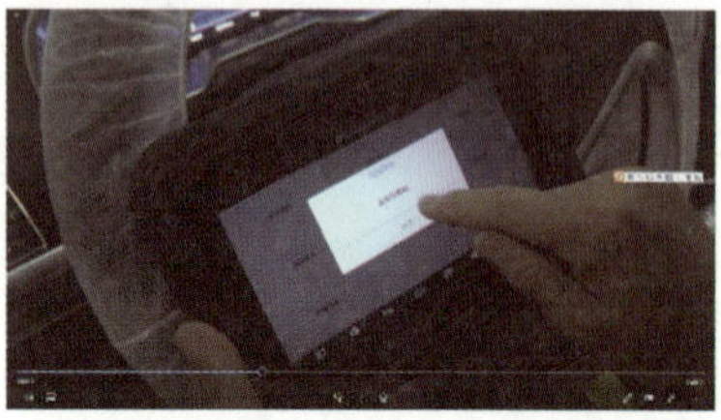
图 5-4-17　读取故障代码</td><td>Step01　使用故障诊断仪读取故障代码。
（1）操作启动开关使电源模式至 ON 状态。
（2）连接故障诊断仪，读取系统故障代码。
故障码：______
完成情况：□完成
□未完成，原因：______</td></tr>
<tr><td>
图 5-4-18　检查线束连接情况</td><td>Step02　检查线束连接情况。
（1）操作启动开关使电源模式至 OFF 状态。
（2）检查动力电池维修开关是否松动。
（3）断开维修开关。
（4）检查动力电池快充接插件是否松动。
（5）检查动力电池正负极接插件是否松动。</td></tr>
</table>

二、检查 BMS 高压互锁故障

<table>
<tr><td>Step01　关闭点火开关，断开蓄电池负极。
完成情况：□完成
□未完成，原因：______</td></tr>
<tr><td>Step02　检查维修开关是否松动，并断开维修开关。
完成情况：□完成
□未完成，原因：______
注：必须检查和佩戴绝缘手套操作。</td></tr>
<tr><td>Step03　测量维修开关内部高压互锁开关是否正常。
方法：用万用表测量互锁开关两端的电阻值，正常值应小于 1 Ω。
测量值：______Ω。
测量情况：□正常
□异常，更换维修开关</td></tr>
</table>

续表

<table>
<tr><td colspan="2">Step04　举升车辆，检查高压线束连接器是否松动，确认连接可靠。
检查动力电池母线连接器：□正常
□异常，修复或者更换线束
检查快充线束连接器：□正常
□异常，修复或者更换线束</td></tr>
<tr><td colspan="2">Step05　断开动力电池母线及快充线束，测量内部高压互锁开关是否正常。
方法：用万用表测量互锁开关两端的电阻值，正常值应小于 1 Ω。
测量值：________Ω。
测量情况：□正常
□异常，更换线束</td></tr>
<tr><td colspan="2">Step06　测量互锁开关之间的线路连接是否正常。
方法：用万用表测量线束两端的电阻值，正常值应小于 1 Ω。
测量值：________Ω。
测量情况：□正常
□异常，更换线束</td></tr>
<tr><td>Step07　修复后确认故障排除。
方法：连接解码仪读取故障码，检查确认无故障码。
完成情况：□完成
□未完成，原因：________</td><td>
图 5-4-19　确认故障排除</td></tr>
</table>

三、检查 VCU 高压互锁故障

使用上述相同的方法检查 VCU 高压互锁故障。

故障排除后，请确认系统正常，无故障码输出，如图 5-4-20 所示。

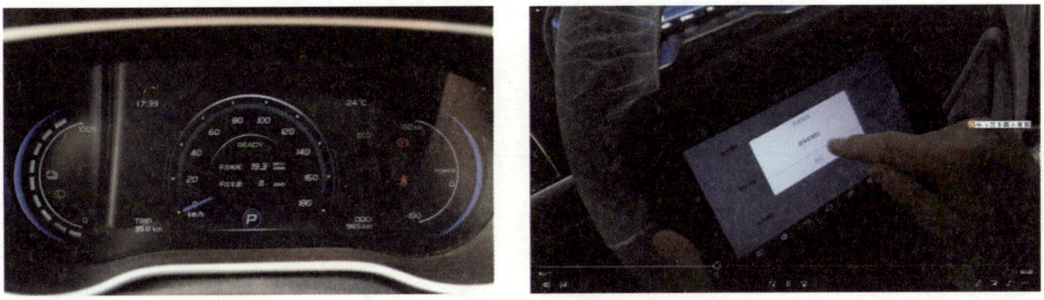

图 5-4-20　检查 VCU 高压互锁故障

总结评价

学习任务总结评价表

班级______________小组______________学号______________ 姓名______________

<table>
<tr><td colspan="2" rowspan="2">主要测评项目</td><td colspan="4">学生自评</td></tr>
<tr><td>A</td><td>B</td><td>C</td><td>D</td></tr>
<tr><td>关键能力总结</td><td>1. 遵守纪律，遵守学习场所管理规定，服从安排；
2. 具有安全意识、责任意识、6S 管理意识，注重节约、节能与环保；
3. 学习态度积极主动，能按时参加安排的实习活动；
4. 具有团队合作意识，注重沟通，能自主学习及相互协作；
5. 仪容仪表符合学习活动要求。</td><td></td><td></td><td></td><td></td></tr>
<tr><td>专业知识与能力总结</td><td>1. 了解吉利帝豪 EV450 整车上下电的流程；
2. 掌握整车上下电的工作原理；
3. 能够分析高压不上电的原因；
4. 能够根据高压互锁电路进行高压互锁故障的检修。</td><td></td><td></td><td></td><td></td></tr>
<tr><td>个人自评总结与建议</td><td colspan="5"></td></tr>
<tr><td>小组评价</td><td colspan="5"></td></tr>
<tr><td rowspan="2">教师评价</td><td rowspan="2"></td><td colspan="4">总评成绩</td></tr>
<tr><td colspan="4"></td></tr>
</table>

教师签字： 日期：

项目六

新能源电动汽车辅助系统故障检修

学习目标

1. 知识目标

（1）纯电动汽车电动转向系统的结构及工作原理；

（2）纯电动汽车制动系统的结构及作原理；

（3）纯电动汽车转向和制动系统与传统燃油汽车的区别。

2. 技能目标

（1）能认识电动助力转向系统、制动系统的结构，了解它们的作用并掌握其工作原理；

（2）能小组合作，执行维修手册标准，掌握辅助系统和热管理系统典型故障的检修方法。

3. 素质目标

（1）能够自主查阅相关资源获取信息；

（2）能够团队合作，解决问题；

（3）能够精益求精地磨炼技艺，树立技能报国的理想，发扬大国工匠精神，具备爱岗敬业的职业素养。

学习任务一　电动转向系统（EPS）指示灯常亮故障检修

任务导入

李先生有一辆吉利帝豪 EV450 纯电动汽车，行驶里程 70 000 km，开车时仪表上的 EPS 故障灯突然点亮，并且转向变得异常沉重，重新启动车辆故障依旧，于是联系维修店进行检修。

工作任务

完成对 2018 款吉利帝豪 EV450 轿车转向沉重的故障诊断与检修，并分析引起转向沉重 EPS 指示灯点亮的故障原因。

任务分组

将学生按 4 ~ 6 人为一组进行分组，明确每组的工作任务，并填写表 6-1-1。

表 6-1-1　学生分组表

组　别	小组成员	任务分工
1		
2		
3		
4		
5		
6		

工作准备

1. 根据工作任务，进行任务分组，并完成任务分工。

2. 查阅维修手册，收集吉利帝豪 EV450 纯电动汽车 EPS 故障灯常亮、转向沉重的故障检修操作流程和注意事项。

3. 根据工作任务，分析实施过程中的难点或可能出现的质量问题。

4. 查阅维修手册，分析可能引起 EPS 故障灯常亮、转向沉重的故障原因，并记录制订操作步骤。

收集信息

1. 电动助力转向系统主要是由____________、____________、____________和助力电机等组成，请在下图中标示完成。

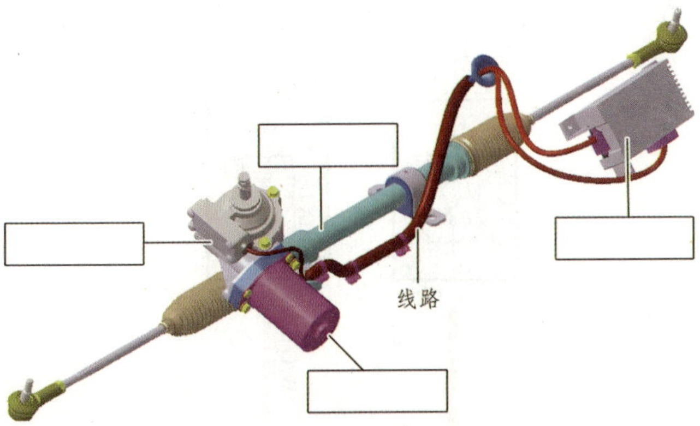

2. EPS根据电动机驱动部位和机械结构的不同，可以分为__________、__________和__________，在下图中标示出来。

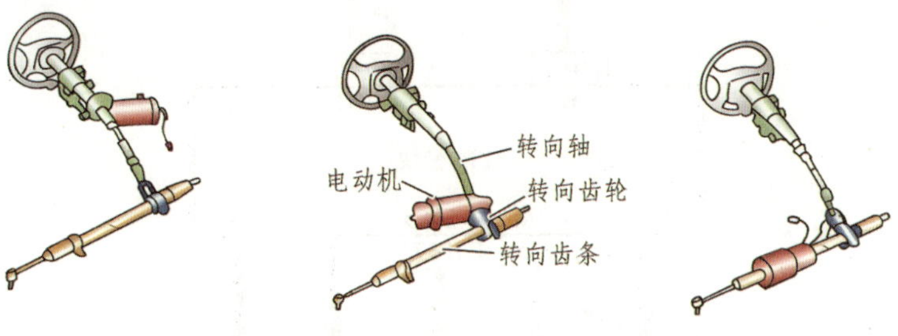

__________　　__________　　__________

3. 不同助力形式的特点。

转向轴助力式·	·直接驱动齿条提供助力，这种动力辅助单元可以装在齿条的任何位置，增加了结构设计布置的灵活性
齿轮助力式·	·转矩信号的取得与助力车轮部分不在同一直线上，其助力特性难以保证准确
齿条助力式·	·其特点是结构紧凑、所测取的转矩信号与控制直流电动机助力的响应性较好

4. EPS 的工作原理。

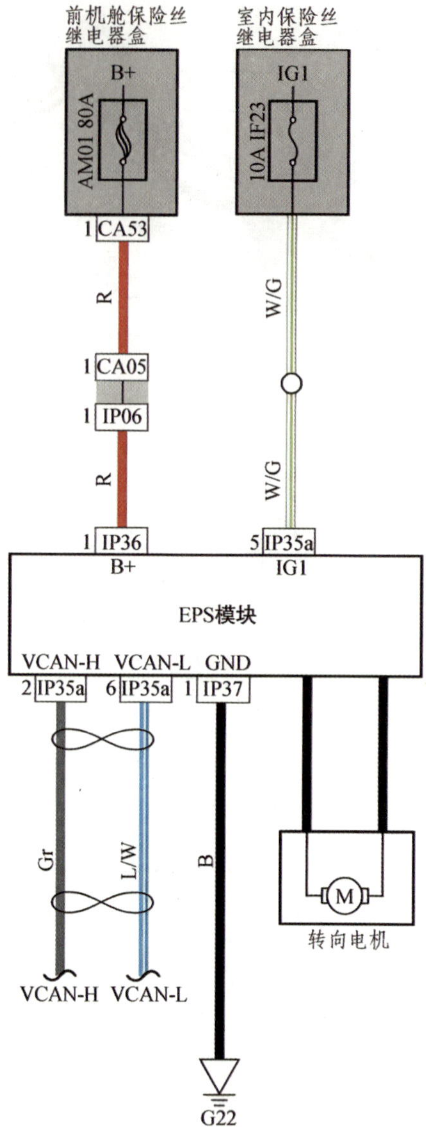
前机舱保险丝继电器盒
B+
AM01 80A
室内保险丝继电器盒
IG1
10A IF23
1 CA53
R
W/G
1 CA05
1 IP06
R
W/G
1 IP36
5 IP35a
B+
IG1
EPS模块
VCAN-H VCAN-L GND
2 IP35a
6 IP35a
1 IP37
Gr
L/W
B
M
转向电机
VCAN-H VCAN-L
G22

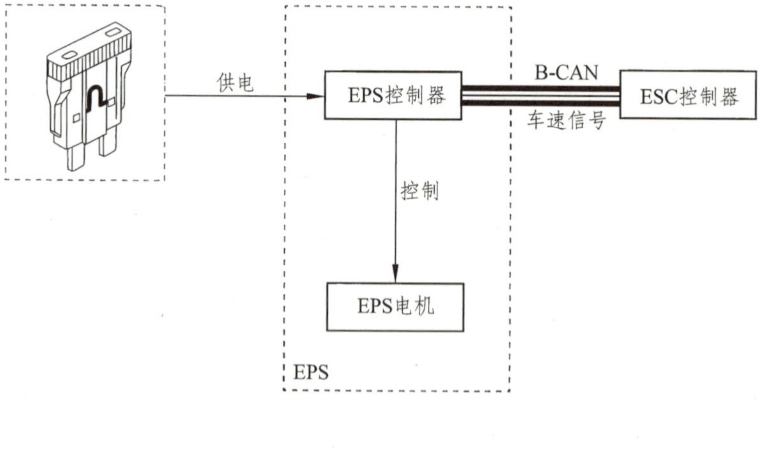
供电
EPS控制器
B-CAN
车速信号
ESC控制器
控制
EPS电机
EPS

（1）当整车处于停车下电状态时，EPS__________（工作/不工作）（EPS 不进行自检、不与 VCU 通信、EPS 的驱动电机不工作）；当钥匙开关处于______挡，ON 挡继电器吸合后 EPS 开始工作。

（2）EPS 正常工作时，EPS 根据接收来自_______的车速信号、唤醒信号及来自转矩传感器的转矩信号等进行综合判断，以控制 EPS 助力电机的转矩、转速和方向。

（3）当 EPS 检测到故障时，通过________向 VCU 发送故障信息，并采取相应的处理措施。

制订方案

分组查阅维修手册，学习吉利帝豪 EV450 电动助力转向系统方面的知识，制订检修电动助力转向 EPS 故障灯常亮故障的任务实施方案。

1. 任务分工

____

____。

2. 任务实施步骤

____

____。

3. 异常情况处理措施

____

____。

知识学习

纯电动汽车的电动助力转向系统能根据驾驶员施加在方向盘上的转动力矩、方向盘的转向角度、车辆的速度和路面状况等，为驾驶员提供最佳转向助力，不仅使转向更加轻便精准，还能使车辆具有良好的直线行驶保持能力，提高汽车行驶的稳定性和可靠性。

一、电动助力转向系统（EPS）的分类

纯电动汽车的电动助力转向系统根据助力转向电机的驱动部位的不同，可以分为转向轴助力式、齿轮助力式和齿条助力式 3 种，如图 6-1-1 所示。

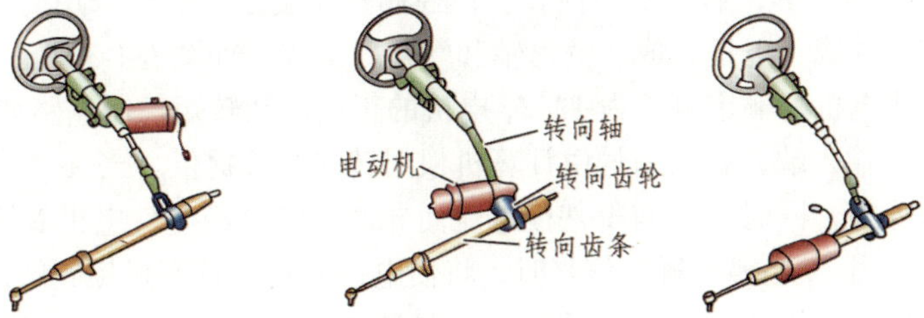

（a）转向轴助力式　（b）齿轮助力式　（c）齿条助力式

图 6-1-1　电动助力转向系统的分类

三种不同形式转向系统的特点见表 6-1-2。

表 6-1-2　3 种不同形式转向系统的特点

类　型	特　点
转向轴助力式	其电动机固定在转向轴一侧，并装有 1 个电磁控制的离合器，通过减速机构与转向轴相连，直接驱动转向轴助力转向。其特点是结构紧凑、所测取的转矩信号与控制直流电动机助力的响应性较好
齿轮助力式	其电动机和减速机构与小齿轮相连，直接驱动齿轮助力转向，这样可获得较大的转向力。这种方式可使各部件的布置更方便，但当转向盘与转向器之间装有万向传动装置时，转矩信号的取得与助力车轮部分不在同一直线上，其助力特性难以保证准确
齿条助力式	其转矩传感器单独安装在转向小齿轮附近，而电动机与减速机构一起安装在小齿轮另一端的齿条上，直接驱动齿条提供助力，这种动力辅助单元可以装在齿条的任何位置，增加了结构设计布置的灵活性

二、电动助力转向系统的结构和控制原理

电动助力转向系统主要是由助力电机、转矩传感器、蜗轮蜗杆减速机构和电子控制单元（ECU）等组成，如图 6-1-2 所示。

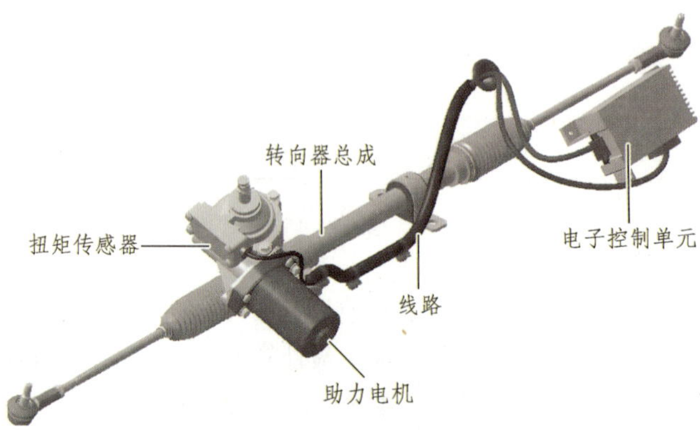

图 6-1-2　电动助力转向系统的结构组成

1. 助力电机的结构和控制原理

电动助力转向系统使用的助力电机有直流有刷永磁式电机和直流无刷永磁式电机两种。前者可靠性差，控制程序简单；后者可靠性高，但控制程序复杂。一般采用的是直流无刷永磁式电机，它主要由定子总成、电枢总成、输出轴和端盖等组成，如图 6-1-3 所示。

直流无刷永磁式电机的额定电压为 12 V，电机的正反向和转矩控制电路如图 6-1-4 所示，图中 a_1、a_2 为触发信号输入端，触发信号由计算机根据转向信号提供。当 a_1 端得到高电位触发信号时，晶体管 VT_3 导通，同时 VT_2 获得基极电流而导通，电流经 VT_2 电机 M 和 VT_3 形成回路，使电机正转；同样，当 a_2 端得到触发信号时，将使电机反转。计算机控制触发信号电流的大小即可控制通过电机的电流大小及助力矩的大小。在需要最大转向助力时，晶体管将工作在饱和导通状态；当需要较小转向助力时，晶体管将处于非饱和导通状态。

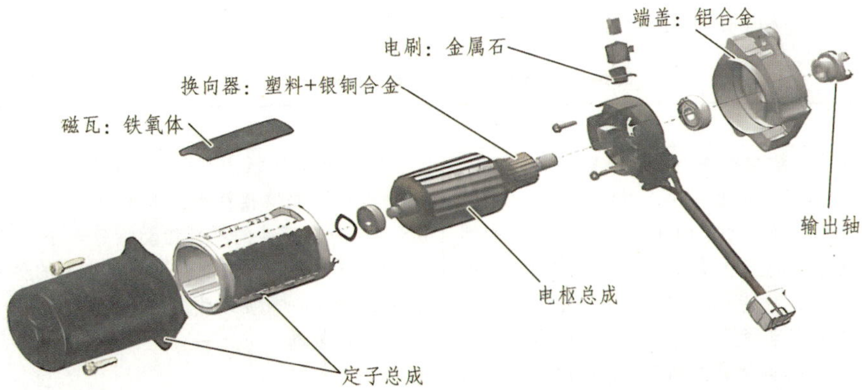

图 6-1-3　直流无刷永磁式电机的结构组成

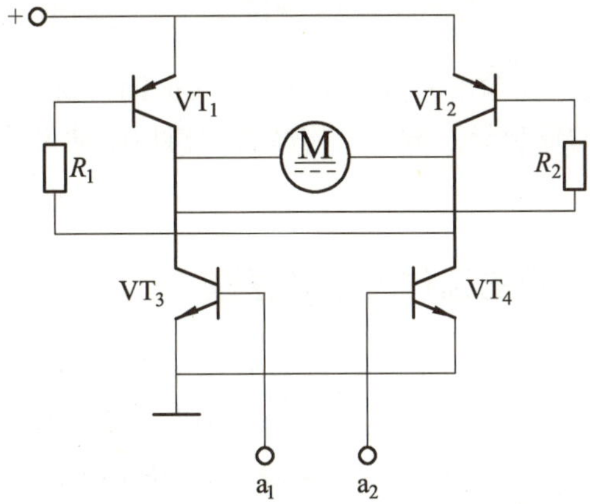

图 6-1-4　电机正反向和转矩控制电路

2. 转矩传感器的结构和控制原理

转矩传感器由两个带孔圆环、线圈、线圈盒及电路板组成。其作用是测定转向盘与转向器输出轴之间传递的转矩，并将其转矩大小转化为电压值信号，传递到电动助力转向系统控制器。转矩传感器是控制转向助力大小的一个重要部件，其输出信号的正确与否直接影响着车辆的操纵安全。

转矩传感器的两个带孔圆环一个安装在输出轴上，一个安装在输入轴上。当输入轴相对输出轴转动时，电路板计算出输入轴相对于输出轴的旋转方向和旋转量。当转动转向盘时，转矩被传递到扭力杆，输入轴和输出轴之间出现角度偏差，电路板检测出角度偏差及方向，通过计算得到转矩大小和方向，并转换为电压信号传递到电动助力转向系统电子控制单元中。

3. 蜗轮蜗杆减速机构的结构

蜗轮蜗杆减速机构由蜗杆、蜗轮、减速机构输入轴和万向节等组成，如图 6-1-5 所示。其作用是传递转矩和减速。

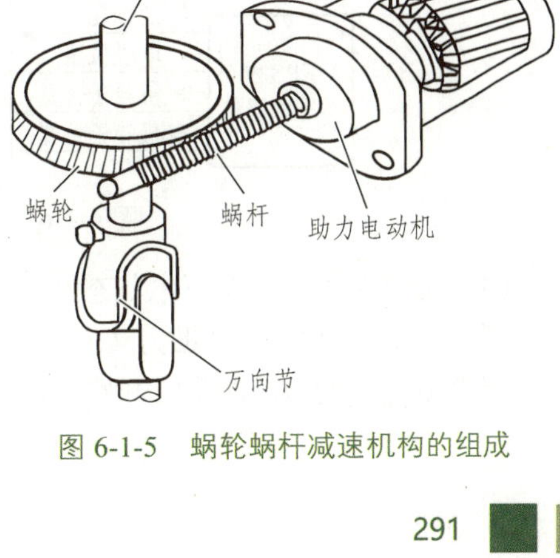

图 6-1-5　蜗轮蜗杆减速机构的组成

蜗轮蜗杆减速机构的优缺点见表 6-1-3。

表 6-1-3　蜗轮蜗杆减速机构的优缺点

优　点	缺　点
（1）传动比大，结构紧凑。单级蜗杆比 i=5～80，若只传递运动，其传动比可达 1 000； （2）传动平稳，噪声小。由于蜗杆齿呈连续的螺旋状，它与蜗轮齿的啮合是连续不断地进行，同时啮合的齿数较多，故传动平稳，噪声小； （3）可制成具有自锁性的蜗杆。当蜗杆的螺旋线升角小于啮合面的当量摩擦角时，蜗杆传动便具有自锁性	（1）传动效率低。因蜗杆传动齿面间存在较大的相对滑动，摩擦损耗大，效率较低。一般为 0.7～0.8，具有自锁性的蜗杆传动，效率小于 0.5； （2）蜗轮的造价较高。为减轻齿面的磨损及防止胶合，蜗轮一般要采用价格较贵的有色金属制造，因此造价较高

4. **电子控制单元**

电子控制单元根据各传感器输出的信号计算所需转向助力的转矩，并通过功率放大模块控制助力电机的转动，电机的输出经过减速机构减速增扭后驱动齿轮齿条机构产生相应的转向助力。

三、电动助力转向系统的工作过程及原理

电动助力转向系统以直流电机为助力源，ECU 根据车速和转向参数控制电机通电电流强度，调节助力电机工作力矩，从而控制转向助力强度。电动助力转向系统的助力作用受 ECU 控制，在低速转向时的作用最强，随着车速的增大，助力作用逐渐减弱。当车速达到 42～52 km/h 时，ECU 停止向电机供电，并使电磁离合器分离，转向变为完全由驾驶员人力操纵。电动助力转向系统在低速转向时，可获得比较轻便的转向特性，而在高速转向时，则可获得完全的转向“路感”，具有优越的控制特性。电动助力转向系统的工作原理如图 6-1-6 所示，其工作过程如下：

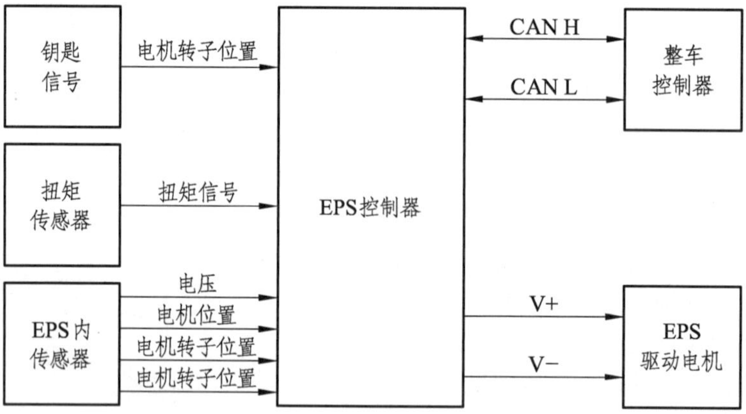

图 6-1-6　电动助力转向系统电气原理

（1）当整车处于停车下电状态时，电动助力转向系统不工作（电动助力转向系统不进行自检、不与 VCU 通信、电动助力转向系统的驱动电机不工作）；当钥匙开关处于 ON 挡，ON 挡继电器吸合后电动助力转向系统开始工作。

（2）电动助力转向系统正常工作时，电动助力转向系统根据接收来自 VCU 的车速信号、唤醒信号及来自扭矩传感器的扭矩信号等进行综合判断，以控制电动助力转向系统助力电机的扭矩、转速和方向。

（3）转向控制器在上电 200 ms 内完成自检，上电 200 ms 后可以与 CAN 线交互信息，上电 300 ms 后输出 470 帧（转向故障和转向状态上报帧），上电 1 200 ms 后输出 471 帧（版本信息帧）。

（4）当电动助力转向系统检测到故障时，通过 CAN 总线向 VCU 发送故障信息，并采取相应的处理措施。

四、电动助力转向系统常见故障及排除方法

电动助力转向系统常见故障及排除方法见表 6-1-4。

表 6-1-4　电动助力转向系统常见故障及排除方法

常见故障	可能原因	排除方法
转向沉重	插接件未插好；线束接触不良或破损；转向盘安装不正确；转矩传感器性能不良；转向器故障；车速传感器性能不良；主熔丝和线路熔丝烧坏；控制器故障	插好插头；更换线束；正确安装转向盘；更换转矩传感器；更换转向器；更换车速传感器；更换熔丝；更换控制器
在直行时车总是偏向一侧	转矩传感器性能不良；一侧车轮胎压不足；悬架变形；四轮定位不准	更换转向器；检查并补充胎压；检修悬架；检查与调整四轮定位
转向力不平顺	转矩传感器性能不良；转向器损坏	更换转向器

知识拓展　线控转向系统

为电动助力转向系统是基于机械部件改进的转向系统，优化了转向系统的力传递特性，为转向控制提供了助力，提升了汽车的操纵稳定性和平顺性。但是，受限于机械结构，它们无法改变转向系统的角传递转向特性，因此很难达到自动驾驶所要求的主动控制。线控转向系统（Steering-By-Wire），取消了方向盘和转向车轮之间的机械连接部件，采用路感反馈控制和线控转向执行控制，彻底摆脱了机械固件的限制，完全由电能来实现转向，如图 6-1-7 所示。

线控转向系统不仅具有传统机械转向系统的所有优点，还可以实现机械系统难以做到的角传递特性的优化。在线控转向系统中，驾驶员的操纵动作通过传感器变成电信号，信号经分析处理后，通过导线直接传递到执行机构。路感反馈控制可根据驾驶意图、车辆状况与路况，过滤不必要的振动，实时输出路感反馈力矩指令。因此线控转向系统被称为目前最先进的转向系统。

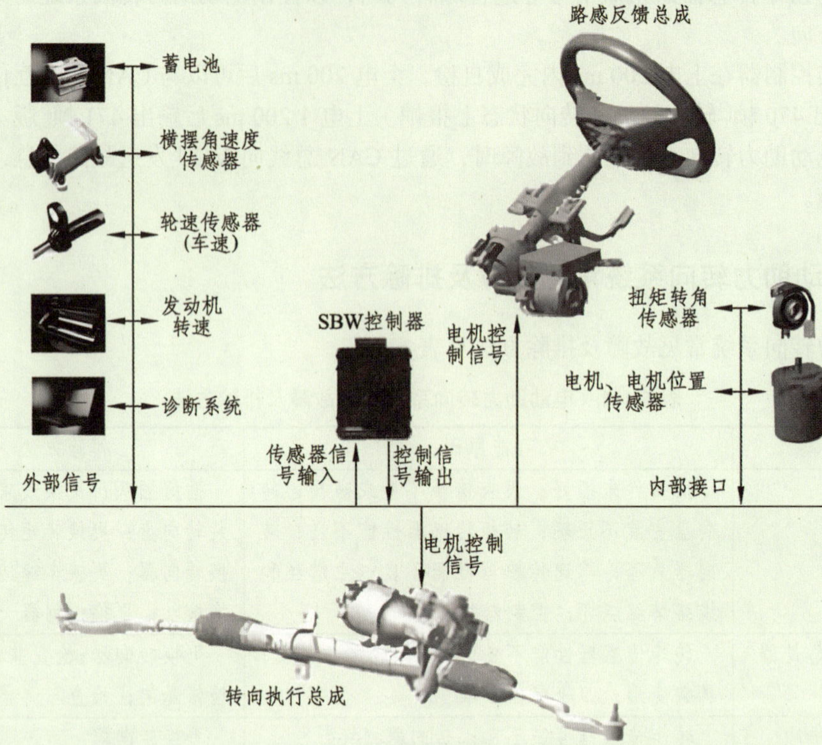

图 6-1-7　线控转向系统

现代科技在飞速发展，未来许多高新技术将不断运用在汽车上，尽管现在我国汽车发展处于世界前列，但很多关键技术还掌握在世界强国手里，想让中国发展成为一个科技强国，需要每一位青年大学生的不懈努力。我们要不断学习和研究，提升专业技能和技术水平，紧跟社会发展的潮流，为建设伟大祖国而奋斗。

任务实施

<table>
<tr>
<td>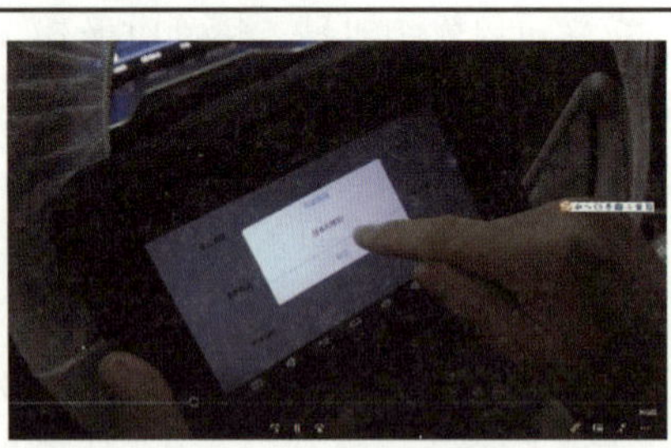
图 6-1-8　用诊断仪访问 EPS 控制单元</td>
<td>Step01　用诊断仪访问 EPS 控制单元。
故障码：________________
是否有故障码：□是，根据输出的 DTC 维修电路
□否，进行下一步</td>
</tr>
</table>

续表

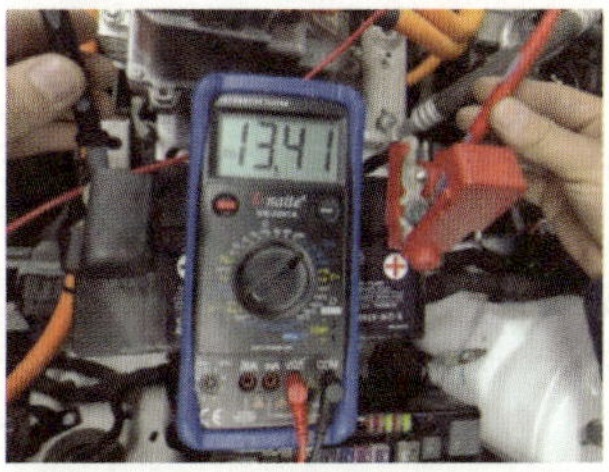 图 6-1-9　测量蓄电池电压	Step02　测量蓄电池电压。 标准电压：11 ~ 14 V。 测量结果：□正常，进行下一步 □异常，蓄电池充电或检查充电系统
 图 6-1-10　检查保险丝 IF23、AM01 是否熔断	Step03　检查保险丝 IF23、AM01 是否熔断。 保险丝额定容量：IF23-10 A、AM01-80 A。 测量情况：□正常，进行下一步 □异常，检修保险丝线路，更换额定容量保险丝
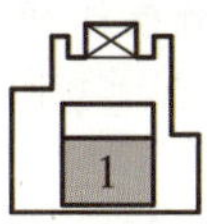 图 6-1-11　检查 EPS 控制单元电源	Step04　检查 EPS 控制单元电源。测量 EPS 助力转向系统线束连接器 IP36 的 1 号端子与车身接地之间的电压。 标准电压：11 ~ 14 V。 测量结果：□正常，进行下一步 □异常，检查保险丝，修理或更换线束
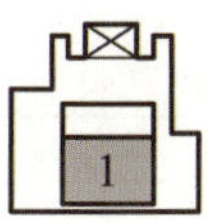 图 6-1-12　检查 EPS 控制单元接地	Step05　检查 EPS 控制单元接地。将测量 EPS 助力转向系统线束连接器 IP37 端子 1 与车身接地之间的电阻。 标准电阻：小于 1 Ω。 测量结果：____________ 测量情况：□正常，进行下一步 □异常，修理或更换线束
 图 6-1-13　检查 EPS 控制单元 IG1 电路	Step06　检查 EPS 控制单元 IG1 电路。操作启动开关使电源模式至 ON 状态，测量 EPS 助力转向系统线束连接器 IP35a 端子 5 与车身接地之间的电压。 标准电压：11 ~ 14 V。 测量结果：____________ 测量情况：□正常，进行下一步 □异常，修理或更换线束
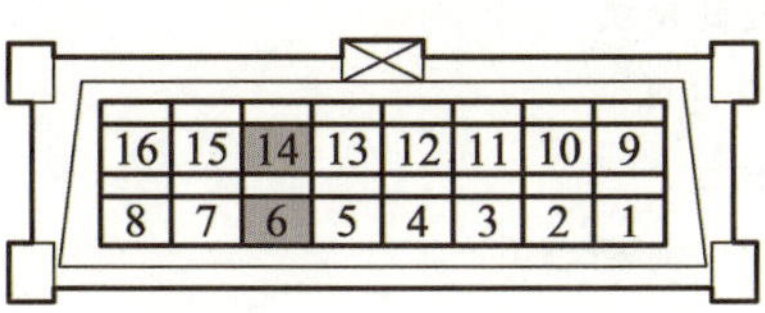 图 6-1-14　进行 V-CAN 网络完整性检查	Step07　进行 V-CAN 网络完整性检查。 （1）操作启动开关使电源模式至 OFF 状态。 （2）用万用表测量终端接口 IP16 端子 6 和端子 14 之间的电阻值。 标准电阻：55 ~ 67.5 Ω。 测量结果：____________ 测量情况：□正常，进行下一步 □异常，修理或更换线束

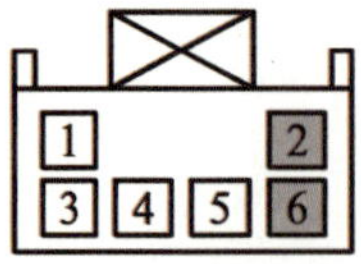（a）IP35a EPS 模块线束连接器 （b）IP16 诊断接口连接器 图 6-1-15　检修 EPS 控制单元 CAN 线路	Step08　检修 EPS 控制单元 CAN 线路。 （1）操作启动开关使电源模式至 OFF 状态。 （2）用万用表测量 EPS 线束连接器 IP35 的 2 号端子和诊断接口线束连接器 IP16 的 6 号端子之间的电阻值。标准电阻：小于 1 Ω。 （3）用万用表测量 EPS 线束连接器 IP35 的 6 号端子和诊断接口线束连接器 IP16 的 14 号端子之间的电阻值。标准电阻：小于 1 Ω。 测量情况：□正常，进行下一步 □异常，修理或更换线束
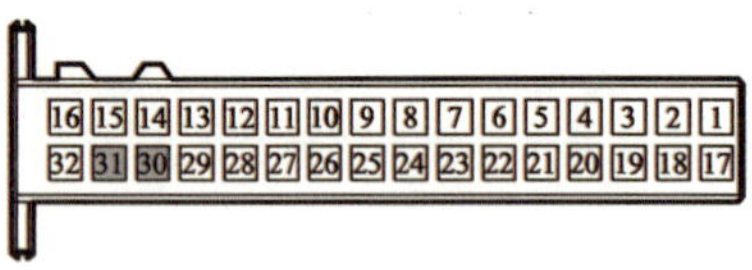图 6-1-16　检修组合仪表控制单元 CAN 线路	Step09　检修组合仪表控制单元 CAN 线路。 （1）操作启动开关使电源模式至 OFF 状态。 （2）断开组合仪表线束连接器 IP01。 （3）用万用表测量组合仪表线束连接器 IP01 的 30 号端子和诊断接口线束连接器 IP16 的 6 号端子之间的电阻值。标准电阻：小于 1 Ω。 （4）用万用表测量组合仪表线束连接器 IP01 的 31 号端子和诊断接口线束连接器 IP16 的 14 号端子之间的电阻值。标准电阻：小于 1 Ω。 测量结果：□正常，进行下一步 □异常，修理或更换线束
图 6-1-17　更换 EPS 控制模块	Step10　更换 EPS 控制模块。 （1）断开蓄电池负极电缆。 （2）更换 EPS 控制模块。 系统是否正常：□是，诊断结束 □否，进行下一步
图 6-1-18　更换仪表控制模块	Step11　更换仪表控制模块。 （1）断开蓄电池负极电缆。 （2）更换仪表控制模块。 系统是否正常：□是，诊断结束 □否，进行下一步

总结评价

学习任务总结评价表

班级________小组________学号________ 姓名________

<table>
<tr><td colspan="2" rowspan="2">主要测评项目</td><td colspan="4">学生自评</td></tr>
<tr><td>A</td><td>B</td><td>C</td><td>D</td></tr>
<tr><td>关键能力总结</td><td>1. 遵守纪律，遵守学习场所管理规定，服从安排；
2. 具有安全意识、责任意识、6S 管理意识，注重节约、节能与环保；
3. 学习态度积极主动，能按时参加安排的实习活动；
4. 具有团队合作意识，注重沟通，能自主学习及相互协作；
5. 仪容仪表符合学习活动要求。</td><td></td><td></td><td></td><td></td></tr>
<tr><td>专业知识与能力总结</td><td>1. 能够叙述电动助力转向系统的组成及关键部件的作用；
2. 能够叙述电动助力转向系统的工作过程；
3. 能够完成电动助力转向系统常见故障的检测。</td><td></td><td></td><td></td><td></td></tr>
<tr><td>个人自评总结与建议</td><td colspan="5"></td></tr>
<tr><td>小组评价</td><td colspan="5"></td></tr>
<tr><td rowspan="2">教师评价</td><td rowspan="2"></td><td colspan="4">总评成绩</td></tr>
<tr><td colspan="4"></td></tr>
</table>

教师签字：　　　　　　　　日期：

学习任务二 制动系统—EPB 电机不工作故障检修

任务导入

王先生有一辆吉利帝豪 EV450 纯电动汽车，行驶里程 76 000 km，在停车时发现车辆有溜车现象，王先生及时采取了措施，没有造成事故，之后到维修店要求进行检修。

工作任务

分析 EPB 电机不工作的故障原因，并完成对 2018 年款吉利帝豪 EV450 轿车 EPB 电机不工作故障的检修。

任务分组

将学生按 4 ~ 6 人为一组进行分组，明确每组的工作任务，并填写表 6-2-1。

表 6-2-1 学生分组表

组 别	小组成员	任务分工
1		
2		
3		
4		
5		
6		

工作准备

1. 根据工作任务，进行任务分组，并完成任务分工。
2. 查阅维修手册，收集吉利帝豪 EV450 纯电动汽车 EPB 电机不工作故障的检修操作流程和注意事项。
3. 根据工作任务，分析实施过程中的难点或可能出现的质量问题。
4. 查阅维修手册，分析可能引起 EPB 电机不工作故障的原因，并记录制订操作步骤。

收集信息

1. 驻车制动系统简称____________，它是由控制电机直接控制____________来实现驻车制动。其主要部件包括驻车制动开关、驻车制动控制单元和驻车制动执行电机等 3 部分。

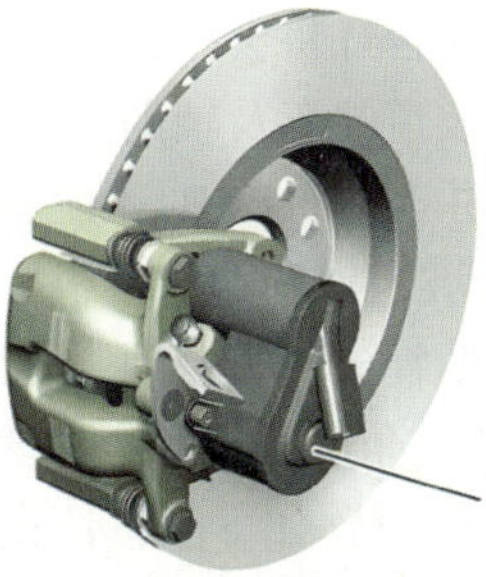

________________ ________________ ________________

2. EPB 控制单元安装__________________________，主要功能就是接收__________的信息和________________的信息，通过对这些信息的处理和分析，然后对驻车制动控制电机进行控制。

3. 驻车制动控制电机分别安装于_____________（前轮/后轮）的左右制动卡钳上，该电机分为直流电机和齿轮箱两部分，并且与后轮制动卡钳集成到一起，部件出现故障后需更换带有 EPB 控制电机的制动卡钳总成，不能对 EPB 执行器进行单独更换。

4. EPB 电子驻车制动系统优点有（　　）。

A. 驱动电机关闭后自动施加驻车制动

B. 不同驾驶员力量大小有差别，传统驻车制动对实际驻车制动存在差异，EPB 制动力稳定，不会因人而异，代替了传统的驻车制动系统使驻车制动可以通过手动的简单开关操作来实现驻车制动，大大提升了整车舒适性与安全性

C. 可以增加辅助起步等自动功能

D. 占用空间较小，使车辆内部设计更加方便

5. 系统的工作原理。

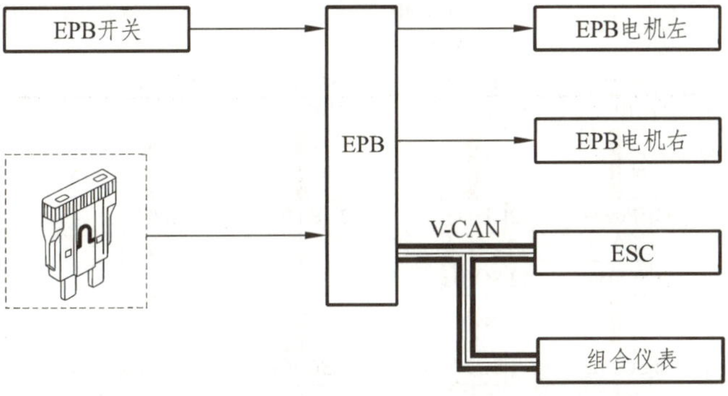

（1）静态驻车及解除。

驻车操作：____

解除操作：____

注：如果车辆的前机舱盖和后备厢盖以及 4 个车门都是 OFF 状态时，换挡杆从 P 位移到 R 位或 D 位时，EPB 系统也会自动释放。

（2）动态应急制动。

在行驶过程中，驾驶员按下 EPB 开关，正常情况下 EPB 控制单元收到开关信号后通过数据总线要求______________制动，非正常情况下，EPB 控制单元直接控制____________________。

此过程中警告灯将会一直闪烁。

（3）坡道驻车及辅助。

坡道驻车时，EPB 系统就会对后轮施加制动力平衡下滑，实现坡道驻车。当车辆坡道起步时，EPB 坡道辅助功能会根据（　　）等信息来计算释放时机，当车辆的牵引力大于下滑力的时候，自动释放驻车制动，辅助坡道起步。

A. 坡道角度　　B. 驱动电机转矩　　C. 加速踏板位置　　D. 挡位

6. 系统电路如下图，请在图上标出电源以及保险、搭铁、网线等重要线束。

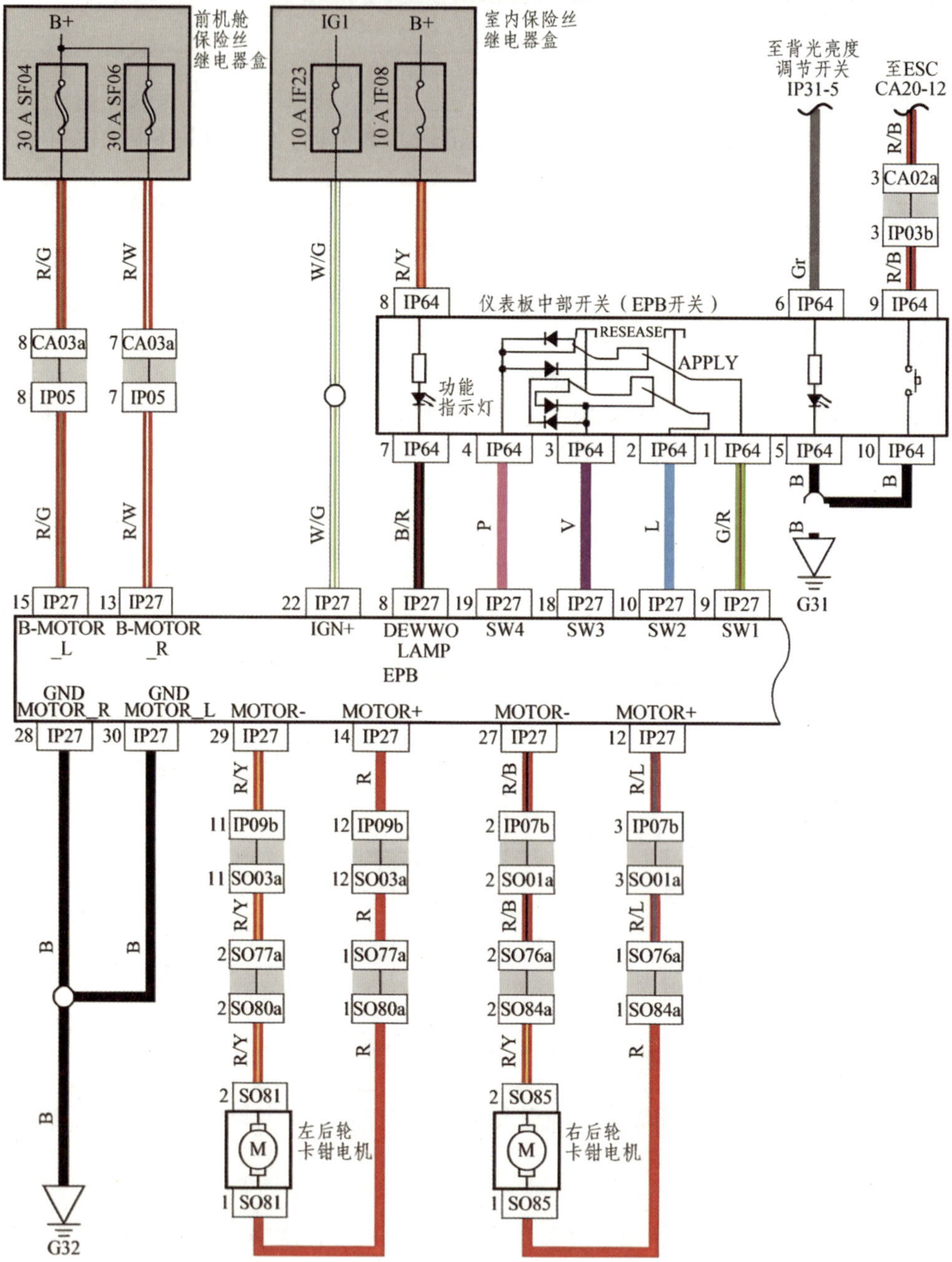

制订方案

根据相关资料，制订制动系统 EPB 电机不工作故障检修的任务实施方案。

1. 任务分工

____

____。

2. 任务实施步骤

____

____。

3. 异常情况处理措施

____

____。

知识学习

一、电子驻车系统（EPB）的结构组成

电子驻车系统主要部件包括驻车制动开关、驻车制动控制单元和驻车制动执行电机等三部分，如图 6-2-1 所示。通过驻车制动开关操作取代传统的手动拉杆，由驻车制动控制单元控制驻车制动执行电机直接控制后轮制动卡钳来实现驻车制动，同时此系统还可以辅助安全驾驶。

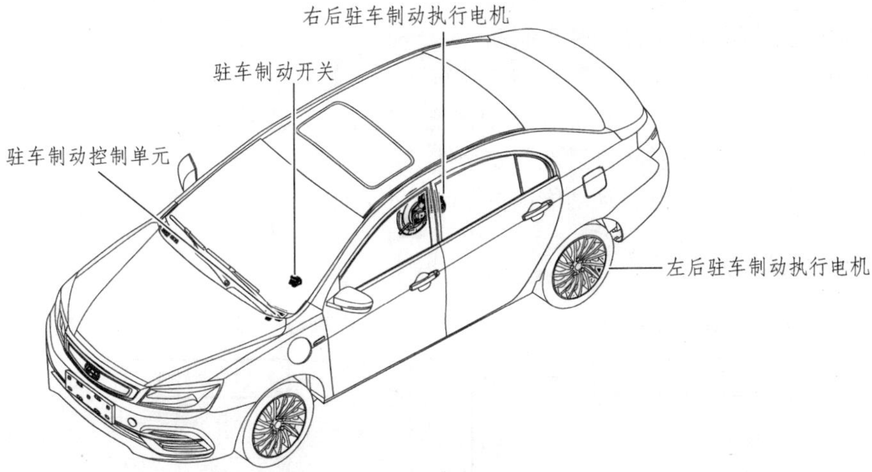

图 6-2-1　电子驻车系统的组成

驻车制动开关位于换挡杆左侧控制面板上，向上拉动驻车制动开关时驻车制动锁止，向下按下驻车制动开关时驻车制动释放。

驻车制动系统设计有独立的控制单元，该控制单元安装在仪表板内，换挡手柄安装在支架内的车身底板上面，主要功能是接收驻车制动开关的信息和CAN数据总线上的信息，通过对这些信息的处理和分析，然后对驻车制动执行电机进行控制。

驻车制动执行电机分别安装于后轮的左右制动卡钳上，该电机分为直流电机和齿轮箱两部分，并且与后轮制动卡钳集成到一起，部件出现故障后需更换带有驻车制动执行电机的制动卡钳总成，不能对驻车制动控制单元进行单独更换。驻车制动执行电机在驻车制动期间工作，内部没有相应的传感器检测制动片的夹紧力，而是通过啮合制动片时负荷的变化导致电机电流的变化来检测制动片的夹紧力，然后由驻车制动控制单元控制直流电机的工作情况。

装配以控制制动卡钳实现驻车制动的 EPB 系统，如果出现了驻车制动不能够释放的故障时，需要打开驻车制动控制电机的后盖板，然后使用一个专用的扳手旋转执行电机内的推杆使制动卡钳释放。完成这项操作后需要使用专用的诊断仪对 EPB 制动卡钳进行复位。

二、电子驻车系统（EPB）的工作过程及工作原理

（一）电子驻车系统的主要功能

视频：帝豪新能源汽车 EPB 不工作故障检修

（1）自动驻车：整车熄火至 OFF 挡或挡位在 P 挡，系统会自动启动驻车。

（2）手动驻车：手动操作电子驻车开关向上抬起，系统驻车启动。

（3）自动释放驻车：驻车系统已启动，此时起动车辆，轻踩油门，驻车系统会自动释放。

（4）手动释放驻车：驻车系统已启动，手动操作电子驻车开关向下压，系统取消驻车。

（5）应急制动功能：行驶过程中，在制动失效情况下，可以使用电子驻车系统强制制动。

（二）电子驻车制动系统的优点

（1）驱动电机关闭后自动施加驻车制动。

（2）不同驾驶员力量大小有差别，传统驻车制动对实际驻车制动存在差异，EPB 制动力稳定，不会因人而异，代替了传统的驻车制动系统，使驻车制动可以通过手动的简单开关操作来实现驻车制动，大大提升了整车舒适性与安全性。

（3）可以增加辅助起步灯自动功能。占空间较小，使车辆内部设计更加方便。

（三）电子驻车系统工作原理

电子驻车系统工作原理如图 6-2-2 所示，其工作模式有以下 3 种：

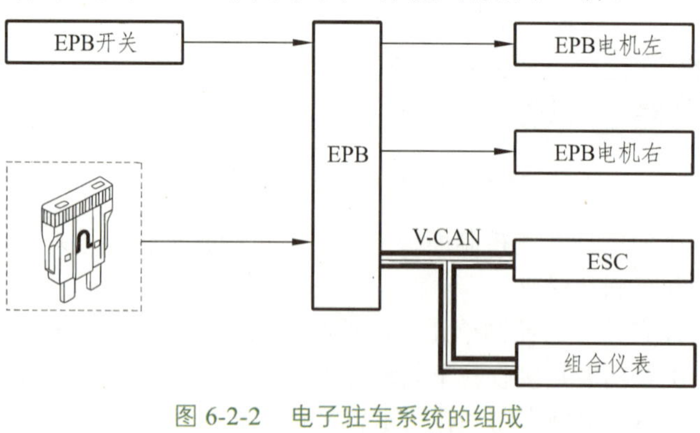

图 6-2-2　电子驻车系统的组成

1. 静态驻车及解除

在车辆停止时，无论点火开关是 ON 或 OFF 位置，以及是否有踩刹车，当拉起 EPB 开关时，EPB 系统启动制动锁止车辆。需要释放驻车制动时，踩下行车制动踏板，并让点火开关处于 ON 位置，按下 EPB 开关，EPB 系统解除制动锁止。当然如果车辆处于起动状态，换挡杆从 P 挡位移到 R 挡位或 D 挡位时，EPB 系统也会自动释放。

2. 动态应急制动

车辆在行驶状态时，如果驾驶员拉起 EPB 开关，EPB 控制单元收到开关信号后会通过 CAN 总线要求 ESC 系统执行行车制动，如果行车制动系统或是 ESC 系统存在故障，则由 EPB 控制单元直接控制驻车制动系统对后轮制动来应对这种紧急情况。EPB 系统的动态制动控制是持续进行的，直到松开 EPB 开关为止。在动态制动工作期间，驻车制动警告灯将会一直闪烁。

3. 坡道驻车及辅助

当车辆坡道驻车时，EPB 会根据集成在液压电子控制模块中的纵向加速度传感器来测算坡度，从而计算出车辆在斜坡上由于重力而产生的下滑力，EPB 系统就会对后轮施加制动力平衡下滑，实现坡道驻车。

当车辆坡道起步时，EPB 坡道辅助功能会根据坡道角度。驱动电机转矩、加速踏板位置、挡位等信息来计算释放时机，当车辆的牵引力大于下滑力时，自动释放驻车制动，辅助坡道起步。

三、电子驻车系统常见故障及排除方法

电动驻车系统常见故障及排除方法见表 6-2-2。

表 6-2-2　电动驻车系统常见故障及排除方法

常见故障	可能原因	排除方法
驻车制动失效	驻车制动执行电机开路或失效	检修线路
	EPB 开关损坏	更换电子驻车开关
	电源线路开路	检查线路
	制动电机损坏	更换后制动钳带 EPB 总成
	左、右驻车制动电机卡滞	更换制动衬块-后轮
	后盘式制动衬块（磨损到极限）	更换制动衬块-后轮
	后盘式制动钳故障	更换后制动钳带 EPB 总成
驻车制动卡死	释放开关卡死	更换电子驻车开关
	驻车制动电机不能回位	更换后制动钳带 EPB 总成
	驻车制动电机卡滞（卡住）	更换制动衬块-后轮
	后盘式制动衬块（破裂或扭曲）	更换后制动盘
	后盘式制动钳故障（不能回位）	更换后制动钳带 EPB 总成

任务实施

<table>
<tr>
<td>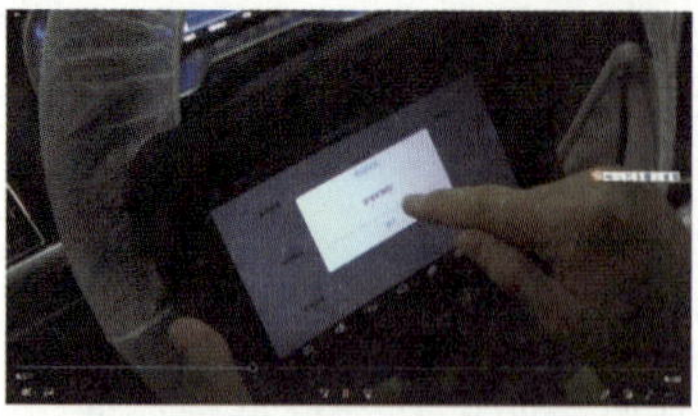
图 6-2-3　用诊断仪访问 EPB 控制单元</td>
<td>Step01　用诊断仪访问 EPB 控制单元。检查是否输出了 DTC。
检查情况：□是，根据输出的 DTC 维修电路
□否，进行下一步</td>
</tr>
<tr>
<td>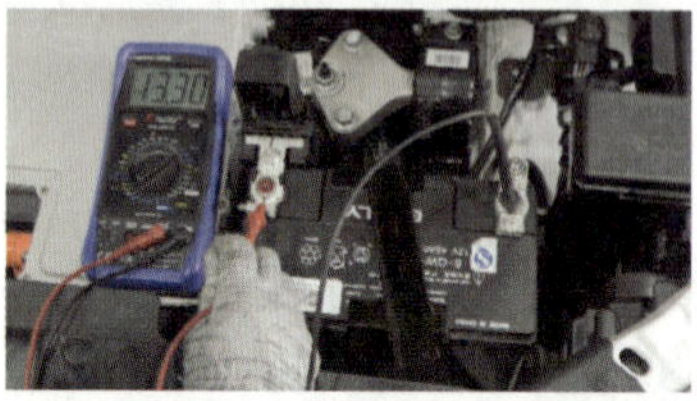
图 6-2-4　测量蓄电池电压</td>
<td>Step02　检查蓄电池，测量蓄电池电压。标准电压：11～14 V。
测量情况：□正常，进行下一步
□异常，蓄电池充电或检查充电系统</td>
</tr>
<tr>
<td>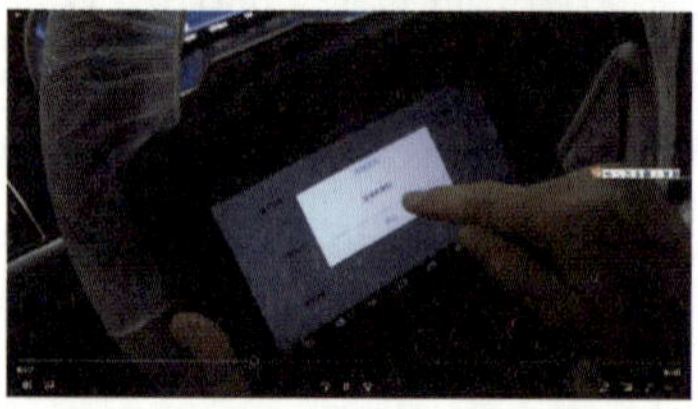
图 6-2-5　用诊断仪进行 EPB 警告灯的主动测试</td>
<td>Step03　用诊断仪进行 EPB 警告灯的主动测试。
（1）连接诊断仪，操作启动开关使电源模式至 ON 状态。
（2）在功能测试上选择“主动测试”。
（3）检查 ABS 警告灯是否工作正常。
检查情况：□正常，进行下一步
□异常，原因：____________</td>
</tr>
<tr>
<td>
图 6-2-6　检查左后 EPB 电机保险丝 SF04</td>
<td>Step04　检查左后 EPB 电机保险丝 SF04，检查保险丝 SF04、SF06 是否熔断。
检查情况：□正常，进行 Step06
□异常，进行下一步</td>
</tr>
<tr>
<td>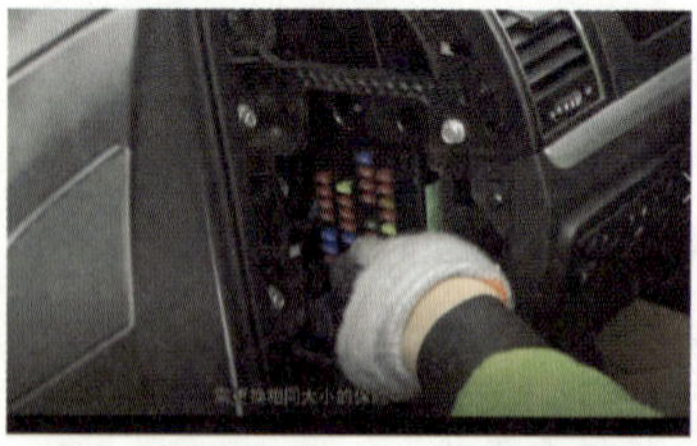
图 6-2-7　检修保险丝 IF23 线路</td>
<td>Step05　检修保险丝 IF23 线路。
（1）检查保险丝 IF23、IF08 线路是否有短路故障。
（2）进行线路修理，确认没有线路短路现象。
（3）更换额定电流的保险丝。保险丝的额定值为 IF23：10A、IF08：10A。
（4）确认 EPB 电机是否正常工作。
检修情况：□是：系统正常
□否，进行下一步</td>
</tr>
</table>

续表

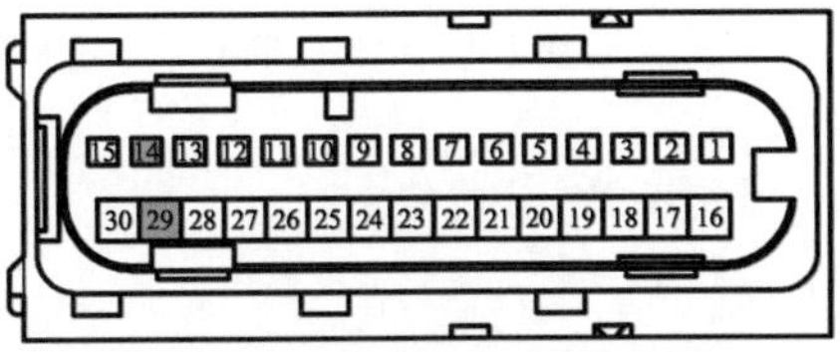 图 6-2-8　检测左后 EPB 电机电源电压	Step06　检测左后 EPB 电机电源电压。 （1）关闭点火开关，断开 EPB 控制模块线束连接器 IP27，打开点火开关。 （2）测量左后 EPB 电机线束连接器 IP27 端子 29、14 对车身接地的电压。标准电压：11 ~ 14 V。 （3）确认电压是否符合标准值。 检测情况：□是，进行下一步 □否，修理或更换线束
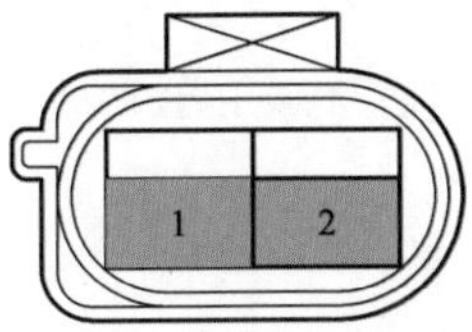 （a）SO81 左后轮卡钳线束连接 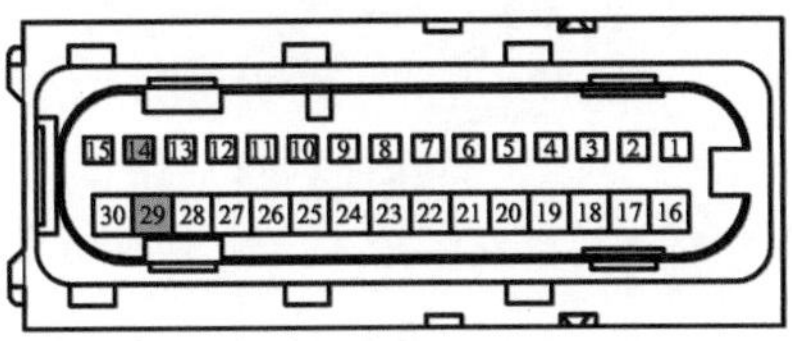 （b）IP27 EPB 线束连接器 图 6-2-9　检测左后 EPB 控制器与左后 EPB 电机之间的线路	Step07　检测左后 EPB 控制器与左后 EPB 电机之间的线路。 （1）关闭点火开关，断开左后 EPB 电机线束连接器 SO81。 （2）测量左后 EPB 电机线束连接器 IP27 端子 29、14 对左后 EPB 电机线束连接器 SO81 端子 1、2 之间的电阻。标准电阻：小于 1 Ω。 （3）确认电阻是否符合标准值。 检测情况：□否，修理或更换线束 □是，进行下一步
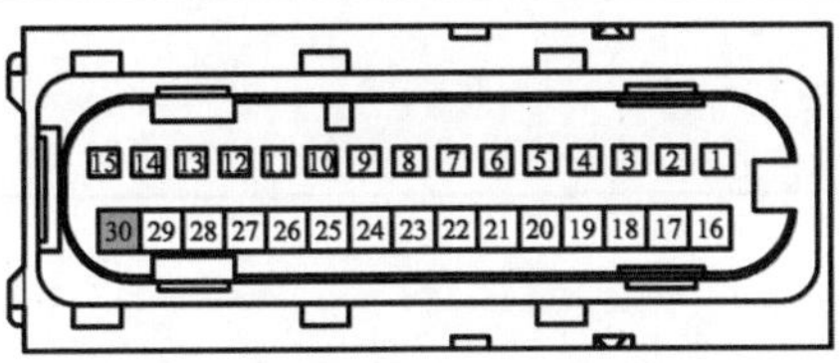 图 6-2-10　检查左后 EPB 电机与车身接地之间线路	Step08　检查左后 EPB 电机与车身接地之间的线路。 （1）测量左后 EPB 电机 IP27 端子 30 与车身接地之间的电阻。标准电阻：小于 1 Ω。 （2）确认电阻是否符合标准。 检查情况：□是，进行下一步 □否，检查搭铁线短路断路情况
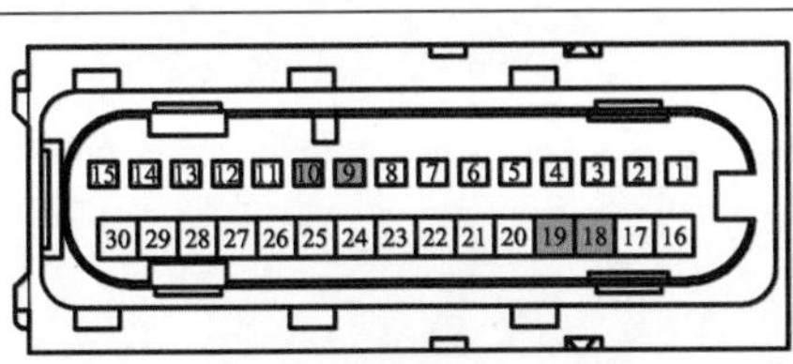 （a）IP27 EPB 线束连接器  （b）IP64 EPB 开关线束连接器 图 6-2-11　检查 EPB 开关与 EPB 控制模块之间线束导通性	Step09　检查 EPB 开关与 EPB 控制模块之间的线束导通性。 （1）操作启动开关使电源模式至 OFF 状态。 （2）断开 EPB 开关线束连接器 IP64。 （3）断开 EPB 控制模块线束连接器 IP27。 （4）测量 EPB 控制模块线束连接器 IP27 端子 19、18、10、9 与 EPB 开关线束连接器 IP64 端子 1、2、3、4 之间的电阻。标准电阻：小于 1 Ω。 （5）确认电阻是否符合标准。 检查情况：□是，进行下一步 □否，检修或更换线束

 图 6-2-12　更换 EPB 开关	Step10　更换 EPB 开关。更换 EPB 开关，确认左后 EPB 电机是否工作正常。 检查情况：□是，系统正常，诊断结束 □否，进行下一步
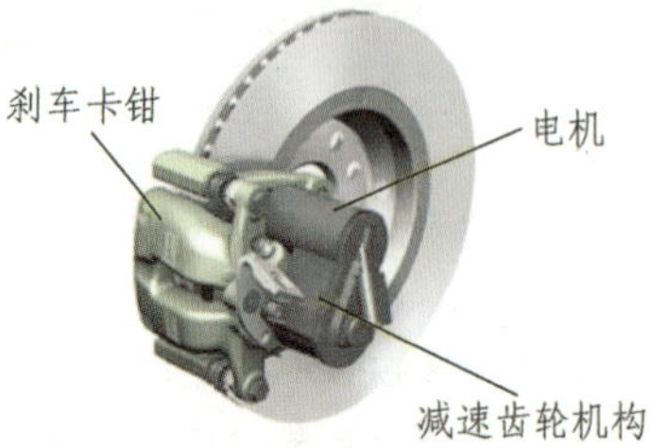 图 6-2-13　更换左后 EPB 电机	Step11　更换左后 EPB 电机。更换 EPB 电机，确认左后 EPB 电机是否工作正常。 检查情况：□是，系统正常，诊断结束 □否，进行下一步
 图 6-2-14　更换 EPB 控制器	Step12　更换 EPB 控制器。更换 EPB 控制器，确认左后 EPB 电机是否工作正常。 检查情况：□是，系统正常，诊断结束 □否，检修或继续更换 EPB 控制器

总结评价

学习任务总结评价表

班级__________小组__________学号__________姓名__________

<table>
<tr><td colspan="2" rowspan="2">主要测评项目</td><td colspan="4">学生自评</td></tr>
<tr><td>A</td><td>B</td><td>C</td><td>D</td></tr>
<tr><td>关键能力总结</td><td>1. 遵守纪律，遵守学习场所管理规定，服从安排；
2. 具有安全意识、责任意识、6S 管理意识，注重节约、节能与环保；
3. 学习态度积极主动，能按时参加安排的实习活动；
4. 具有团队合作意识，注重沟通，能自主学习及相互协作；
5. 仪容仪表符合学习活动要求。</td><td></td><td></td><td></td><td></td></tr>
<tr><td>专业知识与能力总结</td><td>1. 掌握帝豪 EV 制动系统 EPB 的组成及工作原理；
2. 掌握帝豪 EV 制动系统 EPB 电机不工作故障诊断与排除方法。</td><td></td><td></td><td></td><td></td></tr>
<tr><td>个人自评总结与建议</td><td colspan="5"></td></tr>
<tr><td>小组评价</td><td colspan="5"></td></tr>
<tr><td rowspan="2">教师评价</td><td rowspan="2"></td><td colspan="4">总评成绩</td></tr>
<tr><td colspan="4"></td></tr>
</table>

教师签字：　　　　　　　　日期：

学习任务三 制动系统—ABS 警告灯常亮故障检修

任务导入

吴先生有一辆吉利帝豪 EV450 纯电动汽车，行驶里程 70 000 km，行驶中发现 ABS 故障警示灯常亮，虽然车辆的制动功能可以正常使用，但为了安全起见，吴先生将车辆小心地驾驶到维修店进行检修。

工作任务

分析 ABS 警告灯常亮的故障原因，并完成对 2018 年款吉利帝豪 EV450 轿车 ABS 警告灯常亮故障检修。

任务分组

将学生按 4～6 人为一组进行分组，明确每组的工作任务，并填写表 6-3-1。

表 6-3-1 学生分组表

组 别	小组成员	任务分工
1		
2		
3		
4		
5		
6		

工作准备

1. 根据工作任务，进行任务分组，并完成任务分工。
2. 查阅维修手册，收集吉利帝豪 EV450 纯电动汽车 ABS 警告灯常亮故障的检修操作流程和注意事项。
3. 根据工作任务，分析实施过程中的难点或可能出现的质量问题。
4. 查阅维修手册，分析可能引起 ABS 警告灯常亮的故障原因，并记录制订操作步骤。

收集信息

1. 吉利帝豪 EV450 标配了 ESP，ESP 是__________________系统的简称。其采用博世 ESP9+RBS 系统，包含 ECU、HU 液压控制单元。

2.（多选）本车 ESP 系统实现基本的功能有（　　）。

A. EBD　　B. ABS

C. TCS　　D. VDC

3.（多选）本车 ESP 系统实现增值功能有（　　）。

A. HHC　　B. HBA

C. HBB　　D. CDP

4. VAM 真空管理系统、RBS 制动能量回收模块软件集成在________中。液压制动回路为________。

5. 请用线条将各个部件的作用连接起来。

EBD •	• 车辆动态稳定性控制
TCS •	• 电子制动力分配
ABS •	• 拉驻车开关做紧急制动时，ESP 对四轮进行液压制动
VDC •	• 坡道起步辅助
HHC •	• 紧急制动辅助
HBA •	• 牵引力控制系统
HBB •	• 制动防抱死功能
CDP •	• 液压助力辅助

6. 帝豪 EV 制动系统中，除了 ABS 警告灯外还有________警告灯和________警告灯。

7. 根据 ESP 控制系统的控制电路图填空。

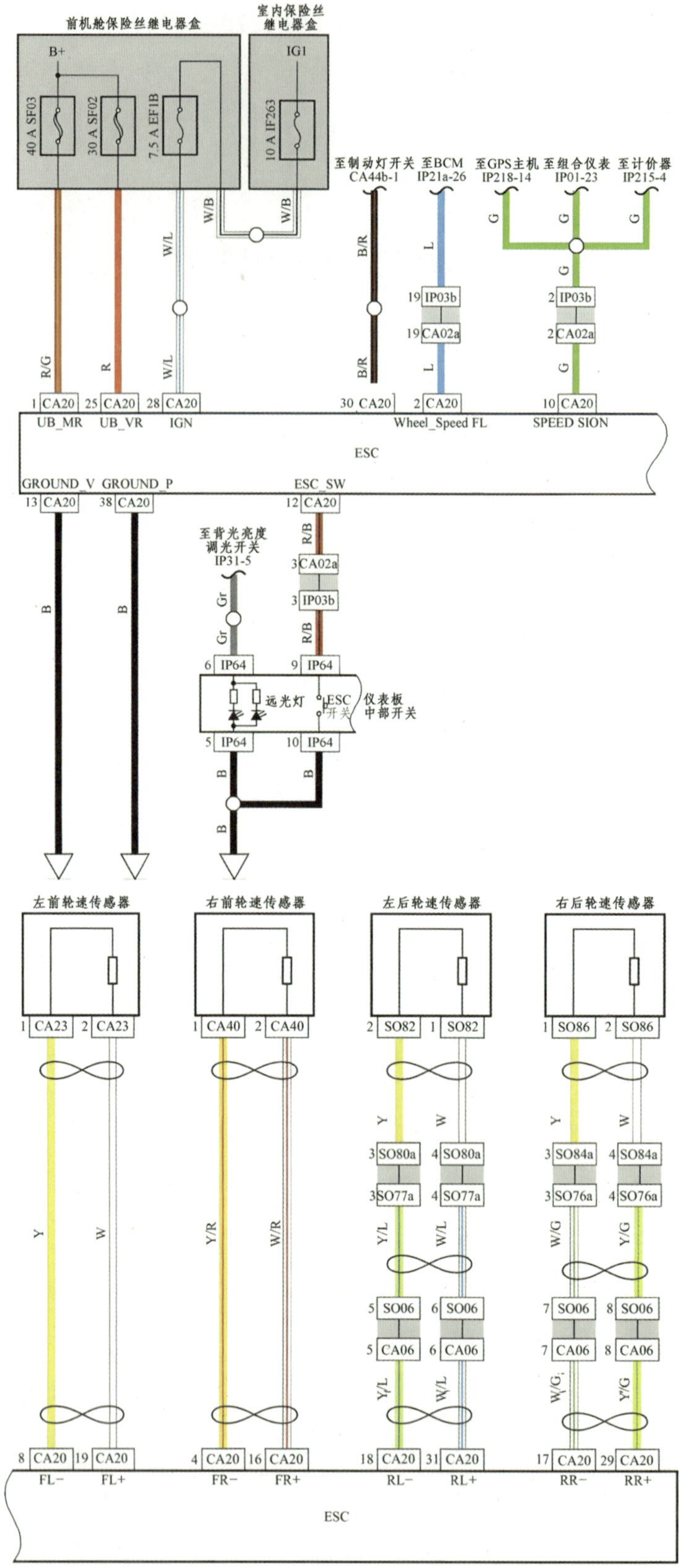

前机舱保险丝继电器盒
室内保险丝继电器盒
B+
IG1
40 A SF03
30 A SF02
7.5 A EF1B
10 A IF263
至制动灯开关 CA44b-1
至BCM IP21a-26
至GPS主机 IP218-14
至组合仪表 IP01-23
至计价器 IP215-4
UB_MR
UB_VR
IGN
Wheel_Speed FL
SPEED SION
ESC
GROUND_V
GROUND_P
ESC_SW
至背光亮度调光开关 IP31-5
远光灯
ESC开关
仪表板中部开关
左前轮速传感器
右前轮速传感器
左后轮速传感器
右后轮速传感器
FL−
FL+
FR−
FR+
RL−
RL+
RR−
RR+

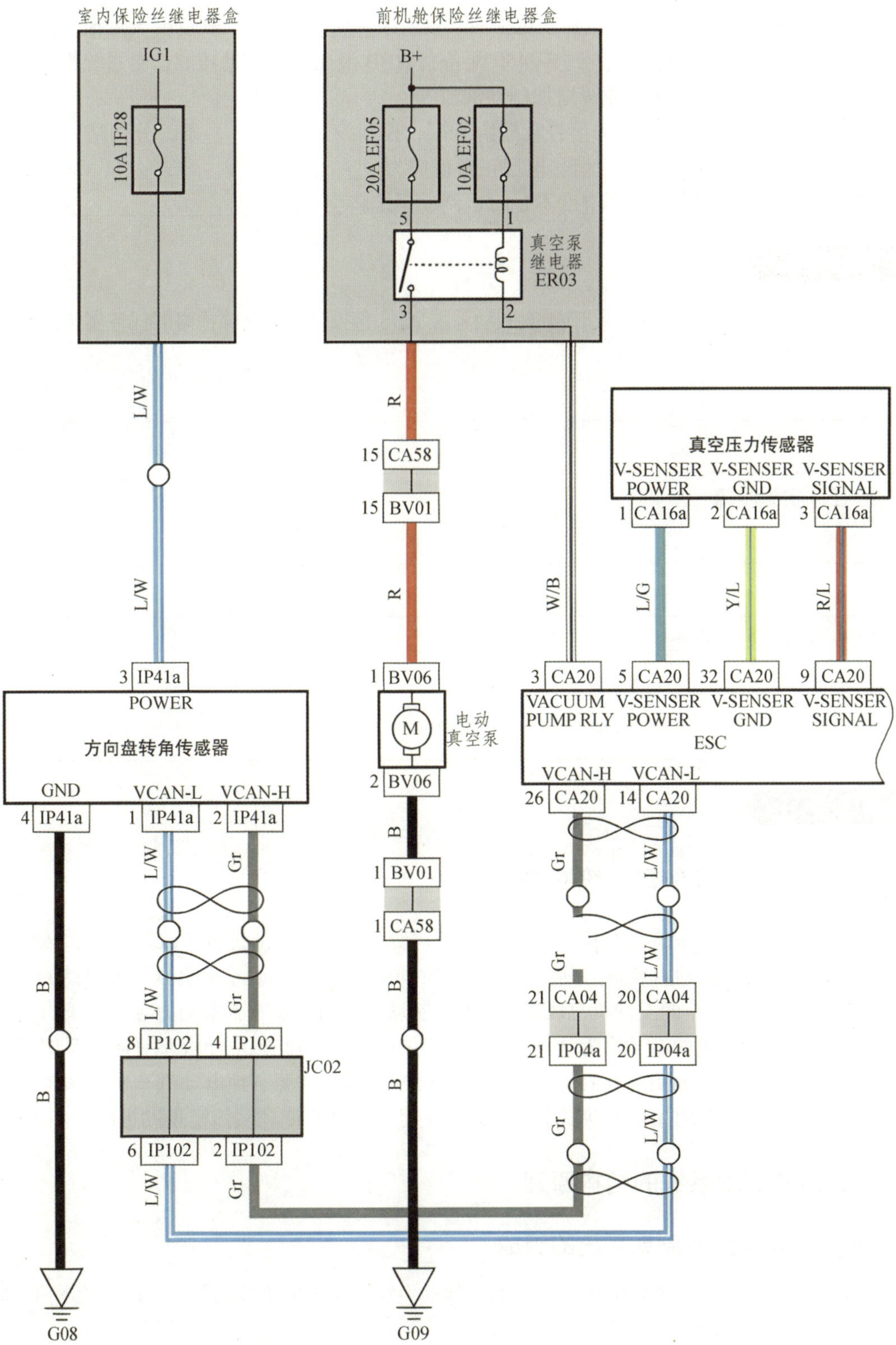

（1）电动真空泵由____________控制，控制线是_______________。

当 ESC 接收到真空压力传感器压力______（过低/过高）时，发送命令给真空泵，控制其工作，提高真空度；当真空度信号达到规定值时，真空泵__________。真空度设定值会随着车速的变化而相应提高，保证行车安全。EV450 配备有 HBB 液压助力辅助功能，当系统检测到真空度不够时，ESC 会按照设定的曲线增加制动液压。

（2）真空压力传感器采集的信号直接给 ESC，控制线共________条，分别是_______线、__________线、________线。信号电压正常值应为___________V。

（3）当真空泵不工作或者真空度不足时，制动系统将会____________________。

制订方案

根据相关资料，制订吉利帝豪 EV450 制动系统 ABS 警报灯常亮故障检修的任务实施方案。

1. 任务分工

____

____。

2. 任务实施步骤

____

____。

3. 异常情况处理措施

____

____。

知识学习

一、纯电动汽车制动系统概述

纯电动汽车的制动系统是在传统内燃机汽车制动系统的基础上进行了改造升级。传统内燃机汽车的制动系统真空助力装置的真空源来自于发动机进气歧管，真空度负压一般可达到 0.05 ~ 0.07 MPa。而纯电动汽车的发动机总成被拆除后，制动系统由于没有真空动力源而丧失真空助力功能，仅由人力所产生的制动力无法满足行车制动的需要，因此纯电动汽车对制动系统真空助力装置进行了改制，而改制的核心问题是产生足够压力的真空源，纯电动汽车制动系统在传统真空助力系统的基础上增加了电动真空泵，来产生足够的真空度，从而实现助力制动的目的。

二、液压制动系统的结构原理

（一）纯电动汽车制动系统的组成

纯电动汽车制动系统主要由真空助力器、制动主缸、液压电子控制单元（ESC 系统）、制动硬管、制动软管及电动真空泵等组成，如图 6-3-1 所示。

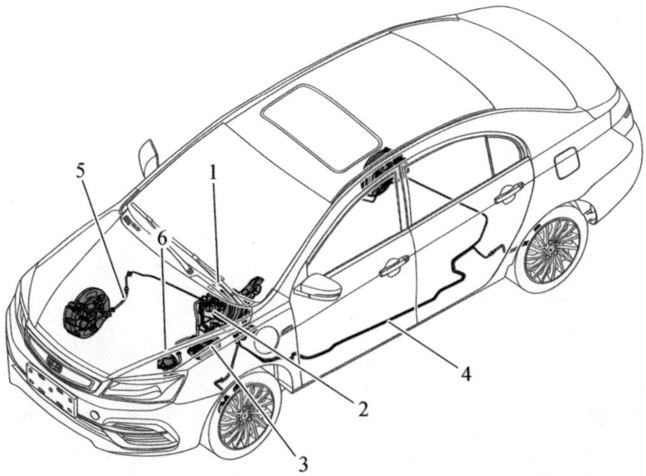

1—真空助力器；2—制动主缸；3—液压电子控制单元（ESC 系统）；
4—制动硬管；5—制动软管；6—电动真空泵。

图 6-3-1　电动真空助力系统

（二）液压制动系统工作原理

当驾驶员踩下制动踏板时，由制动踏板推杆将制动力传递到真空助力器，真空助力器利用真空源进行助力，减少驾驶员施加在制动踏板的操纵力，经过真空助力器助力后施加到液压制动总泵。由总泵转换为油液压力，经过液压电子控制单元调整后，通过制动硬管和软管输送到制动分泵，制动分泵再将油液压力转换成机械力，从而使制动衬块压紧制动盘，进行车辆的制动。当组合仪表检测到制动液液面过低时，将点亮制动系统故障指示灯。

三、ESC 系统的工作过程及工作原理

（一）ESC 系统的组成及功能

ESC 系统由 ESC 控制模块、方向盘转角传感器及右前、右后、左后及左前轮速传感器组成，如图 6-3-2 所示，其中 ESC 控制模块包含 ESC 电子控制单元及 HU 液压控制单元。吉利帝豪 EV450 标配 ESC 电子稳定控制系统，采用的是博世 ESC9+RBS 系统，能实现的基本功能有电子制动力分配（EBD）、制动防抱死（ABS）、牵引力控制（TCS）、车辆动态稳定性控制（VDC），以及 ESC 的增值功能有坡道起步辅助（HHC）、紧急制动辅助（HBA）、液压助力辅助（HBB）、驻车开关紧急制动（CDP）、真空管理系统（VAM）、制动能量回收系统（RBS）。

1. 电子制动力分配（EBD）

电子制动力分配能够识别后轮先于前轮抱死的趋势，及时调整后轮制动力，保证后轮不先于前轮抱死，保证车辆稳定性。当驾驶员制动时，系统自动监控前后轮的滑移率并进行比较，在 ABS 起作用前，通过阀门调节后轮管路压力，使前后轮能够同时抱死。

系统检测到故障时，EBD 功能会立即关闭。EBD 失效时，仪表上黄色的 EBD 故障灯会点亮，直至故障排除。

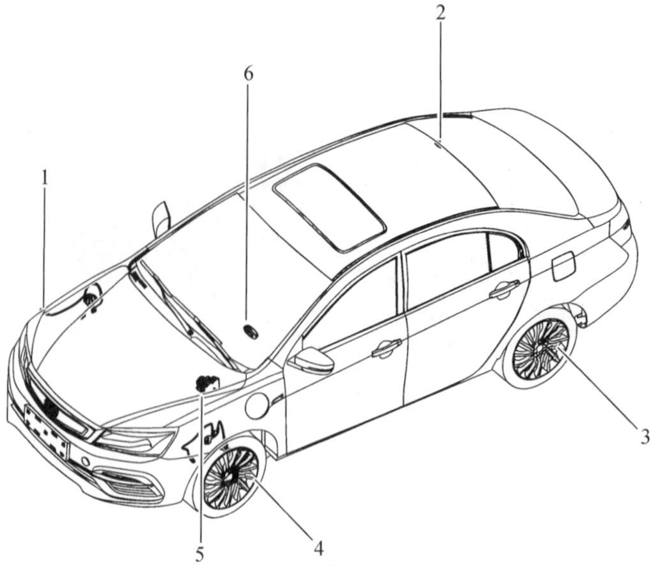

1—右前轮速传感器；2—右后轮速传感器；3—左后轮速传感器；4—左前轮速传感器；
5—ESC 控制模块；6—方向盘转角传感器。

图 6-3-2　ESC 系统的组成

2. 制动防抱死（ABS）

ABS 能够在制动早期识别出某一个或多个车轮抱死的趋势，并降低这一个或多个车轮的制动力，保证即使是在紧急制动车辆时，驾驶员也能够躲避障碍物并降低车速或停车。

系统上电时，会进行自检，此时仪表指示灯常亮，几秒后若无故障则熄灭。系统监测到 ABS 失效时，仪表上黄色 ABS 故障灯会点亮，直至故障排除。

3. 牵引力控制（TCS）

TCS 能够识别车辆起步或者加速过程中的驱动轮打滑趋势，通过干预动力管理控制或者施加车轮制动，控制车轮滑转率，保证车辆的驱动稳定性和舒适性。

系统上电时，会进行自检，此时仪表指示灯常亮，几秒后若无故障则熄灭。TCS 失效时，仪表上黄色 ESC 故障灯会点亮，若故障不排除，故障灯会一直点亮。

4. 车辆动态稳定性控制（VDC）

VDC 能够识别整车实际状态与驾驶意图的差别，通过调整车轮制动压力或干预动力管理控制（或干预驱动电机管理控制），防止车辆失控，提高车辆稳定性。

系统上电时，会进行自检，此时仪表指示灯常亮，几秒后若无故障则熄灭。系统监测到 VDC 失效时，仪表上黄色 ESC 故障灯会点亮，直至故障排除。ESC OFF 开关被按下，VDC 功能关闭，仪表上 ESC OFF 灯常亮。

5. 坡道起步辅助（HHC）

HHC 能够在坡起时，松开刹车，车辆保持原位，简化坡起操作。车辆在坡道上踩制动踏板静止，当驾驶员意图行驶，松开制动踏板去踩加速踏板时，坡道起步辅助系统继续在四个车轮上施加液压制动力，防止车轮后溜。

6. 紧急制动辅助（HBA）

防止紧急情况下驾驶员踩下制动踏板的力度不足，HBA 能够在需要紧急制动时为驾驶员提供最大制动辅助，减少制动距离。

系统监测到 HBA 失效时，仪表上黄色 ESC 故障灯会点亮，直至故障排除。

7. 液压助力辅助（HBB）

HBB 能够在真空度不足时，由 ESC 提供液压制动。系统若检测系统真空度低，ESC 自动按照设定曲线增加制动液压，当制动灯开关、助力器、轮速传感器故障时，系统按照设定的策略进行液压助力，保证基本减速的情况下又不至于过制动造成车轮抱死甩尾。

系统监测到 HBB 激活时，仪表上黄色 ESC 故障灯会点亮；当 HBB 功能失效时，仪表上红色驻车系统故障报警指示灯、黄色 ESC 故障灯会点亮。

8. 驻车开关紧急制动（CDP）

当拉起驻车开关做紧急制动时，ESC 对四轮进行液压制动，减少制动距离。当车速大于 3 km/h，需要做紧急制动时，驾驶员直接拉起 EPB 开关时，ESC 对四轮进行液压制动，减速度可达到 6 m/s^2。

系统监测到 CDP 失效时，仪表上黄色 ESC 故障灯会点亮。CDP 激活时，红色制动灯点亮。

9. 真空管理系统（VAM）

VAM 对电动真空泵工作进行控制管理。当助力系统真空度低于设定值时，ESC 控制电动真空泵工作，为助力器提供真空，真空度值高于设定值时，ESC 控制电动真空泵停止工作；真空度设定值会随着车速的变化而相应提高，保证行车安全的前提下延长 EVP 的使用寿命。

系统监测到 VAM 失效时，仪表上黄色 ESC 故障灯会点亮。

10. 制动能量回收系统（RBS）

在满足整车稳定的前提下，踩制动踏板制动时，进行电机制动力矩输出控制，从而回收制动能量。当驾驶员需要减速踩制动时，RBS 会控制电机进行制动能量回收，电机制动力矩与液压制动力矩直接叠加，在减速度 0.2*g* 时可达到 65%的电机制动比率，整车制动能量回收率约为 9%。

系统监测到 RBS 失效时，仪表上黄色 ESC 故障灯会点亮。

（二）ESC 系统的工作原理

ESC 控制模块具有系统控制和故障检测功能，其工作原理如图 6-3-3 所示。当点火开关接通并且未出现防抱死制动系统故障诊断码时，系统给继电器通电，从而向电磁阀和泵提供蓄电池正极电压。ESC 控制模块通过轮速传感器不断检测车轮的状态，控制车轮的滑移率保持在一定的范围内，从而保持车辆的稳定性。

液压控制管路采用对角线分路式配置，使制动总泵的油液一路流向左前轮和右后轮，另一路油液流向右前轮和左后轮，如图 6-3-4 所示。对角分路在液压控制上是隔离的，这样当一条制动主管路泄漏或出现故障时，另一路可保证连续的制动能力。

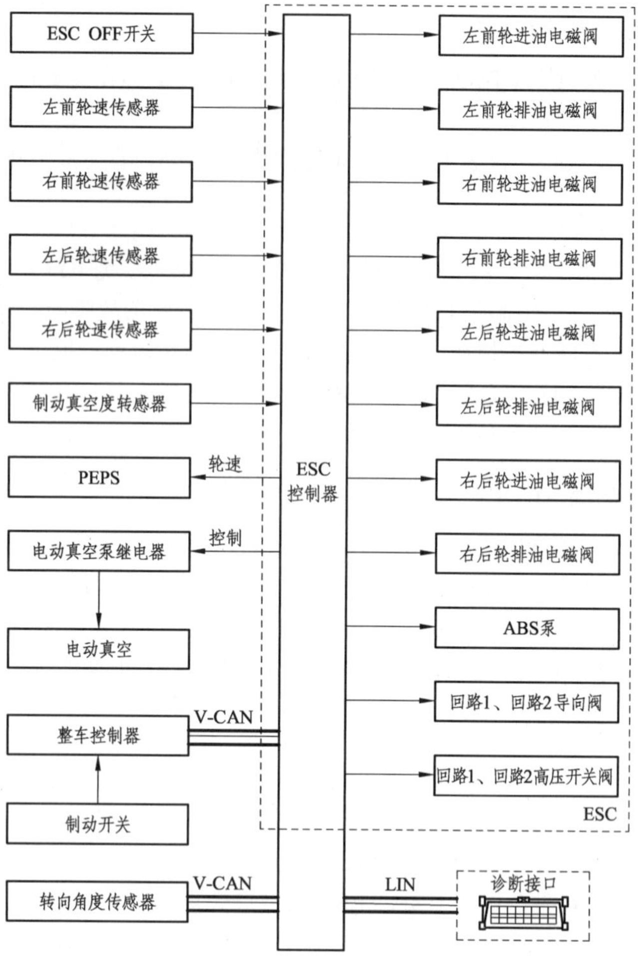

图 6-3-3　ESC 系统工作原理

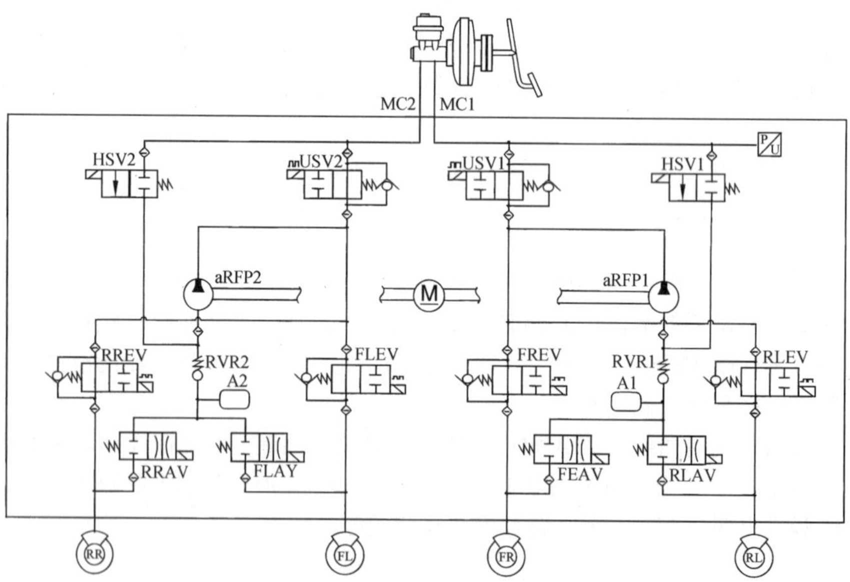

图 6-3-4　液压控制管路

四、电动制动系统常见故障及排除方法

液压制动系统如果出现故障，可导致制动效果明显下降，甚至制动失灵。汽车仪表通常会报故障码，并点亮故障警示灯，同时会伴随车辆警告声。

液压制动系统的故障现象及排除方法见表 6-3-2。

表 6-3-2　液压制动系统常见故障及排除方法

常见故障	可能原因	排除方法
制动液位警告灯保持常亮	（1）制动液不足； （2）制动液液位传感器； （3）制动液液位传感器线束	检查制动液，制动液液位传感器及线束
制动系统异响	（1）制动衬块（破裂、扭曲、弄脏、光滑）； （2）制动钳支架固定螺栓（松动）； （3）制动钳固定螺栓（松动）； （4）制动盘（有伤纹）（前）； （5）制动衬块导向片（松动）； （6）制动钳浮动销（磨损）	（1）检查或更换制动衬块； （2）检查制动钳支架固定螺栓； （3）检查制动钳固定螺栓； （4）检查制动盘表面和磨损； （5）检查导向片； （6）检查制动钳浮动销及制动钳
制动踏板过软且制动不足	（1）活塞（固定、卡住）； （2）制动盘（有伤纹、有油渍）； （3）制动衬块（破裂、扭曲或油渍）； （4）制动硬管，软管（扭曲、变形）	（1）检查制动钳； （2）检查制动盘表面和磨损； （3）检查或更换制动衬块； （4）检查制动硬管、软管
制动踏板过硬	（1）液压制动助力器系统（真空泄漏、失效）； （2）制动硬管，软管（扭曲，变形）	（1）检查液压真空助力器及电动真空泵； （2）检查制动硬管、软管
制动踏板过软且制动不足	（1）制动系统制动液泄漏； （2）制动系统中有空气； （3）制动盘（有伤纹）； （4）制动衬块（破裂、扭曲、磨损过度或油渍）； （5）制动总泵（内泄）	（1）检查制动系统制动液泄漏； （2）液压制动系统排气； （3）检查制动盘表面和磨损； （4）检查制动衬块； （5）检查制动总泵
制动拖滞	（1）制动踏板自由行程（不足）； （2）制动衬块（卡滞）； （3）制动钳浮动销（锈蚀）； （4）活塞（固定，卡滞）； （5）真空助力器卡滞； （6）制动总泵（故障）	（1）更换制动踏板总成； （2）检查制动衬块； （3）检查制动钳浮动销； （4）检查制动钳； （5）检查真空助力器及电动真空泵； （6）检查制动总泵

ESC 系统出现故障，虽然车辆还能制动，但在车辆紧急制动时，可能会出现车轮抱死，或在紧急避险时车辆失控，存在安全隐患，建议尽快进行检测维修。ESC 系统的故障现象及排除方法见表 6-3-3。

表 6-3-3　ESC 系统常见故障及排除方法

常见故障	可能原因	排除方法
ESC 不工作	（1）IG1 电源电路； （2）前转速传感器电路； （3）后转速传感器电路； （4）液压电子控制单元故障	（1）检查供电线路； （2）检查传感器电路或更换轮速传感器； （3）利用诊断仪主动测试功能检查液压电子控制单元，如果异常，则检查液压管路是否泄漏； （4）如果上述电路经过检查并确认为正常后，症状仍然发生，则应更换液压电子控制单元
ESC 无法有效运行	（1）前转速传感器电路； （2）后转速传感器电路； （3）制动灯开关电路； （4）液压电子控制单元故障	（1）检查传感器电路或更换轮速传感器； （2）确认制动灯工作正常，否则是制动灯开关故障，更换制动灯开关； （3）利用诊断仪主动测试功能检查液压电子控制单元，如果异常，则检查液压管路是否泄漏； （4）如果上述电路经过检查并确认为正常后，症状仍然发生，则应更换液压电子控制单元总成
ABS 警告灯故障（保持常亮）	（1）液压电子控制单元故障； （2）仪表失去与 ESC 的 CAN 网络通信	（1）检查线路； （2）检查组合仪表； （3）更换液压电子控制单元总成
ABS 警告灯故障（不亮起）	（1）组合仪表； （2）液压电子控制单元	（1）检查线路； （2）检查组合仪表； （3）更换液压电子控制单元总成
制动警告灯故障（保持常亮）	（1）制动警告灯电路； （2）检测电动真空泵控制电路	（1）检查制动液液面； （2）检查线束（组合仪表总成—电源、接地）； （3）检查制动液液位传感器； （4）检查线路； （5）更换组合仪表

制动系统与行车安全密切相关，一旦出现刹车失灵故障很有可能造成较为严重的交通事故。近些年，交通安全事故中，因制动失灵造成的事故占有很高的比例。在进行制动系统维修时，我们要彻底掌握制动系统的结构和工作原理，一丝不苟地检查制动系统的各种部件是否存在缺陷，养成严谨的工作态度，确保制动系统能够正常运作，杜绝突然出现严重的故障，造成无法挽回的后果。

任务实施

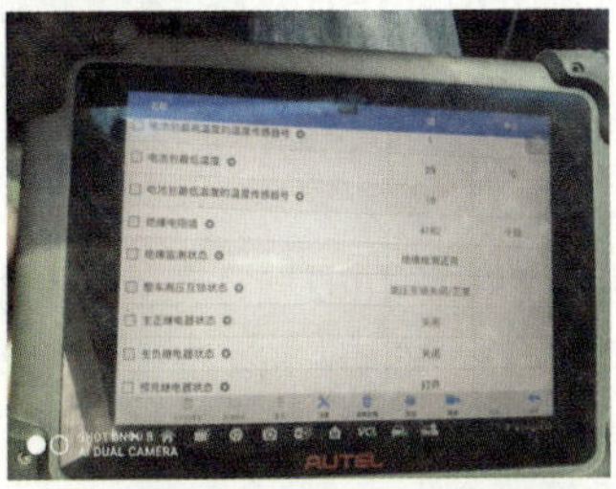

图 6-3-5　用诊断仪访问 ESP 控制模块

Step01　用诊断仪访问 ESP 控制模块。检查是否输出了 DTC。

检查情况：□是，根据输出的 DTC 维修电路

□否，进行下一步

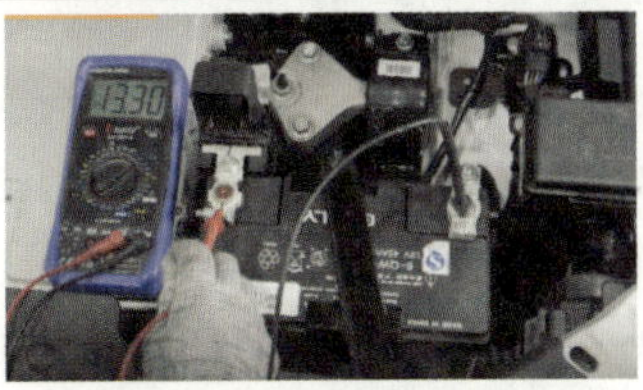

图 6-3-6　检查蓄电池

Step02　检查蓄电池。检查蓄电池电压，标准电压：11 ~ 14 V。

检查情况：□是，进行下一步

□否，蓄电池充电或检查充电系统

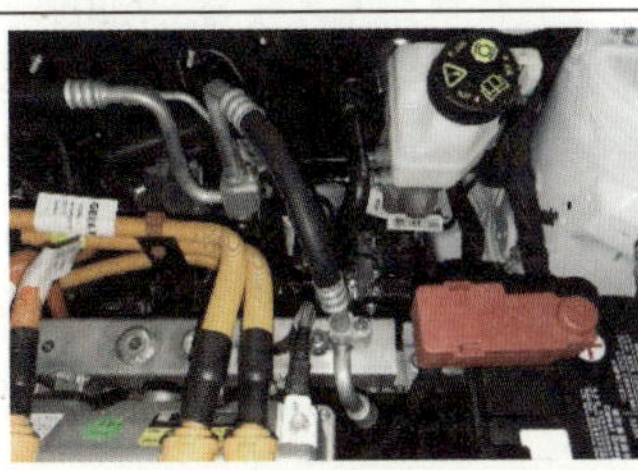

图 6-3-7　检查 ESC 控制模块线束连接器

Step03　检查 ESC 控制模块线束连接器。检查线束连接器是否连接正确。

检查情况：□是，进行下一步

□否，正确连接线束连接器

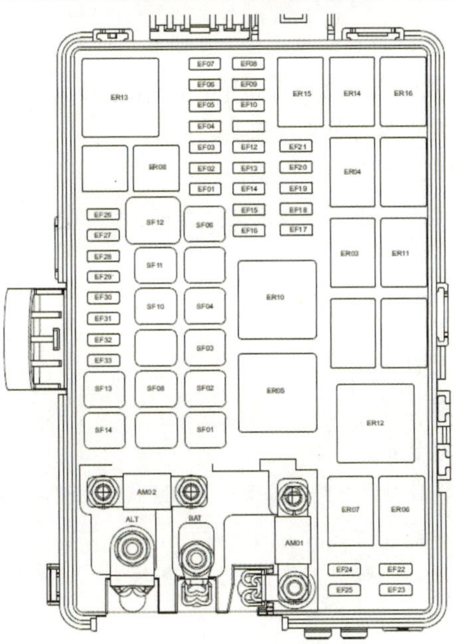

图 6-3-8　检查 ESC 控制器保险丝和继电器

Step04　检查 ESC 控制器保险丝和继电器。

（1）检查保险丝 SF02、SF03 是否熔断。

（2）检查继电器 ER03、IR02 是否损坏。

检查情况：□正常，转至 Step06

□异常，进行下一步

续表

<table>
<tr>
<td>

图 6-3-9　检修保险丝和继电器线路
</td>
<td>
Step05　检修保险丝和继电器线路。
（1）检查保险丝 SF02、SF03 线路是否有短路故障。
（2）进行线路修理，确认没有线路短路现象。
（3）更换额定电流的保险丝。保险丝的额定值为 SF02：30 A、SF03：40 A。
（4）检查继电器 ER03、IR02 线路是否有短路故障。
（5）进行线路修理，确认没有线路短路现象。
（6）使用相同型号的继电器替换检查。
（7）确认是否正常工作。
检查情况：□是，系统正常
□否，进行下一步
</td>
</tr>
<tr>
<td>
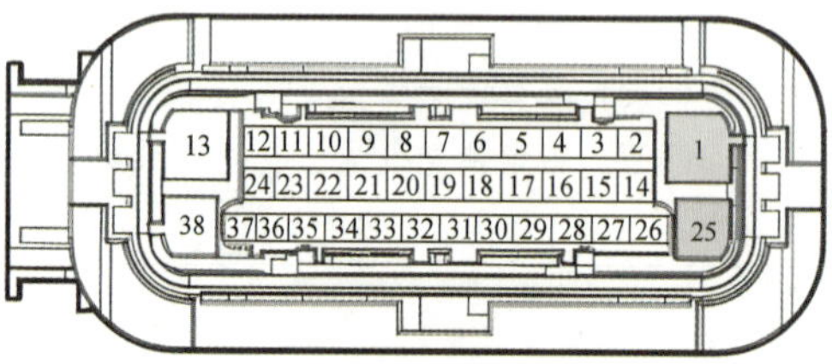

图 6-3-10　检查 ESC 控制模块线束连接器（端子电压）
</td>
<td>
Step06　检查 ESC 控制模块线束连接器（端子电压）。
（1）操作启动开关使电源模式至 OFF 状态。
（2）断开 ESC 控制模块线束连接器 CA20。
（3）操作启动开关使电源模式至 ON 状态。
（4）测量 ESC 控制模块线束连接器 CA20 端子 1、3、25、28 对车身接地的电压。标准电压：11 ~ 14 V。
（5）确认电压是否符合标准。
检查情况：□是，下一步
□否，修理或更换线束
</td>
</tr>
<tr>
<td>
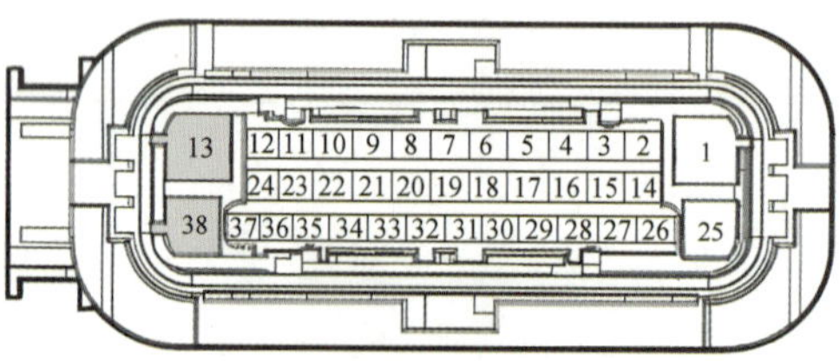

图 6-3-11　检查 ESC 控制模块线束连接器（接地端子导通性）
</td>
<td>
Step07　检查 ESC 控制模块线束连接器（接地端子导通性）。
（1）测量 ESC 控制模块线束连接器 CA20 端子 13、38 与车身接地之间的电阻。标准电阻：小于 1 Ω。
（2）确定电阻是否符合标准。
检查情况：□是，下一步
□否，修理或更换线束
</td>
</tr>
<tr>
<td>

图 6-3-12　更换 ESC
</td>
<td>
Step08 更换 ESC。
（1）更换 ESC。
（2）连接蓄电池正极。
（3）操作启动开关使电源模式至 ON 状态，确认 ABS 警告灯是否点亮后熄灭。
检查情况：□是，系统正常，诊断结束
□否，下一步
</td>
</tr>
</table>

续表

<table>
<tr>
<td>
<table>
<tr><th>测试仪显示</th><th>测试部件</th></tr>
<tr><td>ABS 警告灯</td><td>ABS 警告灯亮或不亮（ON/OFF）</td></tr>
</table>
图 6-3-13　检查组合仪表
</td>
<td>
Step09　检查组合仪表。
（1）连接诊断仪。
（2）在功能测试上选择“主动测试”。
（3）主动测试：ABS
检查情况：□正常，系统正常，诊断结束
□异常，下一步
</td>
</tr>
<tr>
<td>

图 6-3-14　更换组合仪表控制单元
</td>
<td>
Step10　更换组合仪表控制单元。
（1）断开蓄电池负极电缆。
（2）更换组合仪表控制单元。
（3）确认修理完成。
</td>
</tr>
</table>

总结评价

学习任务总结评价表

班级______________ 小组______________ 学号______________ 姓名______________

<table>
<tr><td colspan="2" rowspan="2">主要测评项目</td><td colspan="4">学生自评</td></tr>
<tr><td>A</td><td>B</td><td>C</td><td>D</td></tr>
<tr><td>关键能力总结</td><td>1. 遵守纪律，遵守学习场所管理规定，服从安排；
2. 具有安全意识、责任意识、6S 管理意识，注重节约、节能与环保；
3. 学习态度积极主动，能按时参加安排的实习活动；
4. 具有团队合作意识，注重沟通，能自主学习及相互协作；
5. 仪容仪表符合学习活动要求。</td><td></td><td></td><td></td><td></td></tr>
<tr><td>专业知识与能力总结</td><td>1. 掌握吉利帝豪 EV450 制动系统的组成及工作原理；
2. 掌握吉利帝豪 EV450 制动系统 ABS 警告灯常亮故障诊断与排除方法。</td><td></td><td></td><td></td><td></td></tr>
<tr><td>个人自评总结与建议</td><td colspan="5"></td></tr>
<tr><td>小组评价</td><td colspan="5"></td></tr>
<tr><td rowspan="2">教师评价</td><td rowspan="2"></td><td colspan="4">总评成绩</td></tr>
<tr><td colspan="4"></td></tr>
</table>

教师签字：　　　　　　　　　　日期：

参考文献

[1] 严朝勇. 新能源汽车概论[M]. 北京：机械工业出版社，2022.
[2] 刘星，刘莉明，宋建华. 新能源汽车概论[M]. 北京：机械工业出版社，2022.
[3] 杨凤英. 新能源汽车故障检修[M]. 北京：机械工业出版社，2022.
[4] 王辉，张乐平，罗易. 新能源汽车维护与故障诊断[M]. 南京：南京大学出版社，2021.
[5] 张小兴，韦军新. 电动汽车动力蓄电池及管理系统[M]. 北京：人民交通出版社，2018.
[6] 马德粮. 新能源汽车技术[M]. 北京：清华大学出版社，2017.
[7] 彭新，侯志华，聂进. 新能源汽车故障诊断[M]. 北京：中国轻工业出版社，2023.
[8] 姜丽娟，张思扬. 新能源汽车故障诊断[M]. 北京：机械工业出版社，2018.
[9] 冯永章，林松. 新能源汽车故障诊断与维护[M]. 北京：北京理工大学出版社，2021.
[10] 曹晶. 新能源汽车整车故障诊断教程[M]. 北京：化学工业出版社，2023.
[11] 李楷，孙兵凡. 新能源汽车维护与故障诊断[M]. 北京：机械工业出版社，2020.
[12] 崔胜民. 新能源汽车技术解析[M]. 北京：化学工业出版社，2019.
[13] 吴海东. 新能源汽车检测与故障诊断技术（彩色版配实训工单）[M]. 北京：机械工业出版社，2022.
[14] 刘朝丰，陈保山. 新能源汽车故障诊断技巧（彩色图解）[M]. 北京：机械工业出版社，2020.
[15] 许建忠. 新能源汽车构造与检修[M]. 北京：机械工业出版社，2018.
[16] 包科杰，徐利强. 新能源汽车维护与故障诊断[M]. 北京：人民交通出版社，2022.
[17] 孙志刚. 新能源汽车故障诊断技术[M]. 北京：机械工业出版社，2023.